生活即教育

社会即学校

教学做合一

a MEXIC
peón de
plica el
México

陶　行　知　全　集

第9卷

书信
人名索引

集外书信
附录
人名索引

四川教育出版社
·成都·

图书在版编目（CIP）数据

陶行知全集. 第9卷 / 方明主编. —2版. —成都：
四川教育出版社，2009.4
ISBN 978-7-5408-5050-0

Ⅰ.陶… Ⅱ.方… Ⅲ.陶行知（1891~1946）－全集
Ⅳ.G4－52

中国版本图书馆CIP数据核字（2009）第033520号

装帧设计 宁成春
责任编辑 马 骏 王荣川
技术编辑 顾求实
责任校对 伍登富
责任印制 田东洋
出版发行 四川教育出版社
地 址 四川省成都市锦江区三色路238号新华之星A座
邮政编码 610023
网 址 www.chuanjiaoshe.com
印 刷 成都市金雅迪彩色印刷有限公司
版 次 2020年1月第3版
印 次 2024年2月第2次印刷
成品规格 152 mm×228 mm
印 张 49 插页 4
字 数 665千
全套定价 2200.00元

如发现印装质量问题，影响阅读，请与本社联系。总编室电话：(028) 86365120
编辑部电话：(028) 86365129

再版前言

1991年，张劲夫同志祝川版《陶行知全集》出版，在《人民日报》撰文，称这部巨著是一笔宝贵的精神财富。他在文章的结尾深情地写道："新版《陶行知全集》的出版，必将永育后人，光照千秋！"

陶行知是一位伟大的社会改革家，是中国20世纪推动现代化的先驱。他坚持以与时俱进的生活教育来推动川流不息的现代化。他热爱人民，躬亲实践，手脑并用，勇于创新，对祖国和人类所作出的贡献及取得的成果是多方面的。从《全集》中可以看出，他涉猎的领域很广，诸如对政治制度、经济发展、社会道德、国际交往、科学普及、民族团结、宗教信仰、新文字推广、环境保护、计划生育等等均有精辟的论述。陶行知又是伟大的人民诗人，其诗的大众化"独开风气之先"，《全集》中收入他的诗800余首，仍未搜齐。当然最突出的仍是他创立的生活教育理论。大家熟悉的"生活即教育"、"社会即学校"、"教学做合一"和他倡导的全民教育、终身教育、创造教育、民主教育以及他身体力行的崇高师德，是多么贴近我国的现实与未来的走向啊！

随着我国改革开放的不断深化，现代化进程的长足发展，人们对陶行知留下的这笔精神财富的借鉴意义也愈益有了更清晰的认识。近两年不少读者要求购书，有的省市成立了陶行知研究会，要求供应几十套上百套。而当年印制的新版《全集》8000套，早已罄尽。面对这日增的需求，中国陶行知研究会也希望能尽快再版。在此情势下，四川出版集团、四川教育出版社决定高质量地再版《陶行知全集》（十二卷本），并组成再版的编辑出版班子，对初版进行认真修订。《全集》约800万字，修订任务繁重，原来各卷的责任编辑年事已高，有的已经辞世（本套书第一版出版后辞世的编纂、出版人员未在《全集》编辑委员会和出版工作者委员会成员名单中注明）；最初使用的原稿，已交有关的博物馆和纪念馆保存，这更增添了校订的难度。出版社抽出十几位年富力强的编辑分担各卷的编务及协调工作，并请有关专家指导，两位老主编和张行可、吴琴南也全力投入，中国陶行知研究会又寄来陶行知自选集的影印本供校勘用。在共同努力下，终于按计划完成了再版的修订任务。

这次修订的主要情况如下：

一、原体例不变

开初有同志提出不论著作体例，统按时间顺序排列；有的主张前十卷不变，将最后两本补遗卷打散，分类按时序插入前面各卷。多数认为这样做不仅工作量过大，原有特色会消失，且不易查阅，故决定再版仍保持原状。

二、改错字及改正注释中的一些讹误

《全集》出版后，原来的编辑发现一些错处，特别是不少读者陆续来信指出发现的问题，这次都做了认真考证校订并逐一改正。此类改正达几百处，但仍有个别人名无从查考。这里特向来信的热心读者表示敬意和谢意。

三、几项调整

将各卷的人名索引合为一处，避免了重复，删去了该人名出现在书中的页码。人名索引刊在第九卷卷末，将原第九卷中1940年1至7月的书信移入第八卷。

抽去了两首重复的诗歌。另抽去第九卷附录中的《陶行知年表》，部分内容并入第十二卷《陶行知及其生活教育活动纪略》。抽去第十二卷附录中致陶行知的信57封，对《陶行知西旅长编》作了删节。另有少量附录因篇幅关系按时间顺序做了移动。

卷首的图片有小调整，第五卷和第九卷各换了一张照片，第四卷增加了一幅手迹。

最可喜的是增加了15篇最近得到的陶行知的佚作。一是1939年写给沈钧儒的信；二是1946年在中国人民救国会第五次大会上的报告记录；还有13篇是香港中文大学哲学博士何荣汉先生提供的英文稿：《一个金陵大学学生的自述》（1912年）、《陶文濬的伊利诺斯州立大学政治学博士入学申请表》（1914年）、《中国的道德和宗教教育》（1916年）、陶文濬致德芬道夫的4封信（1915~1917年）、《祈先生的新贡献》、《中国在转变中》、《中国的乡村教育运动》（1927年）、《生活即教育》（1932年）、《创造的教育》（1933年）、《小先生和识字运动》（1934年），这些均已翻译为中文编入第十二卷。这里，特向何荣汉先生致谢。

这次不仅认真校订内文，对书籍的开本、版式、封面等都提出了高要求，为此还请了北京的装帧设计家宁成春先生做装帧设计，力争出精品。

本书编辑中的不妥处，恳希读者指出，因为陶行知留下的这笔珍贵精神财富是属于我国人民和全世界人民的。

编　者

2004 **年** 12 **月** 1 **日**

《陶行知全集》

编辑委员会

主　　编　戴自俺

副 主 编　孙传华　苏辛涛　郭　笙　陶晓光

分卷主编　理论卷（第 1~4 卷）　孙传华　苏辛涛　洪　桥　祝德顺　周正章

教材卷（第 5 卷）　戴自俺　陶　城　陈贻鑫

英文著译卷（第 6 卷）　温致义

诗歌卷（第 7 卷）　聂大朋

书信卷（第 8、9 卷）　张邦民

衙备忘卷（第 10 卷）　庞曾漱

编　　辑　（按姓氏笔画为序）

王超英　刘有声　江长风　李　冬　陈　思　杨立义

张　颖　张德生　姚启安　鲁　风　裴未如　韩忠祥

程翊德　储朝晖

审　　定　陆静山（主任）吴树琴　楼化篷　徐明清

丁　丁　龚思雪　李能寿

特邀主编　胡晓风

新版《陶行知全集》

出版工作委员会

顾问	聂荣贵
主任委员	冯元蔚
副主任委员	许　川　韩邦彦　康振黄　李培根
	胡晓风　卢铁城　张　锋
委员	（按姓氏笔画为序）
	王可植　王敬夫　文　甫　尹　平　卢自德　冯国元
	古润清　伍　尧　向国灵　李　致　李光炜　吴汉家
	吴代伦　汪兴高　杨启泉　张子云　张仲炎　陈焕仁
	单基夫　金成林　罗由沛　洪宝书　徐文锜　徐春轩
	袁学林　黄德昆　蒲家驹　熊清泉　廖世洁
秘书长	张仲炎
副秘书长	冯国元
总编辑	金成林
办公室主任	蒲家驹
办公室副主任	张子云　周良玉
编审组	胡晓风　金成林　马　骏　顾　亚　蒲家驹　廖世洁
	钱学文　游仲伦　吴正贤　伍　尧　李能寿　龚思雪
	吴纪真　王屏汉　周良玉
编辑组	罗智超　文　龙　邹　青

编辑说明

一、陶行知（1891—1946）是我国伟大的人民教育家、伟大的共产主义战士。他为中国教育改造、普及人民教育、争取民族解放和建立人民民主的新中国奋斗了一生，留下了大量的著作。他的著作，散见于1913年到1946年的国内外报刊。生前曾以各种形式出版各种专集，流传甚广，影响深远。延安也曾出版《行知教育论文选集》。1946年，延安各界追悼陶行知筹备委员会倡议出版《陶行知全集》，但因限于当时条件，未能实现。1957年7月，张宗麟曾在《人民教育》发表文章，公开建议人民教育出版社编辑出版《陶行知全集》。1959年原中央教育部所拟定的《教育科学规划》曾有出版《陶行知全集》的项目，但因当时各种阻力尚未排除，终未实现。中国共产党第十一届三中全会以后，研究陶行知的活动又活跃起来。1981年，由邓颖超同志主持的陶行知诞辰90周年纪念大会在北京市全国政协礼堂召开。安徽、上海、江苏、四川、北京等地相继成立了陶行知研究会。1982年，华中师范学院（现华中师范大学）教育科学研究所和湖南教育出版社，在征得安徽、上海、江苏、四川、北京等省、市陶行知研究会赞同和陶行知先生亲属的大力支持下，组成《陶行知全集》编辑委员会，由华中师范学院教育科学研究所主编，湖南教育出版社于1985年出版了六卷本《陶行知全集》，在抢救我国民族文化遗产、促进我国教育改革、建设具有中国特色的社会主义教育体系等方面作出了有益的贡献。

二、1985年9月，中国陶行知研究会、中国陶行知基金会成立，对陶行知的研究开始了新的篇章。随之，中国陶行知研究会陆续收到了陶研工作者，陶行知生前友好、学生以及部分读者的许多宝贵建议，要求中国陶行知研究会争取时间，趁陶先生的一些老朋友和学生以及部分陶行知研究的老专家尚健在的时候，组织力量，在原有的基础上，重新编辑出版一部较完备的新版《陶行知全集》（以下简称《全集》），在1991年陶行知诞辰100周年时出版，以应时代及广大读者的需要。

三、本版《全集》的编辑工作，本着求“全”、求“真”的原则，增补了迄今为止收集到的佚文、佚诗、佚信等，并作了认真的校勘；在考订的基础上加了注释；对作者用外文所写著作均作了新的校译；各卷插图有了新的补充和调整。特别要指出的是，本版增补了作者自1936年4月至1946年7月所用的小笔记本55册，以作者所题《衔备忘》为名全部整理编入第十卷，约40万字，系首次发表，是研究陶行知最后十年战斗生涯的极为珍贵的史料。

四、本版《全集》按文章体裁分类，共成十卷。各卷保留了作者原有自编专集的原貌；专集外的文章，再按时间顺序排列。第一至四卷为论著卷（包括论文、演讲记录、谈话、提案等）；第五卷为教材卷（包括各类教材及编辑手稿、儿童科学读物、寓言、歌曲等）；第六卷为英文著译卷（包括英文著述、英文书信；著述中译、书信中译；中译英、英译中等）；第七卷为诗歌卷；第八、九卷为书信卷；第十卷为《衔备忘》。

五、本版《全集》的编辑原则为：（一）尽可能做到“全”；（二）保持陶行知著作的原貌；（三）所收文稿，均经慎重的考证、核查。

六、本版《全集》的注释要求是：（一）以具有中师毕业以上文化程度的广大教师及其他读者为对象；（二）注释条目的选择，以有助于理解原文为准；（三）文字力求简明扼要；（四）对人物、事件，介绍历史背景，力求客观真实，不带政治帽子；（五）人名索引根据其与原著及作者的关系而确定其详略。

七、本版《全集》的编辑和校勘，除充分利用中国陶行知研究会所珍藏的资料以外，并专门组织了力量，到江苏、上海、安徽陶行知纪念馆，中国第二历史档案馆以及华中师范大学近代历史研究所，浙江湘湖师范学校等单位查核大量原件，还尽量查阅手稿及各种版本的专集，多方比较、考证，以求臻于完善。凡有增删或改动者，均采用注释加以说明或以其他方式处理，以便对照。

八、本版《全集》的编辑工作是由中国陶行知研究会领导下组成的编辑委员会主持进行的；出版工作是由四川省党政领导及有关人士组成的出版工作委员会主持进行的，特别是中共四川省委宣传部在多方面给予了大力支持。

九、在编辑过程中，得到南京中国第二历史档案馆，北京中央档案馆，广东省档案馆，北京图书馆，华南师范大学图书馆，南京大学图书馆，南京图书馆，北京师范大学图书馆，上海图书馆，上海辞书出版社图书馆，中央教育科学研究所图书馆，安徽省图书馆，四川省图书馆，四川大学图书馆，广东省图书馆，广州中山大学图书馆，华中师范大学近代史研究所，江苏晓庄陶行知纪念馆，上海陶行知纪念馆，安徽陶行知纪念馆，四川教育学院，各省、市、自治区陶行知研究会以及陶行知先生生前友好、学生和亲属的赞助及支持，在此谨一一深表感谢！

十、由于水平及各种条件所限，本版《全集》疏漏、错误在所难免，敬请读者教正。

《陶行知全集》编辑委员会

1990年12月

凡例

一、本全集编入迄今收集到的陶行知的全部文稿，有文章、诗歌、教材、书信、演讲、小说、谈话、章程、提案、文电、广告、备忘录等2530篇（其中教材13本、小说1部、备忘录55册）。凡有作者手稿，有作者个人署名，或虽未署名但有根据可确认为作者所著者，均收为正文；合署而非作者起草，或虽有个人署名但不能确认为作者所著的文稿，均与其他参考材料一起作为附录。附录共314篇（包括附在第九卷末的年表），一种为文末附，一种为卷末附录。

二、作者的自编集共17本（其中小说1部），大体上按出版的年代排在有关卷的前面，作为第一部分。自编集以外的集外文汇、集外诗汇、集外书信等均按写作或发表的时间逐年编入有关各卷，作为第二部分。有的诗文收入几种自编集内，此次只在一本集子中排印，其余均存目。第六卷英文著译卷，分类按年编排。第十卷《衙备忘》用手稿影印，一册为一篇，在篇末加少量的译文与注释。

三、除少数姓名和文言文中的个别字外，统用简化字，以国家语言文字工作委员会1986年重新发表的《简化字总表》为准。

四、陶行知原著中的纪年、数字、译名及章节标题的分层序码等均保持原貌。纪年多系民国纪年，如三年、廿一年、卅二年（即公元1914年、1932年、1943年）等。数字则汉字与阿拉伯字并存。翻译的人名、地名与通译不同的，在注释中注明通译的名称。编者所写的注释文字统用公元纪年，数字用法按国家语委等七部门公布的试行规定。

五、论著、诗歌、教材及儿童读物的标题用原题，个别有变动的在题注中说明。书信的标题，除作者自编集外，多系编者从信中摘取原话为题。

六、原著无标点的，由编者加添标点；原著用旧式标点或标点不规范的，重新标点。

七、改正了原稿中的错字，删除了衍文，漏字在〔 〕内添补，无法辨认的字用□号代替。通假字、古今字、异体字等，除文言文中的少数字外，均按有关规定处理。

八、编者的题注为脚注。书信及一些档案资料现存放何处，均不作注。

九、作者本人的署名，1934年7月16日前为“陶知行”，现一仍其旧。编者所写注释中则一律称“陶行知”。

十、第十卷和课本、小说不作人名索引，其余各卷正文中出现的人名，均按姓氏笔画作索引，附在卷末。附录不作人名索引和注释。

信

本卷为集外书信和人名索引卷，收入作者于1940年8月至1946年7月所写的书信350封；收作者与他人合写的书信及其他有关函电4件作为附件。少量题注放入注释中。整个全集的人名索引均收入本卷中。

1　1945 年在重庆育才学校留影

2　育才学校创办时的校址——四川合川县草街子凤凰山古圣寺

3　1941 年，陶行知在育才学校井边查看第一口水井出水情况

1

2

3

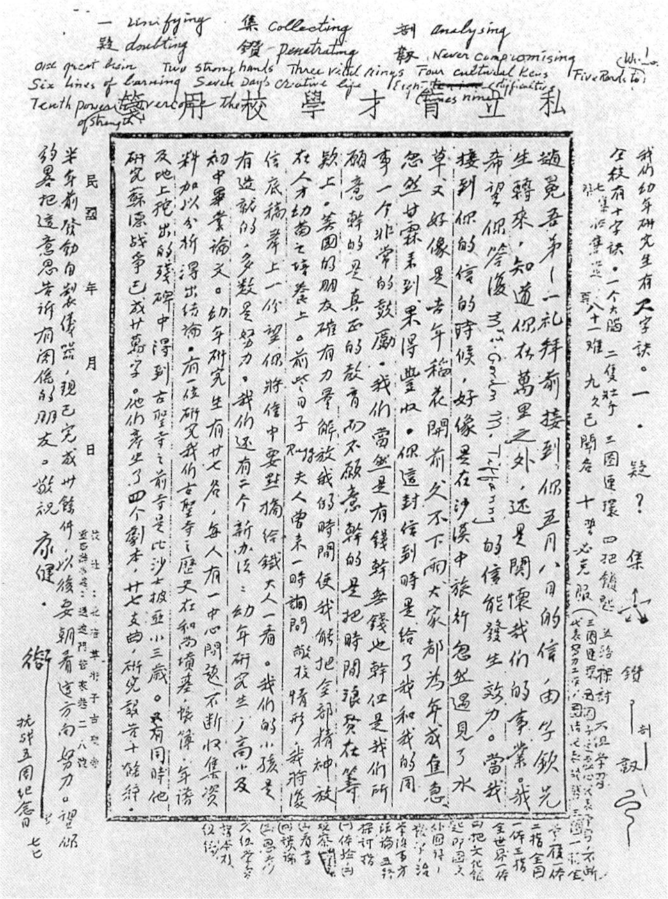

私立育才學校用箋

曦晃吾弟：一礼拜前接到你五月八日的信，由学钦先生转来，知道你在万里之外，还是关怀我们的事业。我希望你答复[illegible]的信能发生效力。当我接到你的信的时候，好像是在沙漠中旅行忽然遇见了水草，又好像是去年稻花开前久不下雨大家都为年成焦急忽然甘霖来到果得丰收。你这封信到时是给了我和我的同事一个非常的鼓励。我们当然是有钱干无钱也干但是我们所愿意干的是真正的教育而不愿意干的是把时间浪费在筹款上。美国的朋友确有力量能放我们的时间使我能把全部精神放在人才幼苗之培养上。前些日子[illegible]夫人曾来一时询问敝校情形，我将[illegible]信底稿岸上一份，望你将信中要点摘给钱大人一看。我们的小孩是有造就的，多数是努力。我们还有二个新办法：幼年研究生，高小及初中毕业论文。幼年研究生有廿七名，每人有一中心问题不断收集资料加以分析得出结论。有一位研究我们古圣寺之历史在和尚坟墓、[illegible]、年谱及地上挖出的残碑中得到古圣寺之前寺是比沙士比亚小三岁。又有同时他研究苏联战争已成廿万字。他们写出了四个剧本，廿七支曲，研究报告十余部。

半年前发动自制仪器，现已完成卅余件，以后要朝着这方向努力。[illegible]约略把这意思告诉有关系的朋友。敬祝康健。

民国 年 月 日

抗战五周纪念日 七七

4

4　给赵冕信手迹

5　1946 年 6 月 23 日，上海各界代表去南京请愿，陶行知在上海北站举行的群众大会上演说

6　1946 年 3 月，陶行知（后排右三）与吴树琴及亲友合影

5

6

7　致陶宏信手迹

8　陶行知与育才的小朋友在凉棚下聊天

9　喜获丰收——育才学校生活剪影

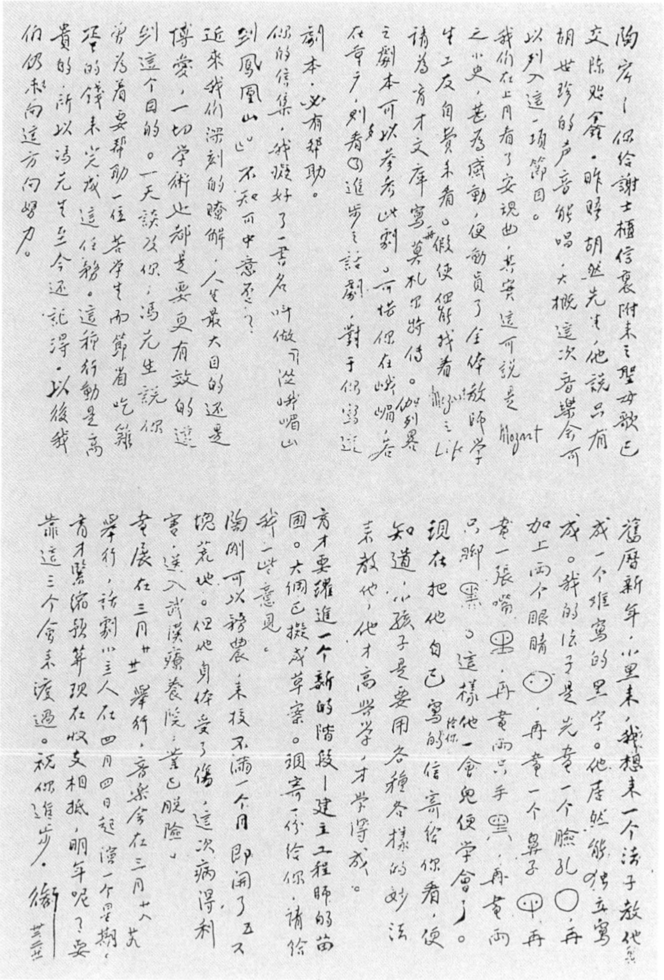

陶宏：你给谢士楷信裏附来之聖母歌已交陈贻鑫。昨晚胡然先生他説只有胡世珍的声音能唱，大概這次音乐会可以列入這一項節目。

我们在上月看了安琪曲，其实這可説是 Mozart 之小史，甚为感动，便动員了全体教师学生工友自费来看。假使你能找着 Mozart 之 Life，請为育才文库寫一册莫札尔特傳。你列界之劇本可以参考参考此劇。可借你在峨嵋岩石亭子，則看得到進步之話劇。對于你寫這劇本，必有帮助。

你的信集，我擬好了一書名，叫做從峨嵋山到鳳凰山，不知可中意否？

近来我们深刻的瞭解，人生最大目的还是博爱，一切学術也都是要更有效的達到這个目的。一天談及你，冯先生説你肯為着要帮助一位苦学生而節省吃雜粮的钱来完成這任務。這种行動是高貴的，所以冯先生至今还記得。以後我们都向這方向努力。

舊曆新年，小黑来，我想来一个法子教他認成一个难寫的黑字。他居然能够立寫成。我的法子是先畫一个臉孔〇，再加上兩个眼睛，再畫一个鼻子，再畫一張嘴，再畫兩只手，再畫兩只脚 黑。這樣他一會兒便学會了。現在把他自己寫的信寄給你看，便知道小孩子是要用各種各樣的妙法来教他，他才高兴学，才学得成。

育才要踏進一个新的階段—建立工程師的苗圃。大綱已擬成草案。現寄一份給你，請給我一些意見。

陶剛可以務農，来校不滿一个月即開了五六[illegible]花也。但他身体受了傷，這次病得利害，送入武漢療養院，業已脱險。

音展在三月廿[illegible]舉行，音乐会在三月十八舉行，話劇小主人在四月四日起演一个星期。育才[illegible]預算現在收支相抵，明年呢？要靠這三个會来渡過。祝你進步。衛 [illegible]

8

9

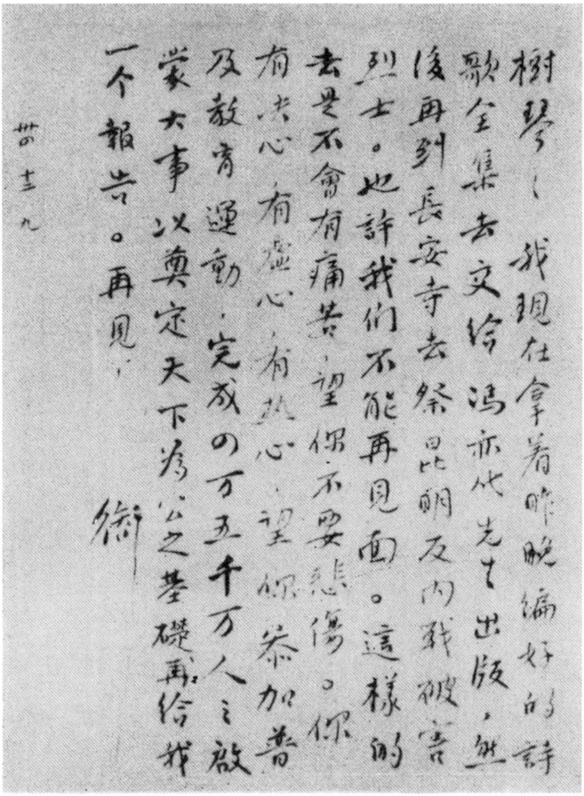
樹琴：我現在拿着昨晚編好的詩歌全集去交給馮亦代先生出版，然後再到長安寺去祭昆明反內戰被害烈士。也許我們不能再見面。這樣的去是不會有痛苦，望你不要悲傷。你有決心，有虛心，有熱心，望你參加普及教育運動，完成四万五千万人之啟蒙大事以奠定天下為公之基礎再給我一个報告。再見！

衛

卅 十二 九

10

10　1945 年参加祭昆明反内战烈士会前留下的遗嘱

目 录

1942年

1943年

1944年

1946年

集外书信

关于成立分社的意见

——致刘琼瑶

琼瑶吾弟：

来信及与成立分社有关的各件均已收到。您对于生活教育运动的努力，使我感到欣慰。不过关于各地成立分社事，我倒有点意见，稍稍和你们的看法不同，现在写在下面：

（一）分社以省为范围，至少值兹抗战时期，是有点不相宜的。分社组织之目的，在集合就近可能聚在一道之社友切实从事生活教育之研究、设计与推行。而这一点在目前之交通条件下，以省为分社之单位便不容易做到。

（二）因此，目前分社之组织，似应以县或互相邻近之数县为单位，一方面分别与总社直接发生关系，另一方面全省之分社可以互相发生联系，并可相约由省府所在地之分社主持之。

（三）但这并不是立刻要求你们就这么办。你们筹备福建分社已历时多日，这件事实是应该尊重的。我盼望你们继续照章进行。静桐同志的意见很正确。

此外，关于我在美国时国内的一个传说——在哥伦比亚当教授——这个消息是不确实的。您传布这一个不确实的传说，结果是可能遭到人们的恶意的解释的。

二十五元收到，已交生活书店。地址亦照改无误。特此。并祝

体健!

陶行知

八月二日

谢捐助新安学校

——致张治中

文白先生：

前在渝路过尊处，未能入内一晤，深以为歉。捐助新安学校之五百元已收到，并经由中国银行汇至桂林该校。收据一俟款到便寄渝。谨先代表该校向　先生致谢。特此专复。并祝

大安!

陶行知

八月二日

你的希望一时尚难实现

——致张禹平

禹平先生：

承告我的某些言谈，为您所接受，欣悦无似。细窥来信之意，似欲进入育才学校学习并工作。倘若我的揣测没有错的话，我想告诉您，进育才本来是没有问题的，无奈最近物价奇昂，学校扩充计划不易实现，因此您的希望一时尚难帮助实现。特此奉复。并祝

体健!

陶行知

八月二日

在家做事同样有机会学习

——致伯康

伯康小朋友：

看到你又一次的来信，使我感到你真是一个好学的孩子。你要求进入育才学习的志愿很坚决，照普通的道理说，我似乎应该答应你的要求，给你想点特殊办法，但这跟育才学校立校宗旨及种种法规是冲突的。因此我不能徇人情来给你特殊帮助。这也就是说，我不能采用你的办法（同同学合床睡，上课在旁边添一座位）答应您参加育才生活。

我想你接着这封信一定非常失望，其实这是可以不必的。从前有许多学问家、政治家，幼年时都没有受什么正规的教育，但他们后来一样获得成功。你不要以为在家里做事就绝对没有机会学习。

此外，您的感情也嫌过度，你应该学得冷静一点，不要什么事都激动。我希望你能学习战地工作的小朋友的冷静和热情，这一点只要你愿意，是一定可以学到的。祝你

体健!

陶行知

八月三日

感谢对难童的热爱和对新教育的同情

——致杨静桐

静桐先生：

六月十二、十三所发两信及汇寄之七千八百五十一元二角六分均已收到。除了另函吴文炳先生表示我们的谢意而外，更令我们兴奋的是先生对于育才事业继续不断的关心，不仅是直接给我们作了许多帮助，并且还随时随地鼓起同情我们事业的许多教育界的朋友来给予我们帮助；这充分证明了 先生对于难童的爱，对于新教育事业的同情，请让我代表育才全体表示深切的谢意。

育才于暑期结束时，曾作过一次总检讨，除由于诸多原因所造成的某些缺点亟待改正而外，全校指导员咸认各组之特殊学习，颇多令人兴奋鼓舞处。其进程之速而正确，有非我们初料所及者。

暑期开始后，校内已实施合理的军事管理生活，除患有心脏病、肺病及疝气病之儿童外，均一律参加。八月一日曾举行检阅典礼一次，秩序与清洁卫生方面，已有显著的进步。这些消息，想一定为关心育才如先生者所乐闻吧!

给新安学校的二千元已汇去，八百五十一元二角六分已托中国银行交邹先生[①]，由我托他开单交香港分店[②]代购书籍并代寄吴文炳先生。

立案事当托妥友代为进行。怡朗[③]诸友当不日去信致谢。妇慰会[④]托转之款，尚未收到，但不久谅可收到。

关于寄信的办法，我有一个建议，这回您的来信六月十三日发，七月廿日始到。盼以后来信用航空信纸写，并由航空寄出，那就要快得多了。

捐款最多的小朋友，其照片除由相当画报发表外，并由育才之绘画组给刻成木刻寄来，文学组对于他的义举，也预备写一篇文章寄来。特此奉复，并致诚恳之谢意。敬祝
大安。

陶行知启
八月三日

注释

① 邹先生　即邹韬奋。

② 香港分店　指生活书店香港分店。

③ 怡朗　地名，是菲律宾怡朗省首府。怡朗诸友指旅居在那儿的爱国华侨。

④ 妇慰会　指纳卯华侨妇女慰劳会。

一个诚恳的告急[①]

——致杨静桐

静桐先生：

还有一点事，希望告诉您，不是一件寻常报告，而是一个诚恳的告急。

国内百物昂贵，尤以生活必需品为甚。单就米价而论，去年今日每斗（四川之旧制）三元有余，而日前则已涨至十四五元一斗。处此情况下，我们的伙食费是激增了三倍以上，而仍是继长增高，不知所止。正式预算只增加了七分之一，这次宿务自动的寄来的捐款，是给了我们一个适时之援助。刻正集中精力为增加学校之经费而努力，并拟商约同情育才之人士为育才之友，每月酌量捐助经费若干。我很希望您为我们找一些育才之友，每人每月之捐助费多少可不论，只要按期寄来，俾育才可作成经常预算，使我们可以不为经济所困，而全部精神被解放出来，以从事于新教育之创造。

关于物价高涨，只给少数朋友知道，不可作为演讲材料，也不可流露报端。我们之所以不得不告诉您，系希望您以育才之友的资格，深刻明了育才处境之非常困难，而给我们以继续不断的自动的援助。从前我们除了捐募图书之外，没有向您们请求捐款，而您们是这样的热心关怀。现在我们是半炊而快到断炊，我们是有责任给我们的朋友知道真情。如果朋友们愿意酌量给我们帮助，也只可以少数朋友捐助的形式行之。整个国家为了抗战到底，须要菲岛[②]侨胞更多的援助。您们今天要用倍上加倍的力量，来为国捐输并响应政府所募的公债。我们不愿学校之救济对国家筹款有丝毫之影响，这一点也希望我们的朋友了解。

知先生深爱育才之事业，故敢作此不情之请。特此并颂教安！

陶行知

注释

① 此信写于1940年8月上旬。

② 菲岛　指菲律宾。

团结侨胞 增加抗战建国力量[①]

——致吴文炳

文炳先生：

六月二日来书及静桐先生代汇的七千八百五十一元二角六分均已收到。二千元捐给新安旅行团的已遵命汇去。所余之八百五十一元二角六分已交生活书店邹先生照来信所开条件，代由香港分店购买书籍奉上。

先生这次寄来的款子及所发起的救济育才难童储金工作，令我们感到极大的兴奋。谨代表育才全体向　先生致深切的谢意。储金最多的小朋友的照片，除在相当的画报给发表外，育才绘画组的小朋友打算作一木刻以资纪念。该项画报及木刻当于发表并作成后寄上。小朋友当另有信给贵校小朋友。我希望以后我们和您们的小朋友，可以经常通信交换知识。

海外之教育有待改进，而改进必遇困难，有困难而必须克服，如国内一样是事实。但在当祖国处于绝续存亡之际，帮助头脑清楚之侨胞进步，为国服务，同时团结实际从事教育工作者以增加抗战建国之力量，也绝非不可能之事。事虽艰苦，但我们多努力一分，便可以多为民族国家负一份责任。先生留在原校工作的精神，我是非常赞佩的。特此致谢，敬祝

教安！

陶行知

注释

① 此信写于1940年8月上旬。

艺友制是补师范教育之不足

——致潘畏三

畏三吾弟：

接来信，知道您十年来工作情形，甚慰。

《师范学校与艺友制》一文，已读。某些地方想提出来与你商讨一下。艺友制是对于传统的徒弟制的一种改造，它是新教育方式之一。在学做合一的情况下，艺友是跟着师傅在做上学的徒弟或学生；在教学做合一的情况下，艺友是徒弟同时又是师傅，是学生同时又是先生。前一种情况可以尽一部分普通教育的作用，后一种情况可以尽一部分师范教育之作用，从这一点看，您想把现有师范教育停掉而代之以艺友制，便很值得商量了。过去我们之所以提出艺友制，不是用来代替普通学校，而是用来补职业教育或人才教育之不足。不是用来代替师范教育，而是用来补师范教育之不足。现在师范学校虽有缺点，我们的任务是改造不是取消。说得更正确点的话，我们应该就学校这种特殊机构予过去的师范教育以改造。过去我们办晓庄试验乡村师范便是这个意思。今天国家已经规定私人不能办师范学校，因而我们不可能来办正式师范教育。这一点不辨明，有些人又可以用作藉口来说我们是在企图取消学校教育了（这是带着一种挑拨性的话），而这绝非我们的本意。

上面所提出的是关于艺友制的基本问题，倘若在这个基本问题上您能同意我的意见的话，我希望还是在您所办的那个简易师

范内，多多采用艺友制的办法。当有成效可目睹时，再呈请省教育当局推行。不知这种意见您以为如何？特此。并祝

体健!

陶行知

八月十日

学习太少应设法补救

——致海真

海真先生：

来信复迟了，甚以为歉!

在贵院事多人少之情况下，学习机会太少，这一点确实是应该设法补救的。嘱代安一适当工作事，正在注意中，特此先行奉复。并祝

教安!

陶行知

八月十日

请向捐款人申谢

——致汪达之

达之同志：

接读来信，备悉种种。

张文白先生曾捐新旅五百元，已于　月　日由中国银行汇桂。菲律宾华侨所办之宿务学校小朋友，在救济难童储款中捐给你们二千元。该款于　月　日亦由中国银行汇来。不知这两笔款子收到没有？收到后盼即向捐款人分别申谢并发给收据。关于收据上填写捐款之数目，请注意一点：由于此间没有必要的理由给你们的汇款出一汇费，已在五百元中、二千元中分别扣去汇费，因此尽管你们所收到的不是五百元，二千元，而收据上均必须写五百元、二千元。给宿务学校之收据最好能分别向：（一）全校捐款小朋友；（二）发起这个储金运动的吴文炳先生；（三）幼稚园主任陈淑华女士（有一位幼稚生捐款六十元）这三方面致谢。宿务学校的通讯处为 Cebu Chinese School P. O. Box 70，Cebu City，PI 吴先生通讯处为 Mr W. P. Wu，P. O. Box 411，Cebu City，PI。①

关于总部②要改编“新旅”事，你们的意见和办法我都同意。以后董事会开会，由您代表我出席，不必再来什么通知。目前总情势，根据我听到的消息，有好转模样，想来你们也多少听到。恕不赘。并祝

体健!

行　知

八、十

注释

① 信中两个英文通讯处，前为“菲律宾宿务城70号信箱宿务华侨学校”，后为“菲律宾宿务城411号信箱吴文炳”。

② 总部　指当时的国民政府军事委员会总政治部。在陈诚任部长时曾企图改编或解散“新旅”。后在陶行知和周恩来的积极干预下，保存了“新旅”的建制，作为总部的“特约”群众团体，在总部第三厅郭沫若的直接领导下从事抗日救亡的文化、宣传工作。

寄上代垫赙仪

——致臧其吉

其吉吾弟：

来信悉。承代垫致张真如同学之赙仪，今特寄上国币拾元归赵。特此。并祝

体健!

陶行知

八月十日

从速决定来渝或留桂

——致程今吾

今吾同志：

您答应来育才工作，大家都很高兴，但听说您必须八月底才能动身，则又未免有些失望。为了桂林工作也很重要，我们希望您能迅速决定究竟是来渝还是留桂。你若决定属于前者，最好接信后便立即动身。因为您早到一天，便可以对育才之过去及现况多一分了解，这对于以后如何执行工作是有密切关系的。我们不是不希望您在桂林作一个很好的结束，而是觉得您既答应来育才，就应该设法争取工作上必要的准备，可于取得在桂同志之谅解后，迅速就道。倘若你的决定属于后者，我们也很赞同。因为留桂和来育才工作，性质虽不尽同，但重要性却是一样的。不过希望您能早日来信说明。

等待着您即刻的回答。特此。并致

敬礼!

陶行知

八月十日

凑巧会见好几位朋友[1]

——致友人

…………

这一次凑巧会见了好几位朋友。卫立煌先生从洛阳来述职，还没有回去，昨天在他那儿早餐。

昨天、前晚感受最大的困难是无水洗澡。喝的水虽有，也不充分。今早看见洗澡盆里的清水，眼睛为之一快。

衔

二九、八、十一

注释

① 此信只有后半件，致哪位友人不详。

重庆大轰炸

——致吴树琴等

树琴、晓光、城：

我自到渝，即住在嘉庐一号三楼沈寓，一切都很安适。九日大轰炸，我在青年会的防空洞里。青年会除宿舍外，全部被毁。我们在洞里，只觉得一些烟气。当初群众很喧哗，后来把洞口塞了一个，使火舌不得进来，这才大家安静下去。当轰炸的时候，头顶上听见轰轰之声，震动不太大，想系烧夷弹而非重磅弹。四时解除警报，才出洞。想透些新鲜空气，但是四面大火，热气逼人。等候两小时，才走后门委婉而达到大街。新街口上海银行、中央日报、中国银行都被炸，而新华银行尚无恙。昨日提款买物，他们还请我吃午饭。曾家岩一带炸得厉害，敌机投下几个千磅以上之弹，最可惜的是海棠溪之桐油库被炸毁了。投了一百多弹，死了二百余人，捉着两个汉奸。

五号木塞[①]买了一万，给我买空了。Every Ready 刀片，这里没有了。你还是买 Valet 吧。这里每片一元八角，北碚快买，可以便宜些。戥秤买了一把。晓光要的药，到处配不完全，只配了一半。可见药不完备，病是害不得的了。

我有事要等两天才回来（昨日发上一电报平安，说十三来，谅已收到），各路防空洞都有朋友，请可放心。你们是必须到防空洞去。洞若、良材用介绍片介绍到石柱湾胡石青先生那儿去。

行　知

二九、八、十一

注释

① 五号木塞　晓庄研究所制药作瓶塞用。

请给予育才经常的支持帮助[1]

——致吴文炳

文炳先生：

月初给您的航空信该已收到了罢？现在寄上育才全体小朋友致贵校[2]师生及尤玉英[3]小朋友信各一，敝校绘画组所作之尤玉英木刻像两张，文学组所写之凤凰山素描一篇。我希望贵校及育才之小朋友能从此在精神上互相联系，这一回寄来的东西只是一个开头。

前致静桐先生信中曾提及育才真实情形，我们希望他成为经常的“育才之友”，继续不断给予育才以精神上的支持和经济上的帮助。这一个请求我们同样要向先生提出。想来您一定会慨然允诺的。所谓育才之友是指那些以精神和物资帮助育才之新教育事业发展的朋友，我们以育才之友的名义赠给　　先生，是深感　　先生已经以行动成为“育才之友”，并且以光辉给予了“育才之友。”

我们所要求于育才之友的有两件事：一是经常地给我们物质上的援助，使我们的心力能得到相当的解放，以从事于真正教育之进行；一是介绍关怀难童与新教育事业之人士，使成为育才之友，共同帮助育才学校发展。专此奉商。敬颂

康健!

陶行知

注释

① 此信写于1940年8月中旬。

② 贵校　指菲律宾爱国华侨所办的中华学校。当时吴文炳在该校任教。

③ 尤玉英　中华学校学生，曾一次捐助育才学校六十元。

日机猖狂
请拨款建造防空洞

——致许世英

赈济委员会许代委员长勋鉴：

日机猖狂，迩来尤甚。北碚亦三次被炸，损失綦重，满目疮痍，令人愤慨！敝校距离北碚虽有三十里，校傍嘉陵江岸，敌机每一往返，必经上空。且于八月三日在敝校高空发生剧烈空战。敝校防空设备，尚未修建，师生安全，毫无保障。敝人亦感责任甚重，似不得不迅即设法。去岁曾为请命，未荷批准。本年七月再申前情，恳拨款六千元，以资建造防空洞。此次赴渝会晤黄伯度先生，闻已将原函转上，谅邀洞悉。惟尚未接回示，而时机急迫，又不能须臾稍缓，特此专函上达，希即赐电批准拨发，以便早日开工，俾敝校师生得以安心工作。

再有恳者，近数月来物价飞涨，食米一项即涨至原有五倍以上，学校开支窘迫万分。节无可节，百思难解，深望自八月份起，每月增加补助费贰千元，以救枯竭之危。如蒙俯允，全校感激！谨此奉商，伫候赐复。敬颂

勋安！

育才学校校长　陶行知

八月十九日

敦请三位先生作育才之友

——致鼎铭等

鼎铭，泰楠，曲水[①]三位先生大鉴：

接杨静桐先生来信，欣悉由于三位先生暨怡朗妇女救国协会诸位同志之热忱倡导爱护，已由妇慰会于六月上旬左右汇交重庆蒋夫人国币三千元，并指定千五百元慰劳豫鄂抗战将士，另千五百元捐助敝校作为教养难童经费。闻悉之余，深觉敝校何幸，竟得这样令人兴奋之鼓励与援助！弟谨代表敝校全体向三位先生表示我们深切的谢意。育才是抗战后一个新设立的学校，它的宗旨在培养聪颖优秀之难童，予以基础与特科并施之教育，俾成为现在抗战之小力量及未来建国之专门人才。我们深感自己力量不够。一年来，我们曾集合了许多同情它、支持它的朋友作“育才之友”，使这新教育事业在更多的鼓励、指示与帮助之下成长起来。现在我们敦请三位先生作我们正式的“育才之友”，经常地给予我们以精神上物质上之帮助。你们已经在行动上成为真正的“育才之友”，我想一定乐于接受我们的请求，作为正式的“育才之友”的。

怡朗救国协会六月十二日信，刚于今日收到。另有复函，盼即转交。最后让我代表全校敬致诚恳之谢意，并遥祝诸位康健及全侨文化进步无疆！

陶行知

二九、八、廿

注释

① 三位均系爱国华侨，时在菲律宾。

要求育才之友的两件事

——致洪敏侨等

怡朗妇女救国协会敏侨主席及诸位先生公鉴：

今日拜读六月十二日大函，敬悉　贵会捐助敝校一千五百元作为教养难童经费。闻悉之余，除对　贵会为抗战建国服务之热忱表示敬意外，特代表敝校全体向　贵会表示我们深切的谢意。该款尚未转到，想系沿途耽搁所至。一俟领到，再行奉上正式收据。现奉上凤凰山素描一篇，系敝校文学组小朋友高云贞所写，尚希教正。最后，让我代表全校对贵会诸位先生之热忱爱护敬致诚恳之感谢！一年内，育才学校在许多朋友的鼓励指示和帮助之下成长起来，现在我们敦请敏侨先生为个人的育才之友，贵会为团体的育才之友。我们所要求于育才之友的有两件事：一是经常地给我们以精神上物质上的援助；一是介绍关怀于难童与新教育事业之人士，使成为育才之友，共同帮助育才学校，使这新教育事业可以欣欣向荣的进展，谅想你们一定乐于接受这一个诚恳的请求吧！遥祝贵会及全侨妇女前途远大光明。

陶行知启

二九、八、廿

高云贞在校情况

——致佐兴

佐兴先生：

八月六日大函奉悉，敝校女生高云贞仍在校安心学习，可以告慰。前曾一度生病，现已告愈，唯身体尚弱，须再加意保养。该生学习，已有进步，特为抄上近作《凤凰山素描》一篇，以见一般。专此奉复。即颂

近佳！

校长　陶行知

八、廿

一个文件征集签字

——致石青等

石青、家楫、献文、伯韩诸先生大鉴：

现在有一个国民外交的文件从重庆寄来，征集签字，特托洞若先生前来接洽。如荷同意，尚希签字。是否可行，统望卓裁。敬祝

康健！

陶行知拜启

二九、八、廿二

郭竹筠宜进音乐专门学校

——致元汉

元汉先生：

郭竹筠先生已见过，他的音乐才能确实是可以造就的。但育才入学年龄以十五岁为最高限，做学生自然是不可能。做艺友呢？也许是很好的，但艺友要教小朋友，而目前音乐组之小朋友在五线谱及见闻方面，甚至有非某些中学教师所能及者。因此，他到育才来做艺友是否适当，也便成问题了。我的意思为增加音乐之基础知识，最好他还以进音乐专门学校为是。

陶行知启

八月

请昌书来清查木料

——致马侣贤

肖生同志：

妇女慰劳会之募捐册业已催过四五次，不交去是太失信用，请找到交妥友带下。

您去学校告诉大家，我预备后天（七号）来。请您设法明日晚上或后日天明派一乘滑竿来。清查木料，请昌书同志今日来，会同区署杨队长照你约定时间去大沱口一带清查。

衔

二九、九、五

介绍孙崇甫到育才参观

——致陆维特等

维特、白危、肖生、铭勋诸位同志：

敝友孙崇甫先生为生活教育社忠实同志，现回西安为朱子桥先生主办慈幼院，顺便来看看育才，深望诸位同志代为招待，并交换意见。孙先生前为西安《老百姓报》编辑，近主编《伤兵之友》，对于我们必有很多指教。专此介绍。敬祝

康健！

行知启

二九、九、十

米粮问题有好办法解决

——致马侣贤

肖生同志：

米粮问题，有好的办法解决，今日下午一时可决。我们大概可以得到每斗十三四元之米。乡下定米暂勿大量为之，只需顾到数日就够接得上。望勿宣布。敬祝

康健！

衔

二九、九、十一

请开留任工作人员名单

——致马侣贤

肖生同志：

各部各组留任工作人员，请于接洽后，给我一个正式名单，姓名、名义、职务、待遇，随荐随核，不必一齐交来，以免延误，等我回信，才算决定。各部各组也应当给您书面的推荐，这样手续就比从前清楚些。

二十号早晨，在可能范围之内，派一二乘滑竿来，我或者有宾客要来。您所给我的四张被及被单一张，已经收到，这大概是生活教育社的，是不是？给新华银行、赈济会及保育会信三封已经收到。我今天发热，不能细看，明天可以盖章发去。敬祝
康健！

衔

二九、九、十八

数事待办

——致马侣贤

肖生同志：

一、一千元支票已遵嘱盖章（中国银行 04060 号支票）。

二、保育会学生名册须改正如下：

（一）年月日下之“私立育才学校校长陶行知”删去。

（二）根据本学期各生年级（所开年级是否本学期开始年级？）将零用费、书籍费算好，统计写入信中。信中要说五年级以上学生共多少名，计零用费若干、书籍若干。四年级以下共多少人，计各费若干、总数若干。

三、滑竿能有两乘来最好，倘学校事务缺少人做，就近找朋友帮忙。敬祝

康健！

陶行知

二九、九、十九

自费生必须有监护人

——致马侣贤

肖生同志：

昨日忘说一句话，就是自费生已经在者，除必须清付费用外，必须有人负监护人之责任。如吴新稼所介绍者，必须有人负责，学校随时可与他商量。学生有病或有他故，学校可以有办法通知，或医或领回，监护人必须有我们所确知之通信处。无监护人之自费生，我们不得收留。专此奉闻，尚希执行。敬祝
康健！

衔

二九、九、廿三

请客费用由我照付

——致马侣贤

肖生同志：

图章暂留。我病未愈，不能操劳。

（一）04061号支票计壹仟元，已遵嘱盖章交林谷[①]先生，并嘱他明天做了一切事再取此款，取了款即回，不再做他事。这一点，你没有告诉他。以后取款人必须如此。

（二）昨天请客一切费用，连酒菜、饭茶、滑竿、船钱都开在我的暂记账上，并请立即清算，以便照付。学校经费中不宜动用一文。

衔

二九、九、廿五

注释

① 林谷　当时任育才学校会计。

立刻派人查找木料

——致马侣贤

肖生同志：

据昌书同志说，易必光君接木料看守人报告，越〔悦〕来场有369“与”字育才木料十余根，重庆唐家沱有369“与”字木料五十余根，想他处尚有，易君必光已报告您，但不见您来信提及，不知如何？易君自说不愿去调云云。这事要立刻派二人，一人到越〔悦〕来场；一人到唐家沱。所派人必须精明，善交际，带笔墨及学校公函去，凭保长等写上“育才”二字，并迅速报告我。唐家沱之木料查有着落即电“北碚碉堡陶××查有××根”。我很希望这两位同志即日动身，争取时间，不可再误！以恢复这已失之校产。守木料者所报消息如何，请详示。

九月十八日请您开示各部各组工作人员名单以凭作最后决定，尚希即日交下为盼。敬祝

康健！

衔

二九、九、廿五

我从前交您之小蚊帐及王瑞符代买所存维特处之大蚊帐，望即交姜工友带下。

请客用费若干，请即开示。

衔又启

昌书的书籍、镜框[①]二百五十元支票已遵嘱盖章。镜框非摄

影能手不交使用。昨闻治疗针又毁，体温表两个早毁。此皆我亲自为大家健康所买之公物，于今相继被粗心所毁，可见育才对此实无教育可言。

注释

① 镜框　指照相机。

数事相告

——致马侣贤

肖生同志：

九月二十六日来信及工作人员留任名单均已阅悉。

一、唐家沱发现369木料五十余根，越〔悦〕来场发现369木料十余根，若是大料就值得六七千元，这是一件大事。你既知道了十多天，为何不报告我？这是应该动员最精明的同志去追查，我想没有人不肯响应的。大水不能去，可以坐汽车、坐滑竿，或是走路也是可以的。凡事要分大小缓急，否则无论什么团体也办不好。昨晚来信是说派了易先生一个人去，一个人去捉这两只大鳖，于争取时间也是太缓。我不知道易先生是怎样去，坐木船去的吧？希望你立派一位得力的人到唐家沱，或者你亲自出马。学校的事托给别的同志。

二、留任名单中有张君宜天，恕我不表同意。章泯先生没有和我提到他，他与育才环境不相宜，要等他在外面工作证明才能考虑。现在请你告诉他自己去找个比较适合的环境去工作。他在本校的工作以本月底结束。

三、戏剧组的艺友我只能对江风表同意，请你参考。

四、关于周恩来、邓颖超诸先生来校参观之一切费用，由我个人担任，照来单所示，计饭菜二十五元九角，滑竿二十元，船资十二元，共计五十七元九角。现将屡次代垫之发票送上，共代育才垫出四十六元零五分，另找上现洋九元八角五分，共计五十七元九角。两抵正好。请赐一收据给小朋友带来，使我放心。

五、桑文澜先生连育才之友的名字也不在名单中，这是什么意思？望用一女工帮助桑先生增加对小朋友工作的效能。最好由桑先生自找，使她能够多帮助小朋友一些。桑先生是十分之八的医生，同人必得爱护她，尊敬她，使她可以安心。我可以给你说一句极诚恳的话，假使学校同人因人事关系而使她拂袖而去，我也只好敬谢不敏了。敬祝

康健!

衔

二九、九、廿九

下次来信请写年、月、日，如来名单必须由你签字。

贺先生[①]推荐李抱忱先生之夫人担任音乐指导员，我表同意，请与贺先生一商。

注释

① 贺先生　指贺绿汀。

要建立整个的新预算

——致马侣贤

肖生同志：

十月一日信由宜天带来，敬悉一切。校务会议日期定于二号午后二时举行，如果天晴，即请派滑竿来，我当出席。倘使下雨则不必派滑竿来，因我病新愈，不宜受风湿。如此，则请主持校务会议并将结果告我。

关于艺友待遇，暂以上次建议所核准之办法而经我签字者为根据。一切变更须待平衡之新预算建立时统盘决定。否则每月亏空四千元，再过两个月，就要动摇整个学校之存在。我们现在所要建立的是整个的新预算，而不是一部分的来解决。希望您在最近提出一个完整的预算。这预算最好有两个：一个是量入为出，作为较紧的预算；一个是量出为入，作为较宽之预算。较紧预算为坚苦维持现实支出之根据。较宽预算作为开源筹款、改善生活之根据。这样则学校生存、师生生活都可两全，并且可以逐步改善以求发展。

艺友待遇分级，须待考虑会商才能定。

止疟丸现再奉上七十副，计一千四百粒，务望检收。

鱼石油不知何物，当去街上代问。恐有笔误，尚希示知。

宜天须住校若干日，以便等候建立相当社会关系，请酌量延长数日，俟我来校再行商决。敬祝

康健！

余容面谈。

衔

二九、十、一

代请缓予改编新安旅行团[①]

——致张治中

重庆曾家岩桂园。

张文白先生勋鉴：

新安旅行团属〔嘱〕代请缓予改编，恳电四战区政治部宽以时日。函详。

陶行知

二九、十、二

注释

① 此系陶行知致当时的国民政府军事委员会政治部部长张治中的电文。

附：国民政府军事委员会政治部第二厅批文稿

前饬据桂林行营政治部呈复称：新安旅行团领导人员思想左倾，且其团员仅卅一人，而中途参加者占其大半，无存在必要。经令四战区政治部依照下列原则予以改编：（一）年龄较大有工作能力者，编入政治队充队员；（二）年龄幼小者，送入公立学校求学或保育院教养；（三）领导人员送训。复据呈请暂缓改编前来，经令复仍应迅予改编在案。此件拟婉复，不能再宽时日。

十月十六日

改编“新旅”要从整个民族文化着想[①]

——致张治中

文白先生勋鉴：

昨日接到新安旅行团二十九日由桂林来电，述及第四战区政治部限他们五日内赴柳州改编入政工队；并说到匆促改编困难多端，嘱弟代为面陈。弟因疟疾初愈，不堪奔走，只得函陈管见，以供采择：

（一）该团现正为恢复新安学校准备公演，藉筹基金，倘匆促赴柳，则全功尽弃。

（二）该团有三万四千里长途为国服务之历史，政治部指挥监督其工作以增加效能最为适宜。倘若扫数改编，令此具有光荣历史之团体消灭于无形，则不但予工作者以精神上致命之打击，而且从整个民族文化上着想，亦未免可惜。区区之意，是否有当，尚希卓裁。至前信代请发给八个月来之补助费，深望俯予照准，以鼓励其为国效劳之热忱。专此奉商。敬颂

勋安！

弟陶行知拜启

二九、十、二

注 释

① 此信是针对国民政府欲改编新安旅行团而致国民政府军委会政治部部长

张治中的。后来，在周恩来的精心安排下，使新安旅行团的骨干先后转移到了苏北解放区。

附：张治中复陶行知函

行知先生道右：

违教积时，至深企慕，顷奉惠缄，敬悉一是。新安旅行团改编事，前在辞修兄任内，因该团分子递变，原有新安学生已寥寥无几，为爱护青年、综核名实计，曾令改编在卷，既成定案，敬难递改，尚乞鉴原。再，该团员生年均稚幼，藉此机缘，得资深造，亦属善事，卓见以为何如？至八月份以前补助费已饬清发，承询并复。专此。敬颂

教祉!

张治中再拜

二九、十二、三

立刻买新绳扎滑竿

——致马侣贤

肖生同志：

您派来的滑竿①是用破烂的绳子捆的，捆的也不紧，前天滑脱了一回，昨天滑脱两回，绳子断了两回。这种滑竿是有不如无。孙锡洪太太跌过一次。我亲身受了这恩赐两次。将来抬病人或宾客，中途遇险，何以对人，学校虽穷，这买新绳的钱也不见得没有。若没有就算我捐好了。总之，这滑竿是不可再用。要立刻派人买新绳扎起几付滑竿，以备不虞。

衔

二九、十、四

注释

① 滑竿　一种供人乘坐的旧式交通工具，用麻布（或躺椅）绷架（绑扎）在两根长竹竿中间，形似轿子而无顶，由两人抬着行走。

学习费用由我负责

——致陶晓光

晓光：

从吴先生[1]信中得知你的工作与学习情形。你所需要的经济上的帮助，我可以胜任。为了你的学习，我总愿意负经济上的责任。你下次写信可以拟一个小小预算。倘使得不到充分的学习，要换地方亦可。这是需要时间接洽。如果可以有学习的机会，则工作多吃些苦也有价值。专此奉复。祝你
健康!

爸爸

二九、十、五

尚达[2]弟望代致意

注释

① 吴先生　指吴树琴。

② 尚达　即倪尚达。

招待所必须有人管理

——致马侣贤

肖生同志：

学校派来滑竿，我为学校事，昨早坐去见桑大夫，临遇空袭警报。下午三时，令胡、陈二工友归校。但晚间知道他们仍在北碚，不知何故？请查问。

今日送来各信，请立派妥人封送各位，需取得本人收据，交章国珍带回。

招待所不谨慎，需立即修理，否则被褥有随时失去之危险。不得已，暂交文华在此督工，倘必须文华立即回校，即请另派人来督工。招待所必须有人管理，我看章国珍小朋友为人可靠，也还听话，如果立定规则，嘱其管理，可以胜任。请与吴勃先生、事务科及招待股商决示知。如果大家赞成，即请面派章国珍担任招待所干事，指示原则，令其执行。如不赞成，请即来函示知。

敬祝

健康!

衔

二九、十、五

桑先生挽留情形如何？望减少她的生活的不便及扫除她工作之阻碍而坚决诚恳的挽留她。挽留她不是空言所能成功的。

地方领袖士绅将参观育才

——致马侣贤

肖生同志：

（一）您要到重庆去为学校办一些事很好，望快去快来。去时在我家谈一谈。

（二）十号以后，地方领袖士绅有参观育才之准备，日子未定。此举于育才捐款大有关系，请告诉各部、组积极进行。

（三）二岩有大柿子摆在街上卖，无论生熟请托便人或您自己代买二元带下。拜托拜托。

衔

二九、十、六

“新旅”事亟须您代表我去见文白先生。

整洁如吃饭不好放假

——致马侣贤等

本校各办公室内之布置须井然有条，倘兼作卧室，则早起第一件事便是将卧具他移，使成为单纯、简洁之办公室。蜘蛛网、洗脸器具及一切非办公室内所应有之物，均须一律肃清。桌上灰尘及地上垃圾也必须不使停留室中。桌凳能以同颜色者为标准。课堂内下课时，务使桌凳摆好，黑板刷光（有整齐之抄写资料在外）。课堂之桌上须一律不用纸铺，因为用纸铺则在纸上乱写，反不整齐。寝室须照暑期生活时期一样整洁。整洁如吃饭，不好放假。晚间大小便宜改良，粪桶上须加手提木盖，以免扩散。希望本校整洁不是欢迎客人之临时应酬品而是经常的性格。希望大家在一周内完成。此致

副校长、指导部主任、各组主任、各科主任、各股干事

陶行知

二九、十、九

关于校长办公室的布置

——致马侣贤

马副校长鉴：

校长办公室布置未经我本人视察认为适当以前不算成立，各部组并不得以校长办公室称呼。

陶行知

二九、十、九

周恩来、邓颖超先生为育才学生健康捐款

——致马侣贤

肖生同志：

周恩来、邓颖超二先生参观育才之后，觉得小孩们健康有欠，特捐助四百元为小孩们购买运动器具之用。这是指定捐款，请开具正式收据交下，以便送去致谢。敬祝

健康！

衔

二九、十、十一

提款用款要斟酌缓急

——致马侣贤

肖生同志：

（一）学校经费我已交出。提款、用款，要斟酌缓急，预为之计，我不能常常向人叩头借款。

（二）交通银行一千元于十一日托此地中国银行担保去提，谅想五天内可到。

（三）我处有四百元[1]，要学校拿收据来取钱。

（四）我九日回碚，路遇林会计回校，何以又到北碚来？这岗位有无人站？会计要经常在校，不能这样流动。

（五）教科书署中有无尚未得信。

（六）聘书已盖章及提袋遵照交敷〔付〕工友带上。

（七）姚抡达及汪亦伦月薪改定四十五元。

（八）职务多未定，聘书发出妥当否？

衔

二九、十、十三

吴勃先生之夫人昨早七时举一女子，把区署电话通知吴先生，吴太太望吴先生来。

注释

① 指周恩来、邓颖超捐给育才小朋友购买运动器材的400元。

接洽防空洞是第一件事

——致马侣贤

肖生同志：

（一）致许炜昕先生信乞代交，也许能减少一些医费。

（二）防空洞安全者：（甲）青年会；（乙）经济部由新华预约；（丙）学田湾二十五号沈高先生处。兹奉介绍片三张，第一件事要接洽防空洞。

（三）陕西街金城银行对角太和公一号内谦信洋行有 Jocapral 卖，请代买两瓶或三瓶，每瓶约二十元。敬祝

康健！

衔

二九、十、十六

成都轰炸至为关怀

——致倪尚达、陶晓光

尚达吾弟及晓光鉴：

成都三次轰炸，闻讯之下，至为关怀。大家安否？特此慰问，尚希快信示复，不胜盼切。十月二日及五日给晓光的信，晓光已收到否？双十节日寇给了北碚几十个炸弹，我们的招待所屋顶瓦片多半震碎，幸亲友都平安，可以告慰。专此奉询。敬祝

康健并

为国努力珍重！

行　知

二九、十、十六

请给育才经济援助

——致绍侣等

绍侣、子钧、香浦先生赐鉴：

日前大驾莅临敝校，多承指教并对敝校事业给予深厚之同情，全校师生均极感奋。只以时间仓猝，招待欠周，殊以为怅耳。敝校创设于兹，已逾一载。所有学生均选拔自难童中之优秀者。校中课程除照教部规定之普通课程外，复本因材施教之旨，分别授予特修课程，以培养其特殊才能。敝校此种办法希望能于中国教育上有所贡献，并能培养若干人才以为国用。

惟近来物价飞涨，影响难童营养及教育至巨。现欲解决目前困难并谋今后发展，实有待于经济基础之建立与社会人士之赞助。先生对于教育素具热忱，而于新教育之办法尤表同情，务望给予敝校以经济上之有效援助，俾基础得以稳固，原订计划得以施行，则事业之成果可期，固不特敝校之幸，亦中国教育之幸也。专此奉商，伫候复音。敬祝

康健！

陶行知

二九、十、十八

请给育才经济援助

——致汝航

汝航先生赐鉴：

久未晤教，殊为系念。日前绍侣、子钧、香浦、子英诸先生曾莅敝校指教，全校师生均极感奋，惜大驾未能同时莅临，惠赐教益，殊觉怅怅。兹有商者，敝校创设于兹，已逾一载，所有学生均选拔自难童中之优秀者。校中课程除照教部规定之普通课程外，复本因材施教之旨，分别授予特修课程，以培养其特殊才能。敝校此种办法希望能于中国教育上有所贡献，并能培养若干人才以为国用。

惟近来物价飞涨，影响难童营养及教育至巨。现欲解决目前困难并谋今后发展，实有待于经济基础之建立与社会人士之赞助。先生对于教育素具热忱，而于新教育之办法尤表同情，务请给予敝校以经济上有效之援助并代向绍侣、子钧、香浦诸先生处鼎力提倡，俾学校基础得以稳固，原定计划得以施行，则事业之成果可期，固不特敝校之幸，亦中国教育之幸也。专此奉商，伫候复音。敬祝

康健！

陶知行

二九、十、十八

谢捐助育才贰仟元

——致卫立煌

君儒先生勋鉴：

拜读八月廿五日大札，敬悉。承蒙慨助敝校贰仟元，闻讯之下师生均极感奋，兹代表全校特致感谢之忱。敝校校址在北碚草街子，而于北碚设有办事处。

尊函系寄歌乐山青年会分会，想该款亦寄彼处，因而无法投递，故至今未到。尚希示知取款地点，以便派人领取。附上敝校专刊一册，敬乞指教，专此致谢，敬希赐复。并颂勋祺！

陶行知

二九、十、十九

介绍张世定任教

——致袁仲逵

仲逵吾弟：

前日得你的信，要我介绍教师。当时没有适当的人，所以不好随便介绍。现在有一位张世定君，曾在宜昌办过小学好几年。两年前我过宜昌时，曾经去参观过他所主持的一所小学，成绩优良，可谓宜昌各校之冠。现在他在中央银行行员子弟学校代课，系暂代性质。我介绍给你，并附上他的履历，假如你那里还需要教师，你可写信约他谈谈。假如校长人选尚未决定，他担任校长一职，似能胜任愉快。

陶行知

二九、十、十九

已向仲逵先生介绍

——致张世定

世定先生：

尊信收读，贸易委员会的秘书长袁仲逵先生前曾来信，要我介绍教师，因为当时没有适当之人，所以回复他无人可以介绍，没有谈介绍校长的话。得你信后，我已给袁先生一信，你的履历表也随信寄去，请他约你谈谈。我给他的信说你担任校长也能胜任。专此布复。即祝

康健！

陶行知

二九、十、十九

谢十八师赠款

——致三峡实验区国庆纪念日慰劳十八师大会

径启者：顷准　贵会函称本年国庆纪念日峡区各事业机关组织慰劳十八师大会，各机关所送现金，十八师嘱赠峡区各学校及慈善事业，并决定以千元赠予敝校。闻讯之下，不胜感奋。现决定将此款专作增加难童营养之用，以符贵会关怀难童教育之厚意。除另备收据派员前赴贵会领取外，特代表全校师生敬致感谢之忱！此致

三峡实验区国庆纪念日慰劳十八师大会

育才学校校长　陶行知启

二九、十、廿

三件事

——致吴勃

吴勃同志：

（一）三峡实验区国庆纪念日慰劳十八师大会给我们一信，谓各事业机关所送现金，十八师嘱赠峡区各学校及慈善事业，育才应领千元，学校应备一正式收据交来人带来，以便赴该会领取。该会公函随信附上归档，不必再由学校名义回复，因为我已去函致谢了。

（二）育才学校收据送上九册，连前侣贤同志领去一册，共为十本，应由副校长及会计连署给我一个收据。侣贤同志不在校，请由你代为签署。

（三）重庆市立第五中心学校来函介绍学生，现将该函附上，请归档，并由学校复一公函，说明学校因物价高涨，本期暂不招收学生，现将该生登记，一俟学校计划增收学生时再行通知。即祝

康健！

陶行知

二九、十、廿

已向贸易委员会介绍尊夫人

——致朱启贤

启贤吾兄惠鉴：

赐书奉悉。因月来病疟及感冒，近日始愈，故未早复，敬祈原谅！贸易委员会前曾来信，要弟介绍教师，因彼时无适当之人，故已回复该会谓无人可以介绍。现得吾兄之信，弟与该会去信介绍，倘该会教师尚有缺额，自必派员奉约尊夫人商谈。尊夫人履历亦随函寄去。专此布复。敬祝

康健！

陶行知

十、廿一

寄上一册《育才专号》

——致卫立煌

君儒先生勋鉴：

敝校应战时教育社之约，出了一期《育才专号》，略载敝校创学旨趣及学生生活、学习、工作情形。素承关怀，特先行航寄一册，敬乞教正。俟全部印出，再行付邮，以便分发。本期系五月集稿，原应六月底出版，因迭遭轰炸，移至桂林印行，到现在才与读者见面，且照片俱因技术有欠，不能传真，尤为怅然。敬祝

康健！

陶行知

二九、十、廿一

与此信内容相同，分寄：

（1）敏侨主席及怡朗华侨妇女救国协会全体同志；

（2）静桐吾兄及洪光学校全体同志；

（3）纳卯华侨妇女慰劳会全体同志；

（4）纳卯中华学校全体同志。

请交涉补助防空洞费及难童米贴

——致马侣贤

肖生同志：

纪彝先生仍在办事，不胜欣喜。传来福音，乞代表我向陈先生[①]致十分之敬意与谢忱。

八月二十日曾致陈先生一书，请求补助防空洞费，她允许可助三百元，望你去交涉，请求补助一千元，至少五百元。再，八月二十日函亦为难童请求米贴。望将苦况代为陈述，希望酌给米贴，俾难童营养可以改善则幸甚。敬祝

康健！

陶行知拜启

二九、十、廿一

注释

① 陈先生　指陈纪彝。

请填好两种表格

——致马侣贤

肖生同志：

顷接教育部视察包珂来信，催将前日至育才视察后所留之表格填寄。据昌书说，他离校前已请张再为[①]进行此项工作，且已填就一部分。同时，省督学视察后所留的表格也在再为处，亦着手在填。此两种表格请照样制就，填写初稿，与吴勃同志会商后即交我看，然后再正式填就寄去。

包珂通信处：青木关教育部戴科长转。

衙

二九、十、廿八

注释

① 张再为　时任育才学校总务部主任。

指导会不能出席请转达意见数则

——致马侣贤

肖生同志：

十月廿八日信，收到无误。指导会今日下午开会，我因经济问题必须集中力量建立基础，不能出席，至为怅怅。现有意见数则，望转达：

（一）耐心听取各方意见，使有意见的同事、同学愿意把意见发表出来。

（二）营养问题。有病者、缺乏特殊营养者和一般健康者要分别处理，不宜采取平均主义。前者须尊重桑先生之意见，因为她是内行。她耳目未周，大家帮她忙，报告她，用营养来防止疾病之加重，总比爆发后的医治要经济得多。

（三）同事处理问题宜多商量，则互助有加，效力自大。

（四）王金陵因未蒙加入专组学习而感不安，望予以适当之办法，令其安心求学。

另外还有几件事请你注意：（一）我上次请你给我一间小房，现在知道房屋委实不够，请予取消。我来时可住合作社。（二）冬衣亟须准备。（三）向校董会报账复写十二份，望请林谷先生加速办理。林先生望你和他谈一谈工作岗位之重要，我给他写的信，他收到否？望他给我回信，并望你将谈话结果告诉我。会计是非常重要的工作，我希望他除假期及特别紧急事故，不离职守。（四）李绿永[①]先生来，很欢迎，请与吴、贺[②]二先生共商，我意暂以育才之友相待为宜。（五）关于疟疾丸所不能治之病，服药两次未愈以后，即须改用打针及服奎宁或检查有无其他病痛。奎宁丸先拟去买若干，同时向赈委会妇委会去要。请与桑先生一商，我这意见是否适合。奎宁丸明日或今日下午送来。买奎宁丸很不容易，市上假货多，拟向医院去买。敬祝
康健！

衡

二九、十、廿九

注释

① 李绿永　即李凌。1943—1946年为重庆育才学校音乐组主任。

② 吴、贺　指吴晓邦、贺绿汀。

望有详谈之机

——致东皋

东皋吾兄：

大示奉读。弟月来患疟疾及感冒，近始痊愈，故未能早日作复，殊为歉仄，尚希原谅为幸。吾兄数次来碚，以时间仓猝，未能多聆教益，至今尤觉怅怅！深望他日北上，有详谈之机会耳。承德公[1]系念，至感！乞代致谢意，并盼时加教勉为祷。专此敬复。顺祝

康健!

陶行知

二九、十、廿九

注释

① 德公　指李宗仁。

造经济林的办法好

——致曾俊侯

俊侯同志：

八月十四日的信，早已收到。因为我患疟疾及感冒，近日始愈，以致没有早日写回信给您，务请原谅。履三小学在您指导之下，不断发荣滋长，十分令人佩慰！您计划造经济林，一来是响应社①的生产基金运动，一来是实际进行生产教育，这办法很好！造林这工作，寻常是编入劳力的部门，其实同时要劳心。我们必定要运用科学方法来进行这一工作，同时在实践中得到印证。这样理论与经验互相影响，便可保证造林这项工作得到良好的成绩，同时，师生们也才能在这一工作上获得宝贵的学问。

新旅同志在履三服务，望您在工作和学习各方面多多指导他们，帮助他们进步。专此奉复。敬祝

康健！

陶行知

二九、十、廿九

注释

① 社　指生活教育社。

教育必须起推动作用

——致皎然

皎然同志：

九月十一日的信和国币三元五角均已收到。《战时教育》现已改为月刊，每年出特号四期，最近出了六卷一期，系育才学校专号。现在寄上一册，请查收。以后按期寄给你。

你同意生活教育的主张，我很高兴。因为增加一个同志即是增加一份力量。你说教育必须跟前进的时代跑，自然不错，否则便开倒车。但是只跟着跑还不够，必须起着推动的作用才行。例如，今天我们在进行空前伟大的民族解放战争，教育不仅要适合抗战需要，跟着抗战跑，还须用教育的力量来推动抗战向胜利的方向前进，用教育的力量来动员人力物力以保证抗战的最后胜利。这样才能表现教育的积极的作用。

抗战已经三年多了，教育对于抗战的帮助还做得不够，甚至传统教育还起着削减抗战力量的作用，这是令人最痛心的事！生活教育社在抗战一开始便提出战时教育的主张，而且尽力推动战时教育运动，这不是我们好奇立异，而是彻底认清了依着传统的办法，教育负不起民族所付与他的任务。只有真正的战时教育，才能帮助民族获得光荣斗争的胜利。

浙江地临前线，想来战时教育推行较易。如能将战地教育实施情形，或如何克服敌伪奴化教育实施情形写成有系统而生动之文字投登《战时教育》，这是我们很欢迎的。

如有主张相同的朋友共同来努力进行战时教育之研究与推动，则集思广益更为有意义。此致

民族解放敬礼！

陶行知

二九、十、廿九

谢忱助育才经常费

——致绍侣

绍侣先生惠鉴：

十月二十五日大示奉悉，承蒙忱助敝校每月经常费三百元，自十一月起，以抗战终结之日为止。先生爱护敝校及热心教育之精神，深堪钦佩。今后敝校当倍加努力以符先生之雅望。特此致谢。并颂

时绥！

陶行知

二九、十、卅

谢助生活教育社生产基金

——致吴蕴初

蕴初先生：

顷接涵真先生来函，藉悉先生慨助生活教育社生产基金一百元。拜领之下，不胜感奋。特此致谢。并祝

康健！

陶行知

二九、十、卅

支票、收据、清单皆收到

——致吴涵真

涵真吾兄：

你日前来信说于十月十二日去成都，现在又接你十月十六日由歌乐山来信，大概是改变了行期？那么寄蓉之信恐尚未收到。

你十月十六日信内所附吴蕴初先生的信、一百元支票一张及新华存款六百五十八元收据、生产基金香港募集清单均收到，我有信给吴先生及林焕平先生致谢。林先生所办通信社已介绍海外华侨报馆六家，以便经常供稿。募集清单我已抄寄桂林登载社报。任之先生及双玉先生捐款已去信致谢，详蓉转信中，兹不赘述。特此奉复。敬祝

康健!

陶行知

二九、十、卅

望《新蜀报》辟普及教育园地

——致黄杰人

杰人先生惠鉴：

十月十七日大示奉悉，承赐邻居防空证一枚，业已拜领，至感！前承转达葛乔先生盛意，嘱为《新蜀报》撰星期论文，以月来患疟疾及感冒，致未能早日应命，殊为抱歉。普及教育关系抗战胜利至为密切，弟意《新蜀报》如能辟一普及教育周刊或半月刊，由生活教育社主编，俾有系统之文字得以源源发表，似为更有意义。望与葛乔先生一商，并盼赐复。专此。敬颂

时绥！

陶行知

二九、十、卅一

介绍李道明女士任教[①]

——致袁仲逵

仲逵吾弟：

本月十九日给你一信，想已收到。兹有朱启贤先生夫人李道明女士，我未曾会过，但系专攻教育，且其子寄托于保健会第一托儿所，与贵会相距极近，如能在贵会职工子弟小学工作，就近可以照顾其子，较能安心工作，现在介绍给你，并附上她的履历，教师倘有缺额，请你约她商谈。倘已满额，我意亦可约谈，以备将来发展时物色师资之准备。卢作孚先生参观贵会新村，极其钦佩，我将来亦想前来观光，以增见识而资学习。专此。敬祝康健！

陶行知

注释

① 此信写于1940年10月下旬。

关于桂林生活教育社的工作[①]

——致刘季平

季平同志：

生活教育社六个月（本年七月一日至十二月三十一日）工作计划，早由晓光抄寄给你。这个计划已经呈到教部，我们必须按时交卷。现在把桂林方面同志应担任工作分述如下，望加紧努力推动。

（一）战时之普及国民教育问题（包括难民教育、难童教育及一般国民教育之研究），由今吾同志担任。他可根据广西国民教育推行材料来进行这个问题的研究。

（二）游击区教育之研究（拟特约并帮助社员在南北战地及游击区创办战地学校数所，以便试验游击区教育，俟试验有效再行推广），特约新安学校达之同志担任，把创设新安学校的筹备经过及计划写成报告。

（三）战时建设教育研究（本社拟举办小规模之生产事业，以研究战时教育之推行）系由你担任，请你快快把研究报告写就。

（四）编辑社报六期，这是由你担任的。七月以后的社报，这里就没有见到，请每期各检数份寄来。

（五）编辑适合抗建之民众读物十种。关于此种读物之编辑在原则上应该符合“无师自通”，使民众自修便利。此种读物不仅适合于民众，同时也须适合于青年。这十种读物，我认编一部

《抗战老少通》，此间同志也正分头认编，着手动笔。桂林同志请你征求几位担任此项工作，立项进行。并将征求的结果（拟编读物之名称及担任之同志）从速告诉我。

各种研究报告及编辑之读物，至迟须于本年十二月十五以前寄到北碚，以便汇报教部。此项工作必须按期完成，否则向教部拿不出工作报告，社的本身会发生重大影响。因此，我们要拿出最大的努力来争取工作计划的如期完成，桂林方面需要你负起推动的责任。

六个月工作计划内（丙）项——一般工作：（一）联系并推动各地社员组织分社、共学服务团与通讯处，并加强联系，增加力量以贡献国家。所在地有社员三十人以上者，组织分社；三十人以下，五人以上者，组织共学服务团；五人以下者成立通讯处。（二）推动各地社员协助政府推行普及战时国民教育。（三）调查游击区社员，设法与之通讯取得联系，以便提供游击区教育的意见，探讨游击区教育问题，并供给适当材料。这是属于总社负责做的，不知现在进行到如何程度？

改良土法炼钢之研究，系李华同志担任，现已有相当成绩，正在草拟报告。

治疟国产特效药之研究，系吴树琴同志担任，研究报告已经草拟完毕。

编辑适合抗建之儿童读物十种，系白桃同志担任，已经编好，并已送审，将以生活教育社主编名义付印。

陶行知

注释

① 此信写于1940年10月。

特约新安学校担任游击区教育研究[①]

——致汪达之

达之同志：

生活教育社所拟六个月（二十九年七月一日至十二月三十一日）工作计划，我们已经呈到教部，必须按时完成。该计划内有“游击区教育之研究，拟特约并帮助社员在南北战地及游击区创办战地学校数所，以便试验游击区教育，俟试验有效再行推广”一项，现在特约新安学校担任此种研究，而由社给新安学校以帮助。请你于十一月底前将新安学校筹备经过写成报告寄来，以便汇报教部。

新安旅行团的近况、经济情形及处境如何？请速给我一信详告。

陶行知

注释

① 此信写于1940年10月。

请帮助菲律宾洪光学校立案[①]

——致吴研因

研因[②]吾兄：

前接任之[③]先生来信，得悉菲岛洪光学校立案问题，吾兄已函侨委会催请早予批定，不识该校精神卓绝，教育主张与吾兄契合，尚希鼎力助其完成立案手续。今承其嘱托奉询，尚希赐知已有回信否？再，关于初高中立案，所需资金及其他条例，教部必有印就之规程，请检寄一份。否则亦请托人代抄一份，以备参考为盼，千万拜托。专此。敬祝

康健！

陶行知

注释

① 此信写于1940年10月。

② 吴研因　时任教育部国民教育司司长。

③ 任之　即黄炎培。

经济万分困难很难增加人员[1]

——致陆静霞

静霞同志：

你十月四日的信收到时，我适连日害病，直到现在才愈，故未早日奉复，至为抱歉。育才现因物价飞涨，经济万分困难，不得不采紧缩办法，好些人因此已经离开了学校，增加人员事实上很难做到。目前还是想另外的办法为妥。育才如有扩充机会，那时再欢迎你去育才帮助。此复。即祝

康健！

陶行知

注释

① 此信写于1940年10月。

蒋夫人汇票已收到[①]

——致兆鹏

兆鹏先生大鉴：

敬启者，八月底在渝于任之先生处得读尊函。蒋夫人转下一千五百元汇票一纸，亦照收到。当即开一临时收据，拜托任之先生转上，谅早蒙查收。弟由渝回碚后，已嘱育才学校会计员开具正式收据，航寄菲律滨[②]怡朗华侨妇女救国协会。本应早日奉函报告，因回碚后即得疟疾，继以重感冒。日来始愈，致稽函报，尚希原谅。专此致谢。敬祝

康健！

陶行知

注释

① 此信写于1940年10月。

② 菲律滨　即菲律宾。

请德国医生到校检查体格

——致马侣贤

肖生同志：

我定于星期三早晨十时由北碚坐船到草街子来。同行有德国医生夫妇和吴先生。医生在校两天检查体格。星期三下午二时或三时开始，星期四午后二时结束。请为他们预备一个住的地方。我把家搬到古圣寺来，拟住在任光先生房里或合作社里。接见室暂借桑先生房子。我们带一位工友来，也希望有一个可以睡的地方。望派工友两位或在草街子雇两人挑东西，于一时以后在草街码头等我们，免得在路上错过。听说陶宏、白桃有来碚的消息，望他们稍缓数日，候我来谈话后再来。我预备经常住在学校左近，偶尔进城，与以往的办法略有不同。我希望这样可以对学校多尽一点力。敬祝

康健！

衔

二九、十一、四

社址被炸特致慰

——致里之

里之同志：

侣贤同志返碚，谈及你将至慰劳会担任宣传工作，颇为欣慰。想工作现已开始？十月二十五日信已收到，藉悉社址被炸，存社各物均毁，你亦受惊不小。特此致慰。即祝

健康!

陶行知

二九、十一、五

谢为查觅校舍

——致张澜

表方先生尊鉴：

十月二十七日大示奉悉，承蒙致函阆中县长查觅校舍，至为感谢!

尊体违和，颇为系念。秋凉望多珍摄为祷! 专此致谢。敬颂痊安!

陶行知

二九、十一、五

请发给育才学校药品

——致许世英

许代委员长勋鉴：

久未领教，至为悬念。去年承蒙赈济委员会发给育才学校奎宁丸及其他药品，至为感谢。现因学校缺乏药品，影响儿童健康，令人不胜焦虑。敬请发给奎宁丸、奎宁针剂、药特灵、硫磺膏、凡士林、Emetine①及其〔他〕药品若干，以济急需。是为至盼，专此奉恳。尚希赐复，以便派人来领。敬祝

康健。

陶行知启

二九、十一、五

注释

① 药名，译为“依米丁”，亦名“吐根素”，抗阿米巴药物。

附：赈济委员会复函

北碚草芥〔街〕子育才学校：

十一月五日来函，以现因缺乏药品请发给奎宁丸等药以济急需，尚希赐复等由。查本会奎宁等药现无存储，兹拨发硫磺贰

磅、凡士林伍磅，即希派员持据来会（歌乐山向家湾）具领为荷。

赈济委员会（马）渝卫。

〔注〕　（马）渝卫　系当时流行的“快邮代电”的用语。（马）是指日期韵目代号，即21日。渝卫是重庆卫生系统赈委会的代称。

四位华侨学生最好在复旦补习

——致朱启贤

启贤先生：

十月二十四日惠书奉悉。华侨回国学生蔡剑光，邓文鑫、陈传逵、蔡鸿鹏四君已于数日前来碚晤谈。考期已过，补试当不可能。最好办法是住在复旦[①]附近，以便利用该校图书馆进行研究，并介绍复旦教授数位与蔡君等认识，以便领教。弟有书籍四只存在香港，现因需要参考，拟运来重庆不知能否顺便带来？[②]敬乞示知为盼，特此奉商。敬祝

康健！

陶行知

二九、十一、五

注释

① 指抗战时迁渝的复旦大学。

② 后因日机轰炸被焚，未能运到重庆。

所嘱之事已经进行

——致潘一尘

一尘吾弟：

九月二十三日惠书奉悉，颇为欣慰！所嘱之事，已经进行。如有可成，当直接有电致吾弟也。专此奉复。即祝

康健！

陶行知

二九、十一、五

欢迎你入社

——致刘成立

成立先生：

你十月十八日给我的信，已经收到。你同情生活教育的主张，并愿加入生活教育社，我们十分欢迎。我已去函桂林总社，要他们将入社表格寄给你。关于生活教育理论之研究，请购阅《生活教育论文集》（生活书店出版）、《战时教育论文集》（生活书店出版）、《普及教育》（儿童书局出版）、《中国大众教育问题》（北新书局出版《大众文化》丛书之十八）。如有意见，请通信讨论。专此奉复。即祝

康健!

介绍人可写我和帅昌书同志。

陶行知

二九、十一、五

请寄社章及入社表格给刘成立

——致刘季平

季平同志：

现得四川忠县鸿鹤乡中心小学刘成立先生来信，他要求加入生活教育社，我已有回信给他，谓已函知总社，请你把社章及入社表格寄给他。

我决定明日下乡，经常住育才，帮助它发展。研究所①驻碚办事处设在北碚碉堡，由若、书②二人住碉堡。

陶行知

二九、十一、五

注释

① 研究所　指晓庄研究所。

② 若、书　指王洞若、帅昌书。

请查转汇款

——致中央银行

径启者，顷接洛阳卫立煌先生来电，谓于八月艳日[1]交贵行（418）号信汇渝基督教青年会歌乐山分会转陶行知收捐助育才学校贰千元，至今尚未收到。请查明转汇北碚草街子育才学校敝人收为荷。此致

中央银行

育才学校校长　陶行知

二九、十一、五

注释

① 艳日　即29日。旧时电报以韵目代日期。

因病未尽招待之谊为歉

——致杜君慧

君慧[①]先生：

近两月来，因患疟疾及感冒，致先生两次莅校，均未尽招待之谊，颇觉怅怅！以后来渝，当竭诚拜访，藉领教益。我决于明日移住育才，如蒙赐教，直寄学校可也。此上。即祝

健康！

陶行知

二九、十一、五

注释

① 杜君慧　时任中国战时儿童保育会重庆保育院院长。

请发给育才药品

——致陈纪彝

纪彝先生：

近因患疟疾及感冒，致未得进城，不能晤教为怅。现育才学校缺乏药品，影响儿童健康至巨，不胜焦虑。去岁承赐药品十余种，最为得力，现已用罄。务请特商妇女慰劳会指导委员会酌量发给药品若干，以济急需（奎宁丸最为需要），是为至盼！专此奉商，尚希快信示复。俟得回信，即派人前来领取。敬祝
康健!

陶行知

二九、十一、五

药特灵、奎宁针、奎宁丸，Emetine、凡士林，硫磺膏及其他药品。

多事相告

——致陶晓光

晓光：

你的信和涵真先生的信收到，知道你们平安，至慰。

脚踏车当托人在重庆设法。无线电材料，等待修造厂寄护照和信来，再托人办理。你说要配眼镜，最好是速配，需款若干，请倪尚达弟代垫，我即于得信时寄来。

嘉庐[①]震塌，幸而你写的课本已带到北碚，现仍由我保存。最好抽空完成，早日出版。

季弟[②]不慎，整个皮包被扒手拿去，大概是失掉一千元左右。新旅“幼者送进学校，大者分发在政工团服务，主持人受训”，这是政治部的朋友说的。达之们精神难免受打击。

我和吴先生移住乡下，经常在校服务，偶尔来碚。明天开始实行。昌书留堡办研究室。望你为杂志[③]写点于教师有益的稿子，稿费每千字五元。

宏[④]的精神极好，在校处理问题之态度甚佳，可以告慰。城[⑤]每星期六到堡，我也每星期六来一次，教他一些处事待人之方。

吴先生这次劝我一同去校久住，精神也极好，这是于学校很有益。她与我同去并带王治平[⑥]去，对于我的营养健康有相当保护，可以无虑。科学副刊[⑦]奉寄一期，望查收。刚[⑧]数月无信来，当即寄钱去。祝你

平安、康健、进步！

尚达弟望代致念。

爸爸

二九、十一、五

注释

① 嘉庐　沈钧儒在重庆的住所。当时陶行知来重庆，亦有时住此。

② 季弟　指刘季平，时在广西桂林。丢失的一千元是生产运动中筹募的款子。

③ 指生活教育社编辑的《战时教育》杂志。

④ 宏　即陶宏。

⑤ 城　即陶城。

⑥ 王治平　当时跟随陶行知的勤务工友。

⑦ 指《新华日报》科学副刊。

⑧ 刚　即陶刚。

为你们觅得一间房子

——致蔡剑光

剑光先生：

昨日会见复旦图书馆的朋友，知道你们还没有会见，因为他去看一位友人的病，没有在校的缘故。我现在托人在复旦附近给你们觅得一间房子，半年租金四十元。假如你们[①]愿意来，请立刻给我一信，来时可至碉堡，或吉林路七十八号找王洞若先生，因为我明日将去育才。

陶行知

二九、十一、五

注释

① 指蔡剑光、邓文鑫、陈传逵、蔡鸿鹏等四位归国求学的华侨青年。

速去大竹购米

——致马侣贤

侣贤同志：

我来渝后，已经与卢作孚先生商妥，学校在大竹购米，彼愿尽力协助，并致函大竹县长，请其帮忙。现闻已有其他机关知道大竹米价低廉，派人前往大竹采办大批谷米。我们对购米事应从速进行。请力行同志即日动身前往，肩负起这一重大而劳苦的工作，旅费由学校支给，购米款子可由学校存款中带若干去，我在此活动之款赓即汇去。购米（或谷）以价值万元为准。（购谷为妥，研米每月运二十石）请问明力行同志回大竹后之通信处及汇款办法（由哪家银行汇，何人收款），写一信交俞文华同志带来，以便我汇款去。文华同志来，即顺便买盐回校，可开一支票交文华同志带来。有“育才”字样之信笺交文华同志带十张来，拿五张来盖上张董事长及我的图章，盖在信笺的左下方。学校所存之纱，如纱价行市好可卖去，以便度日或买米。即祝

康健！

衔

二九、十二、三

俞文华同志来渝可至下南区（菜园坝）马路九十四号意成化学厂杨厂长（同然）处找帅同志。

希望您到重庆来看看

——致吴树琴

树琴：

我于卅日下午四时乘车赴渝，平安到达，可以告慰。自歌乐山到重庆两路口车价四元四角，买到两路口（不要买到七星岗，退回来很麻烦）。在公共汽车站买票（不在特约迁建车站），买票之前要先拿登记号数，一天十次很便当。我希望您到重庆来看看，买点东西。现在各地方都有劫案，务必早饭后动身到歌乐山吃午饭即来渝。到歌乐山的时候，要托霄羽兄派妥人陪您照应上车。我希望您星期六来，星期五也好。星期六下午二时以后，我在冯公馆①候您。星期日或有便车返碚。重庆到北碚比较容易得到便车。作孚②先生约我星期日同车返家。

重庆夜间小巷有劫案。您来是在中饭后为宜。霄羽兄姊及小朋友代为致念。敬祝

康健!

衔

二九、十二、三

能于星期六来或不能来请即写一快信。

注释

① 冯公馆　指冯玉祥在重庆市的公馆。

② 作孚　即卢作孚。

请将请款书领款书填好寄出

——致马侣贤

侣贤同志：

昨天寄一快信交北碚区署，请其派人速送学校，不知已经收到否？赈济委员会十二月份补助费支票已经发下，请你将请款书填好寄赈委会，领款书填好寄新华银行。填好之后，务请细心检查无误然后快信付邮。专此。即祝

康健!

衔

二九、十二、四　于渝

进城播音服装应清洁整齐

——致马侣贤

肖生同志：

音乐组进城播音，应穿布袜、布鞋，服装应清洁整齐。协会[①]在播音前开音乐晚会（二十八），贸易委员会开音乐晚会(二十七)。本校拟在三十晚约重庆友人（在协会所约党政文化朋友之外者）开音乐晚会。是否可行，望与贺先生商决示知。

衔

二九、十二、六

注 释

① 协会　指中苏文化协会。

研究所筹得一笔经费

——致陶晓光

晓光：

你的十一月十八所寄出的信，我一直到现在没有答复，真是抱歉得很。我本是要安心在学校工作，但米价高涨，使我不得不飘流到城里想办法。最后十天的预算，每一个月单吃米就得一万元。现在经过十天的努力奋斗，总算是有了相当的解决。借了三万元到源头上去买米吃。研究所也有了相当办法，筹得一笔经费一万元左右。这是指定为研究特效药用的。捐款的人不肯捐作别用。但是这样也好，原来研究药的经费可以移作别的重要开销了。

你所要的二百元就由研究所开支。我已招呼新华银行潘百里先生见你签字的条子和我附来的通知照付二百元。你的签字式样我已从信上取下交给潘先生（你平常签字的样式，晓光二字），这款是留在新街口新华银行交给持条的朋友。你的条子顶好是这样写：今收到新华银行交到晓庄研究所××元为补助购买材料研究××问题之用。签字×年×月×日。以后你有需要还可补助。

我现在规定研究所最大任务为帮助缺少正常学校资格之学子取得向上长进之机会。你倘有需要尽管来信请款，我们当酌量帮助买书买材料。

你所要的书 *Short Wave Wireless Communication*[①] 和无线电杂志都当［随］信寄你，应该是十二月五日以前便可收到。请来信告诉我何时收到的。

铅板没有找着，再回去找。

脚踏车当于一二日内在街上访问。

眼镜为工作效率还是配好。款子当汇一百元来与你。

金陵大学陈校长[②]处请持我的片子去见就行。

阆中米价便宜，有移一部分去之议，当地也有信来欢迎，我当请人去看看再作决定。

证明书要回碚去办。我想是自然学园的较妥。

你的箱子当托卢作孚先生便车带渝，重庆村三号二楼，带去时，当再写信通知你。

祝你进步!

衔

二九、十二、九

注 释

① 即《短波无线电通讯》。

② 指当时由南京迁往成都的金陵大学校长陈裕光。

千万火急　请即办妥

——致马侣贤

肖生同志：

现请帅同志回碚（顺便汽车来回），明日进城，兹有数事千万火急，请您即办，于明（十二、十一）晨6时前派妥人送到北碚碉堡交帅同志：

（一）校印、张一麐印、陶行知印及林谷或马侣贤印。

（二）向董事会报告书（经费收支全份）带来一套。

（三）七、八、九、十、十一月科目开支，分别列表送来，以便造编概算书请求追加经费。

（四）陶宏处有 Codeine Phosphate[①]带一点来。

以上各事，望同志们连夜赶成，白天休息，为要。

金平煤矿立约事已解决否？在没有纠纷的情况下学校可再投资二千元，款子我在此已经预备好了。即祝

康健!

我现住两路口重庆村 17 号 3 楼。

请你由学校款内借垫三百元作印《战时教育》之用，交维特同志手收。我回校后赓即归还。

衙

廿九、十二、十

注释

① 药品，即磷酸可待因。

为国保全有为志士

——致冯玉祥

焕公赐鉴：

今晚韬奋先生来谈，杜重远先生蒙公爱护援助，亲友闻讯，不胜感激！特嘱弟转达谢忱并致渴望。旋即走访，知大驾已返歌乐山，不知何时回渝，至为悬念。再，致盛先生[1]电谅在起草中；深望日内发出，俾能在最后关头，为国保全一有为之志士。潘大使加入援救一层，大家商谈之下，认为可行而有益。盛先生致仲仁、衡山、任之三老[2]电亦已到渝，大致与致公电相同，传观之下，莫不义愤填膺。此案倘不善处，绝非盛先生之〔福〕；故不但为杜先生计，抑且为盛先生计，皆宜早日了结，以慰群望。杜、盛二先生既为多年老友，似当以友谊解决纠纷，倘能相抱痛哭一场，在眼泪中冲洗一切误会，则始而变友为敌，终且化敌为友，岂不甚善。盖中国人只有一敌，余皆友也。

大驾回渝，深望能与潘大使一谈，使其援救之力量发生效力。我想从爱护盛先生本人及中国人才之立场，由其总领事作诚恳之进言与友谊之谈话，似无不可。是否有当，尚希卓裁。专此奉商。敬祝

康健！

弟陶行知启

二九、十二、十三

注释

① 盛先生　指盛世才。

② 仲仁、衡山、任之三老　即张一麐、沈钧儒、黄炎培。

取钱取箱都得签字

——致陶晓光

晓光：

箱子已托人带渝，连航委会证明书及二百元均已送交新街口新华银行留交你的朋友，以便带蓉。证明书拟用自然学园及晓庄研究所，研究无线电九年，待明日寄来。

自行车一部好的要六百元，有些吃不消。普通的约二百元，待请内行去看再买。但陶宏因骑车不慎，几乎丧失生命，我不知成都情形，有些忧虑。倘华西坝只有十里，则走来走去练习脚步也于康健有益。望飞信寄新华银行转告，以便作最后决定。

你的朋友取钱取箱都得由你签字，我已将你的信上的签字剪下交银行，藉对笔迹。敬祝

康健！

衔

二九、十二、十三

音乐组同学进城的安排

——致马侣贤

肖生同志：

校章、陶章、马印、章印，于明日托民律轮带交卢区长留交你收。如卢区长不在署，可问邓文媛先生拿。区署有电话，直通重庆村三号二楼。倘有急事，可托卢先生或邓先生（即邓太太）打电话，托人写下送到重庆村十七号三楼给我。学校如发〔现〕白喉、猩红热、疯狗咬，须带药到医院去医，不可耽误。汉剧抗敌团缺少冬衣，如需背心，可由校捐，望与卢先生一商。音乐组同学于二十五日雇木船来渝，二十六晚由文化委员会[1]主持音乐晚会，二十七在贸易新村休息，二十八中苏协会音乐晚会，二十九对苏播音。今天如此决定，请转告音乐组同志。贺先生二十日再来校。布袜、布鞋望即赶速准备。

大竹之谷未到前，区署有借谷可能，谷来陆续付还，如此可以大大节省。望与区长交涉借谷四十石，够两个月用。

白桃处请代垫六十元，宏处请代垫三十元。我在这里进行，尚称顺利，不过费时费力太多，真累人也。敬祝

康健！并问全体安好！

衔

二九、十二、十四

注释

① 文化委员会　指郭沫若主持的军事委员会政治部文化工作委员会。

经济开支的八字方针

——致马侣贤

肖生同志：

育才学校款子十二月份已领得，谅已汇到，我再于前天汇出五千（吃饭在外，望你将这款要匀作一、二两月用）。务望本着“不冻不饿，省吃省用”八个字办理。伙食每天夹一餐玉米，或可稍省。敬祝

康健！

衙

二九、十二、十五

生活教育社正式成立二周年

晓庄研究所入股二千元

——致马侣贤

肖生同志：

金平煤矿加股事由研究所（育才无款可投）出二千元投入。款子星期一汇出（如需急用可由校暂垫），由你转交。收据要魏、易、石三先生和你共同签字。这是晓庄研究所研究基金，代表人俟会商后决定。专此奉达，敬祝
康健！

衔

二九、十二、十五

生教社正式成立二周年

请带小白兔两只

——致马侣贤

肖生同志：

学生来渝，请带小白兔两只（一雌一雄），以便送与有关系的朋友。望与万恩[①]一商，并予以相当报酬。食品及照料方法望询明开示。敬祝

康健！

衔

二九、十二、廿二

演戏节目单请交白桃同志，在壁报上披露。

注释

① 万恩　时为育才学校戏剧组学生。

注意学校冬防

——致马侣贤

肖生同志：

借来之谷，只许研米供校用，不得以其他方式处理。

研究所之款曾寄两次，一次是1000元，于十二月四日汇出，须存入193号账户；一次是2000元，于十二月十六日汇与您，拟投入金平，作研究基金。

同学们已平安到达，请释远念。

冬防已到，望嘱全校特别谨慎，尤其是负责自卫之教职员，宜加紧注意，并与地方保卫团取得密切联系，以资守望相助。敬祝

康健!

衔

二九、十二、廿八

试行雾季修学[①]

——致马侣贤

肖生同志：

雾季修学，特有意义。由艺术各组试行，详情托舒非先生代达。戏剧组、图画组雾季赴渝修学已租得房屋，要带的东西如下，请令两组准备带来。

（一）每人的铺盖、草席、脸盆、洗具、书籍、灯、文具。铺盖采取行军方式，由每人自背，太小及有病者，可雇人代背。

（二）从渠县运木排带来的锅及烹饪器具、水桶。

（三）碗筷。

（四）道具。

（五）一个月吃的米（当座位坐）。

甲、如有汽车，即于四日下午由重庆打电话到区署，派人当夜到古圣寺通知。两组先生、学生，须于五日十时半前赶到北碚兼善公寓第二院隔壁停车场等候。

乙、假使四日晚上九时前没有人来古圣寺报信，便是没有汽车，大家可以从容一些，改坐木船到牛角沱上岸，走到国府路二号（国民政府正对角山坡沿石阶上第一座房）。

衔

三〇、一、四

注释

①试行雾季修学，这是育才学校艺术各组在抗日战争时期实行生活教育的一种新创造。它将抗日救亡和教学内容紧密结合；将吃、住、行、演出和绘画当作每个师生的必修课，在集体生活中锻炼自动、自主的能力。

米仓要管好

——致马侣贤

肖生同志：

戏剧组平安到了重庆，请大家放心。听说米仓管理有问题，仓门不谨慎，请细察一次，这也是节流之重要步趣〔骤〕。

徐立人不久亲自运米来校。其夫人张凤芝女士须要三百元买药，请你交给她。此款由徐先生在大竹垫作运费或购粮费。但请你告诉她，德国医生早已来渝，药品是否要我们代购。德国医生已脱离卫生所，不再回碚。敬祝

康健！

衔

三〇、一、七

数事偏劳

——致马侣贤

肖生同志大鉴：

我现在不可能回来，诸事偏劳大家，至感不安。兹有数事要办，分举如下：

（一）寒假中宜争取时间，令学生补习功课。

（二）社会活动暂不进行，以免引人不谅解。

（三）账目依董事人数，作二八年度及二九年度报告（每年以十二月底为止）。我们必须将二八年度及二九年度决算立报董事会，请将信及报告交来，以便转寄，望毋忘盖章。

（四）省教育厅交填表格初稿，请交我看。

（五）研究所投金平研究基金二千元之正式收据，请即交吴树琴先生，以便结账。

（六）吴勃先生坚辞指导主任，只得照准。但请其担任至新任主任决定时为止，那时仍约其担任社会组指导员。

（七）煤价打听好请告诉帅先生。

（八）十二月份伙食费决算及主要成分单位价请示知。

（九）望大家镇静警觉，和衷共济。敬祝

全体同志康健！

衔

三〇、一、十八

木凳款请付李先生

——致马侣贤

肖生同志：

炼钢研究室所售木凳，请付现款与李华先生，并请代垫二百元与他，记在研究所账上，俟我回来结算。敬祝

康健！

行　知

三〇、一、十八

追求真理做真人[1]

——致陶晓光

晓光：

最近听说马肖生寄了一张证明书给你。他擅自做主，没有经我看过，我不放心，故即于当晚电你将该件寄回，以便审核有无错误，深信你已经遵电照办。现恐你急需文件证明，特由我亲自写了一张，附于信内寄你。你可根据这样证明，找尚达[2]弟力保。我们必须坚持“宁为真白丁，不作假秀才”之主张进行。倘使这样真实的证明不合用，宁可自己出钱，不拿薪水，帮助国家工作，同时从尚达弟及各位学术专家学习。万一竟因证明不合传统，而连这样的工作学习亦被取消，那末，你还是回到重庆，这里有金大电机工程，也许可去，或与陈景唐兄商量，径考成都金大[3]。总之，“追求真理做真人”，不可丝毫妥协。万一金大也不能进，我愿筹集专款，帮助你建立实验室，决不向虚伪的社会学习或妥协。你记得这七个字，终身受用无穷，望你必须努力朝这方面修养，方是真学问。

我近来为校经费困难所逼，驻渝筹款，而重庆天气易令人咳，这两天才愈，因此不能早日写信给你，至为歉然。

你给银行的信，误由银行转到学校去，故来不及和陈毅[4]先生会面。我接信他已走了。你所要脚踏车，如能留蓉工作，当寄款来给你自买。此地自行车也不便宜，而路远难带，我们也非内行，怕买来不合用。

绍良先生代买东西之款已托涵真先生代还。

育才有戏剧、图画两组驻渝见习，进步甚快。今吾[5]十七日动身，日内可望抵渝，大致担任指导部主任。来信寄重庆村十七号。

衔

三〇、一、二十五

注释

① 1940年底陶晓光到成都一家无线电厂工作，厂方催索学历证明书。陶晓光没有正规的学历，只好写信给育才学校副校长马侣贤求助，很快要了一张晓庄学校的毕业证明书。陶行知在重庆闻讯后，即电告晓光将此证明书寄回，接着又寄出这封快信，同时又开了一张“宁为真白丁，不作假秀才”亲笔证明信，要求晓光“追求真理做真人”。

② 尚达弟　指倪尚达，当时在陶晓光工作的成都无线电厂任厂长。

③ 金大　指抗战期间迁往成都的金陵大学。当时陈景唐(即陈裕光) 任校长。

④ 陈毅　当时为陶晓光所在的无线电厂的同事。

⑤ 今吾　即程今吾。

教师势难维持者只好任其改地就事[①]

——致马侣贤

肖生同志：

校事请竹因同志面达。我因解决经费问题必须在此接洽，一切偏劳。

教师薪金太薄，势难维持者只好任其改地就事，但我们希望你、宏[②]、绿芷[③]、薏林[④]、力行、多骋、金陵[⑤]、再为[⑥]诸同志必须慰留，以资维持。离校同志发一个月薪金。敬祝

康健！

衔

三〇、一、廿六

注释

① 1941年1月“皖南事变”后，国民政府加紧对育才学校实行政治迫害和经济封锁。该校被迫疏散了那些政治目标大的教职员工。同时赈济委员会每月给育才学校的经费补助虽有增加，但因物价不断上涨，在经费中占的比例也越来越小，一些常年给育才学校捐助的人也接到恐吓信，不敢再捐助，育才学校经济面临着建校以来最严重的困难。

② 宏　即陶宏。

③ 绿芷　即邹绿芷。

④ 薏林　即廖薏林。

⑤ 金陵　即殷金陵。

⑥ 再为　即张再为。

育才经费万分危难

——致马侣贤

肖生同志：

一月廿四日快信昨夜接到，知赈委会增加经费已经绝望，本校经费万分危难。为今之计，拟请：（一）尽量裁减工友，动员学生自食其力；（二）实行节流，采取两餐办法，城里有许多公务人家亦只两餐度日；（三）同志除昨函所提必须留校者外，尽量另谋他事，以渡难关。敬祝

康健!

衔

三〇、一、廿七

愿加股者可预支半月薪

——致马侣贤

肖生同志：

煤矿事照前所谈办理，本校可将一年用煤之钱投资，稍多亦可。同志愿加股者征求之，可预支半月薪。潘同志已谈否？

三月份请款书、领款书，请盖章交孙敦乐同志带来。敬祝康健！

衔

三〇年春

我是欢迎困难的一个人

——致陶晓光

晓光：

二月三日信收到了，知道你在成都工作学习都相当满意，甚慰。你到金大听课，万望不要超过体力之限度。依我看来，还是集中精神，先在研究室及厂中充分学习，等到告一段落，再到大学上课，这样便不致把身体弄坏。健康第一！你的身体并不甚强壮。学校工厂两处奔跑，颇感体力不济，务必慎重考虑。

学校经济自是非常困难。你知道我是欢迎困难的一个人。一切困难都以算学解决之。不但经济困难是如此解决，别的困难也如此解决。所以我没有忧愁，仍旧是吃得饱，睡得着。我的身体比你离碚时好了些。虽然没有从前胖，但瘦如梅花，骨子里有力量，有何不可？孔子说，仁者不忧，智者不惑，勇者不惧。惟其不惑所以不忧、不惧。我们追求真理，抱着真理为民族人类服务，有什么疑惑呢？所以我无论处境如何困难，心里是泰然自在，这是可以告慰的。

现托南高同学赵吉士带上无线电另（零）件数样。这些放在家里无用，你可拿去给倪厂长看看，如果他有用处，就放在研究室里用好了。

并托赵先生带上百元为你买书之用。内拨二十元，吴先生托你买“成都出品可以送礼之银制心链、扁针及他项小巧价廉物美之礼品数样，以便送其女友出嫁”，他物也可，请你斟酌去买。

祝你

康健!

衔

三〇、二、五

筹款落实即行回校

——致马侣贤

肖生同志：

我将筹款事告一段落即回校，请转告诸同事，以慰系念。醉霞[①]如有暇，可约其在校服务。敬祝

康健！

衙

三〇、二、十

注释

① 醉霞　即王醉霞。

先生不在学如在

——致马侣贤

肖生同志：

谭堃珩君到校，请代为留其在校工作。闻他擅长英文，即商请其先在这方面帮助小朋友长进。

音乐组、社会组小朋友自动组织学习，办法极佳。望代给予勉励，并勉他组仿行。下学期计划即照此发展进行。

“先生不在学如在”乃是真正的学习。

我不久即来，望你与诸同志安心服务，不必来渝。敬祝

康健！

衔

三〇、二、十三

奋斗是万物之父

——致马侣贤

肖生同志：

闻校中有少数同事和同学精神不振，望你鼓励。在平时办学，一帆顺风，人人能办。在艰难困苦中不动摇而向前创造，才为难能可贵。奋斗是万物之父，请向大家代达。二月份请款书及领款书并研究所一二月份请款书及领款书，一并托人带下为盼，愈快为佳。房门锁匙请代保管。我不久即来，再进城赴会。敬祝康健！

衔

三〇、二、十九

汇费可省

——致马侣贤

肖生同志：

力行同志来，知道学校在大竹买谷，仍欠余建国先生五千元正。请开一支票（五千元）给张瑞生先生，托他划给大竹余建国先生。支票用新华银行者，上面开给张瑞生先生。他拿这支票可以到重庆买货。余建国先生到合川买盐，张先生便可以交五千元给余先生所派之人。这样各方面都省汇费，学校也可以省些。这张支票请派妥员送到“合川渠河王爷庙大竹食盐购销处张瑞生先生”。

成志社所捐 355 元余，因该社存款不足，支票退回，后于一月四日该社补足存款，已将该款收入本校账户了。

古庙砍树望尽力阻止。现附上致袁县长一信，望即派人送去为盼。敬祝

康健！

衔

三〇、二、廿一

追求真理　为小孩为国家为人类服务

——致马侣贤

肖生同志：

驻渝见习团业已结束，陆续回校，现有数事奉告：

（一）竹因、宁远[①]，决定来校帮助小孩长进；他们稍留数日，助我写信筹款，即行来校。

（二）艺术各组减轻普通功课，约至二分之一。

（三）早操由舞蹈指导员指导，不但艺术各组，而且宜行之于全体。

（四）赈委会育才三四月份请款书直寄赈委会，领款书直寄新华银行。请分别封好用快信从北碚直寄各该处收。

（五）晓庄研究所三四月份请款书及领款书，请盖董事长章及所长陶印，并填明三月份为晓字贰拾号。四月份为晓字贰拾壹号。用途系补助费金额捌佰元，会计出纳员改王瑞符。所之图章在王处，请填好用信封封好，从北碚用快邮寄重庆村三号三楼刘正勋转我收。

（六）学校要实行传达室办法，有人来必须填明姓名、住址、事由、所会之人，并须通报副校长。遇有便衣警察必须要求其出示证章，否则拒绝。便衣人检查亦必须由精明负责人陪同察看，以免有人栽诬。

（七）赈委会向行政院提案尚无着落。要等待审查，等待开会决定，等待通知请款，再等待一一核发，手续恐怕很慢，或要弄到远水不救近火。因此，我必须再留一些日子在渝开源，点滴支持，否则一月之后便会断炊。当地开源节流之方亦希留意。

（八）我们必须认真办学，以求对得住小朋友，对得住国家、民族。毁誉之来，可不必计较；横逆之来，以慈爱、智慧、庄严、无畏处之。我们追求真理，爱护真理，抱着真理为小孩、为国家、为人类服务，社会必有了解之一日。

除（四）、（五）两点毋须讨论外，其余请与诸同志妥商进行。专此奉达。敬祝
康健！

衔

三〇、三、廿九

传达可由轮流办法行之，但必须像换岗一样，后继者来则前任者去。

注释

① 宁远　即程今吾。

避免重复报账

——致马侣贤

肖生同志：

日前报账系根据捐款收据存根，有一笔洪光学校十一月份捐款，系二月六日收到，同日存入新华银行，存根上被宁远误写为三月六日。嗣查日记，只有二月六日一笔，三月并未来款。既系二月收款，则前次已报账，若再报是重复矣，望为改正。敬祝康健！

衔

三〇、四、七

中国现在还要有武训精神

——致马侣贤

肖生同志：

接读王同志带来信，藉悉一切。竹因赴校，希望他在国文上帮忙。他身体需要休息一些时期，不可给他太重的工作。宁远来，让他先看看，有什么可以担任的事情，和他面商。我看他还是在功课上帮忙为是。他们来纯粹是帮学校忙，也可说是帮你忙。你的职务要用坚定的决心来执行，再加上大家的努力，校务自然有进步了。

经济是到了紧急关头。我当以武训的真精神多找几位育才之友来帮助我们渡过这个难关。这几天进行以来，朋友们尚能给我鼓励。冯先生[①]答应从四月起每月担任十个人的吃米，下次有人来请拿米袋去装。美国、菲律宾、缅甸、新加坡都已分头进行。但远水不救近火。当此青黄不接，还得在国内解决。一星期内我当集中精神来打破这一难关。倘若找到十五位冯先生，便不致挨饿。望将小朋友的名单及简单小史即速寄来。我需要这些材料(姓名、年岁、男女、组别、籍贯、家庭景况)。

你前次写信说起保育会补助之书费及另用费，他们预算尚未通过。胡惇五先生说十天之内可望通过，当一律增加，决不致使我们偏枯。请告诉小朋友。

疟疾将来，俞文华带校之黑箱中，有半瓶奎宁，请叫他取出交给屠同志。

我想中国现在还要有武训的精神。武训生前创办了三所学校。有钱的人不肯出钱兴学，有学问的人不肯认真教人，青年小朋友不肯用功求学，武训都要向他们跪求，跪到他们答应为止。学校没有钱，我相信我还能劝人捐钱来。至于认真教人和用功求学的责任，是要你们担负起来。如果遇到教师不认真教人，小朋友不用功求学，就请你发挥起武训的精神，把他们改正过来。

音乐教师有一位先来指导几天，就是范继森先生。他十八号可来。星期六下午、星期日都要上课，望安排一下。城里先生来很不容易。望你们在住食方面给他们以特别优待。前锋先生及吴晓邦先生不久也会来。敬祝
康健并祝全体同志同学进步。

衔

三〇、四、十二

注释

① 冯先生　指冯玉祥。

介绍范先生到育才授课

——致马侣贤

肖生同志：

日前提及范继森先生来校担任音乐指导并恳妥为招待，谅已达览。现范先生定于本星期六来校授课，当日可到。星期日望嘱诸生照常练琴，改日休息俾能充分受益。专此介绍。敬祝
康健!

衔

三〇、四、十六

两种走法：（给范先生的）

一、自北碚沿江上行五里到金刚碚〔碑〕，坐船到白沙沱约十五里，上岸步行六里到草街子，再步行四里到古圣寺育才学校。此种走法避去两个急滩，三小时即可到达，而且随时金刚碚〔碑〕有船到白沙沱。

二、自北碚搭船到草街子，再上岸走四里到古圣寺。此种走法要经过两个滩，费时四小时。

为贺绿汀雷醴泉请领衣物损失补助[①]

——致魏文翰

文翰吾兄：

民用遇险，最为不幸。敝校有贺绿汀、雷醴泉二先生在船，现托殷金陵先生前来奉访，尚希详予指教。

陶行知

卅、四、廿一

注释

① 育才学校音乐组主任贺绿汀与会计雷醴泉于1941年4月20日由重庆乘民用轮返校，船经磁器口浪子滩时翻沉。雷遇难，贺随船身翻了几圈，后抓着一块木板，幸获生还。这是陶行知托人为他们请领衣物损失补助费用给民生公司代总经理魏文翰的信。

在学生中选拔培训会计

——致马侣贤

肖生同志：

会计一职，一定要细心而善算术、诚实而可靠之人才能担任。为今之计，望在学生中选择此项人才七八人及教职〔员〕中二三人，由瑞符予以短期之训练，并请你负责召集并领导，训练之后选拔一人担任。此种技术到处有用，大家受此训练，终身获益，无论领导监督或经手大小款项，得此常识，受用无穷。望大家重视，使瑞符不虚此行。请款书须用好纸印。前次送来者实不可再用。请将育才及研究所五月份请款书领款书盖章托瑞符带来，育才信纸请盖董事长、校长印及不盖印者请瑞符带些来。捐款收据簿须盖校印，托瑞符带来。生活教育社方印，请文华或他人找着带来。

拜托子英先生代向当地绅粮为本校捐米捐谷，我已电话托他，请去恳托。千万至要。

中国农民银行今日捐五千元已存聚兴诚[①]。星期一（后日）托由中国银行汇四千元到北碚收入育才账户。敬祝

康健！

衔

三〇、四、廿六

注释

① 指聚兴诚银行。

生活苦一点，精神饱得很

——致陶晓光

晓光：

接到你的二封信，知道你的学习很好，我很放心。我们是五月九号回学校的。学校里充满了亲爱、团结、自动的精神，比去年好多了，我很高兴。社会永远不会辜负我们的，许多朋友帮助我们解决经济困难，现在是两餐稀饭，一顿干饭。生活苦一点，精神饱得很。生活教育社和晓庄研究所都搬到这里来了，以后注重研究、编辑的工作。你要有空写一个小册子。

我的身体在解决困难中恢复了，比去年强健得多。昨夜晚上，误用桐油炒菜，吴先生、蜜桃、还有一位工友和我吐泻半夜，现在将要好了，但是觉得疲倦，所以这信是请吴先生代笔的。程先生①在这里工作很好。宏的家庭经济没有困难。希望你常常来信。此祝

康健！

树琴附笔问候

衙

三〇、五、十八

注 释

① 程先生　指程今吾。

请带“育才之友聘书”来

——致马侣贤

肖生同志：

放在大兴别墅书架上或是托瑞符保存着的有“育才之友聘书”及没有印字的花边空白。请将这花边空白（大约有七十张）一齐带来。敬祝

康健！

衔

三〇、五、廿六

用穷办法改造育才图书馆

——致马侣贤

肖生同志：

犹庄[1]史良先生那儿存了一些书架、桌凳及藤椅，连同冯公馆六月份的米，请一并运来。学校改造图书馆需要这些东西。款子带些来。多数于六月一日托新行由中国银行汇来。敬祝

健康！

衔

三〇、五、廿八

六月可汇一万免费，余每千须五元。

注释

① 犹庄　地名。史良当时住址。

为育才学校募捐

——致陈裕光

景唐吾兄大鉴：

敝校创学宗旨，选拔具有特殊才能之难童，加以适宜培养，使人才之幼苗，可以及时吸取合度之阳光、空气、水分、养料、并免于害虫之摧残，而蔚为国家有用之材。开办将近二年，基础粗具，学生一百五十五人，大多数为十五省流亡之儿童。功课分普修与特修二种。依据部章，已从小学办到初中，现在要接着筹设高中程度之班次。特修课则已建立自然、社会、文学、音乐、绘画、戏剧六组。现在接着筹备工艺组、农艺组，以期因材施教，务使各得其所。近数月来，物价飞涨，经费深感困难，平价米无法领到，影响所及，诚恐减少营养，有碍儿童发育。而图书仪器亦感不敷，欲其迈进，精神食粮尤宜饱满，根本之计，则在从事生产，自食其力，以十年树德之方法，贯彻百年树人之计划。现拟乘立校二周年纪念（今年七月廿日）从事筹款，以充实学校设备，奠定经济初基。素仰吾兄关怀难童，爱护教育，深望本为国储才之旨，酌予厚助。倘蒙鼎力提倡，则教学得利器之用，生活无后顾之忧，自可倍加奋发，力图上进。如荷于纪念日莅校指导，或赐寄嘉言，俾诸生有所遵循，尤为欢迎。专此奉恳。敬祝

健康！

弟陶行知

卅、六、六

提款以应急需

——致马侣贤

肖生同志：

现将借款单信寄上，望你拿到款子，即乘车来碚转校赴合[1]，勿坐轮船。现在水势忽高忽低，舟行甚不稳。

研究所在新行有款若干，请留一百元及零头存银行，余皆悉数用附上之支票提出，带来。

我个人之款，请留零头，亦悉数用附上之信提出带来，以应急需。敬祝

康健！

衔

三〇、六、廿八

赈委会款请托瑞符代催授权新行汇来。

注释

① 合　指合川县。

请赞助晓庄研究所及育才学校

——致孔祥熙

庸之院长勋鉴：

日昨晤教，至为欣幸。承蒙对于敝所事业概允赞助，尤为铭感。敝所宗旨，在辅导缺少学校资格而有研究能力之学子，俾能深造，以为民族、人类服务。年来对于战时教育、治疟特效药、小单位炼钢研究，稍有进展，不久即可印为专刊，奉请指教。但因经济基础未固，又因物价飞涨，对于争取时间，殊感困难。弟拟尽二十年之精力，从事于此，冀对学术有所贡献，尚希尽量赞助，共观厥成。倘蒙先拨若干，俾奠初基，以后源源接济，俾敝所学术研究欣欣向荣，实不胜盼祷之至。再者，弟所主持之育才学校，实选拔有特殊才能之难童而加以培养，俾人才之幼苗可以及时获得滋养，蔚为有用之才，而不致耽误夭折。创办年余，进行尚称顺利，惟最近米价飞涨，亟亟不可终日，昨日米已涨至五十二元一斗，较诸去年开办时，增加二十五倍，亦望赐助，俾能渡此难关。

治疟药已临床试验两百余人，除敝校及北碚民众，重庆青年会试用有效外，梁漱溟先生所办勉仁中学亦试用此药，兹将其来信附奉。弟甚望大规模制造，输送前方，以增加抗战力量，现正作预防之试验，倘有预防作用，则可与奎宁并驾而驱。又因此药多数人一服即愈，而价钱只抵奎宁十分之一二，尤为可喜。现在急需款项以完成此药之试验，荷蒙奖许，故愿直陈。专此奉商，

伫候复音。敬祝
健康！

弟陶行知拜启
七月上旬

乘立校二周纪念为育才筹款[①]

——致董事会成员

董事长

副董事长：

董　事

敬启者，行知承校董会之命筹设育才学校，开办将近二年，基础粗立。学生一百五十五人，大多数为十五省流亡之儿童。治校方针，首重保健，预防治疗，标本兼顾，幸无夭折，差可告慰。功课分普修与特修二种。普修课依据部章已从小学办至初中，现在要接着筹设高中程度之班次。特修课则已建立自然、社会、文学、音乐、绘画、戏剧六组。现在要接着筹备工艺组及农艺组，以期因材施教，务使各得其所。近数月来，物价飞涨，最近米价超过开办时四十余倍。平价米无法领得。影响所及，诚恐减少营养，有碍儿童发育。而图书仪器亦感不敷，欲其迈步上进，精神粮食尤宜饱满。根本之计则在从事生产，自食其力，以十年树木之方法，贯彻百年树人之计划。本校经费来源有赈济委员会每月补助四千五百元，近加至每月七千元。截至今日止，海内外朋友捐助四万七千一百四十元。学生杂用及书籍费由保育会补助。负债方面有新华银行借款一万六千元，北碚区署借谷四十石。终日与米竞赛，未免疲于奔命。现拟乘立校二周纪念（今年七月廿日）从事筹款，以充实学校设备，奠定经济初基。兹附上募捐册一本，尚希酌予厚助，鼎力提倡，则教学得利器之用，生活无断炊之忧，自可倍加奋发，力图上进，以副雅望。如荷于纪念日莅校指导或赐寄嘉言，俾诸生有所遵循，尤为盼祷。专此奉恳。敬祝
健康!

私立育才学校校长　启

注释

① 此信写于1941年7月上旬。

邹秉权小朋友的葬仪

——致马侣贤、方与严

肖生、竹因同志：

邹秉权[1]小朋友入殓或安葬仪式似宜包括下列各点（只须一次）：

（一）卫生科科长报告治疗；

（二）自然组报告学习；

（三）校长致词；

（四）同学致词（一位）；

（五）其他请拟订，以简短而有意义为佳。

衖

卅、七、十三

其平生成绩请即搜集保存，勿使散失。

地点请酌定天晴在操场，雨则在校内。

注释

① 邹秉权　育才学校学生，因患恶性疟疾，于1941年7月11日（育才学校二周年校庆前九日）病殇。陶行知在1942年7月20日育才三周年的《每日四问》的演讲中，在健康问题上又一次提到邹秉权、魏国光两同学之死的教训，强调必须继续建立"健康堡垒"，把"我的身体有没有进步"作为"每日四问"的第一问。

公物不得浪费

——致方与严

竹因同志：

氯化钾与硫磺为公家之物，常闻学生用以放炮作戏，且有相当危险，望嘱戏剧组统制使用，毋得浪费。

戏剧组腾出之小舞台如何布置，望注意并请示知。肖像、国旗宜即有安顿，以免外人误会。敬祝

康健！

行　知

三〇、七、十八

陈列雷醴泉遗物以资纪念

——致马侣贤

肖生同志：

雷醴泉[①]先生遗物，请检齐陈列于会计室以资纪念。他的生年及遇难日子，望调查示知为盼。敬祝

大安！

衔

卅、七、十八

注 释

① 雷醴泉　育才学校会计。1940年4月20日因公出差于轮船失事时遇难。

在集体创造上学习创造

——致陶晓光

晓光：

你的信不但给了我们大的鼓励，并且给了我一个重要的指示，现将留存的捐册，分给中层朋友进行，结果一定要好些。育才在物价超过五十倍以上还居然存在，确是一个奇迹。二周年之前月，我们造了四个露天讲座，一个舞台，两个游泳池，改造了图书馆使它成为现代的文化厨房，建立了自然科学馆、历史地理陈列馆，艺术馆举行了空前的（就本校说）有意义的展览会。这些都是六月二十日至七月二十日一个创造月的成果。我们要在集体创造上学习创造。创造须要劳动，也要谦虚，十九夜，我看到《易经》上说："劳谦君子，有终，吉。"又说："劳谦君子，万民服也。"这给了我们一个重要的指导。现在寄上捐册一本备你应用。款子直接汇给北碚中国银行，学校才能按名发给收据。你要给小黑和蜜桃的钱，由我照给，但不必寄还，就算我给你买东西用吧。大家都好。敬祝

康健！

衔

卅、七、廿三

倘遇朋友患恶性疟疾，必须立刻医，连愈一个月才能保险，学生邹秉权患恶疟，治愈一日，次日突发，不救。这是一大憾事。

介绍第七保育院师生来校参观

——致马侣贤

肖生同志：

现有第七保育院教师熊秉贞、陈如宾同学来校参观，尚希指派妥人招待，并择清凉房间，俾得休息。前由小朋友趋前报告，恐有未周，特此奉达。敬祝

晚安！

衔

卅、七、廿四

急需书架

——致马侣贤

肖生同志：

城里搬来竹书架还有空者否？倘能设法腾出一两个以应急需，最为感盼。曾俊侯先生来信，请在捐款名册上誊上其经手捐款姓名后，将原稿赐回。敬祝

康健!

衔

卅、七、廿九

爱护史料

——致马侣贤

肖生同志：

听说有将测验卷随便包裹、涂写者，实属不知爱护史料，望将已用未用测验卷本汇齐，即交研究部慎为保存，以作研究之资。敬祝

晚安！

衙

卅、八、六

谢金陵大学赞助育才学校

——致陈裕光

裕光学兄大鉴：

八月二十日大札奉悉，汇票五十元，一于同时收到。母校于经济困难中仍能对敝校募捐计划赐予赞助，至为铭感。除勒石纪念，并备送“育才之友”纪念状外，先此致谢，附奉收据一纸，尚希查收为荷。敬祝

健康！

陶行知

三十年九月十八日

附：陈裕光致陶行知函

行知学兄赐鉴：

展读来函，敬悉吾兄主持育才学校，俾十五省流亡之儿童，咸仰因材施教之功，蔚为国家有用之人，仰企贤劳，钦佩无暨！至嘱捐助一层，自应勉效绵薄，所以久稽裁答者，半年以来，募款甚感不易，而母校同仁入不敷出，经济又迥不如前。弟以吾兄举办事件，至属重要，又不能不勉力匡持，特由母校奉捐法币五十元，聊供太仓一粟之助，惟未能圆满办到，深自抱愧，尚希鉴原为幸！附上汇票一纸，并奉还捐册一本，统祈查收！专此奉复。即候道安！

陈裕光谨启

八月十六日

请将菲律宾华侨捐款转交育才学校

——致中国妇女慰劳自卫抗战将士会

中国妇女慰劳自卫抗战将士会大鉴：

顷自菲利滨[1]先后来信，谓有三笔捐助敝校之款系托由贵会转交敝校为教养难童之用。计：

（一）怡朗妇女救国协会　八四八元十一仙[2]（三月二十三日由中兴银行汇出）

（二）龚显砖先生节省其太夫人治丧费　一〇五〇元（由菲利滨妇慰会代汇）

（三）妇慰会菲利滨分会一〇〇〇〇元（七七后汇出）

现因须出收据寄菲，特推敝校马副校长趋前领款，务希照发。专此奉商。敬祝

公安!

育才学校校长陶行知（印）

卅、九、廿四

注释

① 菲利滨　即菲律宾，下同。

② 仙　菲律宾货币单位名称。

在急水滩头挣扎

——致育才全体同志

肖生同志转全体同志、同学：

学校难关将渡，大家尚须齐心努力，争取最后胜利，以跃入创造之境。我们正在急水滩头挣扎，撑篙的、拉纤的、掌舵的都要随处留神，在扼要处着力，自能安达彼岸。余由文华同志面达。敬祝

康健!

衔

卅、十、十四

推代表到重庆见习

——致育才戏剧组、文学组

戏剧组、文学组同学鉴：

你们的信，我是很高兴的收到了。我现在集中精神要取得平价米，并把中学部立案手续办成。我们的三个月的捐米被炸毁了。冬衣的布还没有着落。为着顾到学校的生存，只能满足你们一小部分的希望：戏剧组可推代表五人至八人，文学组三人，社会组三人来。详情由马先生转达。代表们要努力笔记，带回报告同学，俾不能来者可以得到益处。

戏剧组寄宿中苏协会，备膳一桌，不能超过八人。文、社二组寄宿文化工作委员会，膳食只解决六位，故每组只能派三人来。落选的同学，当然不能满意，但是我不能想出更好的方法。在努力创造中有你们的安慰。

陶行知

卅、十、十五

用全副力量帮助你建立事业和学问

——致吴树琴

琴姑：

你十月十九日信收到了。我虽觉得不能得到你十分的了解，但是对于你这样为着职业学问而努力，我是非常钦佩。我愿意帮助你考虑这个问题，并且使他达到美满的境界。今天早晨五时，翻了一首《我决定》，抄来给你，请你让城抄一份背熟。我想每天翻一首这样的小作品。我这次是用了全副力量使学校渡过难关，不久也会用全副力量帮助你建立你的事业和学问。你最好起草一个计划，我便依这个计划帮助你成功。

你的朋友丈夫

卅、十、廿一

抄寄祝寿诗

——致吴树琴

琴姑：

我的祝寿诗已于今日寄出，现抄上一阅，如蒙指正，尤所盼祷。

清清练江①水　翠翠黄山松
地灵人自杰　二老正还童
峨眉共登临　大江万里长
彩云烂漫处　亲朋合举觞
结就三生缘　异乡同为客
今夜蟠桃梦　千山不能隔
女淑因母教　儿佳系父严
一家齐种德　福寿自绵绵

我看你那首是比我的好，你觉得怎样？姚文采的女婿说：他的丈人的疮口已愈。令弟所传的消息是不确了。敬祝
康健!

衔

卅、十、廿四

注释

① 练江　新安江支流，流经安徽歙县。

你在进步可喜之至

——致吴树琴

琴姑：

你写的寿诗，好极了。老实说，我是写不出的。你这两年不知不觉的是在进步，这是可喜之至。念三日的信，今早才收到，不巧佑顺[①]昨晚就带着东西返碚了，否则请她带给你，不是今天就可以收到吗？

我们要留十来位小孩子在这里帮助灾童教养所创造儿童之家，现在就得去。再谈。

衔

卅、十、廿五

已有信两封（我一封，马先生一封）托苗久棚先生转，不知收到否。

注释

① 佑顺　即朱佑顺，育才学校学生。

欢迎赵璧光

——致马侣贤

肖生同志：

米粮今天接洽结果，非正式或可于最近得到一些。学校暂勿多买米。我们的客人大概星期六即可到校，准备鸡蛋、水果。各事，前开单请你注意者，务必于星期五办成，并请大家分头进行督导。

赵璧光先生十一月八日到校。他是三峡最有正义感及有力量的人，望予以盛大欢迎。

在渝见习同学之棉大衣及棉背心，派人带来，以便换还所借棉袄。十天之约不久快到了。我若有空，星期六早晨到校，倘走不开，诸事偏劳了。敬祝

康健!

衔

卅、十、卅

堃珩同志望努全力挽留之。

数事备忘

——致马侣贤

肖生同志：

现在车站上要候一小时，想到数事，奉闻如下，尚希施行。

（一）顷看兼善中学办公处及兼善公寓一带分栽芭蕉，可爱可学。请即派同学（生产与自然组各一），持学校介绍信到张博和校长处请求指教，详细学习，回校即干。本校有芭蕉一株，迄今两年，仍旧是一株，曷胜浩叹。查芭蕉雨后即可分栽，六个月即长成。我们应该有一个芭蕉林。

（二）今天致赵璧光先生信，请其向县长及张敦廉主持各校一庙。倘有无知之徒强行搬入，即封闭前后门以拒，以迅速之手段、和平之态度强理之。

（三）小山碉堡，请即动员兴工，限期完成。

（四）研究所中我之房门仍以上锁为妥，为要。

（五）四度创造（整洁在内）望与诸同志巡视、督促、指导，使毋懈怠。

（六）立大志，做大事，探讨大学问。

（七）幼年研究生请考核其进程，懈怠于此专题之研究者，除害病外，其生活上必有问题，就当注意。

（八）《战时教育》请宁远约稿即编，本期宜有十一月十二日之纪念及中山先生之故事。每期都应有一些关于抗战建国之材料。以前似有疏忽。

（九）一而再，再而三，三而四，教同学爱护新衣服，教师劝勉同学，同学互相劝勉，朝会晚会常常提醒大家抹桌面，抹桌边，抹板凳，洗头颈，小心坐行起卧。常常提醒他们在行动上爱护衣服，推而爱护一切。

（十）穿袜子的同学要教他们常剪脚趾甲，否则容易破坏。

（十一）点灯似有不必需的浪费，来不及考虑，请你们调查，使节约与学习兼顾。

（十二）常常看这封信，以推想其余。

衔

卅、十一、十一

爱惜衣服便是爱惜国力

——致育才驻渝见习团

驻渝见习团公鉴：

现在新大衣送来了。这是蒋夫人和保育会诸先生爱护你们，在经济万分困难之中为你们补充的。物价是一天天的高涨，这身大衣恐怕要穿过明年后年也难以再行补充。所以你们要十分爱惜这衣服，否则到了明年便要衣服褴褛了。我在校中和同学分析衣服所以脏的缘故和容易弄脏的地方，得到下列结论，帮助你们保持清洁：

（一）袖子脏，因为桌面不抹干净；

（二）胸前脏，因为桌边不抹干净，吃菜喝汤不小心；

（三）臀部脏，因为凳子不抹干净就坐，而且到处随便坐；

（四）领部脏，因为颈部不洗干净，有“人油”流出。

我们又分析衣服所以容易坏的缘故及容易坏的地方，也希望指出来：

（一）纽扣容易落，因为裁缝马虎，穿衣脱衣太用力；

（二）分叉处容易破，因为行动太猛；

（三）臀部容易破，因为屁股抹凳；

（四）一切容易破，小洞变大洞，小裂变鸿沟，因为不即刻缝补。

桌凳抹干拭净，颈常洗，行动从容，胆大心细，脱落裂缝立刻补，可以保证多穿一二年。这是国家的衣服，交给你们穿，即

是交给你们代管。你们爱惜衣服，便是爱惜国力。这是每一个忠诚的国民应负的责任。敬祝你们
康健，向成功之路迈进！

陶行知启

卅、十一、十二

值得学习的美德

——致育才驻渝见习团

育才驻渝见习团公鉴：

你们送来所借之衣服，我一一检查，只有燕昭华所穿的可以还去。她这种美德是多么值得大家学习啊！其余的衣服都由张队长发还，望即夜重新整理，再送我处检查。注意之点如下：

（一）补衣所用之线色须与原线一致；

（二）补充之纽扣大小颜色须与原扣一致；

（三）破处及裂缝须完全补好；

（四）脏处再细心洗净；

（五）针线须用心依规矩缝；

（六）虱子须自行检查，如果染着了，须肃清，以免流传。

这是多么麻烦你们啊！凡此，为的要使我愿意再为你们服务，也是要使保育会和别的地方愿意再借东西给我们，更重要的是使不知名的，将来穿这衣服的小朋友，不致蒙过大的损失。大家想一想，假如你们的新大衣，未穿上身，校长遇了受冻的小孩，先借给他们穿了几天，把它们弄得又脏又破，又黄黑和杂陈，蓝白线相接，你们作何感想？

陶行知启

卅、十一、十二

九事相告

——致育才全体同志

肖生同志转全体同志鉴：

（一）三碉堡造在里面，依墙建筑，可以节省费用，并可取得联络，甚好，即请兼程进行，从速完成。若造在里面，请考虑是否两个即够，或四个更好。钟楼、鼓楼加上层土墙是否即可充碉堡之用？背面碉堡倘能在楼上加土墙或沙包是否即行？是否在善堂背面应该树一碉堡于中央，或左右各一？务希详细考量火力及经济而作最后之决定。全局要顾到对称、大小比例，使毋伤全校风景，而反能增其庄严。

（二）将图画组宿舍搬进校内，俾能照应周到。

（三）中心学校，坚持比邻互助，对一庙两校，婉辞坚决拒绝，一切待校董会作最后决定，倘有人指使强行搬入，一面闭门，一面飞报重庆，一面诉之舆论、法律。现已找到帮的关系，倘张君在帮，即可顺利解决，倘不在帮，则帮方可予校以相当之维护，最少其力量不致与校冲突。现正在查问张君是否在帮或在哪一个字之帮。你们倘有真知请派人告诉我。

（四）校中进行平价米，据吴俊升司长说，恐无希望。最近朝阳大学已被行政院驳。现在堆积在部之呈文二百件皆无法送院。在部院未有更好办法之前，拟请粮食部批准官价购米（每市斗二十四元）。公函明日送去，刘秘书长说此事徐部长可以做主。这对学校不无小补。总之，现在不要在本地买米了。米袋有空的，可派人带若干来，以便应用。官价米或可在北碚取。袋子重庆要廿个才够。

（五）致见习生两信，有关基本习惯之养成，请张贴起来并在朝会宣读，请大家注意。

（六）向保育会借住宿地点，已去公函，并面陈一切，要等一星期才能有回信。

（七）坚决维持四度整洁。本届参政会期内或会后，必有华侨及其他朋友来校参观。但为的是培养习惯。

（八）为冬防起见，急需请冯先生派手枪队数人来校协助，但这几天他避寿，连鹿瑞伯[1]先生也问我，冯先生是否到了育才避寿，我说不知道。其实，大家都不知道他到哪里去了。瑞伯先生说，去年他是到舍下避寿的，我才明白去年昨日送菊花来的冯先生，是为着避寿而来碉堡。等他回来，我即刻向他商量。可否，再告。

（九）昨天托友人到经济部平价购销处买布六匹。他们说，布要等几天来。我想，六匹布是教师及工友都够用了吧？是否？望示知。敬祝

康健！

衔

卅、十一、十三

注释

① 鹿瑞伯　即鹿钟麟。

校舍纠纷要依法解决

——致育才全体同志

肖生同志转全体同志：

今日接到你交来的合川县政府教三字八三一号训令，即刻延请法律顾问会商，签谓庙产非地方所有，住持僧所立契约有效，本校有整个民国的法律作后盾。县政府调解则可，调解失效，则欲变更现状者可诉诸法院。倘地方法院裁判不为被告所服，被告可上诉于重庆高等法院。县政府以命令代法律来强迫任何一方服从不合法之处分皆可上诉。倘有狐假虎威，以县令挟制本校，强行搬入，本校宜拒绝之。可婉辞告其稍待，本校校董会已有复电致袁县长，允将袁县长训令所提办法，提校董会商决，再行呈复，校董会未来函前，校中不能擅作主张。校董会须在参政会后才能开。芭蕉在林间讲座①、逸少斋②可酌栽，以御骄阳。敬祝康健！

衔

卅、十一、十五

张董事长及我致县长电，奉上一阅，监督庙产条例第六条，亦经抄上托廖先生带来，望读与僧晓书一听。翦先生及其夫人请善为照应，酒菜香烟宜丰，菜交王治平代弄。

注释

① 林间讲座　指育才学校露天课堂，周围树木很多，故名。

② 逸少斋　陶行知校长的住处兼会客室和招待所。是一栋草顶土墙的三间平房，后有半间草棚做厨房。因晋代大书法家王羲之字逸少，陶行知以“逸少斋”命名，示纪念之意。

加紧促成官价购米

——致马侣贤

肖生同志：

陶城的旧大衣、吴树琴先生翻的旧大衣、我做的短褂裤，不知做好否，请查明示复。倘已做好，陶城的请交碉堡，余可托人带渝。

校舍事，人力已尽，逸以待劳。现加紧找机会促成官价购米，并酌量加募捐款，以为教师增加薪金之准备。

校舍纠纷，假使各方发生效力，则是愈战愈强了。

衔

卅、十二、一

黄宗汉先生来校事，事前不必给多人说。新年须准备欢迎节目。

醉霞、陶城处请酌垫一二百元。

解决育才校舍纠纷的态度及办法

——致育才全校同志

肖生同志及全校同志鉴：

顷自电报局归，接读十一月二十九日信及合川剪报一张，敬悉大略，为慰。此数日为解决校舍事，已完成布置。现略述如下：

（一）方针：坚持每校一庙尽力协助之原则；

（二）方略：柔以克刚，逸以待劳，谦以遇人；

（三）步骤：

甲、向省党部执委李琢仁先生说明纠纷经过，彼深赞成每校一庙原则，已于今夜十二时拍电致合川县党部书记长陈筠（季质）先生请其协助。电稿奉上留存，另附上一介绍片，以备不虞之需。

乙、冯夫人介绍见施则凡先生，因候车误时未遇，复请冯先生再函施先生力主一校一庙。

丙、袁县长前曾面陈本校每校一庙互助合作之主张，已蒙其面许重视本校意见，容与陈书记长季质商谈，如各方无问题，可以收回成命。

丁、黄克强夫人致张敦廉君问候，通知其参观育才学校之时，欲与彼一谈。黄夫人拟来校过新年，月底到校，请将名片与信派人送与易仲伦乡长转交；倘张君不在草街子而又不即到，则请其派人送往合川。另加一名片留在校中，倘张君未接信而来校，即可将名片交彼，可以减少问题之严重。

戊、乡长易仲伦君为兵役署程署长之受训门生（据易君前次谈话），我今日面请程署长致彼一函，谅有相当效力。

己、主持调解人已请赵璧光先生担任，彼必尽心力而为之。

庚、从现在起，谨防门户，只开一门，以便出入，门前放哨，可疑即关门。警觉第一!

我们人事已尽。倘上列各步骤及时发生效力，则可大事化小，小事化无。戒多言。劝大家不要说刺激的话。

鹫岭寺常患小偷，速派木工助其修理，倘有别项需要，开始尽量协助。台球桌送一块大黑板去（我与赵先生参观时，见其四张高低不平之桌凑成球台，甚不合用）。

翦先生请代我致深深的感谢，并致送旅费二百元。

冯先生卫队，我恐其有碍他们自己的训练，已请其暂勿派来。

衔

卅、十二、一

赞同由育才保管合川保育院的家具

——致马侣贤

肖生同志：

合川保育院停办，其家具有拍卖及托育才保管的消息。有人主张由育才保管，征求我的意见，我甚赞同。此事与育才将来扩展及招自费中学生至有关系，我已同意。倘运来，或有人前来接洽，请接纳为荷。河边设法借一地方暂为安顿。我有毡毯两张，请交一张与文华带来，另有猪毛毯一张，亦请一并交其带来为盼。

衔

卅、十二、廿七

动员一切朋友解决南洋接济断绝的困难

——致陶晓光

晓光：

一月十五日来信收到，知您安好，甚慰。自太平洋战争[①]爆发，南洋接济断绝，学校的经济基础，不得不动员一切朋友另谋办法。故目下难于离开渝市，前途渐见光明。

新年的时候，乘着雾市的陪都[②]，育才戏剧、绘画、音乐三组来渝见习，并举行画展、表演、演奏大会。画展是十一号开始的，十五日完。据各方的评论，成绩还不差。画展时另有一间专为育才之友字画展览。一方面让小朋友见见名人的字画，一方面以小朋友的作品请各界热心儿童创作的画家指教。这是此次画展的主要目的。画也卖了将近二千元，已够开销。

戏剧组在最短期中，排成五幕儿童剧《表》[③]，已在中国电影制片厂抗建堂献演。这次演出得到各方的帮忙很多，由抗建堂主办，宣传费由学校垫出，其他灯光布景、舞台等等由他们先垫费用，等到演完，各除两边费用，盈余的全捐助于育才儿童戏剧运动。《表》已演了四场，明夜是最后一场。为了希望对于学校的经济有些帮助，所以这次动员各方的朋友，努力推销荣誉券，已超过二万元。虽然不能达到大家所希望的最高目标，可是没有失败。这是可以告慰的。

音乐组目前在音乐指导委员会指导之下，准备着本月卅一日夜及二月一日夜的演奏。地点是在广播大楼，亦预备卖票的。这次演奏，一半节目是小朋友的，另一半节目是请了几位先生参加的。结果如何，再告。

近来你父亲，在敌人炸弹下的破屋中，找到了一所无人管理无人利用的大屋④，费了很多的查问，访到这屋的主人，并承屋主人的允许，租予居住，以我方修理费作为五年的租金，真是值得。这是你父的力量完成这一件胜利的战争。古圣寺的校舍，亦曾发生一次纠纷。地方上的一个土绅劣豪，借办中心小学名义，要占我们校舍的一部。这件事亦费了你父亲很多精力，结果才算和平解决。一点不错，他每日都是过着打战的生活，生活就是战争。他说，最近是在打经济战。数月来都是日夜的奔走，幸而精神尚健，身体虽较前清瘦。

我们已搬进这新修的房子。戏剧组亦住这里。方、程、俞⑤等各位先生都在这里，为了三组的事，大家都是很忙碌。

陶宏自己的意思，要在寒假离开学校，到成都大学跟周厚福先生多学习一些。但不知小孩子的力量可能挽留住。现在的自然组全是靠陶宏一人的力量维持，假使他走，对学校对小孩子都是一个大损失。

蜜桃这半年没有进学校，在家自修，预备寒假后投考。蜜桃一心想跳一级，我们不十分赞成。可是他的自信心很强。希望他这次成功。再告。祝

健康！

树琴代笔

卅一、一、十九夜

注 释

① 太平洋战争　指1941年12月8日美国正式宣布对日作战。日本为了排挤和争夺美、英、荷在太平洋上的利益，1941年12月7日偷袭珍珠港，第二天美对日正式宣战。

② 陪都　指重庆。

③《表》　为鲁迅翻译的苏联作家班台莱耶夫的小说。后由董林肯改编为儿童剧。刘厚生导演，苏丹任舞台监督。

④ 即重庆管家巷28号，后为育才学校重庆办事处，亦即以后社会大学的校址。

⑤ 方、程、俞指方与严、程今吾、俞文华。

继续努力
创造光明前途

——致马侣贤暨全体留校同志

肖生同志暨全体留校先生、同学公鉴：

这次绘画、戏剧两组的展览和公演的成绩，尚交代得过去，必须继续努力，才能够继续生长，创造光明的前途。公演“荣誉券”推销情形尚佳，除开支与填空外，可余一万五六千元（加上二月份所收，可余二万元左右）。尚有券资未收回者，正在赶紧收回。附报告表一张，乞存查。

盐务局方面前请增加三千元，昨天丁先生来信，已遭否决。新的经济基础，尚在多方面进行中。

管家巷二十八号遭受敌机轰毁，残剩房屋，颓垣洞壁，挂椀吊瓦，残楼倾斜，瓦砾满地，状极危险！现在已修理得暂可居人，需要修理费在六千元之谱。但不能止步于此，必须有进一步之创造，决定继续创造成为儿童美术馆，期于本年儿童节开幕。

绘画组由万寿宫临时保育院迁来，音乐组由复兴关歇台子政治部抗敌歌咏团迁回，特修课即开始上课，普修课亦缓一两天可以照上。生活可以渐上轨道。音乐组原定一月三十一日、二月一日两晚演奏，后因导师关系，改期在二月十四、五两晚。现正在积极筹备中。

自然、文学、社会三组，可以轮流来重庆作有计划之见习，一星期至两星期。俟各方接洽好再来信通知。若在二月二十日以前来则住万寿宫，生活难以安定。若在二十日后来，音乐组回校后，则可住管家巷28号，生活、学习皆便。戏剧组在重庆表显过成绩，应该展开戏剧运动，深入乡间。除在本校、北碚公演外，可以准备到合川公演一次。券资收入，合川方面除演出费开支外，可以一半资助中心小学，一半留作本校用途。

赵璧光先生已允负责调停。

寒假生活要有计划，人人过得愉快，而有蓬蓬勃勃的生气，有远大的目标，崇高的境界，人己交受其利，发挥更大效能。敬祝

康健!

衔　谨启

卅一、一、廿六

现有数事和你商量

——致马侣贤

肖生同志：

这些日子偏劳你了。现有数事和你商量：

一、程惠华发了疯病，找到这里来，每天乘隙跑上街去演说、跳舞，晚上有时大哭，弄得大家不安，并时时刻刻要派人看守。比较利弊，只得把她送到乡下来。请在校中预备一间小房给她居住，要能与课堂宿舍隔离而又坚固能上锁者为佳。疯性不发时，可有人陪她散步。同时我已写信与其父，请他来接她回去；并写信与赈委会代她请点赈济费。这件事不得不麻烦你们，因为城里实在是没有设备可以管理她。竹房木板，她已突出数次。今早逃去，到现在还未找着。希望今日午前能把她找来。昨天找回，当晚又逃了。

二、回龙寺驻兵，我想是一种计谋。我们不管这些。他们自己放弃，要他们自己收回来。我们坚持各校一庙，丝毫不妥协，望你坚持到底。

三、文学组同学见习，定在旧历新年以后，可于二月二十一日以后来两星期。接着，俟文学组回校后，自然组来一两星期；自然组回校后，社会组来一两星期。现在大家集中精神争取音乐会之成功，故不能分心帮别组忙。故别组来渝，以音乐组回校后为宜。如此，食宿均甚便利，学习机会也较好。

四、请汪亦伦同志、朱凝冰同志来渝就职；其余亚生、风翔[①]

二同志之职务，正在介绍。

五、驻渝见习团账目由宁远带来。

六、十二月份工作报告未收到。

一切费神。研究所及我私人由校垫款，请开单见示。敬祝康健！

衔

卅一、二、六

注释

① 亚生、风翔　指张亚生、汪风翔。

育才学校是你们的第三家庭

——致育才学校全体同学

全体同学鉴：

好久没有相见，挂念得很。现因邹先生[1]回校，托他带这封信给你们，并托他代达未尽之意。

听说有两位同学不久要转到别的学校去，这消息使我回想到去年关于同类问题我所发表的意见，并联想到别的同学也许在考虑同样的问题。我想乘这个机会说几句话，帮助大家作更适当之处理。

育才学校是你们的第三家庭。倘使有人觉得这个家庭生活不大适合，尽可以改换环境，或是转学，或是就业，我们决不阻挠，相反的，我们很愿意助成，俾能各得其所。离开学校的同学，不是脱离关系，寒暑假可以回家来团聚。因此，同学中如果有人感觉有就业或转学之必要时，希望坦白的告诉我们，我们必定愿意尽心力之所及，帮助各人达到他自己计划的前途。

文学组来信要到重庆见习，我们赞成。自然组、社会组也可以轮流来一二星期。轮流的先后，请三组师生合商解决。最后〔好〕是在二十以后，俟音乐组回校再来。如此则有宽敞之寓所，食宿学习都更安适。敬祝

康健！

陶行知启

卅一、二、七

注释

① 邹先生　指邹绿芷。

互信共信为创造之本

——致马侣贤

肖生同志：

关于你介绍任职之同志之传说，我与竹因同志皆未有所闻，显系有人挑拨。此谣既非出于聘任者之口，幸勿置信，并慰诸同志安心尽职，以坚定共过患难、协力创造之志。你的经济困难，自是事实，正筹根本统盘解决。对于有家累之同志，自应从速订定办法，以资安心服务。为应急起见，可在晓庄研究所稿费项下，预支若干先行寄与府上。绿芷、竹因、宏及你，均暂以此办法权为接济。你选一小题而在你的工作范围写作，既与学习有益，复于教育界有助，亦两得之举。倘觉写作无暇或无兴趣，则亦不必匆匆交稿，或在所中兼一职务亦行。总之，是要解除经济苦闷，安心工作为要。专此奉达。敬祝

康健！

衔

卅一、三、二

互信、共信为创造之本，望勿为任何流言所伤。

请发给育才药品

——致赈济委员会

径启者：

年来药品价高贵，深感药品缺乏，影响学生健康，不胜焦虑。金鸡纳霜与凡士林尤为急需，务希赐发上项药品若干，以宏救济，倘有别项药品，亦请酌发若干。如蒙允许，至为感奋。专此奉恳，伫盼复示。此上

赈济委员会

私立育才学校校长　陶行知谨启

三一、三、九

附：赈济委员会复函

私立育才学校：

准本年三月九日来函，以校中需要金鸡纳霜与凡士林药品，请发给若干以宏救济等情已悉。查凡士林本会现无存储，兹核拨二厘奎宁丸五百粒，即希派员持据来会（歌乐山向家湾）具领为荷。

赈济委员会（哿）渝卫

谨防图书散失

——致马侣贤

肖生同志：

（一）米袋请即派人送来，以便学生们于十七日买米三十七石二斗（市石）运回学校。保育院借给我们的袋子，也一同带来还他们。

（二）逸少斋的书，立即（即日）移存历史馆。请你和宁先生[①]督导办理。只在馆中阅览，不得借出。望嘱陶宏协同检查，加盖研究所图书馆章。街上发现育才书出卖。望注意。敬祝康健!

衔

卅一、三、十一

注 释

① 宁先生　指宁振镛。育才学校图书馆管理员。

依据创造年计划向前迈进

——致马侣贤、方与严

肖生、竹因同志：

一　音乐教师二位至三位，在音乐月过了就来。

二　戏剧组教师在《屈原》演出后轮流来；金山、王莹二先生在四月廿前可来，苏怡先生在碚服务可就近来。

三　自然组有一位教师正在接洽，拟于雾季见习团结束后，即去沙坪坝商量。

四　张履明先生仍须在此帮助一时期。

五　捐款收据簿已用完，请即送二本来。

六　募捐册急需应用，请悉数送来。

七　生活教育社接社会部[①]警告，要填报告单。所有关于生活教育社之名册、账目、单据、章程、备案文件，放在肖生房中白箱里及其他箱里，也在我房中卷宗里找找看；须立刻找，偕同五、六两项一同从速派人送来，限期半月已过，能于次日派妥人送下最好。

八　米袋破了宜事先补好，于米粮吃完前十日带下，以便运米。这次送来米袋，破者未补，甚觉困难。

九　现在研究所与学校之账已经算清，以后两机关垫款，除必要时外，愈少愈佳。学校来渝买物运粮，以开支票来取款为宜，以免我不在城时，难以接洽。

十　儿童美术馆今日筹得开办费八千元，经常费每月五百元，故除原有薪俸伙食外，可以经济独立。

十一　此后为请教师及筹款，拟再作一个月之集中努力完成之。

十二　立案事，于筹定二十万元基金时进行，此二十万必须于一个月内完成，迟则全校基础恐受动摇。

十三　校中一切拜托全体同志、同学，小心翼翼，依据创造年计划向前迈进。

十四　幼年研究生，每人一专题，不断努力，由近及远，终必有成，各人与我通信磋商。

十五　音乐组买得提琴一架，另加一副弦由国荃先生带来。

十六　徐荇同志拟自费在校研究，有心得时，讲与同学听，不拟担任定课。否则只好他去。〔他〕再三来信，我意可许其如此干。请与商量。

十七　谭堃珩电请汇旅费，已汇六百元去，今又来信说缓来，待查信。（下略）

衔

卅一、三、十七

注 释

① 社会部　指当时国民政府社会部，主管各人民团体和民间学术组织等事务。

校舍又起风波 只得起而应战

——致马侣贤

肖生同志：

校舍问题又起波浪，我们只得起而应战。先着手打听新县长之社会关系，同时请沈专员、司徒美堂诸位朋友赞助。望常来信报告。

生活教育社之简章、社员名册、单据、立案文件等等，望即在我的箱中及书架上取出，卷宗封套派人立即带渝，以便呈报社会部。育才捐册及收据，望一同送来。驻渝见习团账目业已结好，请你核对后，付考核部审查。江淑和及黄淑贞带上账目表七张，新华一二两月结单四张。分类账两本，单据四包，自一号至四三七号，存款收据四十四张，务乞检收示复。

晓庄研究所与育才之往来账，只就你所开来单据，整理出全貌，尚欠639.99元。但依研究所单据，稍有出入，将来清算。

驻渝雾季见习团共收捐款、公演券资、演奏券资、画展标价共计86099元，见习团本身支出为66765.94元，两相比较，结余一九三三三元六分。故雾季见习团本身收支可任其独立，单草一报告，不必与校中经常报告混合。望运用表中数目草一独立报告。当然有些科目不免夹杂，但依表二所列，不致大差。

赈委会二月份七千元已发，新行[①]全数扣作清还该行放款。

程惠华请得赈济费五百元，已收入本校账。请就近照护之，并使其生活改善。彼父将到渝领回，暂不必他移，嘱同学善为看护为要。衣被毋使缺乏，以免受冻。

衔

三一、三、十八

注释

① 新行　新华银行的简称。

妥善解决一庙之争为两校造福

——致马侣贤等

肖生、竹因、宁远同志：

关于校舍问题，我有以下的考虑。这问题摆在我心里几个月，现在想通了，可以画出正确的路线。也如同去年春天育才办不办的问题，在四月六日早晨想通之后，就一直支持到现在，而还有发展之可能。凡事要想通了才有力量。现在，后方的人往往为了一点小事，争意气，弄字眼，纠纷磨擦，消耗精神，把我们最大敌人——日本帝国主义——放在脑后。自从香港失守、新加坡沦陷、缅甸紧急，我们是要更加精诚团结以克服倍上加倍的艰难。大敌当前，凡属同胞，都应放弃蛮触之争，解放出全副力量，以打倒日本帝国主义。

一庙之争正是微乎其微的小事。为着要对大目的努更大之力，双方都应该让步，让到可以合作的地步。从前我们让到拨借六间屋，而张君敦廉还不肯承认本校之合法租佃而通融，这是他的过分处。如今他写了义借之信，我们还连善堂之绘画室也不肯让，仔细一想，这确是过分了。固然，我们是依合法的手续租了古圣寺和一部分善堂，在法律上，我们是站得住。但是假使没有育才学校之租佃，中心学校实际上是可以一举手之劳，而得到冠冕堂皇之校舍。实际上我们是多少给了中心学校一点阻碍。我们究竟是客人。虽然在主观上我们绝不愿喧宾夺主，但是客观上也实在给了夺地办学的朋友相当的不方便。我在去年九月二十七日对全体宣布的政策，检讨之下，还是正确的。只要真正于当地儿童有益，我们就让出整个学校，自己露天过活，也是甘心情愿。我们捧着一颗心来，不带半根草去。我们入川，几乎一无所有。就是这所古庙也是普学、通挂法师他们的徒弟和施主所造，我们虽然是出些租钱，但是几乎是坐享其成。让一点给本地的朋友和小朋友，也是应该的。晓庄是从四个帐篷办起，到三十个茅棚，那才是创造。山海工学团虽然办理了二十五里的普及教育和发动了全国的普及教育运动，却连一个茅棚也没有造，也没有堂皇的古庙给我们享受，那也是真正的创造。老实说，如果地方的朋友要整个的古圣寺，我们也丝毫不留恋的让给他们。这样我们再来住住帐篷，过过野人生活，则塞翁失马安知非福。我们自从中秋以后，走的是一庙一校之路线，这路线当然是正确的。假使本地的朋友没有成见和意气，那是可以行得通，而且是双方都好。但是人为情感所限，一时不能看清这路线之正确，势不能甘心情愿的接受。我们一定要用上层的力量和法律的手续来维持一庙一校，当然是可以，但是若不作适当的让步，则各走极端，必定费力、费时、费钱而或者要弄到两败俱伤，徒然牺牲了小孩及放松了大敌。因此善堂中之绘画室，我们决不参加诉讼，可以用调人之态度，商让与中心小学。如果他们还不够，可以再将高级班之课室让借与他们。方针如此，具体办法，静心会商定之。我也不要机械的提出。望大家灵活运用这方针而为两校造福。

楚材来信，教育部即有视学来，望善为招待。

师荒问题已解决：

（一）谭堃珩同志已允来，旅费已汇去。

（二）自然科学教师请到两位，一是潘新同志，江苏人，南开大学毕业；二是于宣力同志，湖北人，大同大学毕业。潘先生数日内即来。

（三）音乐指导委员会巫一舟、夏之秋二同志四月来，黎国荃同志轰炸期[1]来。

（四）戏剧指导委员会拟请苏怡先生先来。金山同志于《屈原》演毕后，大概四月中旬可来。吴晓邦先生夫妇亦拟来一时期。

（五）社会组杨先生决来，意林同志当有面告。

经费已枯，此地只余数千元，现拟用最大之努力于四月六日前，找二十位朋友，筹足二十万立案，十万度日，以纪念集体武训节。

戏剧组提出鞋的问题，很好。现在方针稍有变更，这便是以后提出之互助原则：对无父母亲友之同学，动员学校师生力量，尽先补助。音乐组之鞋袜等于化装，希望谅解。女生请发裙布，正在向保育会交涉，俟蒋夫人批准，便可。否则另想办法。有月病之女生，加发草纸两刀，由意林同志核发。敬祝

康健！

衡

卅一、三、廿二

注释

① 轰炸期　重庆雾日多，日机飞渝轰炸常在晴朗日子。

快送“账目修正表”来

——致马侣贤

肖生同志：

（一）俞文华同志到合川买米去的时候，曾托他带了一个“新华银行育才学校提款账目修正表”给你，请你即刻在账上查明有哪几笔是提到校本部去用的，或是用校本部的支票提取由你登账的，并立刻在修正表上注明之后快送给我以便核算，重新结过再提考核部付审查。你来信无一字提起，事隔数日，亦无表来，想是文华忘交，现再抄一份，请你查明，注明哪一笔是由校本部支票提取应用者，即速派人偕同下列物件一并带渝为感。

（二）二周年之陈列图片，有美术照片、埃及美术明信片、各国小孩画片，以请检出慎包带来展览。

（三）生活教育社通信（即社报），特别是有理事、监事名单之一期带来。

（四）研究所中之《生教社丛书》全套、《儿童科学丛书》全套。

（五）《儿童节歌曲集》。

（六）前信所说各组展览品。

（七）晓庄研究所及生教社种种卷宗。

以上各件务请即速检齐派人带下。

倘宁远来，即望其早来。

沈专员有信来，已请王县长维护本校一庙一校方针。近日情

形如何？敬祝

康健！

衔

三一、三、廿六

怀毅事已电文彩。

蜡纸校买1200元（每筒160元），曾嘱文华去大兴别墅取，但彼临行匆匆，未及带来，下次有人来再带。请告竹因同志。

友穷　迎难　创造

——致陶晓光

晓光：

你的四月十二日的信于昨天收到。宏已于十六日动身去成都。想来此信到时，你们已见面了。达维没有信来，但推想是平安的。蜜桃在重庆唐家沱一所中学肄业高二下，该校卫生太不注意，常饮臭水。每学期收费九百余而荒唐如此，可为浩叹。你们的事我当助成，回来吧。

我今年三月十五日对大家说：我们有两位朋友，一是贫穷；二是患难。我们不但是在贫穷与患难中生活，而且整个教育理论都是它们扶养起来的。所以我有六个字供大家勉励：友穷，迎难，创造。一切为创造；创造为除苦。今年儿童节，我们是在这种精神中创造了儿童美术馆。在这一个月内，我立定决心要为学校筹足二十万基金，以备高中立案之用。近日每天拜访两人，从容进行，还没有失望过。只要我们说清楚，社会是会了解而给我们帮助。祝你

特别保重身体并精神健康！

衔

卅一、四、十八

每人应有一套出客之衣

——致马侣贤、方与严

肖生、竹因同志：

致各组的信请看一下，张贴起来，因为有些事，不但是对一组说，而是对全校说。

保育会的布要怎样做成衣服，请与保育生切商。这大概是抗战期内所能得到最后的一批布，每人应有一套出客之衣，或是演奏，或是集体行动都必须用它。式样要好，而且保存得好。经济基础未立，化钱的建设可省则省。农具贵用不贵多，多买恐长浪费，望以应用为主。周子池[①]须有余款才可建亭。近日各处接洽，虽有希望，尚少兑现，用途仍以紧缩为是。盐务费所加款恐须到下月开始。

叶翼如君倘使国文好，可加延聘。敬祝

诲安。

衔

卅一、四、十九

得到三万六千元之讨饭信，可作国文教材。

注 释

① 周子池　育才学校门边的荷花池名。北宋哲学家周敦颐（1017—1073），世称周子。他写的《爱莲说》有“予独爱莲之出污泥而不染”句，故此陶行知将荷花池命名为周子池。

晓庄研究所预付款仍请育才代垫

——致马侣贤、方与严

肖生、竹因同志：

接绿芷书，知道又发生了问题。现将他给我的信和复信一并奉上，俾能知道如何解决。晓庄研究所预付款仍请育才代垫。这两家账一时还未能断绝往来。李华先生垫款每月以四百元为限。

敬祝

康健!

衔

卅一、四、二十七

绿芷功课请与商定一合理之限度。

竹因信前提及绿芷稿费，我请其自己提议，他说每千字十五元，当即照办。译诗全稿630元已付600，谅与口头保证无差。有何开罪，诚为不解。

致绿芷信请封好代为转致。

请给育才难童及乡友配发药品

——致许世英

赈济委员会许代委员长赐鉴：

敝校难童学生及乡友患皮肤病，需凡士林、硫磺配制药膏医治。素仰贵会关怀难童健康，拟恳配发凡士林、硫磺若干，以便制药施诊而维健康。如蒙允准，毋任感激。专此奉恳，伫候复示。顺颂

公绥！

陶行知谨启

三十一、四、廿七

附：赈济委员会复函

私立育才学校：

本年四月二十七日来函，以难童学生等患皮肤病恳酌发凡士林、硫磺若干，以便制药救济等由。查本会现存药品无多，兹核拨凡士林五磅、硫磺一磅，即希备具领据来会（歌乐山向家湾）具领为荷。

赈济委员会（马）渝卫

培养人才幼苗的六字诀和十字诀[①]

——致赵冕[②]

赵冕吾弟：

一礼拜前接到你五月八日的信，由子钦先生转来，知道你在万里之外，还是关怀我们的事业。我希望你答复 Mrs Gordon M.Tiffanny 的信能发生效力。当我接到你的信的时候，好像是在沙漠中旅行忽然遇见了水草，又好像是去年稻花开前，久不下雨，大家都为年成焦急，忽然甘霖来到，果得丰收。你这封信到时，是给了我和我的同事一个非常的鼓励。我们当然是有钱干，无钱也干。但是，我们所愿意干的是真正的教育，而不愿干的是把时间浪费在筹款上。美国的朋友确有力量解放我的时间，使我能把全部精神放在人才幼苗之培养上。前些日子 Rugg[③]夫人曾来一信，询问敝校情形，我将复信底稿奉上一份，望你将信中要点摘给铁夫人一看。我们的小孩是有造就的，多数是努力的。我们还有二个新办法：幼年研究生；高小及初中毕业论文。幼年研究生有廿七名，每人有一中心问题，不断收集资料，加以分析，得出结论。有一位研究我们古圣寺之历史，在和尚坟墓、账簿、年谱及地上挖出的残碑中得到古圣寺之前寺是比沙士披亚[④]小三岁。同时他研究苏德战争[⑤]，已成廿万字[⑥]。他们产生了四个剧本，廿七支曲，研究报告十余种。半年前发动自制仪器，现已完成卅余件，以后要朝着这方向努力。

我们幼年研究生有六字诀：一，疑？集，钻，剖，韧

。全校有十字诀：一个大脑，二只壮手，三圈连环，四把文化锁匙，五路探讨，六组学习，七（集）体创造，八十一难，九（久）已闻名，十（誓）必克服[7]。（一 Unifying，疑 Doubting，集 Collecting，钻 Penetrating，剖 Analysing，韧 Never Compromising；One great brain，Two strong hands，Three vital rings，Four cultural keys，Five roads to wisdom，Six lines of learning，Seven days of creative life，Eight times，Nine difficulties，Tenth power of strength to overcome them）[8]。三圈连环：圈子是虚心，代表学习；不断，代表工作；团结，代表战胜。三圈：一指全学校一体；二指全国一体；三指全世界一体。四把文化锁匙，即国文、外国语、数学、治学治事方法论。五路探讨，指（1）体验，（2）观察，（3）看书，（4）谈论，（5）思考。六组学习指本校组织。望你约略把这意思告诉有关系的朋友。敬祝
康健！

衔

抗战五周年纪念日七、七

注 释

① 此信总结推广了幼年研究生所研究出的一整套自学方法。

② 赵冕　原南京高等师范教育科学生，毕业后主要从事民众教育。时在美国。

③ Rugg 夫人　即美国教育家罗格（Rugg）的夫人。

④ 沙士披亚　通译莎士比亚。

⑤ 苏德战争　即第二次世界大战中，苏联反对德国法西斯侵略的战争。

⑥ 这位幼年研究生名叫朱振华，当时只有12岁，后因病早殇。

⑦ 在陶行知自编的《育才学校》一书（教育书店1951年4月版）《育才十字诀》一文中，后三句作：“八位顾问，九九难关，十（誓）必克服”（《育才十字诀》）。

⑧ 在陶行知英文原著《育才学校英文手册》（The Guilding Principles of

Yu Tsai School）中，第三句起作：3. Three Circles；4. Four Keys to Cultural Treasures；5. Five Roads to Truth；6. Six Groups of Studies; 7. Seven Days of Collective，Creative Living；8. Eight Advisers；9. Nine Times Nine Difficulties；10. Tenth Power of Strength with a Pure Heart to win the Battle of Life.

“不愤不启　不悱不发”

——致陶宏

宏：

你给育才三周年纪念的礼物——《伽列略》[①]话剧（我已改好，交叶宏材改。三周纪念太忙未演，拟暑期演）、《太阳系之起源》《蛋白质的营养》——我都看过了。此外还有你给自然组的公信十一封（自四月八日至七月十四日）和给自然组同学的私人信十一封，我都仔细的读过了。只有魏雨田、谢士柜二人因为请假去投考未曾把信交来。听说你还给过别组同学信，我也想去要来一看。我之所以想看这些信，有下列几种动机：

（一）我很敬佩一个教师，连离开了学校，还是诲人不倦。

（二）我很想知道你给学生们的忠告的内容。

（三）我很想知道你自己的进步如何。

（四）我很想知道学生对于你的来信是否爱护保存。

看了这些信及三篇文章，我的感想如下：

（一）你给我们的礼物——精神食粮——是最丰富了。

（二）你这样教导学生，态度和内容都很好，值得做教师们的参考。但是对于孔子那“不愤不启，不悱不发”的道理也宜注意酌量采用。这个你到后来是采取了。

（三）你这样努力，怕是向“健康银行”透支了过分的法币。

（四）你的信可以出一个小集，文章可以发表。

为了要攀上真理的最高峰，为了要作最多数、最有效、最永久的服务，我向你提出如下的劝告：

（一）健康第一。

（二）从容工作、学习为原则；紧张突击为例外。

（三）预防疲劳之休息。拿休息来预防疲劳，重于拿休息来治疗疲劳。我们肺弱，你必特别小心，对于元气宜多储蓄，对于健康切勿透支。

学校已下决心要创造健康的堡垒，立了廿九条卫生守则以代替十分之九的医生。我们发现霞[②]有这个特长，便聘她为健康科主任，率领卫生干事、医务助理员，并动员全体师生、工友，加强组织、训练、设备，以防疾病于未然。

晓光于七月中旬飞渝，业已见面。现被派到新疆伊宁（宁远）去作修理工作，半年可返。伊宁系汉代月氏被匈奴所逐而移居之地。元代察合台汗国之西界。他得到这个差使，渡天山而西，觉得高兴得很。（地址是：伊宁　爱林巴克街　又新公司）等他到后写信来，我们再和他通信。

潘先生[③]对自然组少数同学相处不甚相得。魏雨田有骂师消息，尚未处分。潘先生表示，下期愿教课，不管生活。

杰儿[④]甚佳，黑[⑤]亦好，请放心。霞需款用已嘱向我要，不必催你寄。

吴先生已找到一事，在北温泉新亚药厂，月薪加伙食可抵参政公费[⑥]，生活仍无忧。

学校已将所有的钱，连吃饭的都动员来履行立案手续。这手续已进行。

城正准备考学校。刚已汇旅费托瑞符带他来川。顺颂夏安！

衔

卅一、八、一

注释

① 《伽列略》　通译伽利略。

② 霞　指王醉霞，陶宏之妻。

③ 潘先生　即潘新。

④ 杰儿　即戴伯韬的儿子戴晓林。

⑤ 黑　即陶宏的女儿陶鹤。

⑥ 参政公费　即参政员办公费。

有关单据请带来

——致马侣贤

肖生同志：

（一）将我房里竹箱内之账簿，育才、研究所、生教社三机关者一并带来。单据只带育才者，余照原存竹箱中，以免有误。开竹箱之锁匙，今附在信封里，请慎为保存，到校后赐还。

（二）吴先生要寄的书是放在竹篓里。

衔

卅一、八、十

有两要函请去接洽

——致马侣贤

肖生同志：

有两要函请即亲去接洽。

（一）庄怡生、张木森先生曾允对校捐款，并已对校捐水彩颜料。报告校中新事，如每天四问，十二要，创造健康堡垒，科学环境，三周展览，并问他到管家巷有何见教，最后说到捐款。倘使他问要多少，学校需要四十万，只得二十万，或请他们做主。您可说五万、十万。倘使他们说已决定数目，就不必再说，而代表致谢。最好交款与你或新行，听便。

身份证您自己也可写一张，来往便当些。

（二）李定宇先生函，在投卢作孚先生信时，顺便投去。其人甚好。

（三）宁远已到。致同学信托你宣读，鼓励他们把内部生活过得好，使旭东[1]可以多腾时间来对外。代表我说深信每一位同学都能依照每天四问、十二要公约进修，没有先生在时生活过得更好。（有力气打架的，俟煤炭到时或买米时，先打人者每一次加两倍挑，故学校以打架测验力气之剩余，以定劳作，也可讨论，是否可作公约之一）敬祝

康健。

衔

三一、八、十一

陈真如[2]先生住南岸龙门浩堆窝井阎公馆（即皇经庙十号静庐），在望龙门过江，请派李泽霖同学去带回信来。倘不在家，将信留在陈公馆，陈双玉先生信同时送。

注释

① 旭东　即范旭东。

② 陈真如　即陈铭枢。

公朴先生筹了五千元

——致吴树琴

琴姑：

前天下午晚饭后，你未来，我身上无衣换，难过极了。即与方龚先生同船到白沙沱，上岸走到古圣寺，洗一个澡，换了破衣，爽快哉！昨天公朴先生来信，为我们筹了五千元，可见千里之外尚有人记着我们的。一年以来，以为他们忘了，而事竟不然。昨天小孩们发现一大群含羞草，可喜！当善为保种栽培。明天有人赴碚，星期六也有，卢太太①的文件何时还？敬祝

康健！

衔

三一、八、廿六

注释

① 卢太太　即卢子英夫人邓少琴。

逸少斋成了植物陈列馆

——致吴树琴

琴姑：

我的伤风是完全好了，请放心。你的身体，要特别保重。倘使工作太紧张，就请换个轻的工作。

颜尧明君所要的介绍信，请转交。结晶体一小瓶，请检收。我星期日来泉看你，星期一赴渝。倘使得便，深愿在你所希望的事上努一点力，尽一份责任。

银杏的效力已经分别试了四次。今天弄了一张床来亲自试验。昨天点着的两只臭虫，十五分钟后复活了。但是浸了一天一夜的臭虫，经过一夜未能复活。

逸少斋成了植物陈列馆，真是琳琅满目。今天加出壁报，想来必很热闹。

晚上有荷叶舞，可惜你不在这里。梅仙是一位勇敢的小姐吧。祝你

康健！

衙

卅一、九、四

城仍未回，不知何故。

关于银行汇款事

——致吴树琴

琴：

我今早到北碚，在卢太太处找到特约证，由小孩一人持证代我买票，我还吃了一碗面，再于七时卅分开车，十一时抵渝，在茜茜吃稀饭煎包，即到新华银行汇款。

上海国家银行存款及保险箱，纯粹私人者可以提出。这事要托人在沪提出，交上海新华银行孙瑞璜先生活存入梅庆记户即可汇来。

恒智的书俟到管家巷即办。专报平安。敬祝

康健！

衔

卅一、九、七

寄书费已由我付还学校

——致吴树琴

琴姑：

淑蕙[1]病已好，据说很瘦。恒智书两包已于八月廿四日由伍必端到总局包裹处寄出，寄费$33.70，已由我付还学校。包裹号数写不清楚，大概是9777，我想是9777号，留在皮包中隔，以免遗失。敬祝

康健！

衔

卅一、九、八

注释

① 淑蕙　吴树琴的堂妹。

为购书寄书事

——致吴树琴

琴姑：

接十号信，知道你病未愈，十分挂念。每天两鸡蛋，当遵嘱不断的吃。

Piaggo：*Differential Equation*[①] 业已买着，书价 58 元，我以 50 元得之。《定量化学分析》卖掉了，走遍米亭子，无处买，大概英文本是没有希望了。后来看到孙锡洪先生写的定量分析，多少会于恒智[②]有益，一起包起来，刚才托伍必端寄，倘使不误钟点，今天可以拿回条来。《德文入门》为你买了一本，36 元，倒不贵。

昨晚集中甘烈君、张旭东、吴淑蕙、吴梅仙和我自己的力量，把向美国援华会艾德敷先生请款的文件写好，今日又写了几封信托人推动。倘使这事成功，我的担子就轻了。我希望本星期六能回来，但陶城这孩子全无计划，总要等他来了才能走。梅仙学会计住在 28 号[③]。

衔

三一、九、九

注释

① 指 Piaggo 所著《微分方程》。

② 恒智　即吴恒智，吴树琴的弟弟。

③ 指重庆管家巷28号。

发烧两天　自医而愈

——致吴树琴

琴姑：

你去后，我就发热，睡在床上两天。我用金鸡纳[①]自己治，再加上你给我的泻药，居然也治好了。泻出来的只是黄水，前天十几次，昨天减至五次，今天就好了。可是疲倦得很，还是睡了大半天。李品仙今晚请客，我想去会几位安徽朋友，因此带这信去寄。明天双十节，我不能来，望你好好的休息两天。祝你
健康！

衔

卅一、十、九

宏来信，他所要的是 *Applied Physiology*[②] 在你那里吗？如果是，请寄给他。

注释

① 金鸡纳　即金鸡纳霜，音译奎宁，医治疟疾特效药。

② 英文书名，中译为《应用生理学》。

病未愈
工作不可太紧张

——致吴树琴

琴姑：

昨上一函，谅今日可以收到。昨夜自广东酒家归来，得读你于七日写的信，承你给我菜单，照应周到，最为感激，我当照行。前晚买到麦麸饼干一磅16元，炒米一包六元，可充早食，再加鸡蛋，营养可达标准。馀馐卤肉铺因肝贵至22元，人吃不起，已不卖卤肝了。今日开始抄《文选》，淑蕙、梅仙均在帮忙。我想在一个月内选好300篇，每篇500字，约十五万字，可作两部八本之用。然后筹备到成都买旧书，参观华西博物馆、灌县李二郎坝[①]，再回来过年。去成都前要先来看你，一二星期内配着星期六，我当来碚。

你的病完全好了吧？高凳做了没有？工作切不可太紧张，更不可不涵养一种海阔天空的境界。我病已愈，好像又有精神了。你的弟弟来信，被我误拆，谅不见怪。现急附上，以解决算学难题之态度处之。吃饭、睡觉、散步时不想家中事，如我不想校事。力所能为者，尽力为之。力所不能为者，修身所待之。智弟之事，尽力助其成。

李先生今早约吃早茶，已付与1500元，淑蕙少300元，我暂为代垫。祝你

健康！

衔

卅一、十、十

注释

① 灌县李二郎坝　即著名的都江堰水利工程，位于成都市西北，系两千多年前李冰带领民工所修。水坝附近有为纪念李冰父子而修建的二王庙。

学校困难已达最高峰

——致吴树琴

琴姑：

治平送来猪油、猪肝都已收到，甚为合口。唯肉松未到，可见托人带物之难。

碉堡不能出借，系因事实。那是我们的一个交通点，每次来人，楼上下都住满，雾季尤甚。

我十六日到北泉来看您，您会请我吃一餐好晚饭，以慰劳风尘之人吧？

三妹[①]、梅仙都给了我不少帮助，谢谢姊姊。

学校困难已达最高峰，我昨天做了十天事，集中一切母亲爱护小孩之力量来保卫他。祝您

健康!

衔

卅一、十、十五

雨衣、衬绒袍遵嘱送上。我将看见一位比前健康之太太，多么快乐啊!

注 释

① 三妹　指吴树琴堂妹吴淑蕙。

菜包红苕作早餐

——致吴树琴

琴姑：

今早汽车尚空，到后三刻钟始开。到青木关始买两只菜包、两个红苕作早餐。十一时抵渝，即驰往交通银行会张仲老①、杨德昭二先生。定下星期三下午二时开董事会。十二时在新行午餐。三时在管家巷二十八号会客。进房见有你的家书，急托梅仙代你寄。我倦极要睡了。肉松已取来。祝

健！

衔

卅一、十、廿三

注释

① 张仲老　指育才学校董事长张一麐。

黄克强夫人念佛

——致吴树琴

琴姑：

明早黄校长返校，特托其将你的羊毛衣送还，务希检收，并且穿起来，以免受冻。我已将箱内的毛衫穿上矣。

海峰[①]精神没有从前好，想是思家所致。我何幸而家在近边，否则也要影响精神。明午海峰请三妹、梅仙缝被，并请我午餐，他预备栗子烧肉请客。倘使你在这里，那是多么好啊！

醉霞已就沙坪坝职，与邵仲同事。小黑也跟去了。

今天拜会冯先生未遇。后来拜会黄克强夫人[②]，她正和另一人在房中念佛，门上写着：

“佛堂修法，诸君止步。”

我只好坐在二房等，听她们念得虔敬，并有抑扬顿挫。听了半小时，没有停意，我只好不做声的走了。

华侨李先生今天南下，昨天来辞行，他说三个月返。三妹这几天没有来，你所要的布还要等明天再问她。

鱼肝油明天开始吃，请你放心。

这几天好冷，大衣已穿上身了。

三妹生疮，不知从哪儿传来，怕是问我们要硫磺膏的小朋友传给她的吧？如今梅仙说，她也有发疮的样子。她说怕是三妹传给她的。她叫你把衬绒袍消毒再穿，免得再染。她疑心是从借衣上染来的。我想省点事，把领子、纽扣、袖口用点火酒[③]拭拭就

行了。你以为如何？敬祝

康健！并望十一月十日之来到，我准备前一二日来泉。

衛

卅一、十、廿四

注释

① 海峰　即程海峰，吴树琴堂姐夫。

② 黄克强夫人　即徐宗汉。

③ 火酒　即酒精。

得了四位新朋友

——致吴树琴

琴姑：

你所要之印大司林布[①]，三妹放在合川韵桃处。日内她写信去要，可以给你四尺。倘社会部借得购券，每尺十四元可买，比外面便宜一半，俟券到即买。

醉[②]已到沙坪坝就职，昨日来取行李，说小黑身体不适，恐其中麻[③]，劝其即去。（陈妈之孩中麻，黑系传染）

海峰说下次做肉松，托你代做一二斤。牛肉松可以一试。此次肉松甚佳，我已消了三之一。

近日努力物色新友，赞助育才发展，今午在冯先生处午餐，得了四位新朋友，一致表示赞助。敬祝

康健！

衔

卅一、十、二十六

注 释

① 印大司林布　即用阴丹士林（德文染料的中译音）染料所染成的蓝布。

② 醉　指王醉霞。

③ 中麻　指传染上麻疹。

育才扩充实验计划已通过

——致陶宏

宏：

育才扩充实验计划，已由校董会通过。重庆方面已发动。成都方面请你研究进行，先找来源，有须我写信者，请开名单来。

《固体醇》因商务不能排斜线，锌板又太贵，又遭退回。这是已接受而因技术不足，不得已而退回。我昨天又想到一法，用石印出版，待再去与商务一商。

你的来信又抄了十余封由我带来，今日再交去书局一阅。

胖儿有亲笔信来，甚为高兴。*Applied physiology* 已找着，当即寄来。你处带有张子高《科学发达史》，望即寄下为盼。祝你

康健!

衔

卅一、十、卅一

时离时合的生活是有意思的

——致吴树琴

琴姑：

前日转上令弟的信，大概已经收到了吧？今日接到十一月三日的信，高兴得很，多谢你为我的生日这样关心，那是我母亲去世后就没有受过这样的恩宠了。你说得很对，时离时合的生活是有意思的。我近日思你甚切，大概是会提前来泉，你至迟是星期日早车必到。如果下雨，你不要来；伤风未愈，也不要来。过生日不限定吃得太好，只须我你在一块儿就够幸福了。

衡

卅一、十一、五

昨天到碚以后

——致吴树琴

琴姑：

昨天到碚时正是一时三刻，恰好赶上登记买票，人很少，沿途上车者却甚多。到碚时曾嘱陈文德工友去碉堡拿一把藤椅交温泉黄校长转交给你，同时把碉堡锁匙交给你。你收到了么？请来信告知。鱼肝油你吃吧，我这里尽够了。到后吃了一碗牛肉面，到管家巷已七时矣。被都由陈嫂洗得干净。今天理了一天的信，下午二时应中苏文化协会孙科会长之约去赴邵大使[①]欢迎会。邵大使讲的很好。下次详细告诉你。多保重，晚上咳时，坐起来，倦时再睡。敬祝

康健！

衔

卅一、十一、十五

校中已汇去一万，尚余一万存行，大家暂可放心了。

注释

① 邵大使　指邵力子。1940年5月至1942年11月任驻苏大使。

已筹得一月之款

——致吴树琴

琴姑：

接信知道藤椅、锁匙皆已送到，甚慰。你能运用这把椅作疲劳后之休息，我听这消息，很是高兴。你的道谢，我也接受，因为我知道你是需要这样的设备。

三桃已于昨晚到渝。他咳得厉害，我已买了一瓶白松糖浆给他吃，每瓶35元。我的咳业已痊愈，望你放心。

黄校长介绍信已经送去，谈了一个多钟头，承她慨允赞助，月底可以实现，用于仪器之添置。

来后已筹得一月之款，可以不致喘气了。敬祝

康健！

衔

卅一、十一、廿一

鱼肝油丸每天照你的意思吃了。

如何把青春留住

——致吴树琴

琴姑：

望你的信，如饥如渴。前天得到二十六日来信，高兴得很；更高兴的是我托人用简便方法寄给你的德文书也投到了。同时也寄了《工程力学》给宏，不知他收到没有？两共只化了二元多钱。

三桃和我的咳嗽都好了。淑蕙害疟疾，昨晚到海峰处拿了十二粒奎宁丸给她。今天叫陈嫂弄了两个鸡蛋给她吃。

我十号左右将偕司徒美堂先生来。已经开始思念你，不久我们将有甜蜜的会见。

热水瓶想在北碚买一个送你。若在渝买，路上怕要打破。

刚才看了丰子恺先生的画展，午后带小孩们再去看，明日十时请他来演讲。

皮鞋油，托梅仙去问过。令兄说，油是一打一打的放好在一包一包里，不好拆开。我将去问他一包要多少钱。

胡佩珍的信，日内送去不误。

马肖生侍奉老母带着小孩来了，明早乘船到校。

今早开口了，在青年会讲了一小时。他们新会所将落成，我写了一首《长青不老歌》送他们，他们似乎很欢喜。现在写给你，愿你也长青不老：

博爱存心，　　和光映面，
不惑不忧，　　不惧不恋。
学而不厌，　　诲人不倦，
服务第一，　　手不释卷。
思想青春，　　何可不变，
愿师少年，　　站在前线。

这首诗是本月廿八日写成的，全篇只有一个意思：如何把青春留住。反面的说明，更为清楚。恨则易老，怒则易老，惑则易老，忧则易老，惧则易老，恋则易老，厌学则易老，教倦则易老，没有工作称心则易老，不看有益之书则易老，不跟少年学则易老，不站在前线而自甘落伍则更易老。

前几天读了陈世倌的《煮粥诗》，颇有趣：

煮饭何如煮粥强？　　好同儿女细商量。
一升可作三升用；　　两日堪为六日粮。
有客只须添水火；　　无钱不必作羹汤。
莫嫌淡泊少滋味；　　淡泊之中滋味长。

又读了梁绍壬的岳忠武砚。砚上刻有岳飞自由写的八个字：

“持坚，守白，不磷，不淄。”

这砚为谢枋得送给文天祥，文天祥又刻了三句铭：

“砚虽非铁磨难穿；
心虽非石如其坚；
守之弗失道自全。”

数日来进行有小成功。一个月的亏空筹足了。美国的款子，三个关口，已通过了一关，半年内或可得到。敬祝
康健！

衔

卅一、十一、卅

介绍武训

——致吴树琴

琴姑：

十二月一日的信收到了，知道你和朋友们高兴读我那首《长青不老歌》。寄出的作品得到人家的鼓励是高兴再写，尤其是得到爱人兼夫人的称赞，是令人高兴写更好的作品。

重庆市上有一种药叫做海藻晶，据说可以预防血管硬化。这是中国的圣药，我买了三瓶，已经吃了二天，无害。也许久吃，可以觉得好些。

白竹布定遵嘱买来。热水瓶是海峰送你的，既被公用打了，应该赔你一个。我想在北碚买好带给你，省得从重庆带来，有打破的危险。

武训先生是道光十八年十月十九日生的，合于公元一八三八年十二月五日生。我们昨天在这里举行了一个小小的纪念会，我除了报告他的生平，还朗诵了他的许多诗，使大家在武训先生104 周年祭之时，能多受他的影响。你知道他是五岁就死了父亲，跟着母亲讨饭；七岁又死了母亲，跟着伯母过活。幼时路过学堂，想念书而被拒绝。十六岁在张举人家做长工，做到十八岁，工钱被他赖，还遭毒打；十九岁到姨丈家做工一年，工钱又被赖掉。他觉得受人欺负，都是因为自己认不得字，同时想到别的穷孩子也是因为不识字而受人欺负。于是发愿兴学，讨饭三十年，终于光绪十四年即公元一八八八年办成柳林镇义塾，后又办成两所，即馆陶义塾、临清义塾[1]。于光绪二十三年四月廿三日逝世。他做工为兴学，讨饭为兴学。他为兴学而生，为兴学而死。一切为兴学，兴学为苦孩，鞠躬尽瘁，死而后已。他之生是苦孩的幸福。他之死是苦孩的损失。但是死的是他的躯壳，而他的灵魂是永远活着，活着在每一个苦孩的心里，在每一个为苦孩服务的人的心里，活在你的心里，活在我的心里，虽然是死了，实在是没有死啊！武训不但是个善人、义人，而且是一个真正的平民的诗人、平民歌者。我现在把他自己唱的诗抄几首给你读读吧。

《受人欺负发愿兴学第一声》（题目是我代拟）

扛活受人欺，
不如讨饭随自己。
别看我讨饭，
早晚修个义学院。

《敬人》

义学症，没火性，
见了人，把礼敬。
赏了钱，活了命，
修个义学，
万年不能动。

〔注〕 义学症　武训一心要办义学，好像是害了义学病。

《竖鼎》

竖一个，一个钱；
竖十个，十个钱。
竖的多，钱也多，
谁说不能修义学？

注：竖鼎　是用手立在地上，脚儿竖起，颠倒而站，像个两脚鼎，有时头儿着地，配合双手则像三角鼎。

《庙塌一瓦落在头上》

打破头，
出出火，
修个义学全在我。

《讨来好饭卖钱、拣菜根自吃》

食菜根，食菜根，
我吃饱，不求人。
省下饭，
修个义学院。

《讨饭哲学》

你们行善，
我代劳，
大家帮着修义学。

《劝人出钱》

不嫌多，不嫌少，
舍些金钱修义学。
又有名又行好，
文昌帝君[2]知道了，
准叫你子子孙孙
坐八抬大轿。

《公私分明》

众人钱，
不养家。
养家雷霹火龙抓。

《部某赖债不还有感》

人凭良心树凭根。
各人只凭各人心。
你有钱，我受贫，
准备上天有真神。

《不要妻子》

不要老婆不要孩，
以修义学为生涯。
不娶妻，不生子，
修个义学才无私。

《张春和妻陈氏割股肉
医婆病特赠以良田》

这人好，这人好，
我给十亩还嫌少。
这人孝，这人孝，
给她十亩为养老。

《做媒糊口兴学》

义学症，做媒红，
这桩亲事容易成。

《不娶妻》

人生七十古来稀，
五十三岁不娶妻。
亲戚朋友断个净，
临死落个义学症。

《不预备后事》

街死街埋，
路死路埋，
死了自有棺材。

《狗叫》

黑狗白狗你别咬，

武豆沫憨义学症来到了。

注：憨义学症作害义学病解，豆沫是顽童给武的绰号。

你看了这些诗就知道，非武训自己是唱不出来。这些诗是他的人生观，也是他的自传。诗在他的手里，不是个玩意儿，而是宣传兴学的武器。他为做工而唱，为宣传而唱，为兴学而唱，为生活而唱。所以在他的诗里没有清风明月，只有做工、讨饭、修义学，若违背这大义便有雷霹火龙抓。

今夜看过海峰。茶香[3]一行已到成都，四五月就会到重庆了。倘使他们在十号以后到，我是会因到北碚，而不能代表你迎接了。倘使在九号来，我将代你去欢迎。这次有些远方来的客人问我已上四十岁没有，我叫他们猜，也有猜三十的，安徽中学同学会中也有人说我比从前年轻了。也许他们是当面灌米汤，但近来身体似觉好些。总之，你的姊姊所将看见的是一位出她意料之外的年轻的妹夫！哈哈哈哈！

琴：我想你，不久将要与你欢聚了。

衔

卅一、十二、六

最后，今早见司徒先生[4]，他要十五号来碚，冯先生[5]刚才派人来，要改十六号，好，十六日九时动身，午刻可抵温泉，当先来看你。

注释

① 馆陶义塾、临清义塾　馆陶、临清当时均为县名，皆位于山东省西北部，武训曾在这两地办过“义学”（义塾）。

② 文昌帝君　世称“文昌星”或“文曲星”，传说是主持文运科考的星宿。

③ 茶香　即吴茶香，吴树琴的堂姐，程海峰的夫人。

④ 司徒先生　指司徒美堂。

⑤ 冯先生　指冯玉祥。

祝贺少年科学家

——致陶宏

陶宏：

牛顿三百周年诞辰，育才有盛大的庆祝会、游艺会和大规模的壁报。庆祝会有谢士柜报告牛顿生平，高先生[①]演讲牛顿三大定律及万有引力。谢士柜的报告很详尽生动，高先生的演讲通俗而有力。我也说了几句，并朗诵了一首诗，祝贺少年科学家，勉励大家学伽利略和牛顿。晚上，游艺会首由谢士柜宣读你的信，那是最好的开场白。《伽利略序幕》，徐荇同志实在是费了心血，小朋友也表演得有精神。依我看来，这四幕只可编作一幕，另编二幕写伽利略之幼年及恋爱，特别埋伏随他终身之爱女，再编一幕写最后审判。若高兴，可以把毕撒试验[②]物体下坠插一幕配上去，摆之观察也容易插入。曾看过巴士德电影，我想伽利略是更有戏剧可能。有空可以编一部《伽利略》，搬上重庆舞台，以与形式八股对比对比。壁报上是登了你的万有引力及相对论，洋洋大观。王有德说：我们要学陶宏先生。一晚我听他评论，的确你有许多地方确是值得称赞的。

一月是精进月，目的是要鼓励大家克服皮毛，力求深入。

前月寄了一本《工程力学》给你，收到否？本校经济有了转机，美国及本国均有来款。立案，小学已准，中学在进行中，谅可通过。《固体醇》商务毕竟不能印，已交贵州文通[③]。《比较生物学引论》上海无音讯，你有底稿否？只有在此地重印。

祝你
康健!

衔

卅一、十二、卅

注释

① 高先生　指育才学校自然组教师高昌瑞。

② 毕撒试验　毕撒通译比萨、彼萨。意大利西部古城。城内多中世纪古迹，著名的比萨斜塔即在城中。这里指伽利略在比萨斜塔（高54.5米）上所进行的自由落体定律试验。该试验推翻了这之前一直奉为权威的亚里士多德关于“物体下落的速度与重量成正比”的学说。

③ 文通　指文通书局。

小孩们展览会办得很好

——致吴树琴

琴姑：

昨天真爽快，坐了校车来，一直到重庆，只化了三小时。昨晚因为廖、沈二女士要返校，我写了几封信托她们带去，觉得疲倦，就睡了。今天去会张军光，未遇见，反而遇见司徒美堂先生。下午跑了几处找艾德敷，亦未找着，算是徒劳一番。小孩们的展览会办得很好。这几天预备请些朋友来看。昨天海峰和荼香也来参观，可惜他们去了我才到，打算明后天去看他们。三妹代我买了四双皮鞋。梅仙的哥哥给你一信奉上。祝你
康健!

衔

卅二、一、五

申请补助预算

——致赈济委员会

赈济委员会张处长、应主任赐鉴：

敝校前向贵会申请补助棉被、棉衣，承嘱开具名单预算，以便审核。现依据一百零九名数目，以旧材料为基础酌加新材料改制，只图御寒，力求节省，共需国币叁万陆佰捌拾叁元。尚希核准。如蒙鼎力玉成，全校感奋。专此。敬颂

公安!

育才学校校长　陶行知

卅二、一、九

原信附件之一：育才学校学生名册一份。（略）

附件之二：育才学校申请补助棉被、棉衣预算。（略）

校址：

（一）育才学校校本部在北碚草街子古圣寺（北碚上水三十里）。

（二）复兴关歇台子六角亭江家祠堂内育才学校音乐组。

（三）通远门管家巷28号育才学校绘画组（儿童美术馆）。

请了客人来看画

——致吴树琴

琴姑：

前夜接到你关于张曼筠[1]先生之女的情形及关于星期六是否来碚的信，至感。但时已迫促，回信来时，已过期了，便决定星期六晚来，不是事实可作回信吗？我在星期六早晨去问孙越崎先生晚上何时开车，并约他看画茶叙。哪知他已于星期四陪一位参谋长到碚参观天府煤矿去了。我没有车就赶不来了。这事今天孙先生到校你便知道了。昨日下午请了一些人来看画，到的客人有邵大使、冯先生、黄次咸先生、艾德敷先生、胡万里先生及胡心惠先生（电影界名人可能帮我们忙）。我到张军光先生房里坐了一些时，染了感冒，睡了两三天，没有咳嗽，昨天好了。中国银行的20000元已开支票送来了。音乐组昨天进了城，当夜回去。你和客人看观学校的情形，告诉我一些吧！茶香今天下乡，昨天来看我，我不在家，现在要去看他们。敬祝

康健!

衔

卅二、一、十

晓光已到成都。又及。

注释

① 张曼筠　李公朴夫人。

蒙赐穷苦青年衣一袭

——致冯玉祥

焕章先生赐鉴：

昨谈同乡青年处境甚苦，冬衣被窃，承蒙慨允赐衣一袭，至为感激。现遵嘱介绍汪凤翔君亲来奉访，尚希指教，衣服亦由其亲自领取。敬颂

年安!

陶行知再拜

卅二、一、十

音乐组开始招新生

——致吴树琴

琴姑：

现买得狗皮虎骨膏一个，望你试一下，如果好，可以再买。

如果大腿酸痛，便贴在大腿圆骨旁边之凹处，如果下腿酸痛便贴在膝盖骨边之凹处。烘软了再贴。

海峰胃痛带家眷一齐下乡，我去迟了，未见到。胡然夫妇前晚在此住，音乐组事完全弄好，开始招新生。育才中学要改毓材[①]（小学不改），改就改好了。祝你

康健!

衔

卅二、一、十一

注释

① 育才中学改名是被迫的，后来并未实行。

“博中求约”和“自约返博”

——致陶晓光

晓光：

近接你自成都十二月廿三日来信，知道你已安抵厂中，至为欣慰。清华无线电研究所事前托蒋梦麟先生进行，他说那里是关门主义，不易进行，闻梅贻琦先生新来重庆，容去与他接洽，再行函告。宏处藏书丰富，他对研究亦有经验，工作情绪至佳，你去我也赞成。照我看，你先到他那里工作一年更好。无线电要弄得好须打基础：数学、物理、化学等等，在“博中求约”和“自约返博”都是做学问必要的过程。

我现在有一件事托你先做——代我们在成都搜集：

（一）有价值之图书（包括国内外名著、研究报告、重要史料）。

（二）必需用之仪器。

今天是科学年，我们计划再扩充仪器，建立科学馆，以丰富中小学生之教育。我们还要编辑《育才文库》二百册，要丰富之参考书，请你代为搜集，见着就买。跑旧书铺及旧书摊是一件要事，望你也经验一下。价钱大有出入，要随办随研究，争取门径。关于搜集图书，你要先到华西图书馆及博物馆详细参观一下，作一番“博”的工夫，再请教几位有研究功夫的朋友。我现在举几个例子给你参考：

（一）去年一月我看到一本《支那疆域沿革图》，只化了五十元买得，帮助我们解决了许多史地的问题。

（二）王国维先生关于甲骨文研究最深，倘使遇着他的全集，必须想法买得，我至今还没遇到。

（三）参加伦敦艺术展博会之中国作品四册，我只化了六十元，现在要值一千元，也要［买］不到了。

好书买重复了也可以。因为朋友常是借用，弄得自己反没得用。我预备先用二万元来做初步搜集。见着好书，望暂借款，我见信即汇来。

城在志成中学高三肄业。三桃前月到渝，身体弱，现在校中种园、唱歌、写诗。我来时，看他已开了七块荒地，工作精神甚好。

学校小学已立案，初中校董会立案将成。经济基础渐稳。我现在编书吃饭，化缘兴学，乐趣不减当年。

吴先生已就北温泉新亚药厂化学分析工作，所入可以自给。

祝你

康健! 努力积极学牛顿、伽利略、巴士德!

衔

卅二、一、十一

十二月廿五日我们举行盛大的会，纪念牛顿三百年诞辰与伽利略三百年逝世。

王长喜也有武训精神

——致吴树琴

琴姑：

今日文华为我带一封信给你，谅想现在已经收到了。午后去访孙越畸先生，他恰巧自北碚来，说及昨天在校情况，令人兴奋。他说新亚[①]有十几位来参观。你和方先生招待得很周到。他要我代他谢谢你们。他说他到过逸少斋，看过陶宏写的《牛顿传》《伽利略传》，以及戏剧组演的《小孩闹学》。我说演的是孩子军，不是小孩闹学；而是孩子军闹伪学。你昨天怕是忙累了吧，该休息一下，否则腿是会酸的。

今天冯先生请客，我看了赵望云先生画的西北赛马，真是佳极了。还看了王长喜先生的照相，更是万幸。王长喜在台儿庄会战[②]时被敌人放毒气，弄瞎了双眼，又打断了腿。他会唱二簧及新军歌。每当宣传完毕，他就说：我的眼睛残废了，大腿残废了，但是我的心没有残废。他两三年来宣传募捐献金四十多万，还办了两个学校。他家在山东堂邑，和武训是同乡，也有武训精神。祝你

康健！

衡

卅二、一、十一

注释

① 新亚　指北碚北温泉新亚制药厂华西分厂。

② 台儿庄会战　1938年3月下旬，日本侵略军第十师团向山东峄县台儿庄（今属枣庄市）进攻，一度被中国军队击退。4月4日，中国军队以四十万的优势兵力包围进攻台儿庄之敌，并击退由临沂增援之敌板垣第五师团一部，至4月7日取得歼敌一万余人的胜利。

请捐钢琴风琴以惠难童

——致张治中

文白部长勋鉴：

久未晤教，至为系念。敝校音乐组为培养音乐幼苗而设，现因就名师便利，迁至歇台子上课。近闻贵部抗敌歌咏团结束在即，深望将该团全部家俱及钢琴一架、风琴两架，捐助敝校，以惠难童，使敝校幼年音乐培养可立更坚固之基础。倘蒙批准，全组感奋。余请冯焕公代达。专此奉商。

敬颂

勋安！

教弟陶行知再拜

卅二、一、十四

赖公九鼎一言

——致冯玉祥

焕公赐鉴：

政治部抗敌歌咏团结束在即，其设备、钢琴、风琴颇合音乐组之用。拟请代请文白部长捐与育才音乐组，万一有困难，愿以原价二万元购之。我想成功与否，还有赖于我公九鼎一言。

敬祝

勋安。

陶行知再拜

卅二、一、十四

马副校长知道甚详，特请其亲来以备垂询。

申请酌发棉被、冬衣

——致许世英

许代委员长赐鉴：

敝校开办以来，冬衣及棉被少有补充。今兹物价更高，添购不易，被絮破烂，衣服单薄，严冬已届，受寒堪忧。深望酌发棉被、冬衣或棉花，藉资补充。倘蒙慨予核发，感同身受。专此申请。敬颂

勋安。

育才学校校长　陶行知

卅二年一月十四日

申请节略[1]

——致赈济委员会

（一）育才学校请拨罗斯福布[2]两捆。

（二）育才学校请酌拨棉被、棉衣或棉花，以御冬寒。

（三）育才学校请拨救济费卅万元，以便购买田地，令学生耕种，以图部分之自给而建立经济基础，并将每月补助费自8500增加至10000元。

（四）晓庄研究所请将每月补助费自800元增加至1500元。

（五）儿童美术馆请将每月补助费自500元增加至1500元。

（六）皖省青年汪凤翔，间关万里徒步来渝，所携物件尽数被窃，饥寒交迫，请酌予救济。

陶行知

卅二、一、十四　重庆管家巷28号

注释

① 此件与前信同时送赈济委员会。

② 罗斯福布　一种深蓝色棉布。

美术馆的小朋友着实努力

——致吴树琴

琴姑：

你的十夜的报告和十四日的信，都给了我深刻的了解。这证明你做事很负责。成绩室没有领导客人去参观，并不能算忽略。其实，在这短短的时间，只需给任何人看精彩的片段就够了。

虎骨追风酒，王瑞符是在衡阳买的。今晚到王址城处买，已上门了。明早如六时开门，便托宁先生带来，否则托别人带来。

美术馆的小朋友着实是努力，态度也长进，现在是“一切为三一五”①，大家抖擞精神，准备作品开一个空前的画展。小孩们准备儿童作品。许士骐先生和我召号“育才之友”名画家的作品。

罗斯福布来了。前任第三处处长南朗西骗了我们，名字单上没有育才。从昨天直到今天，都是为了这件事。我们的教师太苦。现在在无法中想办法，大概两星期后可以领到一捆。你暂时勿告别人，怕要受人破坏。

假使你对现在工作厌倦时，我当准备使你对育才作更大的贡献，并使你自己有更大的进步。

赈委会补助费及盐务公益费补助都可能动摇。假使不是美国有款来，又要从头做起。我现在正在设法使这些款根本不会动摇，以救人者救己。

天气虽冷，还未伤风。腿竟不怕冷了，奇哉！丝绵我斟酌之后再定。不过你的好意令我感激。晓光托了梁建兴先生带了一些礼物送你和我：

（一）羊毛毯一条；

（二）青毛线、灰毛线、红毛线共八小扎；

（三）苏联手帕两条；

（四）小日记一本。

我预备留下小日记一本、手帕一条。毛毯及毛线下次带来给你。毛线如用不了，可给三桃打一件背心。

他还送了小黑毛线十二扎、育才学校唱片两张、图画廿四幅。这廿四幅画是俄国历代名画之照相，附有作者生平。

他还把吐鲁番的葡萄干和哈密的瓜干送给老朋友们。现在分一份给你，望你尝一尝。东西虽不多，但是从天山那一边带来的。祝你

康健！

衔

卅二、一、十五

注释

①“一切为三一五” 这是纪念“生活教育运动”发起十五周年而准备画展的行动口号。“三一五”指1927年3月15日，是南京晓庄试验乡村师范学校的创校纪念日。后作为生活教育运动的发起纪念日。

奉还名片

——致冯玉祥

焕公勋鉴：

龚华卿先生捐款收据，业已送去。前承借下龚先生名片奉还，务希查收为盼。敬颂

康健!

行知再拜

卅二、一、十九

欢迎轮流进城看《安魂曲》

——致育才学校全体同志

全体先生、同学、工友大鉴：

莫扎特的《安魂曲》，我于昨晚看过了。眼泪像泉水一样的涌出来，随眼泪而来的是浑身发出尼亚加拉瀑布差可比喻的力量。

你们如果愿意，进城来看《安魂曲》吧！看这出戏可以抵得上新春之课、科学年之课，甚至于终身之课。何以故？因为看了这出戏，可以保证新春之课、全年、终身之课之胜利。在这出戏里，我们重新发现自己，会看见自己的苦难，自己的快乐，自己的创造，自己的命运——我看了《安魂曲》而魂不安。

第一，戏券是怒吼剧社青年剧社刘、沈两先生送我的。这出戏不可以白看，我们必须付代价于应得之人。

第二，我有机会看这出戏，而你们多数还没得看，我必须想法子使没得看的你们，都有机会看这出戏。让我们节约、生产，省出钱、赚出钱来买票看，节约身体的粮食来换取精神的营养。每天少吃一餐稀饭，过节少吃几块肉，或者平日多养几只鸡，多刻几块木刻，多写几篇文章，那不是立刻可以达到目的吗？老者、弱者、小者坐船带铺盖来，壮丁半夜动身走路来。无论到得怎么晚，管家巷是预备着热的晚餐迎接你们。每组在重庆只能住两天就回去，否则会把驻渝办事处挤破，并会妨碍别的工作。《安魂曲》演到一月二十三日为止，你们依据这个期限轮流来吧。我们二十几颗心和莫扎特的永远活着的精神，欢迎你们来看这万戏之戏。莫扎特万岁！育才集体创造万岁！

陶行知

卅二、一、二十一

看《安魂曲》之次日

看《安魂曲》深受感动

——致吴树琴

树琴：

昨晚刘厚生先生送票来请我们看《安魂曲》。我有生以来要算这次受的感动最大。育才将分批来看。你可以在星期六（夜戏八时半，廿三夜为止）坐船来看末一次公演。给全体的信，抄一份给你，也算是给你的信。

琴姑！不要爱惜这点钱，你赚的钱足够开销了。你从这出戏里可以得到的力量，足够用一辈子去做你的创造工作！

衙

卅二、一、廿一

请为育才画展绘画

——致张大千

大千先生大鉴：

日前与许士骐先生为育才学校难童教养举行画展，函请法绘，谅蒙俯允。现奉上宣纸，务希检收。如于二月十五日以前赐下，尤为感盼。专此奉恳　敬颂

康健!

教弟陶行知再拜

卅二、一、廿六

请披阅《士兵教育建设方案》

——致冯玉祥

焕公赐鉴：

友人朱启贤先生近著《士兵教育建设方案》，因复印不多，承其嘱托先请我公披阅，再请转致文白部长采择施行。委员长方面亦已送去一份，系由陈布雷先生转者。此举倘与前方足衣足食并行，可以激励士气，争取最后胜利。倘蒙二公登高一呼，得以实现，亦国家之福也。敬颂

康健!

陶行知再拜

卅二、一、二十八

牺牲自己为大家

——致吴树琴

树琴：

你不能来看莫扎特的《安魂曲》，固然可惜；但为着身体，不来为是。有些小孩，比如章恒开刀未全好，即走来，令人捏一把汗。二月四日中午冯先生请“利他社”[①]的朋友吃饭，要我到歇台子去对他们演讲。我希望你早一天来（除夕前一日），即二月三日来，我们可以一同去看音乐组并访冯先生。万一你不能提早一天来，那么，你到渝时，可以问三桃要我的房门锁匙开门休息，我四时总可以回来，同你一块儿去吃晚饭，买东西，过年。

近日集中力量筹备三月十五日的画展，已经请了五十名人画画一百幅，大家都帮忙。

音乐会定于三月六日举行，戏剧组定于四月四日公演。

编书，编书，不是我编书，乃是书编我，我一提到它，一想到它，便着急。

罗斯福布，从前年十二月进行，奔走廿余次，先是受南朗西欺骗，于今又不知受了谁玩弄，结果领了回来，一看是白布一捆，大家希望的蓝布是不会有了，算是吃了一个大败仗。

十二月份决算超出五万，驻渝绘画、音乐两组费用尚不在内。从这个月起，加薪，加工资，加营养，加零用，新近筹来的每月四万元恰恰可以用完，至于发展计划，只好等候新款来进行。

药酒吃了之后觉得好些吗？这里还买了别的药候你来。

你的生日本想亲来为你庆贺。事前发生赈委会因发布而要取消被服费，因为争取时间，力挽失败之局，只好牺牲自己而为大家。等你来时再为你补偿吧。敬祝

康健!

衔

卅二、一、廿九

注释

① 利他社　是冯玉祥发起并领导的民间社会团体。该团认为，当时社会冷冰冰，各人只顾自己。为改革社会风气，该团提倡“利他”精神。成立“利他社”，亦有支持育才学校的因素。陶行知常参加“利他聚餐”并作演讲。

函谢代募礼券

——致冯玉祥

焕公赐鉴：

承蒙代向张文白部长、姜兆祥先生及无名友人募礼券共八千元，至为感激。现将收据奉上，务希代转。文白先生处，即当去函致谢。姜兆祥先生地址，得便尚希示知，以便申谢。无名友人亦望代谢。文白先生函附上。前请代昆明杨竹庵先生写字，纸已送交刘副官，得便望赐墨宝，献金于取字时奉上。专此致谢。敬颂

勋安。

陶行知再拜

卅二、二、十一

人生最大的目的还是博爱

——致陶宏

陶宏：

你给谢士柜信里附来之《圣母歌》已交陈贻鑫。昨晤胡然先生，他说只有胡世珍的声音能唱，大概这次音乐会可以列入这一项节目。

我们在上月看了《安魂曲》，其实这可说是 Mozart 之小史，甚为感动，便动员了全体教师、学生、工友自费来看。假使你能找着 Mozart 之 Life①，请为《育才文库》写一册《莫扎特传》。伽利略之剧本，可以参考此剧。可惜你在峨眉，若在重庆，则多看进步之话剧，对于你写这剧本，必有帮助。

你的信集，我拟好了一书名叫做《从峨眉山到凤凰山》。不知可中意否？

近来我们深刻的了解，人生最大目的还是博爱，一切学术也都是要更有效的达到这个目的。一天谈及你，冯先生说你曾为着要帮助一位苦学生，而节省吃鸡蛋的钱来完成这任务。这种行动是高贵的，所以冯先生至今还记得。以后我们仍当向这个方向努力。

旧历新年小黑来，我想出来一个法子教她写成一个难写的“黑”字。她居然能独立写成。我的法子是先画一个脸孔“○”，再加上两个眼睛“”，再画一个鼻子“”，再画一张嘴“”，再画两只手“”，再画两只脚“”。这样她一会儿便学会了。

现在把她自己写给你的信寄给你看，便知道，小孩子是要用各种各样的妙法来教她，她才高兴学，才学得成。

育才要跃进一个新的阶段——建立工程师的苗圃。大纲已拟成草案。现寄一份给你，请给我一些意见。

陶刚可以务农，来校不满一个月即开了五六块荒地，但他身体受了伤，这次病得厉害，送入武汉疗养院，业已脱险。

画展在三月二十、二十一举行，音乐会在三月二十八、二十九举行，话剧《小主人》[②]在四月四日起演一个星期。育才紧缩预算，现在收支相抵。明年呢？要靠这三个会来度过。祝你进步！

衔

卅二、二、廿一

注释

① Mozart 之 life　《莫扎特生平》。

② 话剧《小主人》　四幕儿童剧，通过国民党统治区5个孩子在天灾人祸下的悲惨遭遇，暴露了社会的黑暗，提出了孩子是国家的小主人，表现了要挽救孩子的主题。由董林肯编剧，刘厚生导演，苏丹任舞台监督。

一位很好的瑞典老人

——致吴树琴

亲爱的琴姑:

你去了一个星期才给我写信，使我担忧不浅。每次来人都得问一问，但是没有人说得清楚，算是你的信来了，才的确知道你已经平安的到了北泉。

我这些日子不啻是过难。陶刚的病突然严重起来，痛得不能睡，送到临江门宽仁医院，说是他们的外科在曾家岩，临江门是内科，不能收。恰巧我跑到曾家岩求精中学一看，果然陶城陪着陶刚在那儿等候施行手术。我说陶刚的疮口由内而发，不像是外科，如何当外科医？我即做主，即刻送往武汉疗养院，诊断结果，果然是内科重于外科，我才放心把他安顿在普通病室里。这天送病人来来往往的路费足足去了一百元，住院照 X 光大概要花二千元。幸而可以救了他，总算是尽了责任。倘若我不能认清内外科，那真是危险极了。

陶刚的消息一天天的好，我便把音乐、画展、戏剧三大会交付给侣贤，而我只处在顾问地位，腾出时间筹备“工程师之苗圃”——育才工艺组。此事冯先生、沈天灵先生都热心，不久可以办起来。计划是我拟的，寄一份给您，请您批评指正。

三会已筹有头绪，画展定于三月廿、廿一、廿二日举行。国画来了七十幅，都很好，定于三月十五日预展，那时总有一百幅左右。

音乐会因为地点问题，要改在三月廿八、廿九举行。幸亏银行界有朋友，一说就成，若靠剧团去说，反而误事。现在总算是定了。

戏剧《小主人》也决定了，在四月四日起连演一星期，在抗建堂。

海带今天到了。它带了青春还我。我是多么快乐呀！两条海带大小可以发成一脸盆，够吃两日。今次托人带的有一斤。

你的皮鞋来了一双，好极了，怪摩登的，不过还正派，不是高跟。

昨天赴利他会，听到两个故事，很好，说给你听听，好不好？

冯先生一位朋友陈马可牧师往瑞典国去游历，到火车站终点，来了一位白发老翁来迎接他，为他搬行李，为他开汽车，开到老翁自己家里去，请他住下来。喝茶、换衣、洗澡后，陈牧师问，你是教会里的吗？不是！你是青年会里的吗？不是！你是什么人派你招待我呢？不是！我看报知道今天有位中国的陈先生来到瑞典，我想他是人地生疏，需要帮忙，我便决定给他一个意想不到的快乐。这就是我接你到我家里来的缘故。

你看这位瑞典老人好吧？晚了，我要睡了。另一个故事，下次再说吧。是的，还有三个故事可以说。

李震[①]同学的书要明天才有空去买，买了照寄。袜子托王传义带来给你。

祝你康健！

衛

卅二、二、廿一

注释

① 李震　吴树琴的同学。

陈贻鑫得良医圣药

——致吴树琴

树琴：

昨天的信，谅已收到。现将线袜三双及电线两根奉上。李震君买书发票亦寄上，请转交。书明早付邮。

海带已于今日开始炖腌肉吃。陶刚病好转。陈贻鑫得到良医圣药，两月后可以长发了。

衔

卅二、二、廿二

两月后陈贻鑫将满头乌云

——致吴树琴

树琴：

蕙芳已经辞去社会部的事而另有高就了。恒勤[①]的大孩子害脑膜炎，没有脱险。梅仙，你该早见着她了吧？刚已逐渐恢复康健。

刘一鹏医士应冯先生及黄次咸先生之请，特自荣昌[②]来为陈贻鑫治秃疮。他说用体重作比例，每公斤吃千分之七克 Thallium Acetate[③]，先是头发尽落，使微菌无法藏身，然后再长出来。昨天已吃药，准备两个月后，陈贻鑫是可以满头乌云了。

今天再讲一个故事给你听。这故事是中元造纸厂的朱先生讲的。他说纸之好坏有几种标准来判断：一是拉力，不易拉断；二是折力，不易折坏；三是顶力，不易顶破。他说最近他们的钞票纸已经试验成功。钞票纸要经得起磨擦，要有耐磨擦力。刘汉堃先生说，我们看你们造的纸，还怕一样东西，那就是水，我们织的布便不怕水，因为它有组织力。马先生后来说，布还不行，火来变灰，为之奈何？所以还要像不灰木一样，有抗火力，那就行了。

衔

卅二、二、廿四

注释

① 恒勤　吴树琴的堂兄。

② 荣昌　县名。在重庆市西南部。

③ 药名，即醋酸铊。

请列名举办国画展[1]

——致卢作孚

作孚先生赐鉴：

日前奉访未晤，至怅。敝校近约名画家赐画百幅，于三月十六日三时预展，以期标卖，藉资补助。尚希介绍数友，驾临共观厥成。请柬列名者有张仲老、许静老、冯焕公[2]，皆已允许，希望我公亦俯允列名，以资提倡。贵友通信处务望即予开示，以便缮发请柬。专此奉商，祇候示复。敬颂

康健!

教弟陶行知再拜

注释

① 此信写于1943年3月。

② 张仲老、许静老、冯焕公　即张一麐、许世英、冯玉祥。

请参加育才之友国画预展茶会[①]

——致卢作孚

作孚先生大鉴：

敝校举行育才之友国画预展，承蒙介绍贵友参加，高谊如云，至为感激。请柬已于今日依据　尊示名单发出。本月十六日午后三时在青年会举行之预展茶会，务希

光临，以期莅会诸友宏结善缘，嘉惠难童，各取所好，藉资纪念。专此奉托。敬颂

康健

教弟陶行知再拜

注 释

① 此信写于1943年3月。

附：育才学校育才之友国画预展目录

（以收到先后为序）

岑学恭	嘉陵江景	宗其香	红　梅
岑学恭	山　水	宗其香	白　梅
岑学恭	山　水	宗其香	白　梅

王惠英	山　水
刘　泽	山　水
刘　泽	山　水
刘　泽	山　水
一　彤	仕　女
郭世清	花　鸟
宗其香	嘉陵江畔
宗其香	山　水
杨若英	山　水
向　鑑	山　水
卢荫寰	山　水
梅健鹰	木　刻
梅健鹰	木　刻
梅健鹰	木　刻
梅健鹰	木　刻
关山月	新柳群雀
关山月	新柳燕子
关山月	松　鹰
关山月	红梅喜鹊
一　彤	人　物
张聿光	人　物
张聿光	花　鸟
张聿光	花　鱼
许士祺	双　鸡
许士祺	梅　雀
许士祺	山　水
许士祺	人　物
许士祺	人　物
许士祺	白孔雀
宗其香	白　梅
宗其香	白　梅
宗其香	山　水
宗其香	山　水
谢孝思	山　水
苏葆桢	牡　丹
苏葆桢	群　鸽
苏葆桢	花　鸟
张聿光	马
蔡叔慎	山　水
蔡叔慎	山　水
蔡叔慎	山　水
孙禄卿	山　水
顾树森	墨　竹
顾树森	墨　竹
赵望云	人　物
赵望云	人　物
赵望云	人　物
赵望云	人　物
黄独峰	鱼
许敦谷	红　梅
许敦谷	墨　梅
许敦谷	人　物
吴守仁	山　水
孟先涛	山　水
汪刃峰	花　卉
陈之佛	花　鸟
邓　白	花　鸟
梁中铭	猴　松

许士祺	孔雀
许士祺	牧童
许士祺	仕女
许士棋	人物
吴麟若	墨竹
吴麟若	水牛
蒋荪生	山水
卓启俊	山水
吴守仁	山水
徐悲鸿	苍松
徐悲鸿	鸡
徐悲鸿	喜鹊
徐悲鸿	三鹊
梁中铭	猴松
梁又铭	羊
梁又铭	苏武牧羊
李可染	山水
李可染	山水
程修滋	梅花
潘百里	山水
吕凤子	人物
徐悲鸿	马
何遂	花鸟
何遂	花卉
何遂	鹰松
何遂	鹰松

（这个目录，是附在卢作孚、许世英、冯玉祥、张一麐、陶行知共署名的育才之友国画预展茶会请柬之后的）

朋友成夫妻
夫妻亦朋友

——致吴树琴

我的亲爱而高贵的夫人：

接你两次来信，都称我为爱友，初看使我觉得有点惊讶，继而想到我写的诗："朋友成夫妻，夫妻亦朋友；自然还自在，与爱一样久"，亦就觉得很好了。

我送邮票给你，是给你一些便利，并不是讽刺你不写信，当然也希望你不致因缺少邮票而延误了消息。

前天冯先生派副官送了一件衣料给我，他大概是看见我的裤子后面破了，也可说是他有先见之明，预料到今晚有贼把我的大衣偷去。我从军光那儿回来，不过是十时半，打开房里电灯一看，床上的印花被面不见了，觉得奇怪。又看看两只皮包无恙，表也在桌上无恙，认为是有人把被面借去没有告诉我。后来仔细一想，大衣不见了。又看见门锁被扭歪，这一定是贼来光顾过。这贼是有良心的。兰州毛毯、大皮包、小皮包、热水瓶、纪念表、衣料都没有拿去。他大概是要给我们一个警告，我很觉感谢他。衣料是呢的，我就做一件大衣吧。我在军光那儿多谈了一下，谈了一点好方法，可以把事业基础立起来，因此失了窃，就算是出了一点学费吧。

《沙氏披亚全集》[①]出版了五本，原是叫梅仙拿给你，再从你那儿一本本的借去看。她大概是倒过来了。我写信给她，还是照原来的办法好些。

恒勤的孩子好了些，还在医院里。陶刚也逐渐好了一些。姜维清回来了。陶城昨天已去渔洞溪。

书店逼我交稿，没法抽空来碚，画展正在最后关头，要我在此照应。你星期六来，星期一去好吗？画展改在三月十六日下午三时预展，廿、廿一、廿二日正式展。音乐会改在廿七、廿八举行。戏剧从四月四日起公演一礼拜。

李文帆为三八纪念筹备，报告去年你请在渝女同志茶点，我代表男同学向女同学致敬。若不是报告，我都全忘了。你今年对古圣寺及管家巷的三八纪念准备送什么礼物？古庙要文章，我把你的《骊英诗》，改为《三八忆骊英》，抄了，写你的大名，寄了去，我想他们一定欢迎，你也赞成吧。李震托寄的书，已寄去，收条送上，请转。敬颂

康健!

衔

卅二、三、四

海带已吃一星期，觉得好些，脉搏慢了一些，做事有精神。

上床睡时，又发现棉袍、马褂都没有了，冬天已过，马褂怪难看，丢了也好。

注 释

①《沙氏披亚全集》　通译《莎士比亚全集》。

为着你和音乐教育的前途

——致陈贻鑫

贻鑫同学：

听说你吃了 Thallium Acetate 之后，反应比刘一鹏医生所预料的厉害得多，这使我忧虑；又听说你在学业未成之时，已经喝着爱之酒，这种酒是比喝 Thallium Acetate 所能起的反应还要十倍厉害，甚至于百倍厉害，不但是你预料所不及，而且连做梦也梦想不到。为着你的前途，为着音乐教育的前途，我希望你把这个问题，延迟到 Mozart 的发生问题的年龄吧。如果你甘心情愿毁灭你的可能的光明前途，那一切爱护你的人，将会集中起来做一个集体的老 Mozart!

衔

卅二、三、七

火酒有用也有危险

——致吴树琴

琴姑：

今天收到你转来涵真先生的信，昨天收到你自己的信，我很高兴。

李震先生送的火酒，拿去时，要招呼同学们小心翼翼，因为这东西有用也有危险，昨天听见有一家人便是如此烧死得一个不留。

从前我看车站上有人似乎欢喜拥挤，有人似乎越挤越高兴，我不明白，可是我今天了解了，有诗为证：

今生第一次，
上车不厌挤。
大衣已去不归来，
暂时温暖心欢喜。

刚才郭富昌来说，在北碚遇到你。你既到了北碚，为何竟不来重庆一游？十六日下午三时在青年会举〔行国画〕预展，廿、廿一、廿二在夫子池励志分社正式展览，你愿来看一看我们的成功或失败吗？廿为星期六，廿一为星期天。廿七、廿八在银行公会开音乐会。话剧公演是四月七日至十一日。廿七、廿八；十、十一，皆为星期六、日，你愿来时都有得看。大致画展之成败，是在三月十六日午后三时之茶会，人事所能尽的都尽了，只要空袭不来，似乎是不会失败了。前昨两天满身发疹，昨天睡倒一天，今天却全好了。毛线衣不急急打，因为打好时，天气已热，怕不必多穿了。谢谢你的好意。敬祝
健康!

衔

卅二、三、九

事务人才没有。

何叙甫先生昨日已寄来画四幅，便是黄校长转那封信的效果。何先生这样爽快，真是难得的一位朋友啊!

要在空袭警报中争取胜利

——致吴树琴

琴姑：

现在发了空袭报告，大家都到防空洞里去躲了，剩我、宁远、佩甲和害病的纪元恕在家①看门。我和胡万里先生约好，到紧急警报时，让我三四个人在永安园防空洞暂避，这你知道，半分钟便能到达。

国画展览定今天下午三时预展，上午十几个人忙了大半天挂画。挂画已经被人定去了四张。现在是二时，茶会恐怕要被空袭警报延迟了。我们决定，什么时候解除警报，一小时后即可挂好。

青年会的防空洞是现成的，交涉上午才办好。十几位留守的人，一闻警报，便把画下进防空洞。好，我们是要在警报中争取胜利了。人事所能尽的都已尽到。朋友们画的画是好极了，大家都满意。我们价钱定得不高不低，谅想一半总卖得出去。

现在警报撤销，我要到青年会去开茶会了。亲爱的，等着我们凯旋吧!

衔

卅二、三、十六

注释

① 家　指育才学校驻渝办事处。

预展卖画三十七张

——致吴树琴

琴姑：

三天预展卖了卌七张，今天开始正式展览，再看成绩如何？奉上请帖一纸，尚希光临指教。昨天偶然在路上买得织功呢[①]大衣一件，费950元，比新做要好得多。冯先生送的呢，现铺在床上做被单也很好。现在做起来，天气热已不能穿。敬祝
康健!

衔

卌二、三、十九

注释

① 织功呢　通称直贡呢，衣料。

学会治事

——致陶宏、陶晓光

宏、光：

我们现在同时筹备三个会，而画展一项又分作三处举行[①]，其生活之丰富，治事、学习机会之充足，可想而知。我要大家分工合作，学习同时举办数事（多方应战）而有条不紊，并不觉得麻烦。我们在这方面确已达到很高的境界。以我自己而论，身体不算怎么好，而同时指导数事，尚能措置裕如，今天还写诗贺鹿瑞伯，并饯别于去疾，丝毫不觉得紧张。你们也要学如此治事。秘诀是要有目的，有计划，有组织，有决心，运用发挥每一个分子、每一位朋友之力量共同创造，使每人觉得是自己的事而甘心情愿向前进行，用不着督促。重庆的三会筹备，即画展、音乐会、话剧公演，好像我并不努力，其实是应努力的早已努力，故似无为而治。国画展览已走上胜利之路，卖了卅七幅。音乐会改在四月七号举行。《安魂曲》《圣母颂》可能试唱。晓光前说学费补助，可以办到。敬祝

康健！

衔

卅二、三、十九

注释

①“育才之友国画展览”在重庆大梁子青年会展出，“育才之友版画展览”在管家巷二十八号儿童美术馆展出，育才学校绘画组学生的数百幅作品在夫子池励志社展出。

现有二事麻烦您

——致冯玉祥

焕公赐鉴：

捐字兴学，共得国币壹万玖仟陆百元整（内有四千尚未收齐），谨代表全校致深刻之谢忱。现在仍有二事麻烦您。一是王母危太夫人承您赐一“寿”字，其令郎王京后先生日前面述将刊题词与诗文，嘱为改求题四字，以永纪念。深望念其孝顺及将来可能成为更有力之育才之友，俯允所请。二是锦棠先生之单条及对联，皆误写为“锦堂”，后经将“堂”字改为“棠”字，而浓淡分明，一见而知为就字改写。经手人张骏闲先生谓锦棠先生得公法书，如获珍宝，深望赐予完璧，传之后代，其意深为诚恳，务望再写一条一对，俾得遂其仰慕之忱。专此代恳。

敬颂

康健

行知再拜

卅二、三、二十五

令弟以找文采为是

——致吴树琴

树琴：

碉堡锁匙为你配了一个。方先生我为他配了两个，连锁一起交给他了。他后天当要改用我们的原锁。这锁匙可以给你一些方便。音乐〔会〕改在四月三日下午四时和四日上午十时举行。话剧仍在四月七日至十三日公演。你何时来？令弟以找文采为是。

衔

卅二、三、廿六

艺术合作的结晶品

——致陶宏、陶晓光

宏、光：

今天接到《神鹰歌》及《战歌》[1]，最为高兴。所高兴的是你们能在艺术上为育才服务而合作的结晶品，及时而来到我的面前。我即刻托李康将、周寿年分抄一曲，现在就要派人到歇台子去与胡然先生和音乐组同学接洽。可惜的是胡先生正忙着个人演奏，不能分心教导，而音乐组同学随机应变的临时增减节目也不灵活。《圣母颂》听说胡世珍也唱不出，因此不能列入节目。《神鹰歌》与《战歌》最好能列入，将老节目除掉。年年唱的《手脑相长歌》，大可以除，连自己都听厌了，还要摆在节目里。假使他们保守，不能争取时间，我将令一两位会唱的小朋友在广播大厦特别广播，而不在同天举行。定了日期再告诉你们。

音乐会为了会场成问题，改在四月三日下午四时至六时及四月四日上午十时至十二时，在银行公会举行，还有冯先生独唱[2]。

敬颂

康健!

衔

卅二、三、廿七

注释

①《神鹰歌》及《战歌》　陶宏与陶晓光合作翻译的苏德战争时期的苏联歌曲。歌声雄壮优美，战斗性强。

② 指冯玉祥的独唱。冯在国民党军政界颇有影响，有冯参加的节目，特务不敢去捣乱。安排冯玉祥的独唱，可使一些想去又不敢去听育才音乐会的人，放心前去。

你们完全胜利了

——致陶宏、陶晓光

宏、光：

你们完全胜利了。寄来的《神鹰歌》及《战歌》，得到胡先生同意，已经列入节目，小孩练习《战歌》，感觉到兴奋。敬颂康健进步！

衔

卅二、三、廿八

深望如期返渝参加音乐演奏会

——致冯玉祥

焕公赐鉴：

音乐演奏会定于四月三日下午四时在银行公会举行。四月四日上午十时再举行一次。您的独唱《爸爸在家》可谓民族之声，深望如期返渝参加。伴奏胡先生只代您写了一半，尤望至少早一日返渝，俾 胡先生或范先生代您写成伴奏，一劳永逸。陶宏与小桃合译两首名歌《神鹰歌》与《战歌》，亦由胡先生编入节目，故此次内容尚称丰富。昨趋府奉询，对公归期，不得要领，至为焦急。专此奉约。敬颂

康健!

行知再拜

卅二、三、廿九

四月初举行音乐会

——致吴树琴

树琴：

听宁远说，你于儿童节[①]来，我高兴极了。一切都为你准备好了。音乐会是定于四月三日下午四时至六时；四月四日上午十时至十二时。这两次卖票，都在道门口银行公会举行；还有一次是四月五日下午八时至十时，请客不卖票，以三百人为限，在广播大厦举行。并于八时一刻至九时对全国播送音乐。希望你四日到。敬祝

康健!

衔

卅二、三、卅一

注释

① 民国时定四月四日为儿童节。

喜读《儿童新闻》复刊第一号

——致潘一尘、俞子夷

一尘吾兄、子夷先生大鉴：

今早第一件事，看完昨晚竹因同志送来《儿童新闻》复刊第一号。让我向你们致谢又致敬。新年以来得到四个快乐：看莫扎特（即《安魂曲》），看关山月画展，听李岳阳说调味并尝了他的杰作，再末，就是读到您们的《儿童新闻》。那是全国小朋友的精神糖果，文化早点。我们的处在数千里外的难童都受到你们的恩惠了。最有儿童文学味道的是初级教材第二课："老牛早。妈，老牛叫我妈妈。"我想画蛇添足，给他加上几个字，教我们的小孩读：

老牛早。
妈!
老牛叫我妈妈。
哈哈哈哈!
老牛叫我妈妈。

还有方谷音小朋友写的《哈哈笑》，是战时最好的课文，已经选入我们不久就要出版的《战时教育·儿童文学专号》了。

特约合作学校一千个。好办法！育才学校每月担任印费二十元，先汇半年一百二十元。小朋友的作品也可源源奉上。

《儿童文学专号》在这里欢迎你们的大作——对儿童文学创作之指示，或儿童文学小品，或别的关于儿童文学之材料都欢迎。接信就写是会赶得上。我们相隔千山万水，在儿童刊物上握手谈心也是一件愉快的事。敬祝健康！并祝
你们为儿童打算的一切好梦一一实现！

陶行知再拜

卅二、四

合川风景至佳

——致吴树琴

树琴：

昨日二时半自北泉开船，民邦［帮］船慢而稳，六时半到合川。我与办事人住在民生电水厂。布景及办事员都已到齐。希望你星期六下午来，星期一去。派你买物也来，不派也来。我们住处为合川最好的地方，全城在目，风景至佳。

衔

卅二、五、四

《张上将祭歌》已成

——致冯玉祥

焕公赐鉴：

合川公演成绩，以能运用重庆、北碚之经验，故成绩甚佳，可以告慰。美中不足，惟剑翘[1]先生未能晤教。

《张上将祭歌》[2]因谱曲需要，大体遵照尊意，分四段编写，已由同学竞赛作曲，明日练唱，星期日黎明出发。相见不远，先此预闻，敬颂

康健!

衔

卅二、五、十四

注 释

① 剑翘　即施剑翘（女），她曾为父报仇，刺杀军阀孙传芳。

② 张上将　指张自忠。《张上将祭歌》系冯玉祥委托陶行知作词，育才学校学生作曲。

有译稿即寄来

——致吴树琴

树琴：

十八日来信约演讲，没有走得成。冯先生适自天府[①]演讲归，想和他同观李华先生工作，因他为人证婚，留待夏历五月十三再去。昨日到渝，发现木棉枕头不翼而飞。今早见后楼储藏室遍地棉花，细看知是木棉。枕套虽去，木棉仍在，今请三妹为我还原。如此行为，令人心痛。今日伍必端为我理房间，理得甚好。李华先生已允沈君去学，明天沈君乘船赴金刚碚[②]。

你的翻译，每逢作成，即刻寄来，我必定当天为你改好寄上。这是我高兴为你做的事，我自己也得益处。快寄来吧！铺盖系十八日中午到碚，仍请杜君来取。请付十六元费。

敬祝

康健!

衡

卅二、五、廿

信写好，接到竹牌，真是费事，你请杜将铺盖领去，由“新亚”担保。我当设法将竹牌送回给你。

注释

① 天府　指重庆市郊天府煤矿，在北碚附近。

② 金刚碚　地名。即金刚碑，在北碚附近。

望你写一篇生动的莫扎特传

——致陶宏

陶宏：

五月二十日的信和三月二十五、六日的信都收到了。合川公演，因为克服了重庆北碚的弱点，在各方面看来，算是有九分成功，为学校得了许多朋友，其次是收入也比北碚、重庆好些。

画展、音乐会、话剧公演，除开销得二十一万，尚有七八万未收齐。

仪器、药品正在请高先生开单，开好当与款一并寄来托你买。章恒英文不够写莫扎特，就是写也是很普通的。仍望你写一篇比较详细生动的传。

此地薪金最近加至五百元左右，膳食医药在外，如某位同志家累重，学校得酌量予以特殊补助。你的朋友倘愿屈就，非常欢迎。

看到你三月二十五日的信，觉得你有点煦煦为仁，孑孑为义，这是应当克服的。你回来时，我们详细谈吧。我对于朋友，凡是对的事，总愿尽力助成。

三桃在医院治了将近三个月，前天出院，总算重新得了一个生命。他的长处是种园唱歌，而他的希望也只是如同一位墨西哥的农人所唱：

> 我只要一块地，

种一粒种子唱一首歌。

日内当派他到郃爽秋同学办的农场去见习。

陶城高中可能于本学期卒业。敬颂

进步!

晓光近状如何?

衔

卅二、五、廿三

改稿于我有益

——致吴树琴

亲爱的夫人：

今早接来信及译稿两篇时，立刻为你改了一篇就来警报，不能继续干。第二篇明天寄来。你放心吧！我一接到稿子便立刻为你改，这也于我有益，养成迅速的习惯。端午能否来，明天再说。

衔

卅二、五、卅

凡事要机警

——致吴树琴

琴姑：

一直到现在才能将三十九号竹牌寄给你，请你转交杜先生吧。

昨日听黄次咸先生叹一口气，我问他为什么？他说：“电厂要停水20天，游泳池的水即须出清，装水以备饮食之用。”我回来即叫打听木桶大王几元可买。报告说三天后500元可买，今天则非700元不卖，而且要买就立刻买，否则快没有了。我们立即买了来，连夜装了50担水，今天果然水不来了，而我们居然有水吃。所以凡事要机警，并且要争取时间。衣服一件，也带来与你。祝你

康健！

衖

卅二、六、一

译稿正需要

——致陶宏

宏：

昨天下午接到五月廿九日信，即派伍必端去托中国银行汇你一千元，今日又托他到杨家沟桥送一千元给醉霞，并嘱她为小黑打针。这是她的回信，认识与我们不尽同，当再写信去劝她给打针。晓光身体弱，甚为挂念，他的事我在探路。你的译稿正需要，牛顿、莫扎特[①]，可给每千字50元。

衔

卅二、六、三

注释

① 指《牛顿传》和《莫扎特传》。

拟送沈广鑫去歌乐山

——致吴树琴

琴：

我本想来和你过诗人节（即端午节），但是沈广鑫[①]又来到重庆了。他在古圣寺半夜三更把学校的镜子冲破，又打破了两口锅，不能被容，故而又来到这里。小孩们恐慌得很。我想要送他到歌乐山去，以解除小孩们的恐怖。生教社也要立刻改选，故尔不能来泉。我在十五前一定到。敬颂

康健！

衔

卅二、六、四

注释

① 沈广鑫　原南京晓庄小学学生，抗日战争爆发后去延安，中途遭国民党特务截捕，关押在重庆綦江集中营。因遭残酷迫害，终成神经错乱。陶行知曾给予他很大的爱护。

在废墟上创造出更好的儿童美术馆

——致吴树琴

琴：

六月五夜十二时我回到管家巷时，只见美术馆已经烧完，留得前楼及右廊岿然独存，可算是不幸中之大幸。

储藏室，谈天场，女宿舍，办公室，展览正厅完全烧光。新购石膏像，旧棉胎，米，电灯都无踪迹。书被人趁火打劫去了一半。损失总在十万以上。我们决定要各尽所能，在废墟上创造出更好的儿童美术馆。端午本来想给你一个意想不到的快乐，预备六日到温泉来，但是出了此事，又因为楼下起火，人诬赖是楼上起火。宁远要去对质，我必得在家看守，以致不能走动，但也没有使您失望，因为我写信是不能来的。

端午早晨，立在残火前，想做一件有意义之事来补偿精神上之损失，同时要于国家有益，于是就电汇了一万元去慰劳鄂西前线的战士。我们要加紧节约，努力凑足这一万元捐款，使每一个人的心血、大汗，都在这一万元中占一地位。现在已开始节约加工，您也来一份好吗？鄂西是一个真正的大胜仗，使敌人胆寒，并安定了后方的人心。这是多么可庆贺的事啊!

新闻一则附上。敬颂

康健!

衔

卅二、六、六

《破了翅膀的鸟》已改好，请源源寄来吧。

趁火打劫的手续费

——致吴树琴

琴：

从前寄来的译稿两篇：一是《少年医生的故事》，一是《破了翅膀的鸟》，都给你改好寄去了，怎么三封信来都没有提起？今天来信说是有两篇，实在只是一篇，现已改好，立刻寄给你，请你查明示复。

失火我自己失掉绒毛毯（晓光不远数千里带来的）、汗衫一件、白土布裤一件，都是趁火打劫的手续费吧。

到成都去，那是五个月后的事，并不是现在。

本来和冯先生一起到北碚来，昨天他告诉我，他不去了，我也因不知几时审问失火案，故六月十五日也不预备来。能来时再写信告诉你。

明天有人生儿子请客，中饭要去南岸吃酒。沈广鑫要到成都去，也好，我要把他安顿好了再来。否则，小孩们真是不安。

衔

卅二、六、十四

征求意见[1]

——致孙敦乐

敬启者：本社原拟召开社员大会，进行修正章程，改选理监事，讨论社务开展等项事宜。惟因交通阻滞，而社员又散处各地，召开社员大会实感困难。现已呈准社会部，采用通讯方式以利进行。兹将依照政府颁布非常时期人民团体组织法修正并呈经社会部准予备案之本社章程草案及社员名单，本届理监事选举票，建议书各一份，随函奉上，务请于信到三日内将台端对于修改章程推进社务之意见及所投之选举票，寄还重庆和平路管家巷二十八号本社驻城办事处。至为盼祷。此致

孙敦乐先生

生活教育社理事会理事长　陶行知

三十二年六月廿八日

注释

① 此系陶行知致生活教育社各社员函。

节约办校庆

——致陶晓光

晓光：

宏已于月底到渝，谈及你与鸿韬、铁夫[①]诸同志拟于七月十五日左右到渝，甚为欢喜。

今年节约，四周年不预备庆祝，你们来时不能看到往年的热闹，但寿面一碗，总是有的。

关于高鸿仪小朋友入育才事，现在不能决定。育才容量只有一百五十名，现在是随便收了一百九十人，挤得太满，生活过得不好。将来整顿后，可以新陈代谢时再商量。

现有一事奉托：音乐组现有四架小提琴，练习得差不多。拟增加大提琴（cello）二架，中提琴（viola）二架。听说成都南门外有位方木匠，有做现成的出卖，价钱并不高。倘使四架共在二千元至五千元，请你托倪尚达或其他同志处暂借买好带来，并写信告诉我实价用去几多，即刻汇款清还。倘使太贵，则至少每种买一架。若超出千元，则六千元亦可勉强负担。听说大提琴（cello）只要五百元，那就算是经济了。请找一内行偕去。如多化一二百元而可以买得更好之物，则以买较精者为是。

你送我的毛毯被发火难财者抢去，稍觉可惜。祝你们康健!

衙

卅二、七、六

鸿韬要的字不日可写。

注释

① 鸿韬、铁夫　即陈鸿韬、易铁夫。

恋而不恋　不恋而恋

——致吴树琴

琴姑：

古圣寺依旧是可留恋。虽然我的人生观是不恋，其实要说一定不恋也不对，更近情理是恋而不恋，不恋而恋。紫薇花是盛开了，被豇豆架包围。好像是几位美人被人群中的高个子遮住，我立刻为它们解了围，还了它们的自由。葡萄藤也长得茂盛，给它造了梯子，使它攀上棚子去完成庇荫的任务，同时长得好些。灯笼草，去岁下了十颗种子，活了四窝，伏在地上像杂草一样，象征一个人倒了霉。我们弄了几根麻绳吊起来，它们不久便可以攀上屋顶，像一串一串的翡翠小灯笼垂下来，那是多么的好看啊。仙人掌也开了一枝花，不知被谁窃去，还有一个小蕊，不久会开的。白荷花也有一两枝像白衣仙子在绿波上跳舞。最美的是，昨夜正要睡的时候，月亮从树林的缝里射出温和的银光，待我出来看时，它已升上树尖，升上半天，显出至美至善的姿态。此地没有臭虫，蚊子有帐封锁，被已洗，棉[①]已晒，霉气清了，可以来休息一天。若高兴，做几个南瓜馃吃，倘有气力，多做几个，与大家同乐一番，更有意义。江水若涨，则在温泉过江步行，较为稳妥。敬颂

康健!

衔

卅二、七、廿三

注释

① 棉　指棉花胎。

每天译一首诗教小孩们

——致吴树琴

树琴：

接到八月一日的信，使我十分感激。读到你预备用你的流汗钱为我做衣服，我是忍不住流了几点眼泪。但是让你，忍心的让你为我做一件吧，一年四季都可以穿的，使我觉得随时随地都有你和我在一起，而且觉得光荣、兴奋。

你对你的新职务兴趣怎样？责任是加重了，要十分谨慎。

静霞未见来，来时如缺钱，自当照付。我怕托她买书是不大行。

国宝丹甚好，决定随身带。你所说的八卦丹、十滴水我也要去弄来。热时我不出去，早晚凉些才去看朋友。白天多在屋里计划、写信、休息。这些日子忙的是整理账目，以备查账。美国援华会补助费的收支，经过会计师审查，费了三千元审查费交出去了。

我每天翻一首诗教小孩们，藉以练习写作，先将《煮粥诗》寄给你。你翻的那首《箭与歌》，我也想教他们，请把英文《箭与歌》与汉文译稿费神寄来。我把研究所的账及生教社的账及育才的投资办好，便要返校。那时，廿左右，我们又可见面了。我希望那时能好好的休息数日。

晓光说十五来，已经十多天了，还未到，有点挂念。

梅仙做事尚起劲。但胭脂瘾老是除不掉，今天又擦得通红出

去看朋友，令人气煞。这大概是很难改的了。敬颂

康健!

衔

卅二、八、七

郑板桥的岩竹诗译好了

——致吴树琴

琴姑：

晓光昨天来了，带了他奋斗得来的大提琴来了。他为着要代育才买这个大提琴，真是历尽千苦万辛，可以代表我的精神。他还带了一些吃的东西来，其中我想有你的一份。

陆静霞明天去桂林，今天把四百元送了来，还有化学书名。早晚风凉些，我可以买买看。郑板桥的岩竹诗译好了，昨晚教给孩子们。今抄上一份，请赐收一读。汉文原诗是值得背的。敬颂康健!

衛

卅二、八、九

借集体力量战胜易发脾气

——致吴树琴

琴姑：

八月十日的信使我又喜又惊。喜的是你会学我的好处，不学我的坏处；惊的是你不出我所虑，要为着新工作而紧张甚至于害病，我这容易发怒的习惯非克服不可。于人于己，两受其害，我希望借着集体的力量来战胜它。

《箭与歌》今天就拿来教小孩。末了一段，晓光读了，觉得没有原文流利，我随手改成：

“好久好久以后，在一颗橡树上，我寻着了这枝箭，依旧无恙；我寻着了这首歌，从头到底，在一个朋友的心里。”

你觉得这样改，行不行？

晓光带来的糖果，有牛奶糖、葡萄干、梨糖、美国苹果。我每样给你留一份。

本月二十一日是礼拜六，我一定会来温泉和你畅聚两日，藉资休息。敬颂

康健!

衔

卅二、八、十二

曹操之《短歌行》，王建之《新嫁娘》，都是这几天翻成〔给〕小孩子的，寄来给你看看。我觉得不甚满意。

演讲破纪录

——致吴树琴

树琴：

你要的书，我大略看了几家旧书铺，都没有。我日内要把书名开出来，托人挨家去问，到我回来时，你就可以知道真消息了。你记得杨森总司令去岁对学校捐款之后，有电约我到他府上去演讲，我因病不能去，心里好像负了一笔债。前月我去信想践前约，毕竟于十四日，他们派了汽车接我们到山洞去，对他的将近二十位青年孩子演讲（到齐有三十位）。那里风景好。我上午讲了两个题目，下午讲了四个题目。他们听得十分用心。我讲的这样多，是破了近年的纪录，可见我的身体是好了一些。他们预备了一餐盛宴，还开了一个会欢迎我，节目中有《杨森家庭歌》，大家唱得很好。陶宏今天到了。晓光想在北泉自修，请你与黄先生一商，可否为他借一间小房。拜托拜托。

敬祝

康健！

衔

卅二、八、十六

译诗万首献给朋友当点心

——致吴树琴

琴姑：

现将杜牧写的《赠别》奉上，还有我的试译稿。我决定每天译一首，或从汉译英，或从英译汉，风雨无间，期以卅年，可得一万首，贡献给朋友，现代的，后代的，当点心吃，你赞成吗？生活教育社明早开票。我廿一日来泉。敬颂

康健。

衔

卅二、八、十九

为育才开一新的发展途径

——致吴树琴

树琴：

我于三十一日下午二时从北碚坐公共汽车来渝。路上抛两次锚，将夜才到。因为米好，晚上吃了一碗管家巷难以吃到的稀饭，觉得一路的疲劳都消失了。

九月一日一面派了马国璋、连正名到农贷训练班交涉了六个防空洞的地位，并为魏寿陵送信给史良律师，为他作上诉的辩护，一面偕晓光去访朋友，如李组绅及李景熙，并参加早晨六时冯先生在宝元渝[①]之演讲会。李景熙先生捐助一万五千元为复兴美术馆之用。然后由晓光代力扬之友打听飞机购票之消息。机少人多，坐飞机难于上青天。二日访顾季高、鲁佩璋二先生均不在部，顺便买了一些书，有一本是《世界作家》，内容相当丰富，化了400元。译成《斑鸠诗》及《镰刀舞歌》。《镰刀舞歌》现寄给你，可用原谱唱。冯先生也要加入朗诵会，我说次日背不出是要自动不吃晚饭，他毅然答应了。

今天在家整理可以找到材料的书。打字机修理好了。陶宏已于今日到。他和我将集中精神用这打字机，为育才开一新的发展途径。敬祝

康健！

衔

卅二、九、三

注释

① 宝元渝　重庆一家公司的字号。

一天推销入场券十分之九

——致吴树琴

树琴：

我昨天做了一件令人难信之事——一天之中将黎国荃提琴独奏会之入场券推销了十分之九，即二百七十张。这一次，卖票就算是我包办了。学生有些讨厌勤务，让他们休息休息也好。

前天陶宏带了些红烧肉来，一直吃到今天才吃完，还有一些油明天可以拌饭吃。晓光屡屡称赞肉香，可见他也是喜欢吃，你有空时可以烧点，请他尝尝。

我现在每天要费一些时候搜集育才故事，写成英文以便开源。不久，物价再高涨，希望就在美国朋友了。

衔

卅二、九、五

一面休息
一面讲学

——致姚雪垠

雪垠先生大鉴：

奉书至感，当即转致焕老。日昨又晤商，知其期望甚切，景仰甚深，且谓城中人多分心可虑，拟于十六日早派汽车迎接先生到歇台子，一面休息，一面讲学。并望先生酌带参考书，俾可印证。除小说外，对于诗之发展，彼亦感需要。原函附上。如何，尚希卓裁示复。敬祝

康健!

弟衔

卅二、九、八

（在“十六日”旁注有小字：“何日去住请示知”）

口信已转达焕公

——致姚雪垠

雪垠先生大鉴：

奉到由小朋友转来口信，业已转达焕公。彼对隔一天讲一次表示赞同并谢忱。十六日早六至九时光景，冯府派汽车来迎接。专此奉达。敬颂

康健!

弟陶行知启

卅二、九、十三

《孤星泪》吸引我

——致吴树琴

树琴：

昨日把学校和新村之地确定了之后，将丈量申请书送去，于二时来渝，中途抛了一回锚，到六时才抵两路口车站。城中汽车太挤，走回管家巷吃了四碗菜粥，疲倦都恢复了。李震的书，刚才已令梅仙送去。其余的事将于一二日内代你做完。事多不能多写。草此先报平安。《孤星泪》①一路停车必读，好像着了迷，从前没有一本小说如此吸引我，其中实有道理。将来相见时，又可为你解说了。但昨天在此书中也见了一点不满意处。

敬颂

康健!

衔

卅二、九、廿一

注释

①《孤星泪》　英国作家狄更斯的作品，通译作《孤星血泪》。

创造使人乐而忘忧

——致吴树琴

树琴：

您委托之事，都已照办了。胡伯雄厂长已有函去，商让沙滤器。伍献文、是光荣二先生处已去函婉谢，并说明庙小僧多之苦，冒〔贸〕然多收，有碍儿童健康，反而要辜负诸友付托之重。李震弟之书，次日即派梅仙送去。图章已刻好，容我带来。杨仲明字月笙，信已写好，兹奉上，请寄恒恩。

近读《罗丹传》，有一警句，深合我的态度。他说："美术家立下一伟大榜样，即崇拜自己的事业，要把事业做得美而得到其中之乐趣，即是真正之酬报。"的确，我是崇拜自己的创造，故能乐而忘忧。近来，我觉得还不止此，我崇拜您——妻子兼爱人的夫人，故更为幸福之人。前天下午本拟与军光来碚，而下午忽无校车，本想今早来，又因校车坏了待修，不果行，五日有约会，只好六日来，倘使车子无问题。我们快又相见了，您觉得高兴吧！

衔

卅二、十、二

育才创造之神回来了

——致陶宏

宏：

你为《儿童音乐专号》写的莫扎特幼年生活，放在哪儿？若你误带成都，请即寄来，以便付印。也许是在管家巷，待我去找，但我记得你从我那儿拿去修改后就没有还我。是不是？

育才之创造之神业已回来。音乐组昨晚开了一次最好的晚会。各组都种下新生命。全校一致向上，努力创造，教师、同学、工友同心协力，令人感奋。开校以来，精神之佳，未有如此之盛也。我于十五日下午向指导会宣读《创造宣言》，十六日早晨在朝会上又向全体学生宣读，十六夜竹因主持《创造壁报》于夜深十二时出版，今晨宣布创造奖金一万元：甲等奖五名，各一千；乙等奖五名，各五百；丙等奖廿五名，各一百。新小学教师已开始培养，春季决定招小学生一百名。你二次来①将认不得这新生命之生长也。特此报喜！

衔

卅二、十、十七

注释

① 二次来　四川方言，指下一次来。

让舒容小朋友继续留院

——致赵君陶

赵院长赐鉴：

舒容小朋友在您爱护之下，他的母亲至为感激。但他的母亲是在新亚做女工，经济至为困难，我这次来看吴先生，知道她的实情，希望您对于舒容继续容其在院生活求学以苏其困苦。将来舒容长成，有贡献于国家社会，实院长栽培之赐也。专此奉托。敬颂

诲安!

陶行知拜启

卅二、十、十八

有暇过我一谈，不吝指教尤感，每月七日至十七在育才。

今天时间配得巧

——致吴树琴

树琴：

我今天时间配得很巧，一路看过碉堡，修理得不错，又会到王仲济（家楫）所长，为田绍英先生介绍一位朋友，到北碚才十一时，便在兼善餐馆吃了中饭再去买票，正好赶上车，到了两路口，又即刻有特别快车到较场口。小桃那些衣服是虫蛀的，不是老鼠咬的。请你与别的毛衣隔离，毋使染着。他说没有用了，我想设法补起来，一定还有用。三桃今天几时走的，他不要睡，想玩一玩。梅仙这些日子是早出晚归，大概是像找到事了。敬祝

康健!

衔

卅二、十、十八

戴爱莲将拜望你

——致吴树琴

树琴：

三桃已经不发烧了，因此我就乘车到了重庆。

戴爱莲先生处我买了十个鸡蛋、十只橘子、半斤牛奶糖，用纸盒装并用了你的名义送给他。他说到温泉来拜望你。

这封信只是报平安，以后再谈。敬颂

康健!

衔

卅二、十一、八

已托肖生接三桃回校

——致吴树琴

琴姑：

昨日匆匆告别，至帐。汽车路上抛锚，黑夜始到。到则去“可日香”吃牛肉面，而已经打烊。幸而三桃之病将愈，我在医院看他时，已能起床。当即写信与肖生，嘱其天晴派滑竿接他回校。

今日渝地下雨，地难走。稍晴，即将是光荣之钱送去，并买令弟所要之书。请把通信处寄来，以便代为寄出。敬颂

康健!

衔

卅二、十一、十八

武训先生诞辰

——致育才之友及生活教育社同志

我所最敬爱之朋友与同志：

本年十二月五日，为武训先生诞生一百零五周年纪念日。武训先生以一个乞丐，赤手空拳、单身匹马创立了柳林、临清、馆陶三个学校。他一生一贯的精神是做工自养，讨饭兴学。他是普及教育之先导，私人兴学之表率。他的诞辰是苦孩子的圣诞，老百姓自动的兴学节。为了纪念这一平凡而伟大的先贤，育才学校音乐组于四、五、六三日下午七时，在广播大厦举行音乐演奏会。节目除世界名曲外，有武训大合唱，根据武训先生自作歌，由小孩们制谱演奏并向全国广播。绘画组将其生平事迹刻成版画，在儿童美术馆公开展览。音乐会与展览会欢迎捐资兴学的朋友与同志光临指教。从现在起约请各报登载关于武训兴学之文章、诗歌，并约请熟悉武公生平者赐稿。本社之《战时教育》预备在会后出专号。我们在渝同志将向政府建议，以十二月为兴学月，一日至七日为兴学周，十二月五日为兴学节。我们希望每位育才之友、生活教育社同志，在兴学月一个月内，每天要对一位朋友费十分钟谈武训兴学精神及事迹，并推动这位朋友有力出力，有钱出钱，有知识出知识，以帮助他心里所欢喜帮助之任何学校或任何个人求学；在兴学周一周内（一日至七日），希望每位朋友及同志每天除为全国教育尽力外，要对一位朋友费五分钟谈育才学校难童教养，并推动这位朋友在精神上或物质上帮助育才学校发展；在兴学节一天之内　（十二月五日），希望每人至少费一小时，针对着兴学运动作有效之推进。

现在我们对于您们的具体请求是：

（一）同意我们关于兴学月与兴学周、兴学节之建议，并加以指教与倡导；

（二）一年一度为教育献金；

（三）倘使可能，希望您能亲来参加纪念会。

敬颂

健康！并祝

武训精神普及全世界，照耀万万年！

生活教育社理事长
育才学校校长　陶行知拜启（印）

卅二年十一月廿六日

武训诞辰将举办盛大音乐会

——致吴树琴

琴姑：

您对于是光荣先生要还之二百元，已于到渝第二日还去，请可放心。

武训诞辰我们将有空前的音乐会出现。十二月四、五、六晚上七时，在广播大厦举行，希望您能来参加，最好是四号来，不胜欢迎之至。温泉本月房租未付，乞为代垫，付与黄校长转去。

敬颂

康健！

衔

卅二、十一、廿八

依照经济手续也是一种教育

——致李凌

绿永同志：

领款之事是一种处理公务而有标准之手续，使学生严格依照办理也是一种教育。收据倘不合式，则董事会派会计师查账时，其麻烦无比，要退还纠正不算，还给会计师一种不宜有之印象。并不是我特予困难，实在是现在领款虽小有不便，而将来却省掉查账时之大不便也。务希嘱诸生力行下列办法：

（一）每月用款制一详细预算，于月底领款时交来。

（二）八号以后之预算，请分别经常、临时，于日内交下核定。

（三）每月之款，一星期领一次，于星期六早晨起早来，在管家巷早餐，如此则不致走白路。所以要分星期领，一是我想多知道一些音乐组的事，可以顺便报告；二是我有信也可顺便带去；三是领钱少些可以防止失去。

（四）照预算领款时，须有会计及经手人图章，不在预算上之临时请款，须有您的图章，并须有您核准之详细特别预算。

（五）买东西发票，须有印花、育才学校抬头、验收人、出纳、主管人、经手人盖章。

（六）领款人须年纪较大、平日做事负责者，不可平均轮流。

（七）账目每天登载，不可拖延。

以上诸端，初看颇觉琐碎，但是学生必须有之训练。得到此种训练，终身受用不尽。再，收条写字要令学生写得端正清楚，纸张亦宜裁得端正，这是无声之乐，也可说是办事音乐化，办事美术化，是诸生所应受之教育之一小节，但是必要之一个螺旋。谢谢您耐烦的看这封琐碎的信；还要拜托您详细告诉同学们知道，一劳永逸。捐款来的不多，厨房暂时不做，只在原有房中立灶，核准一千元。将来款多时再设法。余照准。敬颂

康健!

衔

卅二、十二、八

刚才得空报平安

——致吴树琴

琴姑：

昨日九时半开船，中途水浅，至二时始到渝，史宅[①]公祭及利他[②]聚餐皆错过。到管家巷始知晓光打电〔话〕与你，派人到临江门去找他，哪知他在黄家垭口打电话，又错过。俟晓光回，始知啸天先生寻我，我即去寻他，幸而于十时寻着，各方面办交涉，得到款子，已是早晨二时矣。八时起床，即忙到现在，衡老[③]诞辰，诸友强我主持席，散会时已五点钟，接着赴李绍涵宴，刚才得空报平安。余容后述。敬颂

康健!

令弟之书明日去买。

衔

卅二、十二、廿

注释

① 史宅　史良之家。

② 利他　指利他社。

③ 衡老　即沈钧儒。

经济益感困难 精神反觉兴奋

——致卢作孚

作孚先生赐鉴：

久未晤教，不胜系念。敝校上期经先生等大力厚助，已能收支相抵，弟乃能免于奔波而专心致力于办学。不幸下半年物价迭次增长，迄今每月突破预算六万五千元，经济益感困难，精神反觉兴奋。《创造宣言》及四年来不能下笔之校歌，反于此时落笔而成，亦奇事也。现当年终结账，分配公益，先生交游至广，如大明、川盐、川康、美丰及其他事业主持人皆属至友，深望鼎力进言，各去一恳切之函，代为育才申请，则登高一呼，众心响应，倘得巨款厚助，收支再度平衡，弟乃能于办学之余，写文公诸同好，当更有意义也。专此奉恳，伫候复音。敬颂

康健!

教弟　陶行知拜启

卅二、十二、廿二

全济密迩敝校，前请孙越琦先生□〔调〕就全济出产捐助十吨[1]，业已首肯，而复书有难，尚望代进一言，敝校可派人至全家沟去挑，倘有困难则减为六吨，不足当在附近购买。

卅二、十二、廿二

附上《创造宣言》，尚希指教。敝处有若干份，倘需要赠送亲友，可以奉上。

注释

① 指购买食盐。

送了三本书

——致吴树琴

琴姑：

昨日晚六时到渝，在两路口候车，直到七时才到管家巷，总之，是平安的到了。

在北碚为育才小学校址打听了一个地方，并就便去参观了大概，倘使得到文白先生的帮助，便可以成功，不久当去与张部长一商。

今日去找邰爽秋，哪知他搬到莲花池去了。明天再去为你接洽。

利他聚餐，每人送一包礼物，大家抽签。我送了三本书：二本《科学名人传》，一本《西北东南风》。我抽到了一盒外国式的鸡蛋。可惜不能留，否则要拿来送你。敬颂

康健!

衔

卅三、一、五

我一定买一本日记簿来为你祝寿。遇着要事即做笔记。自元旦记起，簿来即誊，连续记个不断，也是一种好训练。

创造民主社会 争取妇女解放

——致吴树琴

最亲爱之树琴夫人：

现在是三八前夜，我知道这封信定能于明日达到你的手中，想以最诚恳之情绪向我最敬爱之夫人致敬，并祝大家创造民主社会，争取妇女解放。

衔

卅三、三、七

维清[1]来泉之便，送上核桃糖两包。

注释

① 维清　即江卫青，育才学校工友。

请给各县县长发介绍信

——致清源

清源专员惠鉴：

敝校筹募基金，荷蒙　慨允具书介绍各县县长，提倡并感召巴县士绅乐予厚助，使敝校经济基础得趋稳固。高谊如云，全校感奋，惟亟待尊书出发，特托敝校自然组主任陈元直先生前来领取。务希将各县县长介绍书，赐交带回，是所切盼！另奉上收据簿三册，以备我公随时提倡之用。专此奉恳。敬颂

勋安！

弟陶行知

卅三、三、廿

慰劳刘振山和吉星文二将军

——致陈元直

元直同志：

接读三月二十二日快函，敬悉马到功成，至为欣慰。社会不负有心人，于此可见一斑。我年来在极困难之环境中，越挣扎越奋发，即我中华民族之正义感与慷慨性，令我愈战愈强，愈乐观。

刘振山及吉星文二将军为芦沟桥抗战先导，功在国家，德在人心，本校理宜慰劳，请与晓光同去代表全校向其致敬；送《育才手册》，请其指教。问其留渝时期，倘有一星期之久，可派人至广播大厦借礼堂开演奏会慰劳，同时约请育才之友参加，大家都送票，名单根据捐册存根（在我房里黑布幕中之第一竹箱中），不卖票，用不着登报，也用不着海报。送票信即印，信封即写。也许五天可准备，至快怕要三天。特别是对于感召亲友，有提倡力量之育才之友，须送两张或四张票。票即须印。不卖票。样式如下，望大家修改。

育才学校

音乐晚会

地点　上清寺广播大厦

时间　月　日　午　时

招待育才之友

每券一人

致育才之友信大致如下：

本校订于　月　日　午　时举行音乐晚会，欢迎　刘振山、吉星文二将军。务希届时

光临

育才学校校长　陶行知拜订

请持入场券凭号入座。

地点　上清寺广播大厦。

对刘、吉二将军只能慰劳，不宜向其募捐，他们也无钱可捐。倘他们自动乐捐，固不必谢绝，不过，向劳苦功高之将士募捐有所不忍。我意何元千先生倘若了解我们精神，可以请其捐一笔较大之款。

我原定廿八夜回渝，至迟廿九日午刻可到。今日感冒，睡了半天。原拟今日去开荒，又耽误了。倘刘、吉二将军行期在即，望快函示知，倘身体复原，可以赶来。如是，则音乐晚会太匆促，开不成，则约其前赴观音桥，由竹因同志引导，临时当场演奏，以娱嘉宾。专复。敬颂胜利生更大之胜利!

衔

卅三、三、廿三

留 20 张前座之入场券由我分送，倘晚会定在 29 晚以后。

我现在是一只狮子

——致吴树琴

树琴：

这一个月来，只有今天晚上才觉得是恢复了康健。我现在觉得我是一只狮子，在人们都睡着了的时候，巍然雄视一切，为夜之主，有整个的宇宙待我整顿。我是何等的高兴啊!

从上清寺花生大王那里买了三包花生回来，在都邮街下车，遇着洞若。我们同去“三六九”，他吃了一盘锅贴，我吃了一只火腿粽子。回到家里，大家都睡了，洞若自告奋勇，加盖三百五十封信之图章。现在他正坐在我面前，一面做这工作，一面研究做这工作的心理，我于是即有时间写这封两星期未写的信给你。

为什么跑到上清寺买花生？因为重庆会炒花生的只此一家。从它手里出来的花生是有特别的香味，炒的方法已经达到艺术的境界。其次是因为我已恢复了健康。有力量追求艺术的花生，有力量追求一切真善美和真善美的一切。

这次到渝最令人感动的是徐佩镕[①]先生自动的将亲友们为他的老太太筹的慈幼纪念基金，全数给了我们。我来之日，即先交十万，昨天又交一万零七百六十五元五角，而且是亲自送来。看见我们在准备国画展览，又预定了一张画，我们要将画送给他，他坚决要买，看来是只好让他买了。

我们现在做两件事：一件是育才之友国画展览；一件是每月音乐晚会。由陈元直和马肖生分别主持，王有德，张旭东助理，技术方面则由绘画、音乐二组分头准备，大致可望成功。

现寄印刷品三件给你，从这些上面，你可知道画展、音乐晚会及徐母吴太夫人慈幼纪念基金之处理之大概情形。我希望于画展后来碚，音乐晚会前返渝。演戏定于五月，仍在北碚举行。

本来星期日已愈，到南温泉开伊利诺大学[②]同学会，遇雨受冻，延至昨日才就愈。你给我的鱼肝油，我一直不断的吃，似觉有效。星期日受冻后，咳嗽没有以前厉害，今日已完全不咳了。海带也是每天吃。这两样东西大概成了我的卫队，会护我重入健康之国。祝你

康健!

衔

卅三、四、十一

注释

① 徐佩镕　当时为冠生园经理。

② 伊利诺大学　位于美国伊利诺伊州。陶行知1914年赴美留学，曾在该校学习。

画展和音乐会

——致吴树琴

树琴：

来书收到，所需计算仪，日内去打听。画展已开幕，昨日订画廿余幅，计十三万，今日一幅未订，开销甚大。预计所得，学校除开销外，可收六万元。音乐晚会原为每月最后星期三晚举行一次，现因贷金米突涨，加演一次于每月最后星期五举行。故本月廿六、廿八两日需在此照应。而且廿日、廿三日，有朋友结婚，不能不参加。冯子源结婚在廿号，邢锦棠结婚在廿三号，两位都系学校好友，必须致贺。你能于廿二来渝一游否？请先示知。敬颂

康健!

衔

卅三、四、十六

要养成认真创作的态度

——致陈贻鑫

贻鑫同学：

来信于到渝时收读，当时未能奉复。昨晚陈根度先生来，说及明日不能开会，因为纪念碑不曾完成[1]，明年再请我们。因此你们不需来了。集中精神准备五月三十一日之节目。创作要先由专家听过，而后演奏才不致出岔子。宁缺毋滥，以养成认真之态度。创作是要完全独出心裁，依文章而论，我们知道，是不好有抄袭，大概音乐也是这样。倘使一篇创作也不能通过，也只好付之阙如，然后才能提高作品。所以应该以练习名曲为主。倘使连一篇创作也没有，即完全以名曲演奏，如此方无毛病。昨日之会，你的报告太略，请详予示知。此信请先奉黎、李[2]二先生一阅，倘得他们同意或修正，再向同学公布。

请将薪金单开来，以便拨发。

我昨日才到，诸事料理好，当来观音桥一谈。

翟淑霞是什么日子、什么时间返组，望确示知。方先生的信，她是什么时候交到的？敬祝

进步！

衔

卅三、五、十二

注释

① 指当时曾要在北温泉为抗日英雄张自忠将军立纪念碑，揭幕时请音乐组参加演唱纪念歌曲。后因故未举行。

② 黎、李　指黎国荃、李凌（绿永）。

读《堪底达》

——致吴树琴

树琴：

我读完了《萧伯纳传》之后，就希望读一读他所写的《堪底达》。我曾经说过一半句，不知道你注意到没有？后来到古圣寺去找《堪底达》，堂堂的一个育才图书馆连《堪底达》都没有，这使我害羞。我之所以要读《堪底达》，是因为我觉得你有一些《堪底达》特点。十一日走到北碚时，早车已开，要等到十一时半才有车。我乘空到旧书铺里大索《堪底达》。是在北新书局的书桌上，有一本书直对着我发出光辉——《康蒂妲》！细看是萧伯纳著，英文名 Candida，就是我所要找的《堪底达》。车上每停一站就读，到两路口时，已读完两幕。回管家巷，洗了澡，爽快，又把第三幕一口气读完。我真幸福啊！得到“康蒂妲”做太太。又读了萧伯纳写的《康蒂妲》。卅三年五月十一日，是我幸福的一日，几乎可以比得上廿八年十二月三十一日[①]。你看到这里，一定想念着我会带来给你看的这本宝贵的书吧！

今天毕竟下了雨。雨是生命的泉源，特别是今年这个时候再要不下雨，那真是有些难以生活了。

令弟[②]之款有浙江银行可汇（在新生路），但是你写的地名不清楚。叓口是夏口，还是百丈口？请你快写信来，以便寄去。敬祝

康健！

衔

卅三、五、十三

注释

① 即1939年12月31日，这一天，陶行知与吴树琴举行婚礼。

② 令弟　指吴恒智。

保护好贝多芬、莫扎特曲谱

——致陈贻鑫

贻鑫队长：

现奉上：

（一）Beethoven 曲谱　Sonaten　Vol. I，PP. 214；①

（二）Beethoven　Sonaten（Sonaten，Sonatan）Band 2，PP. 299；②

（三）提琴弦弓五把。

请开收条，须由你和李先生③盖章。上次陈复君拿去之Mozart④，也须开详细之收条。保护，保护，保护！这部保护得好，以后源源送来。外宾要来参观，清洁！检查Mozart曲谱有无损坏，报告。

衔

卅三、五、十六

注释

① 此为《贝多芬奏鸣曲集》第一卷，共214页。该奏鸣曲是一种包含四个乐章的器乐大型乐曲。

② 即《贝多芬奏鸣曲集》第二卷，共299页。

③ 李先生　指李凌。1943—1946年任育才学校音乐组主任。

④ 译为莫扎特。此处指奥地利作曲家莫扎特所作之曲谱。

康蒂妲还是一种教育

——致吴树琴

树琴：

奉上茶叶一包，可以清心除烦。百丈口之钱，今日去汇。令弟结婚贺诗，即去买纸写。康蒂妲[1]是一个人、一本书、一出戏，还是一种教育。现在有一位朋友，须受这种教育才能得到正确的幸福，故先赶去做一种危急的关头的参考，然后再送来给你欣赏。

衔

卅三、五、十七

我床上的臭虫已经肃清，爽快之至。

注释

① 康蒂妲　英国戏剧家萧伯纳的剧作。描写女主人公被迫在当牧师的丈夫和一位青年诗人之间作选择。

参加一个追思会

——致吴树琴

树琴：

今天赶上第一班车，六点卅分，到渝已是十时半，从两路口到都邮街，等车倒费了半小时，索性吃了午饭再到管家巷。睡了半小时（先洗了一个澡），再赴沈奎杓先生追思会（基督教不赞成追悼，他们的意思是死后可以升天，死是走完了一段路，无可哀悼）。会毕，请音乐组同学吃晚饭，检讨了一些小毛病，没有指出名字，所以大家笑容满面的接受了。饭后我把他们十四人分两队坐二船返江北，每船二男五女。他们知道我的办法：不许大家坐一只船，以免全军覆没。我的身体还好。没有发寒热。多谢你一天看护即告痊愈。特报平安。

衔

卅三、五、廿九

请准购熟料报纸一百令

——致仲伦

仲伦处长吾兄大鉴：

敝社前请购之报纸，已经印出武训先生画传用完。现拟续印一万册，以供各方提倡教育之需要，并拟每月出新书一册及月出《战时教育》一期，特备函恳请　准予购买熟料报纸一百令，以便出版书籍、月刊之用。倘蒙俯允所请，不胜感激之至。专此奉商。敬颂

时安!

生活教育社理事长　陶行知

卅四、五

育才经济的进展

——致陶宏

宏：

前后汇来一万元（邓），又八千元（熊），俱已收到。至为感激，请代向邓、熊二先生致谢。《育才手册》已由晓光寄你，收据簿则由友人带去，比你所要之数少五本，只好等到有朋友来时再送上。现在每月最初及最后星期三晚八时举行音乐晚会，同时广播，你有空时，可以听听，以辨其进退。音乐会采取基本会员方式，会费足以支持音乐组。但每月为此事亦须费些人力。

现在每天开门一万元，可靠收入是五千光景，其余是要每月筹措。现在有七个人经常在渝为经费而奔波，我只做他们的参谋，非我不可的地方才亲自去。最近徐佩镕先生之太夫人逝世，移赙仪捐与育才十一万余元；马雄冠先生之太夫人逝世又捐来十万元；沈天灵先生之尊翁逝世，于念九日开追思会，亦捐与育才，但数目未定。美国援华会[①]去年因育才未招生，保留未付美金九千元，不久可以照付。新近听了一个朋友的消息，即将贷金米改为限价米，每月即可节省一万七千元，用于增加营养。这是近来经济之进展。至于画展得八万，公演得四万，勉强够一个月之亏。农场已种含羞草三百盆，要扩展至一千盆，预备卖二百元一盆。

《武训先生画传》已再版，《育才手册》亦已再版，加上了新材料。每种寄样本给你，倘有大宗订购，《画传》每本五十元，邮费在外；《育才手册》每本十五元，邮费在外。

小黑长得聪明了，比从前也健康些。一天，她问我，为什么忘了她的生日而跑到北碚去。我说：这大概是因为人老了，记性不好。她说：老的时候，头发白了，就要睡觉了。我问她：怎样睡呢，我们不是天天都要睡觉吗。她说：人老了，要睡在棺材里，不会再醒。我说：我的头发白了没有。她说：没有。要像陈嫂子的妈妈的头发那样白，就快要睡觉了。我说：要活多少岁才像陈老太太的头发那样白。她说：我去问陈老太太。我说：好，你问陈老太太高寿几多，如果她听不懂，就问她今年多大年纪。她跑下楼一忽儿回来说：陈老太太七十岁了。我说：那很好，我还要过廿多年才睡觉咧。我们还可以玩廿多年。明天补请客，为你补做生日。她很高兴。卅日我和小黑到松鹤楼去吃了一次汤包和熏鱼面。这是我们的生活。醉霞晚上学会计，日里教小黑，也很好。你如果要在重庆服务，我当代为接洽。敬祝
康健!

衔

卅三、六、五

注释

① 美国援华会（CAC）　抗日战争时期美国援华联合会(UCR）六个援华组织之一。当时该会对育才学校曾给予定期捐助。

请参加音乐晚会

——致笪移今

移今先生：

奉柬敬悉。惠约于中缅文化协会与郑振汉先生相见，至为感激。但七日六时适有他约，不能前来会餐，甚歉。该日八时，敝校在上清寺广播大厦举行音乐晚会，务希代约张先生同临听乐，不胜欢迎。敬颂

健康!

弟陶行知启

卅三、六、六

附：关于举办育才之友音乐会启事

径启者：育才学校于每月最初及最后星期三晚八时，在上清寺广播大厦开音乐晚会，原由育才之友为基本会员，但会员不尽到本会，本社商得育才同意，倘有空座得由本社社员优先列席听乐。贵同志如爱好音乐，该校至为欢迎，倘贵邻有本社同志，深恐通知未周，亦请代为邀约赴会，共同欣赏。六月七日晚会以贝多芬曲为主，辅以育才自作曲。依上次晚会经验，缺席颇不乏人，谅无向隅之虑。此致

胡文金、沈江流、谭得光、廖冰兄同志

生活教育社驻渝办事处主任方竹因启

卅三、六、五

经营公款　点滴为公

——致王瑞符

瑞符同志：

久别，甚念。本社生产基金，前存在同志处运用，于卅二年一月结算，共计国币叁仟叁佰叁拾壹元。于今一年又半，未见只字报告。经营公款，点滴为公。务望于接信后，即补具详细报告书，于六月底以前寄来，以便报告监事会审核。在这一年又半中，究竟生利若干？如何将息款付来应用？此项基金原本，同志是否仍要运用？务希切实具复，是所至盼。专此奉达。顺颂

时祉！

衔

卅三、六、十

一位大脚女子做的诗

——致吴树琴

树琴：

昨天别后，托卫青买了一双草鞋，套在脚上，坐汽车回来，没有弄湿。

肉松的办法最好，很合我的口味。有了肉松，我可以节约了。这里的肉松还可以吃三天。请你见信就为我再制一罐，由江卫青带来。他大概星期二三返校，星期四即可由温泉返渝。

美国款的补发，办成功了，这使我少一些忧虑。

今天看见一首诗，很好，特别是出于一位女子的手笔。从前有一位姓李的女子，美貌，为赵钧台所看中，想娶她为妾，却嫌她土重（大脚）。媒人说，她会做诗咧。赵乃以弓鞋为题目试之，女即写诗以答：

三寸弓鞋自古无，观音大士赤双趺（音夫，足也）
不知裹足从何起？起自人间贱丈夫！

这真骂得痛快。

衔

卅三、六、十

我想多找几位育才之友

——致吴树琴

树琴：

你为我第二次做的肉松，已由卫青带来，正好接着吃。这是最经济的办法，也是最合营养的办法，试验这些日子，没有丝毫厌倦，大概可以经常的照办了。淑蕙送了两件礼物来，内中一件是牛肉松，待猪肉松吃完，就吃牛肉松，牛肉松吃完我就回来了。原想今天回来过节，恰巧此地专员县长会议，想和他们认识，多找几位育才之友。同时五周年纪念还未好好发动，其实是老朋友都一而再，再而三的打扰了，只有找新朋友，而新朋友是要慢慢的进行，急不来，因此五周年纪念是不会有很大的效果。音乐组的衣服已经做好，恰恰十八件，每件八十元。梅仙的事，茶香已经在联营公司打听到，日前和她的大女儿与毓美来看我，问我梅仙住处，我说在渔洞溪，不知搬了没有。事后叫淑蕙写信去问，至今没有消息。但史佩甲说前天汪凤翔来与进文书局结账，书款两清，可见他们是收〔有〕了新的经济基础，大概是没有特殊困难。我希望最近的将来能〔到〕北泉休息一两天。这次来希望住客房，使你不致因我来而感觉拥挤，反而令我不安。敬祝

康健!

衡

卅三、六、廿四

我们的生力军

——致吴树琴

最亲爱的树琴：

这次过诗人节，总觉得有点美中不足。细想起来，是你连一封信也没有来。陈根度先生加入了我们的武训团，一下决心便把香烟戒了，昨天端午，一早就带了十封信到沙坪坝去化缘了。他要学英文，我为他开了蒙，一学就是四课，字母、数字，还有两课都学会了。我叫他在我房里吃饭，他一定不肯有特殊待遇。像陈先生这样的人，真是我们的生力军。

今次来渝，在备忘录上先后写了五十三件要做的事，检点之下，只做了廿二件，真感光阴太不够呀。

我把五周年纪念的信发了之后，英国援华会及李约瑟先生科学仪器之申请书发出之后，县长、专员请了之后，预备来看看学校，看看你。敬祝

康健!

衔

卅三、六、廿六

今早理了三小时的账

——致吴树琴

树琴：

昨日坐在胜利食店，一直到十一时才动身，还是到北碚坐车，六时半才到渝。被已洗得清洁如雪，这是要感谢醉霞的。宏已到。小黑很感谢你，因为肉松实在美。梅仙有信来报告，已平安地生了一个男孩子，他们可以支持两个月，希望两月后介绍一件事。陈根度先生已得杜月笙先生许可，愿为基金委员。今早理了三小时的账，现在向你报平安。敬颂

康健!

衔

卅三、七、七

令弟所在地通汇事当去探听再告

助我建立不拔之基

——致陈鸿韬

鸿韬同志：

育才基金承你和朋友们鼎力赞助，公私交感。育才有这样热忱的砥柱，是不怕没有建树了。但物价飞过一千倍，而我们可靠收入只及五十倍，而每月所需的预算，则不能低于一百倍，故至今尚只剩一个鼻孔浮在水面上游泳。固然，我们希望你于七月十五日给我们一个数目，俾能在纪念时报告，但希望你不要结束。希望你十五以后至月底，仍以最大力量，助我建立不拔之基。十五以前则争取时间，兼程并进，取得最大数字，建立最高纪录，予我们以最有力之感动，以创造不可磨灭之贡献。

专颂

胜利!

行　知

卅三、七、八

敌人在衡阳已无踪迹

——致吴树琴

树琴：

蓝田[①]是否安全，我已问过两位湖南人，他们都说无碍。近日又听得敌人在衡阳四十里以内已无踪迹。专此告慰。敬颂

康健!

你的款子已于昨日存去。

衔

卅三、七、十

注 释

① 蓝田　地名。在湖南省新化县。当时吴树琴之弟吴恒智在蓝田师范学校学习。

育才五周年纪念之新法

——致吴树琴

树琴：

近日甚忙。五周纪念，现已得新法，须重新做起，或更有效。其法系助十万、五万、三万、一万、五千者，赠以画及字与造像，予以差等之分别。介绍人亦可得。大家均以此法甚佳。我廿前或不能赶到。兹有给叶浅予先生信，请托人或派人送去为盼。敬祝

康健!

衔

卅三、七、十五

大水不宜出门

——致吴树琴

树琴：

我原想于廿前回校并举行“7.21”九周纪念。因纪念金发动，甚为匆忙，每天总有一点钱来，非我在此接洽不可。方先生、晓光赴校；徐先生①及陈根度先生出发到外县。我就难以离开，你所说的日子，我想试试看，但尚不能一准来。特别要紧是大水时，到校须在温泉过渡步行。大水赴碚、赴金刚碚〔碑〕都宜步行。并请以此意告诉吴珊②小姐及潘先生③。他们人地生疏，不知水性，应该详为告知，免受不测。尤其是大水时，你动不如静，在泉休息为佳。肉松天气太热不可弄，我吃时心亦不安。秋凉再麻烦你。敬颂

康健!

衔

卅三、七、十八

注释

① 徐先生　指徐树人，当时任育才学校重庆办事处主任。

② 吴　珊　吴树琴在中法大学药学专修科的同学。

③ 潘先生　指潘家寅。吴珊的丈夫。

“既以为人己愈有，既以与人己愈多”①

——致育才之友

××先生惠鉴：

窃惟治平有道，树人为先；教养多端，恤孤是重。痛自强寇肆虐，国土沦胥，横遭杀害而死难之同胞，固已不知其几千万人矣；其侥幸不死，受尽流离颠沛之惨苦者，更不可以数计。行知不谅其愚，奔走呼号，冀与同德同心之友，尽厥绵薄；于是有育才学校之设。学生系从十五省男女难童选拔而来。教育方针，除遵照 部章课程修习外，尤注意其特能与兴趣，加以适当之培养。其办法略具《育才手册》。五年以来，缘于物价之飞腾，致令根基之难稳，遂乃无时无刻不在艰窘之中。其间所可得而解慰者，诸生虽属童年，深知奋发。方今建国人才，正殷培植，夫亦安忍令此莘莘向上之学子中途而废耶？本年七月二十日，为育才五周年创校纪念之期，念百年树人之任重，虑经济基础之未固，爰拟再接再厉，以期终底于成。仰惟 大雅，宏济多方，不遗在远；已往或精神支持，盛意可感；或一再推爱，功同雨露。惟物价迫人更甚，人才幼苗宜惜。老子云：“既以为人己愈有，既以与人己愈多”，倘荷本此精神，鼎力提倡，并感召亲朋，仁囊竞解，使敝校经济有赖，已收待收之千百可爱苦儿，不致成为废材，则其造福之大，影响所及，岂惟敝校之幸，将见举国人士，闻风兴起，则其有裨于教育普及，文化提高，宁有限量。今请本校×××先生趋访，务希赐见玉成。专此奉商。顺颂健康!

私立育才学校校长　陶行知拜启

注释

① 此信写于1944年7月中旬。

剧本《希德》实在好

——致吴树琴

树琴！我所敬爱之夫人：

现在是早晨五时十四分。太阳正放出兴起之光芒，在深蓝之山顶与淡蓝之天空之间，画了一笔橙色之画。我刚才洗了一个澡，凉水澡。清风吹在身上，十分爽快。在这样的景况中，我写这十天以来想写而没有工夫写的信。

你做的肉松来得真巧，恰恰接着上次正吃完之时而来。它已经化成我的血，我的精神。但是这次送来的肉松是叫我心里不安。你是违反我的心愿送来的。我知道你在那热烘烘的火炉边要站两个钟头才能做成它，这是以你的健康换来我的健康。我一吃到它，立刻有炉边流汗的少妇之像显在我面前，教我难过。当然，我得了这滋养，是加倍努力工作，以为小孩、大众服务。可是我求求你，等到秋凉再做，现在不要做了。

你送我的白夏布的短袖上衣，是最合时合式合身合意的礼物。每逢流汗回寓，冲了凉水，就披上这宝衣、凉衣、仙衣，怪爽快，快乐的如同一个神仙。学生说，我们的校长如今漂亮了。

潘先生送来两瓶酱油。他们缝的衣服还没有送来。

现在太阳在山顶上现出了圆圆的脸，热气已经一阵阵的侵入我的凉房，叫我全身不耐，我再写几句，就要停笔了。啊！我有点呆了。只需把东窗关上，不是可以拒绝太阳的捣乱吗？对！就这样干。我还是可以写下去。

我又冲了凉，披上夏布衣，写。

廿六日五时半光景，渝市大风，飞瓦走石。一忽儿我想到小孩们正在渡江，几乎把我吓坏了。假使他们正在中流遇着这风，那不是要全军覆没了吗？侥幸这晚音乐会开得特别好，客满，外宾很多，舆论甚佳。他们在风暴来时，正走到江边，就在茶馆店中暂避，一直等到风平浪静才过江。夏天水大，狂风无信，我们因此报告会员，八九两月晚会暂停。

汗衫、背心遵嘱上街访问，多要九百元至一千六百元一件。最后在陕西街路边碰到，每件二百七十五元，一共买了四件。我还买了一套粗夏布衣裤，化了二百五十元。

我要等六路同人及晓光出发了才能回来。这次回来想多休息几天。

衔

卅三、七、廿八、六时六分

再写几句。我想看《桃花扇》，托人访问十几家旧书铺都没有找到。最后找着了，只租不卖，押租四百元，租金一星期三十五元。我照办，是等于化了四百元把它买了来。前后花了十天光景仔细读完。因为我欢喜《桃花扇》的词，必须精读，才费这多时间。以后有空，还要读几遍。

淑惠从前借了一本写西班牙生活的剧本叫做《希德》，我不是说好得很吗？这次她买了一本送来。我前天一口气把它读完了。实在好。你看了必定高兴，《希德》（Le Cid）是法国人Pierre　Corneille写的。你记着，有机会就看。祝你

康健!

衔

卅三、七、廿八、六时廿分

我现在预备写字了。图章已经刻好。吕凤子先生为我刻了一颗大的，谢仲谋先生为我刻了一颗小的。（附印拓三方略）

晓光飞往印度了

——致吴树琴

树琴：

锁匙由江卫青带来。

昨夜接来信，今早拿了三千元去见恒勤，他说刚才汇了八千回家，可以再寄二千与恒智。故现在拟先汇五千去。当时电话与湖南省银行，据说蓝田尚不通汇，而新化可通。当即托恒勤先汇五千至新化，转交蓝田师范学校恒智。并电蓝田恒智知道汇款与新化。明早再问恒勤结果如何。

晓光昨早七时起飞[①]，我和宏等亲送至机场。他对您的礼物，感谢之至。

咳已就愈。前日滑竿到碚赶上七时车，甚好。敬颂

康健！

衔

卅三、八、十

注释

① 陶晓光此行系去印度加尔各答中国航空公司工作；同时受任为育才学校驻印度代表，为育才在印度举办展览会，开展宣传，并在华侨中发展“育才之友”，为育才学校募捐。

谢仲谋画展将开幕

——致吴树琴

树琴:

今日□□□□恒智五千元业已汇新化上梅中学驻新办事处章昭雍[1]收转恒智收。此款业已于昨日电汇而去，大约五日之内可到。今夜复由恒勤发一电与恒智，俾可早知此款之汇到。电汇费连二千元由家拨还恒勤。你任三千元。姜维清来期未定，只得将锁匙先行寄来。

卢厂的父亲送了我一个象牙图章。这图章我将送给你，并托谢仲谋先生代刻。

潘家寅昨天来。谈的结果很好。管家巷拨一小块空地给他做酱。育才投资廿万即可合作。第一步育才任推销，可得十分之一。

明日起，育才主办谢仲谋国画展览开幕。此展不卖画，不卖票，纯为介绍性质。费用由朱亚强先生担任。专此。敬颂
康健!

衔

卅三、八、十一

注释

① 章昭雍　吴树琴在安徽隆阜第四女子中学的同学。

送你一本《英文观止》

——致吴树琴

树琴：

海峰的箱子平安到达管家巷，浦云[1]还没有来取。锁都破了，我亲自督导写了一个清单，交与陶宏，让他点交给浦云。

我找了一本《英文观止》给你。汉译有错，我改好了再送给你。

你的图章刻好了，古雅如石刻[2]。敬颂

康健!

衔

卅三、八、十七

注释

① 浦云　即程浦云。原晓庄学校学生，当时在银行工作。

② 指谢仲谋所刻的图章。

车与船几乎同时到

——致吴树琴

树琴：

今日滑竿到北碚，即去登记。登记好即买票上车，很巧，路上不甚滑，五时即到渝。到渝时，宏、刚到。他们今天真正苦，汽船在澄江镇不停，走到北碚再买票到渝，所以与我几乎同时到。我也到过北碚买船票，雨大，人挤，我乃改去车站坐车。厚生已谈，目的达到。现在返家之前，写一封信祝你好。

衡

卅三、九、十二

望回来养病

——致陶晓光

晓光：

来信三封均已收到。兹将《拉纤》[1]二幅附上。

你的努力，全校兴奋。养病事[2]，此地已向李总经理进行，勿念。惟需要公司医生之决定，故须与医生商量，可留印即留印休养，如不可，则难办到。我希望你回来养病，可往高原干燥之地带休养，印度不适。

展览会所得之款项，可交与福时[3]或沈天灵先生之兄，以便必需之购物，不要汇来。小提琴G弦没有了。你回来拉小提琴，少量带一点来自用。

学校正进行舞蹈组之设立，由戴爱莲女士主持。生教社在渝地设立两所补习学校，已开始招生；育才本期约有新生五十名，已开学。管家巷或许将办一完全小学。绘画组如有可能，或将迁往沙坪坝附近。音乐晚会已于前日举行，同时招待儿童福利会会员与参政员[4]，情况热烈，听众有四百五十人。绘画组将于十月十日开一画展。

宏日内离此赴蓉。陶城考取了交大，但赶考亦赶成了病。福时弟均此。敬祝

康健!

衔

卅三、九、廿一

注释

①《拉纤》　木刻作品。系育才绘画组教师梅健鹰所刻。此作刻画了嘉陵江船夫的拉纤生活，在加尔各答举行的育才学校绘画、木刻展览会上，受到赞赏，并要求订购。

② 陶晓光8月飞抵印度加尔各答后，即病倒，中国航空公司决定让他回国。他坚持在加尔各答为育才学校举行了绘画、木刻展览会，并到噶伦堡、大吉岭发动华侨为育才捐款。后健康情况好转，公司收回了成命。

③ 福时　即王福时。原晓庄学校学生，当时在印度为国内经营图书进口出口事业。

④ 参政员　指国民参政会参政员。

坐船须学会游泳

——致吴树琴

树琴：

今天居然坐着璧山船来到重庆了。夏先生也以为坐船舒服，到了北碚，不肯下船，一直坐到牛角沱才下船。

以后坐车是更困难了，非坐船不可。坐船就必须会游泳。你的责任更重了，必须耐心地把我教会。倘若不然，一旦出了事情，何以对得起育才？何以对得起中华民国之新教育运动？何以对得起民主新世界之教育建设与创造？因此，我下次要你教我的时候，你是不好推却了。

亚强先生送了两包茶叶来，外面包的是和晓光那 Chocolate① 糖包的一样，是用锡箔包的。下次来的时候，准带一包来送你。

淑蕙刚在此地，说要送你月饼，过了中秋送月饼，也很欢迎吧？敬颂

康健!

衔

卅三、十、三

注 释

① Chocolate　巧克力糖。

贡献意见数则

——致育才全体同志

全校同志、同学、同工：

今次召开校务会议，我因要事留渝，不能出席，至感不安。依章请马副校长主持。现扼要贡献意见数则，以供参考。

（一）校务会议为校内最重要之会议，希望针对全校应兴应革，依所赋职权，充分发挥宏论，议而决，决而能行，以为全校谋幸福，求进步。

（二）校务会议是民主教育之组织，希望列席者不但是为会议而会议，而且是为民主的学习而会议。一切提案宜有整齐形式，兼提出理由及具体办法。

（三）凡检讨，不是为检讨而检讨，乃是为更高的创造而检讨。

（四）我们要创造的民主，民主的创造。我们不要庸俗的、形式的、空谈的民主，也不要太看重个人的、英雄的、少数人的创造。一方面，我们要用创造的生活来充实民主的内容；又一方面，要用民主来解放大多数人的创造力，把创造力发挥到最高峰。

（五）会议前希望大家看《校董会章程》《校务会议规程》及以前通过之重要章则与《育才手册》，使所议不致抵触。对于何者属于建议，何者属于决议，皆能顺性处理。

（六）关于机构之改革。有对内、对外两方面要顾到。名称勉与部章相符，精神须内外一致。例如训导部主任是部章所规定，我校则有训导委员会，若由训导委员会主席兼训育部主任，便可做到内外一致。

（七）关于筹集经费、协导校友、增进福利三事。以前组织系统表上未列，实际上是在重庆办，是否可组委员会或设处隶属校长室，请大家考虑。

（八）关于教育方针。扼要的说，约有五点：甲、已发现有特殊才能者采取即专即博之原则；乙、未发现有特殊才能者采取先博后专之原则；丙、中途发现所入之组不合性情，或发现另有更高之才能时，得以转组；丁、普修课依部章分阶段；戊、特修课依各本组之性质定进程，不做普修课之尾巴。上述方针，以往没有很好执行，原因是初选未尽正确，执行时未尽坚决，但尚未有客观事实与理由摇动创校者之信念，倘要修改方针，必须根据客观事实，提出数目字，来做考虑与讨论的参考。

（九）关于预算。以往是有两个预算，交互为用。一是紧缩预算，以量入为出为原则。二是较宽预算，以量出为入为原则。实际上，支款在寻常情况下，是根据紧缩预算，筹款是根据较宽预算。每月超过紧缩预算之支付，皆以筹款新增实收之数行之。故讨论紧缩预算宜严格根据实际收入，讨论较宽预算可根据合理需要，以示努力筹措之目标。

（十）希望大家相见以诚，各出心得。会议之前，充分准备；会议之时，虚心交流；会议之后，一一实现，皆同大欢喜，共同创造新校风、新人才，使能负起民主新世界、民主新中国所赋予之大任。敬祝

会议成功!

陶行知敬启

卅三、十、十三

收据务须慎重保存

——致吴树琴

树琴：

一、恒智之款业已由湖南省银行电汇。电汇是最可靠了。收据奉上，务须慎重保存，俟恒智来信收到款子，才可废置。

二、表已修好。但文华无保险之袋，只好由我自己带来。

三、你代朋友要的书，叫他自己向生活书店要或买。理由见面时奉告。若不是知己，不要给人看。

衔

卅三、十、十九

筹募增加难童学生经费

——致民生公司

最近湘桂战起，敌寇加紧进攻，受害难童，何止百万。全国儿童福利工作人员会议，有见及此，议决派人分赴前方抢救难童。抢救之后，即须教当其才，以免耽误。倘能及时从抢救难童中，选拔其具有特殊才干者加以适宜之培养，将来蔚为有用之材，未始非保存民族元气之一助。本校原为教养难童而设，自当设法扩充名额，以招致优秀难童，而宏造就。惟必须筹定新款，以举新事。爰请舞蹈家戴爱莲先生领导，由中国舞蹈艺术社及本校音乐组合作，定于十一月三日至七日晚八时，在黄家垭口抗建堂举行舞蹈音乐会，筹募增加难童学生经费。素仰

先生爱护难童，不遗余力，特送上四〇〇元入场券十张共计四千元，函请

鼎力提倡，感召亲朋，慨予购销，俾得集腋成裘，以宏人才幼苗之造就。

台端　在抱，慈幼为怀，谅必乐予赞勷，共成盛举。专此

奉托，伫候福音。敬颂

时祉。

此致

民生公司

育才学校校长陶行知

十月二十三日

两年后携手环游世界

——致吴树琴

树琴：

亲爱的树琴！照现在预计，违背我的心愿，客观的情况是不许我在十一月一日到北温泉来受你庆祝，也可以说是来向你道贺，贺你得到一身兼老师、母亲、朋友的丈夫。但是这一天我们两个人实在应该在一处过一点甜蜜亲爱的生活，谈一谈未来的美梦：例如两年后，和平大概会降临人间，我们如何完成环游世界之壮举？而后在英国或美国或苏联住下，你完成着你的专门学习，我从事着我的著作，以版税、稿费自食其力，以卖讲达到同时旅行之目的。当我上街买菜，你课后返家烧饭，在外国吃中国晚餐这是多么有味的事啊！有时吃饭的时候，遇着朋友或育才、晓庄学生从中国来访，我再上街买菜，你再下灶烧饭，我们大家在外国吃中国晚餐，那又是多么有味的事啊！有时我们同去拜访十年前认识的侨胞或外国的朋友，当你听到“陶先生，久违了，这位就是你的夫人吗？”你该作何感想？你不是听我说过或看过我带回的照片、风景片吗？倘使我们能携手同游全世界名山大川，同访林肯墓①，二四七四八号墓②，斯大林格勒无名英雄墓③以及现在还活着手创世界和平的人们、思想家、发明家、诗人、美术家，尤其是各国的大众，正在向前创造之大众，从那里取得理想、感动力，返国帮助新中国之创造，那又是多么丰富而有意义啊！

树琴：有志者事竟成。准备吧，两年的准备一年完成吧。敬贺
你进步无边，幸福无量！

衔

卅三、十、廿九

来看舞蹈音乐会是有意义。我将被窝洗得一尘不染的欢迎你来。一天，你的丰采玉貌忽然出现于陪都，照耀在我的寓所，使它充满着慈光，我将会十分高兴。

注释

① 指美国总统林肯之墓。

② 二四七四八号墓　指马克思墓。

③ 指苏联人民为抗击德国法西斯的侵略、保卫斯大林格勒而英勇牺牲的无名英雄墓。

送给你的精神勋章

——致陶晓光

晓光：

你的十月十日、十月十八日、十月二十二日、十月二十八日的信，一至六号画展图片，十三张朋友们礼物，统于前昨两晚先后收到。第一件高兴是你的健康恢复了，这比一万万黄金还重要。第二件高兴是你的辉煌的战果——物质，更重要的是你为育才取得许多位宝贵的朋友。今天朝会我向全体报告你的奋斗，张震[①]先生说，让我们今后努力向晓光先生看齐！这是他们所能给你的最高勋章。今早已托新行向昆明诸友进行接洽。

海峰带的礼物已收到[②]。琴弦、彩料待我托英大使馆在印China Relation Office，8 Council House Street，Calcutte[③]带来，你可先接洽。

我为冬衣忙，不能多写，希望短短信，常常寄，便足以自慰了。

英国大使馆文化代表Mr John Blofeld[④]现在印度，月底回华，我同时写信介绍了你，你须即日与他接洽，他可能帮助我们带东西来。Mr John Blofeld，C/O[⑤] China Relation Office，地址同上。

衙

卅三、十一、十三

注释

① 张震　时任育才学校绘画组生活指导。

② 海峰　即程海峰，时任中国国际劳工局局长。礼物　指育才在印捐得款项的国内提款单，多数为昆明的提单。

③ 即加尔各答议会大厦大街　8号　中国关系处。

④ 即约翰·波罗费尔德先生。

⑤ C/O　为 care of 之缩写，意为（信）由……转交。

布与棉花总算解决了

——致吴树琴

琴姑：

我吃了五粒 Sulphaziazole[①]，肋骨痛即愈，咳已断，我甚高兴。

你写给我的一件需要改革的事，已经完成了。

晓光打了胜仗，病也好了，留在印度工作。

他为学校捐了四十三万元法币与三千多卢比，还买了廿五种唱片，十七套水彩颜料，几十套琴弦。张震先生说，让我们向晓光看齐！我把这话写给晓光，说这是我们给他的最高勋章。

我的战报是这样：米的仗没有打胜，布与棉花是提前从美国援华会支了一些钱来。今天总算是把布与棉花解决了。保育会也帮了大忙，给了保育生每人一套棉衣。

小黑出麻疹，并发肺炎，由但功泽先生介绍邹阶平先生为他看。我本想回乡来几天，但是他这病需要我划策帮忙，要等到他向恢复健康的方向进步时，我才可以动身。祝你

康健！

衔

卅三、十一、廿四

注释

① 译为“消发地亚净”或“消发噻唑”、“磺胺噻唑”，一种消炎片。

请为育才捐款购置中西图书

——致颂云

颂云先生赐鉴：

敬启者，敝校在力图员生冬暖，维持最低营养，兼筹并顾，经济极端困难之际，从事于一件似乎可缓而实迫切之工作，即为幼年研究生及编辑教材读物工作人员准备基本参考图书，俾能取得丰富之精神作料，而烹饪出更丰富之文化食粮，以贡献于儿童大众。计划以晓庄研究所值价一百万元之图书作基础，再补充卅万元新书即可开始。市上有最新之《大英百科全书》一部，为参考所必需，售价十五万二千元，以现在空运价格计算，运费已不下二十万元，故数字虽大而实价尚廉。因恐他人购去，已冒险提用十二月买米之钱先行垫出购得，无虑飞去。但此款急需归还，否则将会弄成“头脑吃饱，肚皮挨饿”之矛盾现象。此外尚需选购中西图书一百种，价值十五万元，两共叁拾万元。一般社会很难了解这计划之重要，故希望少数知己朋友鼎力赞助，共观厥成。如有卅位朋友同意，则或多或少，每人平均筹助一万元，即可一举而成。倘难一次交足，则按月分交亦可。敝校得此厚助，可以保证幼年研究生之专题报告及儿童民众读物可以源源而出，以就正于有道，贡献于社会。素仰先生乐育为怀，新知是宝，谅必乐于玉成也。专此奉商，祗候福音。敬颂
康健！

陶行知拜启

卅三、十一、廿九

珍惜诸友爱护 努力奋起创造

——致陶晓光

晓光：

你的十一月七日信四天前就收到了。十月八日、十月十日，十月廿日、十月廿八日四函，几乎同时于本月初旬收到，业已照你的办法复信，想已收到。昆明的款托新行代收，昨天已汇到十六万〔元〕，全数拨作增加副食费之资金，以纪念诸友之爱护，使大家知道一粥一饭来处不易，努力奋起创造。颜先生带来的画片、琴弦，甚为得时，皆大欢喜。十二月二日中央大学请舞蹈组、音乐组去开会，同时许士骐、梅健鹰先生主持绘画组的画展，你寄来可以展览的礼物都拿去了。也学你的办法，不卖票，不卖画，只请人做新的育才之友，用精神或物质帮助学校。今日开第七次音乐晚会，已下请帖请颜先生来听乐。朱启贤先生的通信处为

Chu Chi-Hsien，622 West 114 street，New York，N.Y.，U.S.A.①他能帮助你取得美国大学许可证。你仍宜以研究无线电十年的姿态出去。这样，倪尚达和我都能证明你有大学毕业程度及研究深造之基础。到了美国有必要再换科，最好是以科学为主科，以艺术为副科，可以把你造成更有益的人材。再写信给朱先生时，你可用 Fellow of the Acading of National scienes，Research Fellow of the Radio Institute of 中央无线电修理厂。同时我将请陈国钧司长写信给中航总经理许允给你较轻之工作或许你半天服务。这样才于你适合。

原想收信即复。无奈那时小黑正发麻疹，兼害肺炎，由我督医，醉霞看护，文华请医生、买药，经过十天之久，并得良医邹阶平先生之有效治疗，才使这小小生命平安的挽救过来。他已经是得到了最后胜利，以后只是给他滋养品使他长得健壮。诸友谢信，要过了武训兴学节才能发。这次庆祝他的生辰，有我写的武训颂，或者有舞蹈组的武训舞。育才再增难童一百名，完全由援华会担负经〔费〕，连物价涨高就〔都〕预算进去了。开办费昨天收到。这是一大胜仗。

衔

卅三、十一、廿九

注释

① 美国纽约州纽约114街西段622号　朱启贤。

对教育为公的运动作有效之奋斗[1]

——致育才之友及生活教育社同志

我们最敬爱之朋友与同学：

本年十二月五日为武训先生诞辰一百零六周年纪念日。为了纪念这一平凡而伟大的先贤，我们假江苏同乡会举行了盛大的晚会，并决定要为育才学校筹集武训先生纪念金。武训先生以一位乞丐，赤手空拳，单身匹马，创立了柳林、临清、馆陶三个学校。他一生一贯的精神是做工自养，讨饭兴学。他是普及教育之先导，私人兴学之表率。他的诞辰是苦孩子的圣诞，老百姓自动的兴学节。尤其是在今日敌寇逼近贵阳，千千万万难民横遭颠沛困苦，朝不保夕的时候，我们需要武训先生那种跳出自己小圈而为大众谋福利的精神来打破重重难关，我们要有千千万万武训先生的化身才能打退敌人，完成抗战建国之大业。育才学校想在这个生死关头为中华民国新生的一代多出一些力。十月间有加选特才难童三百名之议，想于抢救之后，略尽抢救之力。近得美国援华会允助一百名经费，周宗琼先生允助两名经费，本校舞蹈音乐会筹得八名经费，不久就要派新生测验团出去选拔，同时仍多方号召，以期完成增加三百名之计划，但育才的母体在精神方面虽属丰富，而在物质方面是极感先天不足，现在经常费每月缺少十万之巨，若想对设备有所增加，营养有所改良，衣被有所补充，待遇有所改善，则非每月增筹五十万元不可，我和七八位同志原想在真的教育工作上帮助青年小孩进步，而时间大部分为筹款所吞没，这是最可伤心的事，倘使各位朋友同志每次经常的对于育才量力乐助，其最大之贡献必是把我们从筹款的奔波里解放出来，使得我们能把整个的精神都放在培养幼苗之工作上，那我们就要感激不尽了。武训先生纪念会上任宗德先生慨允每月赞助一万元，像任先生这样的朋友，我们需要五十个；陈根度先生每月赞助五千元，屠公泽先生认捐一次六万元，像陈、屠二先生这样的朋友，我们需要一百位；沈天灵、臧其吉二先生各人每月赞助二千元，像沈、臧二先生这样的朋友，我们需要二百五十位；张西曼先生赞助一万元，像张先生这样的朋友，我们需要六百位；仇玉璞先生是邮政局的职员，我们每月从他那里收到挂号信，信中附来五百元，从不间断，像仇先生这样的朋友，我们需要一千位；和任先生同时允诺帮助我们的是一位书铺里面就要毕业的十六岁的徒弟钟毅先生，每月乐助一百元，像钟先生这样的朋友，我们需要五千位。这次武训先生纪念会，由于陈根度先生之倡导，当场诸友认捐四十余万，像这样□□的诸友就地□开，只要有十五个地方响应，便能完成我们的计划。我们不但希望诸位给我们物质帮助，并且希望介绍愿意帮助我们的新朋友，不过，千万不要为了育才而放弃了更应受你帮助的别的学校或个人。我们最大的目的不是单为育才，而是推动每一位朋友有力出力，有钱出钱，有知识出知识，以帮助他心里所欢喜帮助的任何学校或任何个人求学。并针对着教育为公的运动作有效之奋斗。接信的朋友，也许处境比我们更困难，那么，请求不要捐款，并且不客气的把情形困难告诉我们，我们也愿意量力帮点小忙，我们就在这样的精神中互助吧。奉上武训先生纪念金总额及用途及育才学校节略，藉资参考，乐助单如蒙赐填，请交和平路管家巷二十八号，为祷！专此奉商，祇候福音。敬颂

康健！

生活教育社理事长
育才学校校长　陶行知拜启

注释

① 此信写于1944年12月5日。

我有好的计划

——致吴树琴

树琴：

多谢你的信，多谢你的药，多谢你的鸡蛋钱。小黑打了胜仗，已经差不多复原了。对于时局，你不要着急，我有好的计划，请你放心。马先生明天就要去进行，我来会详细的告诉你。你现在可以放心做工作，看书，安心的睡觉。但是不必和别人谈。

我本想明天来，现因要事还须留几天。敬颂

康健!

衔

卅三、十二、七

在难童中选拔科学幼苗

——致陶晓光

晓光：

今天可以告诉你好消息，昆明的款子四十二万二千元，是完全由新行代为收到了。连重庆的支票一二九〇元，总共是四二三二九〇元都存好了，用每月的息捐充作增加营养之用。

我现在已托绘画组印武训先生像，题上我写的《武训先生颂》[①]，分送诸友，不久可以寄来。

颜先生荣生[②]已两次请他听乐看舞，但我自己尚未与他见面。许士德[③]先生已到，可是舒元玺刻的《小孩》像已毁，请你把原画寄来。我们在武训兴学节开了画展，请他另选一张。他说硬是要《小孩》画，所以只得请你寄来，或不得已叫舒元玺重刻，但她已退组，不知有无存稿。还是你寄来好。

昨天 China Relation Office 送来两大包东西，知道关系已经建立起来，甚佳。照单点验，无讹，至慰。唱片、颜色、琴谱数都不错（弦因数多，未点，想来是不会错的）。

中航有通知说你有十一月份留国内薪津，嘱克日携章具领。我意你若不来，便在加[④]领，倘若国内须用，由此地垫支，在加领后，可用以买物，比较上算。前曾收你从印汇来一千元法币，你信上未提，此种汇款，可以不汇。

减轻工作或支半薪服务，似须先在加申请，此地才能设法。李先生函送上。

育才有几件事可以报告：

（一）美国派甘霖林先生来视察，曾作一详尽报告寄美，登载起来，援华会引为补助事业中之最光荣者，你闻此讯，谅亦甚慰。

（二）美国来款，补助学校再在难童中挑一百名，物价高涨，亦加防备，现已组测验团开始选拔。我希望英、苏对本校有同样的办法，现正向英国进行。

（三）舞蹈组成立，戴爱莲先生主持，在渝市开舞蹈音乐会，得九十万，除纳税开销，余二十四万，招难童八名。

（四）武训纪念（106周年生辰）会当场诸友认捐四十一万，补助寒衣，尚少四十万元另筹。

（五）音乐组已请黎国荃先生为主任，夏之秋、巫一舟先生新加入，共有专门教师八人，急需管乐器，可募集，托CRO带来。

（六）在此吃不饱饿不死之关头，仍顾到文化食粮，以晓庄研究所之书为基础（现已值二百万元），再加购四十万元参考书，培养幼年研究生及出版教材。朋友已集十五万元，使我买到十四版《大英百科全书》，这是全国学校少有之事了。

（七）近推进自然科学，难童中要提拔半数科学幼苗，须筹一百二十万元自制仪器，请尽量捐集小件仪器托人带来。侨胞中有人建立永久纪念，如科学馆、图书馆，最为欢迎。

（八）敌到独山[5]时，小有不安，我有备无虞。此刻敌被打退出黔境，师生仍专心学习创造。

（九）小黑发麻疹兼肺炎，我在此督医，路线十分正确，一星期前，已告痊愈，现尽量滋补，较前肥胖了。这是经济大战中之一小小胜仗，我甚得意。

（十）洞若已陷入精神病，可虑。祝你

康健！

衙

卅三、十二、十五

注释

①《武训先生颂》　即《武训先生画赞》，见本全集第七卷。

② 颜荣生　当时任国民政府驻印度的外交官员，是育才之友，曾为育才学校在印度华侨中募捐。

③ 许士德　捷克驻重庆大使馆武官。他参观了育才学校在印度举办的绘画、木刻展览，选订了一幅木刻《小孩》。

④ 加　指印度加尔各答。

⑤ 独山　县名。在贵州省南部。

所说的事我不必参加

——致吴树琴

树琴：

你的两封信都收到了。我决定卅日来泉，至迟卅一日来泉。如果卅一日来，我们当天就去古圣寺。你所说的事情，我不必参加，也无钱参加。专此奉复。敬颂

康健！

衔

卅三、十二、廿七

恒智的二千元，已于昨日电汇溆浦师范学院去矣，知念，并以奉闻。

介绍陈根度先生[1]

——致育才之友

××先生：

敬启者，行知宜为　陈根度先生致一简短介绍词。彼参加“一·二八”之战，受毒双目失明，继参加“八一三”之战，失去一腿。今目已重明，而腿则一去不可复返，然而为社会服务，仍能日行数十里，不以为倦。近鉴于敝校在艰难中求进，复作第三次牺牲为难童谋福利，令人感动。上海许啸天先生曾赠一诗，行知尚能记忆，特录其诗，以见其志，诗曰：

两战淞滨勇少年，宁愁敌焰惨靡天。
断胫杀敌成名将，留得双眸看凯旋。

根度先生代表趋访，谅我公必有相见恨晚之感也。即颂时祉！

弟陶行知拜启

注释

① 抗日荣誉军人陈根度热心到四川各地拜访育才之友，为育才学校宣传、募捐。1944年陈临行前，陶行知写了这封介绍信。

寄奉墨西哥摄影木刻

——致吴树琴

树琴：

昨日正拟到碚，坐车之时，而船已到。船上遇陈堃杰先生，由彼介绍船经理，在船上睡了一觉，便到了牛角沱，赶到任公馆正是五时。特报平安。墨西哥摄影木刻奉上。敬颂

康健！

衔

卅四、一、十六

江津米花糖分一些给您

——致吴树琴

树琴：

一、江津泰和斋之米花糖，陆雪樵送，分一些给你。

二、我买了一点毛织布请你〔妥〕为保存。

三、你的毛毯奉上。

四、我廿七到璧山，廿八或可到泉，倘不能，廿九日一定到。敬祝

康健！

衔

卅四、一、廿四

为马思聪演奏会忙着

——致陶晓光

小桃：

我好久没有称呼这个名字了。你该记得这是最爱你的祖母为你取的名字。你看见这两个字，就像是奶奶喊你。

你的家属津贴十二月卅日已经取了两个月，共一六五九二元。二月十号已将一月份的津贴取来，还有半月薪水的借支，共计一三九一一元。总共三〇五〇三元，是存在新生实业社，为你将来留学之用。

你在印度开展览会开支余下的卢比，作为补助你医药费之用，写个收条寄来。

舒元玺刻的《小孩》，已经交给许士德先生，他很欢喜。

学校正式收据，武训木刻及我自己的字，我想在一星期内寄给你。

你上次给寄来的琴弦（恐怕不是你寄而是英大使馆代买的），经过几次调查，当中没有A弦，E弦多了一倍。现在急需 Cello & Violin 的A弦，请你赶快买一点，托 China Relations Office 带下。

我正为马思聪先生演奏会忙着。育才音乐组有五个人，有去法学习的希望。祝你

健康！

衔

三四、二、十四

人生需要刺激，需要鼓舞，更需要奋斗！

儿童康健比赛办法

——致农村服务工作委员会

农村服务工作委员会大鉴：

你们三月廿六日的信，业已收阅。你们对于儿童节的农村服务的热忱，将有无限的收获与安慰。我们已经大胆的将你们的计划扩大了。为着兑现尚无十分把握，寄上的几项办法，希望不要公布。不过心里有此打算争取时间力求实现而已。今天已有小胜利，晚上有几位同学要把二百封信准备好，以便明早派人分发。康健比赛宜分两组：一为小康之儿童，一为贫苦之儿童，各自比赛，而不相互比赛，否则贫苦家庭之营养欠缺，势必为小康独占优奖，反失提倡之意。细想此事难办，要慎之又慎，仍恐得罪于人。

礼物三号可送到。敬颂

学安！

陶行知

卅四、三、卅

替乡下小朋友征求节礼[①]

——致我们的朋友

我们的朋友、小孩们的朋友：

儿童节四月四日快到了，城里少数的小孩子不消说大概是很热闹的准备过节了，乡下的小孩从来没有人想到也不知道什么是儿童节。我们这次要把儿童节介绍给乡下的小孩，特别是看牛的，割柴的，拾狗屎的，挑煤炭的，做徒弟的，没有父母的，吃不饱穿不暖受人歧视的小孩子，使他们至少能享一天的快乐，和一年的学习工具。十几年前，我曾写过一首小诗：

“乡下人送来的礼，
是麦是米；
城里人送来的礼，
是尿是屎。”

我们城里人除了这两样礼物外，似宜增加一点，最好乘着儿童节送一些好玩好吃好用的礼物给乡下的小孩子，使他们得到一点小小的幸福。我们建议是：

（一）送一千位小孩每人一包糖；

（二）送一千位小孩每人一支笔；

（三）送一千位小孩每人一本簿子；

（四）送一千位小孩每人一本小书；

（五）送健康比赛优胜小孩十名衣帽十件；

（六）送讲演比赛优胜小孩十名好书十本；

（七）送一百名出征军人子女和最努力的小先生手巾、肥皂、笔墨、纸张、书本各一套；

（八）送一千位小孩及其父母看一次电影；

（九）为一千位小孩预备必不可少的家常用药。

朋友们：这是很值得参加的一件事，让我们大家各尽所能来共同完成一件虽小而大的事——使乡下的小孩得到真正的快乐。倘蒙赞同，实物或代金，多少都听尊便，敝校同人愿任送递分配报告之役，时间太迫促了，希望各位朋友将实物或代金于四月二日十二时前交下，我们才来得及把诸位的盛意达到乡下的小孩。

敬颂

康健!

育才学校校长　陶行知拜启

注释

① 此信原载1945年4月2日《新华日报》。

号召为乡下儿童送礼相当成功

——致吴树琴

树琴：

这一回为乡下儿童号召送礼相当成功：得到代金十四万元，为印刷课本教材之用，铅笔一千一百廿支，糖果十盒，书籍、拍纸簿、信笺各数十份，药品二十一种，皆为日常所需而且是相当丰富。明天尚有礼物可收，内中有饼干，包好的，数量不少，要明早送管家巷，怕要到四月四日下午才能送到乡下分发。我的身体今天算是复原了。这里事太多使我不能于儿童节赶来。如此我要到十一日以后才可来泉。晓光托你把樟脑放下箱。恒智的书要四月五日才能办。白色西装，万芸①先生有颜料，大概四五千元可染，明天由他亲自取去。淑惠入院要养三星期，于下周开刀。梅仙进城甚窘，我代你送了她一千元，我给了小孩儿童节礼一千元。我自北碚来之前，她已在管家巷住了两天，她向我借住两个月，我告诉她不可能，她只好回去报告汪凤翔了。敬颂

康健！

衔

卅四、四、二

注 释

① 万芸　当时在重庆任上海大众棉织厂厂长。

儿童节礼物

——致陈元直、廖意林

元直、意林二同志：

这次为乡下儿童发动儿童节送礼是出人意外的成功。今天中央大学学生看到报上所说，踊跃响应，特派同学送来将近万元。这是多么令人感动啊。我们的口号是：

（一）给乡下小孩一天的快乐。

（二）给乡下小孩一年的学习。

所谓乡下小孩是整个的，不能遗漏掉守牛、砍柴、挑煤、拾狗屎、小徒弟、佃农的孩子、无父无母的孩子、受人歧视的孩子，特别要紧的是抗属的孩子。

帽子六顶有五顶是买的，小鞋也买了六双，手巾买了四条，洋娃娃买了六个，如已发动比赛而不好停止，则每人给一样奖品，使得皆大欢喜，不要令人向隅。因为在不平等的境遇中，比赛是不公平的。

我希望抗属的小孩能得到好的礼物。

竹因同志昨带上五万元，彭松同志今带上十万元，这是为着要给乡下失学小孩一年的学习材料与文具，不主张零用，全数预先买纸，以便印刷课本与教材。课本照北泉小学式样，但宜用绿色，以便用红笔批改。

参加的小孩宜有详细之登记，包括姓名、年龄、男女、住址、有无父母、家庭状况、经济情形、工作性质、志愿。动员农村工作人员，分头用卡片登记。倘为时已晚，先登记姓名村庄，次日即赶填。

用款与礼物分配均宜写明保存并编统计报告，以便将来很快的印发给捐物捐钱的朋友，而昭大信。

跳出学校之小圈而为乡村儿童服务，特别是为不幸的儿童服务，如糖果不够，本校年长的小朋友可不发；再不够，本校的年幼小朋友缓发。尽量的优待校外的小朋友。

截至现在（四月三日晚九时）止，共收到二十三万四百六十二元。买礼物交校本部用八一四〇元，方竹因同志带校本部五万元，彭松同志带校本部十万元，共十五万元为乡下小孩印课本教材。又付高峰寺农场①招待小朋友六千元，付国际难童学校二万五千元招待南岸难童。结存四万九千三百二十元，留付印工装订费。敬祝

康健！

陶行知

卅四、四、三

注释

① 高峰寺农场　育才学校师生开辟的农场。

和米价赛跑

——致陶晓光

晓光：

三月三日及三月廿日的信先后收到，未能立刻作复，不胜怅怅。这三个星期来，有点感冒，一直到今天才可算痊愈，而且要带病考学生，筹备国际难童学校，在病床上又想出在儿童节要为乡下一千苦孩筹备一天的快乐和一年的学习，而且又不得不在病床上为这个好办法督战，因此就把你的回信一直搁到今天。

噶林堡和大吉岭[①]侨胞待我们高谊如云，我总想除了正式收据与谢函之外，送这些朋友一点小小礼物，不知道这样一来，倒把谢函及收据耽误而使你难过。有时太认真反而弄得不周到。我的计划是刻一张武训像送他们，后来又写成一首《武训先生颂》，又想印在像的旁边，印得不好，又重印，待印成预备亲自题款又病了。我必得亲自题款以答侨友之厚意。三番五次提起笔来，即被急事打断。所谓急事，多半是和米价赛跑。国内物价新年以来，几涨三倍，这事是号召了我们的一切力量来应付，故把侨胞的谢信、收据一直耽误到今天。我要说侨胞的捐款到时，正好帮助了我们过难过的年关，而且增加了营养。今天病愈，我排除一切，将木刻完全题好，收据及信是早已备好，想了一下还是完全寄给你，因为噶林堡及大吉岭，你没有写详细地名，不便直接寄。但同时我写了两封信告诉他们款于年底收全，并说收据及纪念品由你转寄。

琴弦是完全的，内有一大包误放在另一处，现在找着了，据黎先生[2]说，够用到明年。

你的证明信，今天不能办，要过两天才考虑，因为有筹款的急务要进行。

你的衣箱已托吴先生放樟脑。朱启贤先生在 Teachers College Columbia University New York，N.Y. U.S.A. 他的英文名 Mr Chu Chi-Hsien.

祝你

康健！

衔

卅四、四、八

马铸材先生之正式收据等，全份已抽出，直寄丽江铸记。

宏兼蓉美国新闻处事，在中大尽义务，经济尚好。城在交通大学。刚也可。洞若已陷入精神病，可惜。

注释

① 噶林堡和大吉岭　噶林堡通译噶伦堡，印度东北部西孟加拉部的边境城镇，靠近锡金和中国西藏的亚东，避暑胜地。大吉岭为印度东北部城市，在西孟加拉邦西北部，靠近尼泊尔和锡金边境。

② 黎先生　指黎国荃。

要加强自然科学组

——致育才之友、爱护科学之友

育才的朋友、爱护科学的朋友：

现在有一件最重要的事向各位朋友报告，希望不吝指示，乐于协助，共观厥成。

整个世界都是向着科学猛进。我们中国必须领受科学的洗礼，才能在科学的世界中适于生存。但是要想创造科学的中国，必须培养科学人才的幼苗，才能达到目的。本校七组之中，有一自然科学组，原想以科学人才之实验苗圃自任。去年经校董会议决，以后本校方针要加强自然科学组，并扩充其名额为全校学生数百分之五十。今年招收新生，即特别注重数学程度并提高智慧测验标准。最近在北温泉租得临江楼房屋一座，足敷初步发展之用。这个地方系一个学习科学最好的环境，择要的说，约有四个优点：

（一）北温泉有最好的植物园可供学习；

（二）缙云山有丰富的植物可供探讨；

（三）北碚有宏大的博物馆可以参考；

（四）三峡有工矿农场及各种研究所、调查所、实验所可以观摩研究。

在这样一个科学环境之中，把我们的自然科学组建立充实起来，以培养科学人才之幼苗，是可能有相当的贡献。

现在一切条件业已俱备，只缺少基本之图书仪器设备：

（一）图书室科学图书杂志；

（二）生物实验室仪器设备；

（三）物理学实验室仪器设备；

（四）化学实验室仪器设备药品；

（五）简单仪器标本制造厂机器工具设备。

为答谢诸友乐助盛意，谨订纪念办法如下：

（一）凡乐助上列五单位中任何一单位之全部装备者，即以乐助人或其指定之名义名之，并画像以永纪念；

（二）凡乐助仪器、机器、工具、图书价值或代金上万元者，均刻碑纪念；

（三）凡捐现金实物者，均在成立纪念册中留名纪念，藉表谢意。

这是一件富有意义的事业。我们拟即日搬入临江楼，想在一个月内集中力量把基础打好。深望大力提倡并感召亲友酌予厚助，以宏造就。倘蒙允许，不胜感谢。专此奉商。敬颂

康健！

育才学校校长　陶行知拜启

三十四、五、二

侨胞捐款　难关渡过

——致陶晓光

晓光：

你上月（五月廿五日）来的信，我今天才能回复，实在抱歉。现扼要答复如后：

一、朱启贤先生在哥伦比亚大学有办法，先进哥伦比亚为宜，外汇亦托他办理为宜。你写信给他。

二、张瑞芝先生的关系最好，首先可做他的职员，请你自己写信。我不久可遇他的公子继志，问明通信处，你信上有他的通信处，我再问有无改变，我也写信给他。

三、噶林堡、大吉岭侨胞是我自己分别写的亲笔信，因为要给你知道，所以用复写纸合起来抄了两份，一份留底，一份寄你。分别写给他们的信，是很整齐而有礼，望你放心。

四、捐款人一律看待并不是原意。因为一面打经济战，一面准备来不及，所以先把武训像送出，再预备托许世英或冯玉祥先生写字送几位厚助之友。不久当寄去。

五、你的衣服在温泉者已由吴先生代晒，并放樟脑；在渝者闻醉霞已代晒，我下次返渝，当代晒。

六、梁子质先生于六月二日曾由昆明托人代寄一信来。抄一份送你看。诸友关系当努力维持。亦请莫灰心，助我维持。

七、一月五十七万之预算已跳至五月之一百八十万。因应付裕如，难关渡过，尚能发展自然组。

八、《自然组致育才之友书》给你一份，看看有无可以为力之处。

九、周宗琼女士独任化学实验室，卢绪章先生独立担任简单仪器制造厂；其他可进行，亦不必勉强，给朋友看看，当作消息也行。

十、马铸材先生当照办。敬祝

康健！

衔

卅四、六、十四　诗人节

肥皂托陈先生带上

——致吴树琴

树琴：

肥皂买了一块，不知好坏，试用一两次，觉得不差，现托陈先生顺便带上，务希检收。我若无远行，十五左右可回碚。余托　陈先生面述。敬颂

康健！

衔

卅四、七、四

溪头来电及处理

——致吴树琴

树琴：

夏天用冷水抹身，最为舒服，尤其是在最后几分钟，把双脚浸在冰冷的水里，真是舒服之至。你是常常这样做，足见你是会享福的。当然，这只是一点清福。我从前也有这样发现，现在受了你的鼓励，在城里天天如此干，好一比是把最好吃的一块肉放在最后吃，很有意思。

高峰寺农场有好的番茄运来。我每天买三四斤，一面自己吃，一面请来客。生吃是最有味。我买了四两干酒，备作消毒之用。前天我一下子就吃了十一个，整天没出房，几乎把番茄当饭吃、当茶喝了。昨天你转来溪头[①]电，读了不胜感慨。今早六时即去海峰处和他商量把兆棠叔[②]找来会谈，哪知海峰未回局，一直候到十时他才来。当即电约恒勤来商，打听到乡长的名字，先打了一个电报给文采校长，再请恒勤兄到复兴关约兆棠叔于明早八时在冠生园商量。我的电文如下：

“屯溪安徽中学姚校长鉴：溪头乡长徐敏向吴宅索诈，辱侮兆棠叔，捆绑灿如翁[③]，横行乡邦，目无法纪，请商张主任[④]主持正义，解除虐待，查办徐敏以平公愤。文濬”

刚才恒勤兄来，会见起婶，未见起爷[⑤]，探知其已于今日发一长电与张宗良弟。明日再根据令尊电发一电去，不拟来冠生园，因彼头上生疮，很难行动。我想有他和我的电接连而去，必能发生效力也。祈勿挂念。

衔

卅四、七、十一

顷托恒勤兄发一电与尊翁，文如下：

“屯溪转万安溪头吴灿如翁：电悉，至愤！嘱事遵已电友进行，兆叔当加电，琴祖〔祝〕平安。行。”

两电皆用急电发出。

衔　又启

马先生明日返校，因无人换防，我恐不能于廿日左右来泉。

附上《联合国宪章》英文稿一册，你有报纸上登载之中文本，自八号起，可以对照看，有不懂处可以写信问我，或等我回来问我。英文本请妥为保存。

注释

① 溪头　村名。在安徽省休宁县，吴树琴的家乡。

② 兆棠叔　即吴兆棠，吴树琴的堂叔。

③ 灿如翁　即吴树琴的父亲吴灿如。

④ 张主任　指张宗良，时任皖南行署主任。

⑤ 起婶、起爷　吴树琴对吴兆棠夫妇的称谓。

联合国英文宪章望你对照阅读

——致吴树琴

树琴：

托陈根度先生带的肥皂，接来信知道你已经收到。托郭甫带的两个玻璃杯已收到否？后来伍必端又为你带了一封信，告诉你，令尊需要的电报业已打去，并寄了联合国英文宪章，备你和八日以后报上所载的对照看。现在托罗刚带一盒糖精，二盒龙井，收到时，请即告知。报载十四、十五、十六三日有热流从印度来，室外可到140度[①]，室内可到120度，来往务须戴帽或带伞。听说十六以后可降至60度，忽热忽冷，易于害病，十六以后须将被及毛线衣放在手边，望勿疏忽为要。敬颂

康健！

衔

卅四、七、十四

注释

① 度　这里的度指华氏温标。

什么事情都要训练

——致吴树琴

树琴：

刚才接到十六日的信，知道你已经把那百孔千疮之蚊帐为我补好。我期望着蚊子再也不能扰乱我的甜睡。什么事都要训练，洗东西没有训练，便是破坏东西。陈嫂我训练几次之后，是一个很细致的女工了。这帐子经过此次粗手之磨折，它的寿命可说减了一大半。治国平天下也无二理。你的复兴功劳自有意想不到之报酬。

江维清运玻璃化学器具到临江楼。请你费点神于十八日帮助陈列在化学室里。这工作要十分细心，否则打破一样便是几千甚至几万元。敬颂

康健!

衔

卅四、七、十七

附上玻璃〔杯〕再一次两个及白糖一斤。

健康尚佳
精神亦好

——致吴树琴

树琴：

这次进城算是打了一个不小的胜仗，明天可以知道结果。

卅号在国泰左近两处过磅，体重增至一百二十八市斤，比七月初增加十一市斤。这令我担忧。从前是担忧减轻，现在是担忧加重。但是健康尚佳，精神亦好。我当努力不吃油，让自己把我身上储藏的油吃光了再说。

鞋带一双奉上，附在信里。

李志熙先生送你一件香云纱的旗袍料，因为你曾说要买一件，所以没有退还。我明天预备请他，并作他种致谢。

你的指头怎样了？好了吗？甚念！

衔

卅四、八、二

我们开始吃豆浆

——致吴树琴

树琴：

自昨天起，我们已开始吃豆浆，我忘了报告你。现在豆浆放在我面前，每人有小碗三碗，质量甚好。觉得两小碗够了。鞋带忘附在信里，现在加寄给你。敬颂

康健！

衔

卅四、八、三

好学　有礼　站岗位

——致吴树琴

树琴：

兹送上李志熙君送来衣料一件（我还是自己带来），务希检收。我算不定最近可以回来。但是事情尚多，不知能赶办否？近日吃东西，稍加控制，体重未加。现在我用七个字在四大方针下进行教育："好学、有礼、站岗位"，觉得是一个简而易行的办法。敬颂

康健！

行　知

卅四、八、七

现在已经是早晨四时，晚上和甘烈君、钟心民、罗亦明四人一直工作到现在，预备材料以为今日下午援华会开会之用。即刻就要睡了。

承嘱已草就贺冯夫人五旬大寿献诗

——致刘清扬等

清扬、存初、孟君[1]三先生：

承嘱草拟冯夫人[2]五旬大寿献诗，现已完成，托史军[3]小朋友送上，尚希哂收。

今天为冯夫人诞辰五旬纪念，陪都妇女包办庆祝，似有专政嫌疑。男子们偶语，颇有怨言，尤其是邓初老[4]，对妇女专政，想要造反。但秀才造反，三年不成，你们不必惊慌。我本想亲来祝寿，回想是一个男子，觉得不请而来，怕遭白眼。即使承你们另眼看待，亦是孤零零一个子，颇觉寂寞，不得已请代表来恭贺。继思男同学做代表亦不合式，还是托女同学来代表献诗。请你们指教。并祝

寿星长青不老！

衔

卅四、八、八

注释

① 孟君　即曹孟君。

② 冯夫人　指冯玉祥夫人李德全。

③ 史军　育才学校女学生。

④ 邓初老　即邓初民。

日本投降后出外同游可望做到

——致吴树琴

树琴：

自九日起天天想回来，一直到今天都不能脱身，恐怕要过了廿二日以后才能来了。昨天买了一份联合国的歌，今寄来与你，想是欢迎的吧。日本是真的投降了，同游黄山之梦大概半年以内可以做到吧。上海、南京、北平、日本，我都想重游。还有四大同盟国[①]该在游学日程上。敬颂

康健！

衔

卅四、八、十六

〔从〕英国代买到高度显微镜一架。

注 释

① 四大同盟国　指苏、美、英、法。

廿三日来泉

——致吴树琴

树琴：

我廿三日来泉，也许廿二日可来。总之，你以为我廿三日来最可靠。敬颂

康健！

恒智处代付六千元。

陶城须要晓光之计算尺，倘在箱中，请交他用。

衔

卅四、八、十九

送上大公晚报[①]

——致吴树琴

树琴：

顷看大公晚报，见有一段和日本女子谈话的记载，送来给你。想你是高兴看的。这几天有点小伤风，昨已愈。你要我做的事，还没有做，朋友说，稍迟更好。中秋能不能回来，现尚不能定。敬颂

康健！

衔

那件夹毛背心来得及时，我现在便是穿着这背心写信。多谢你的关心。小林的信和照片都来了，他母亲该欢喜了。

注释

① 此信写于1945年9月下旬。

助我办普及教育亦佳

——致吴树琴

树琴：

前几天接到你给我的信，甚为喜悦！纪念戒指业已由你收到，甚慰。淑蕙举一子，母子无恙。你对于她的同情，是你的高尚处。新亚[①]提早结束，当代为留意他事，倘无好职，则助我办一个时期的普及教育亦佳。你意如何，请示知。恒智有信要我约期与他相见，现大会将毕，不日当相约也。敬颂
康健！

衔

卅四、十、十五

注释

① 新亚　即新亚药厂华西分厂，是吴树琴的工作单位。

恒智要进城来渝可见面

——致吴树琴

树琴：

前托马先生带口信，望你于星期六来渝一谈，可以来吗？恒智星期日要进城，你们也可见面。倘使有船，最好是来一趟。敬颂

康健！

衔

卅四、十、十九

选书以值得翻译者为度

——致陶宏

陶宏：

借信知道你那里有书可买，甚佳。选书标准以值得翻译者为度。数目贰拾万皆可。专复。敬颂

康健！

衙

卅四、十一、廿二

汪骏君以你介绍，得见，托以《民主》[①]在北平翻版，现已见到五期，每期五千。沪上已翻三千，此地七千。*Daine's Common Science*[②]若有请买一本。你的通信处必须正确报告。

注释

①《民主》　即《民主星期刊》。

② 即丹尼著《通俗科学》。

望代为打印[①]

——致陶宏

宏：

请将下面的英文代为各打四份。并英国文学研究之62—63一首，从I heard打起，全首。130—131一首，及World Writers及1507 Time。Hearts Throbs，P145 Today又请代打。

衡

注释

① 此信写于1945年11月下旬。

视死如归

——致吴树琴

树琴:

我现在拿着昨晚编好的诗歌全集去交给冯亦代先生出版，然后再到长安寺去祭昆明反内战被害烈士①，也许我们不能再见面。这样的去是不会有痛苦，望你不要悲伤。你有决心，有虚心，有热心，望你参加普及教育运动，完成四万五千万②人之启蒙大事，以奠定天下为公之基础，再给我一个报告。再见。

衔

卅四、十二、九

注释

① 反内战被害烈士　指在“一二·一”惨案中牺牲的烈士于再、潘琰、李鲁连、张华昌。1945年11月，国民党政府撕毁《双十协定》，进攻解放区，遭到全国人民反对。11月25日，昆明大中学校学生六千余人，于西南联合大学举行反内战时事晚会，国民党反动派派遣军队包围会场，放枪炮恫吓。26日起，各校学生联合罢课表示抗议。12月1日，国民党军警特务至各校殴打罢课学生，并投手榴弹，死四人，伤十余人。

② 应为四万万五千万。

预备死而不死

——致吴树琴

树琴：

一日来此，吃了桐油，吐到半夜始止，但头痛倒好了。武训先生纪念会自五日开至九日，连续举行六次，不下五千人，印刷品上可以明白一切。

九日追悼昆明死难师生，到千余人，甚为悲壮。我于八日连夜将诗集九册整理完毕，交与冯亦代出版，深恐次日遇险，故于开会前交去，一月内可以出齐。十日十一日续行公祭，现已结束。此会对联数百副，中有极佳者，如：

“凶手审凶手，自问自答；同胞哭同胞，流血流泪。”

我曾于九日写一遗嘱与你，另一遗嘱与生活教育社同志，放在桌上给你们，今已顺利过去，原稿我自带来。这次我预备死而不死，今后尚有为民族、人类服务之机会，而又能与你再见，真是幸福。我当加倍努力，以无负于此幸福也。敬颂
康健！

衙

卅四、十二、十一

来过圣诞节

——致吴树琴

树琴：

离渝时间要看时局而定。我想在二月间动身，大约不会在二月十五以前离渝。你可以与厂方说，希望技术人员在二月十日以前接事。

我希望你于十二月二十五日（二十三是星期日可动身）来过圣诞节，一直到一月三日回碚，可以吗？请即决定告知，以便安排别的事情。敬颂

康健！

衔

卅四、十二、十七

时局可望好转。

你是一位最负责的工作者

——致吴树琴

树琴：

接到你的信，知道你廿三日不预备来，要到廿八日才能来。你是一位最负责的工作者，我十分诚恳的向你致敬。今早又接到你的信，知道你的药厂计划有所变更。我想你不要拖泥带水也很对。但是用不着急急忙忙的处理，也不必太硬性的处理。搬到厂里去过一些日子也未为不可。最好是先搬到厂里再从容处理，以免急促，诸多辛苦。如可能，望廿八日来，有些东西看。一月回去再结束，如可能就如此办，否则便宜行事，告诉我。我年底不能来。敬颂

康健!

衔

卅四、十二、廿四

来渝莫多带现款，请函渝发行所发款如何，我想如此更稳。

请拨房屋为生活教育总社等迁沪[①]

——致宋子文

敬启者：敝社于民国二十七年在广西成立，并于社会部正式立案，宗旨在研究最有效之教育方法，以谋求教育之普及与生活之提高。社员二千余，分布在全国，推动普及教育并为教育界及一般民众服务。现已建立研究所一处，出版教育刊物两种。兹拟将总社及研究所、编辑部迁至上海，素仰院长提倡教育，不遗余力，务希指拨房屋，藉资扩充，加深研究，以为普及教育效劳。倘蒙惠允，不胜感祷。此上

行政院院长宋

生活教育社理事长　陶行知

注释

① 此件写于1945年12月。

介绍信[1]

——致友人

______先生：

顷收到先生一月十二日致行知大札，藉悉台端愿为民主运动及普及教育奋斗，至为钦佩。兹检奉表格二纸，尚希照填赐下，以便转交。前述介绍人可填写陶行知及史良二先生，并约于一月廿日上午八时，在管家巷廿八号叙谈，藉聆教益，届时尚希驾临指教为盼。专此奉复。敬颂

康健！

表格二纸（略）

弟陶行知　拜启

注释

① 此信写于1946年1月中旬。

社会大学已创办

——致陶晓光

晓光：

你先后寄来的信，都已收到，近数月来，工作非常忙碌，以致不能静坐下来给你写信，心下感到不安。

捎来的琴弦和琴谱以及50元美金都已先后收到。送给我的长统皮靴，很适用。巧克力糖一包，亦收到，还没有吃。谢谢！

喜知你能去美深造。关于公司离职事我就去与沈总经理谈。担保学费事，我在朋友商业机关里，或许能有办法，数日内可以给你答复。朱君答应在经济上给你支持，此款存在美国银行较妥，不必寄印。去美旅费，需要多少？可能先请朱君寄点旅费给你。

学校的存款为购物便利计，请你去向陶斋先生接头，暂存他处。

《民主星期刊》[①]自十月出版，至今已发行到十六期，并且分别在各地翻印，桂林五千份，北平五千份，青岛七千份，重庆五千份。本市推行工作没有进行得好，目前正想为此事努力开展。

《战时教育》改名为《民主教育》[②]印二千份。为推行普及教育，纪念武训先生诞辰一〇七周年纪念时，《民主教育》副刊《普及教育》印了一万份。目前为普及教育运动发起三卖兴学[③]，我和冯先生发起，同时亦请郭沫若先生参加，工作渐有进展。

本城失学、职业青年，要求利用夜间空时进行学习，已自动创办成“社会大学”[4]。他们推举我和公朴为正副校长。未招生，报名考试及格者已有一百余名。十五日开学，十六日已正式上课。目前仅有五个系：文学系、政治系、教育系、新闻系以及民间艺术系。报名的人很多，限于管二八[5]地方过小不能容纳，现将火场重建，不久，可望增至三百人。

育才本月经费，要用到四百五十万左右。目前平价米已取消，又感到经济困难，但一定是可以克服的。

最近在化龙桥租到房屋十余幢，预备将自然组、音乐组、舞蹈组集中在那里，戏剧组和剧团在管二八，正筹备在火场上建筑一个简单的舞台，可以随时演出。

希望能在印度侨胞中为普及教育运动发起筹款，希望侨胞能得到武训的精神。大的做大武训，小的做小武训，有钱的做富武训，没钱的做贫武训，男的做男武训，女的做女武训。

另寄上《民主星期刊》自第一期至第十六期一份，《普及教育》一、二期各一份。《武训先生诞辰纪念大会会刊》一份。

上海朋友的关系，介绍在下面。

卢绪章，上海爱多亚路 1 号广大华行。

陈一飞，上海广东路 369 弄 3 号。仁记路 97 号 1046 广大药房。

育才办事处，上海闸北虬江路 18 号《现代妇女》社办事处和育才办事处。

争取时间在华侨中（在印住家及有事业者）组织生活教育社加尔各答分社。《民主星期刊》可找印度朋友翻印或部分翻印，翻印费可在存款中支。祝你
健康！

衔

卅五、一、十九

注释

①《民主星期刊》　民盟重庆市委机关报。陶行知为发行人、邓初民主编，1945年10月创刊。

②《战时教育》1945年11月1日改名《民主教育》。

③ 三卖兴学　指用卖字、卖画、卖演讲的收入捐作办学经费。

④ 社会大学　1945年12月陶行知等在重庆筹办，1946年1月15日开学。

⑤ 管二八　指重庆市管家巷二十八号，育才学校重庆办事处和社会大学校址。

光大武训精神　普及全民教育

——致武训之友　普及教育之友
育才之友　生活教育社同志

武训先生之友，普及教育之友，育才之友，生活教育社同志公鉴：

武训先生诞辰一〇七周年纪念于三十四年十二月五日至九日在重庆江苏同乡会举行了六次大会，到四千人，连续通过主席团临时动议如下：

武训先生讨饭卅年，办了三个学校。他的伟大精神是尽其在我以为人群造福。中国八年抗战，不但得到最后胜利，并且荣列为五强之一，这是千载一时之好机会，我们应该抱着民主统一和平建国之方针，奋发图强，使我们老百姓可以安居乐业，在国际间亦可以一个现代文明国家之姿态出现，以贡献于幸福世界之创造。自强之道，不一而足。普及教育殊属重要。中国要想造成一个好学的民族，需要一百万位武训先生，开办三百万所学校及读书处，平均每校每处普及一百五十人之教育，才能叫整个中华民族四万万五千万人，家家读书，人人明理。大家活到老学到老，才能保证整个民族继续不断之进步。现在本着这个意思，向大会提议：

一、呈请政府定每年十二月五日为兴学节；

二、发起组织陪都普及教育促进会，由大会签名之成年人为发起人，主席团为筹备员并向全国各地推动组织各地普及教育促进会，再由各地促进会派代表组织全国普及教育促进总会；

三、希望到会人士有力出力，有钱出钱，有知识出知识，随时随地，感召亲朋，提倡参加协助普及教育运动，共观厥成；

四、生活教育社所订本年十六条计划由大会出席人士量力助其实现。

上述议决案中关于本社之十六项计划，承纪念大会予以批准并承号召，量力助其实现，至为感谢。查本社十九年来致力于教育为公，不敢懈怠。窃以为纪念武训先生，不在表面之仪式而在得其精神，使之见于实行，故拟乘其诞辰，发动全民教育，期能树之风声，举国响应，则家家读书，人人明理之目标，十年之内，不难透达。本社一年计划要项，列举如下：

一、动员全国社员就地推进普及教育运动；

二、举行普及教育研究会十二次；

三、举行普及教育讲习会十二次；

四、在全国扼要地点建立普及教育实验区十处；

五、特约学校五百所散布全国试行小先生普及教育；

六、出版普及教育半月刊二万份，使二千县每县可得十份；

七、出版老少通千字课一百万部，计四百万册；

八、出版老百姓文库十万部，每部一百本，计一千万册；

九、出版老百姓日报一万至十万份；

十、出版小先生指导书十万册；

十一、出版武训先生传十万册；

十二、编武训兴学歌曲一套；

十三、编武训舞一套；

十四、编武训话剧一本；

十五、编武训电影一本；

十六、组织武训歌舞剧十队；

上述计划中有稍出开办费即可自力更生者，有经过一时期即有余利补助他项事业者，有经常必须化钱才能支持发展者，估计今年须筹五千二百万元即可完成整个计划，并可为中国至少增加一百万好学之国民，深望感召亲朋，慷慨乐助，合力提倡，共成盛举。倘蒙俯允，不胜感盼。一年成绩，定于本年十二月五日报告，并以奉闻。敬颂
健康！

生活教育社理事长
育才学校校长 陶行知拜启

三十五年二月一日

助款请交重庆和平路管家巷28号生活教育社，随取正式收据。

催交豆浆报账表格

——致育才全体同学

全体同学：

一月份豆浆报账，十二月二十四日催交，限于年底报来，迄未照办，至为焦急。兹附上豆腐浆报账表格一张，请照表填算清楚，连单据于本日下午六时前送下。千万不要误事。以后每月一定要在三号前报上月之账，如果误事，则巴县学生救济会半年之豆浆补助费一旦落空，难以恢复，危害公众健康，则管豆浆之事与账者不能辞其责。专此通知。敬祝

健康！

进步！

陶行知

三五、二、七

你的热忱激励了我们的热忱

——致陶晓光

晓光：

你的热忱激励了我们的热忱。你寄来的《中国日报》[①]特刊校样，悬挂在管家巷，受到许多人的称赞。

冯焕章先生有于两个月赴美之说。敬颂

康健！

衔

卅五、二、十六

注释

①《中国日报》　印度加尔各答两家华侨报纸之一，社长为瞿肖佛。为在侨胞中宣传普及民主教育，陶晓光特为《中国日报》编辑了纪念武训特刊，并将校样尽快寄到国内。

希赞助山海工学团之恢复

——致卢绪章

绪章吾兄大鉴：

久未晤教，殊深悬念。近在张经理处得知吾兄近况，甚为欣慰。山海工学团原为普及教育之发祥地，是弟所创办。现在农友来信①，希望恢复，特派俞文华君来沪筹备。望兄赐以厚助，先请赐付贰拾万元，俾得开始筹备。将来有成，工以养生、学以明生、团以保生之教育得以普及全国，为老百姓服务造福，实吾兄之助也。专此奉托。敬颂

康健！

弟陶行知拜启

卅五、二、十八

注释

① 抗日战争胜利后，夏家宅、沈家楼、孟港卷三村农友联名写信给陶行知，要求恢复山海工学团。

我们不但被打还变成了被告

——致陶晓光

晓光：

二月十九日和二十三日的信都早已收到，只因这里的朋友不但被打还变成被告[①]，弄得日无暇晷，所以没有早日回信。这两天空一点，写几行信给你，使你放心。

《中国日报》被炸，请你代表我向瞿肖佛先生及日报诸友慰问，并谢他们为生教社之赞助。

生教社之存款存在温万庆先生处如何？请将他的英文名字与地址详示。

你所翻印出来而寄来的社章是正确的，并不错。后来寄给你的是未修改的老章程。因此你可以放心。

郭、施、李[②]诸先生见面时当代你慰问。

书报当代办。只有《老少通》要候到出版再寄。

陆芝平先生带来 100 盾的等值三万元，业已收到。

夏新华之衣包一包仍未来取，得便可通知其来取。

今天在中航公司代你领二月款时，公司嘱代领年底借支捌万元，业已收讫。

缅甸、仰光的朋友，如可能代为普教捐款，只要是可靠，就请你将印度印好之印刷品托其带去进行。请将负责人姓名、地址示知。

你的事我和冯先生谈过，他愿意考虑，但他自己连二中全会也未出席，不知几时能出国。卢作孚先生处也拟去交涉，消息如何再闻。你有志竟成，不必过于心急。

达之当代致慰。敬颂

康健！

衔

卅五、三、四

注释

① 1946年2月10日重庆各界人士在较场口集会，庆祝政治协商会议闭幕和“双十协定”签字，陶行知和郭沫若、李公朴、施复亮等皆为主席团成员。会议刚开始，国民党特务即大打出手，李、郭、施皆被打成重伤。时称“较场口事件”。事后，特务头子刘野樵颠倒黑白、嫁祸于人，向法院控告陶行知，说陶带领育才大汉破坏会场，打伤了人。后经育才学校常年法律顾问史良、林亨元等人依法追诉，并通过《新华日报》向各界人士说明真相之后，法院被迫停止审判。

② 郭、施、李　指在“较场口事件”中被打成重伤的知名民主人士郭沫若、施复亮、李公朴。

登报致谢事

——致陶晓光

晓光：

昨日冯金章先生带来拾万元，和日前向公司[①]领来的年底借支款八万元，共十八万元，一齐代你存入了重庆广大药房，说明月利八分，并可在上海取用。上海外滩中山东一路一号广大药房卢绪章先生，是我好友，你到沪，如有需用，可持此函向卢先生商量。存款单存在吴树琴先生处。

生活教育社捐款可交加尔各答 Mr T. Y. Liang，China House，12 Russell Street，并向其取具法币收据，在渝广大药房取款。介绍片附上，请与梁先生一商，汇率以市价为标准，以期两不吃亏。你看如何？

登报致谢事，请与经手捐款人商量，在国内报纸上登载，以免有意外的麻烦。国内报纸流行甚广，登后每人寄一张来，以昭大信。倘经手人坚持而领馆无问题。中航同仁的捐款由生活教育社备函致谢并不麻烦，明日该函及捐款人姓名数目可以寄出给你。

绘画组纪念旗、签名单[②]，均收到。生教社三月十五日十九周年纪念会挂出，以志你立功国外之特殊努力。你那篇画展特写当与纪念旗共同保存。

育才在虬江路所租房，俞文华去寻不着。胡同炳的信，我叫他寄到上海西藏路慕尔堂美国援华联合会艾德敷先生留交陶行知

先生之世兄[3]陶晓光收。我四月十日左右或可到沪，也在那儿打听我的住处。敬颂

康健！

衙

卅五、三、六

注释

① 公司　指陶晓光当时所在的工作单位中国航空公司，简称中航。

② 纪念旗、签名单　皆为1944年9月9日育才学校在印度加尔各答举办绘画木刻展览会的纪念品。

③ 世兄　旧时有世交之家的平辈之称；亦可用作对世交晚辈的称呼。此系指后一种情形。

以我名义在印度登报鸣谢捐款

——致陶晓光

晓光：

中航公司在印诸友捐款谢函及芳名录附信寄上，请即张贴，以申谢忱。芳名上有候、呵、　、　数字，恐系侯、阿、肇、赓之误，问明须改正者请改正。

各友捐款如必须在印登报，即以我的名义登报鸣谢。字句式样皆以我致中航诸友信及芳名录为准。但每类最后一人之下加诸先生，再写有姓无名的先生如胡先生，再写有姓无名的小姐，太太如金小姐，张太太，再写无名氏，再写各乐助若干盾①。

登报不用你的名义，则不容易寻你麻烦。

款可交广大药房梁先生，Mr T. Y. Liang，China House，12 Russell Street。问他要一封信给重庆广大药房张经理划交生活教育社。昨已将介绍片寄你，请你去接洽。

最好还是与经手人一再商量，允许在国内登报鸣谢；万一坚持，则纯粹用我名义登报，与你无干。敬颂

康健!

衔

卅五、三、七

注释

① 盾　原系荷兰、印尼和越南货币名称。这里指印度货币卢比。

人生志在创业

——致陶宏

宏：

你的二月十九日的信，一直到现在才有时间答复你。只要岗位不变，两条路线任何一条都可以走，让客观的机会来决定吧。暂时只可如此，将来稍微好转，是要用主观配合客观关系来争取。

我大概三星期内要到上海去。房子可能在上海租一座拥有八十间之洋楼，但必须我自己去才能确定。租金很少，地点亦适中。你是在我到沪后再去，比较稳当。但人生志在创业，等人也不见得十分对。同炳[①]来信，本月京沪之米从每石一万余涨至三万余，可怕得很。我不能不考虑：还是留川好呢？还是东迁呢？

育才在动荡中，迁移再迁移，此时文先生[②]来是否适合，大成问题。将来育才要演变而为大学，等到 Endicott 先生回华之时，我想他将能在我们这里得到一种教学之乐。请将我的意思转达给他，感谢他的盛意，预约将来之共同创造。

指示剂俟有便当为带来。

小黑的信一直没有复，乘兴给她几句话。请为转达。

淑蕙给醉霞一信，一并转上。

赴沪前当再来信。晓光有三月中旬到沪消息。敬祝

康健！

衔

卅五、三、十四

注释

① 同炳　即胡同炳。

② 文先生　指加拿大文幼章博士，即文中提到的 Endicott 先生。

不必再到周宅领款

——致胡同炳

同炳：

冯先生委托管理冯村地产之信今奉上，以便执行。周文敏先生之垫款，原为救急，今既每月由渝直接汇来拾万，则以后不必再到周宅领取，除非有万不得已之需要。专此奉达。敬颂

康健!

衔

卅五、三、廿

筹建生活教育社成都分社

——致陶宏

宏：

文先生的信和十二本书都没有收到。你说他十九号返蓉，请问他信和书放在哪儿，令我好派人去拿。

文帆来，带来你的一包制稿材料，放在一只竹箱里，竹箱外面粘上你的名字。

科学稿子还未到，请赶快寄来，因为我至迟四月十五日以前会离渝。

上海生活太高，育才一时搬不动，现集中在化龙桥与管家巷，你能来担任一方面么？此地薪金不久可升到二万五千元。“社大”亦需人。可来即来。上海我不劝你即去，生活无保障，物价三倍于此。倘一定要赴沪，容我去后代找好事再去。在蓉等不如在渝等，多少每月有些收入。顷已发动为乡下苦孩送礼，送你一张，蓉友如有意，可参加。

生活教育社重庆分社卅一日成立。成都分社请即日邀社友（以留蓉半年以上者为基本）筹备、成立，使你来后，事业仍可发展。有志有为之新社员，可酌量介绍。敬颂
康健!

衔

卅五、三、廿七

前两星期曾给你一信寄中大转，收到否？

但愿不知老将至

——致陶晓光

晓光：

三月二十八日来信及捐款名单，均已收到。《鸣谢启事》已于今日登《民主报》，并分包共寄十五份给你，请分发诸友，并致谢忱。

上星期为着乡下苦孩儿童节，发起了一个运动，要给他们：

一天的快乐，

一年的教育。

响应的有七百七十多人，共得捐款一百三十余万元，药品、糖果、书籍足足值得一百万元，足见大家对于乡下儿童已有精神的联系。本校在朋友间的信用，与时俱增了。儿童节日管家巷有五百孩子参加，化龙桥有一百孩子参加，高峰寺有一百人，古圣寺有一千人。至于晓庄学校的佘儿岗小学、山海工学团及新安小学还没有报告来。

我可能在本月十号至十五号间去上海，你到上海住处的事，等我到上海看了以后，再写信告诉你。据说上海物价较内地要高三倍。目前重庆的物价亦在继续上涨。

有新社员愿缴五十年社费，欢迎之至，可算是终身社员。

今天是集体武训节，夜间有晚会，为慰劳儿童节出力的朋友。冯先生送了一幅字来，恭喜我五十岁，说：

“古今两大叫化子，
乞讨兴学救赤子。
利他无我超孔子，
祝君高寿一百几。”

冯先生后来自己到此，为他弄错了我的年纪，我答复了一首诗：

“如果我是五十岁，
祝您花甲才初度。
但愿不知老将至，
发奋忘食给人助。”

下次再谈，一去上海，就给你信。祝
健康！

衔

卅五、四、六

我已飞抵南京

——致陶宏

陶宏：

我十一号离渝时，你的科学发明译稿尚未到。事前征得大公出版公司同意，交郭富昌[①]将要接管之安庆印刷厂印刷。依版税办法办理，照定价百分之十五。我想不要卖稿，版税最好，需款用时，可预支版税，或写信给我，垫点用皆可。

我十二日早八时三刻在白市驿[②]起飞，十二时三刻到京[③]。不日赴沪。来信暂由上海西藏路316号慕尔堂美国援华联合会艾德敷先生留转。敬颂

康健！

衔

卅五、四、十三

稿如未寄，请寄管家巷28号马侣贤先生交郭富昌收。我已关照马先生和郭富昌每天留心这稿件之来到。

注释

① 郭富昌　原育才自然组学生。安庆印刷厂为其父所经营。

② 白市驿　重庆北郊飞机场所在地。

③ 京　指南京。

小孩自动教小孩[①]

——致施剑翘

剑翘先生大鉴：

佘儿岗小学即“自动学校”。开办时我曾赠诗致贺：

“有个学校真奇怪，大孩自动教小孩，七十二行皆先生，先生不在学如在。”该校已有小孩教大孩之事实，建议把大字改掉。从此第二句便成了“小孩自动教小孩”，这样的学校是值得帮助的。冯先生不久出国，他和我们有卖字兴学之计划。深望广为介绍，以所得就近交该校，以宏造就。现介绍胡校长同炳奉访，倘蒙争取时间助成，不胜感盼。敬颂

大安！

陶行知拜启

注释

① 此信写于1946年4月14日。

重返沪宁

——致陶宏

陶宏：

你的信与小黑的照片收到了，从重庆转来。我十一日从重庆到白市驿，马路狭而斜，甚坏且险，交通部卡车在我们前面翻倒，死一人，重伤七人，轻伤十三人。他们的飞机原来要坐四十余人，结果只有十七人飞来。80批飞机候到晚才到，只好在驿住一夜。十二日八时三刻起飞，天气晴朗，一路无风。十二时三刻到京，住莲子营60号姚公馆，电话23013。十四日到晓庄扫墓，农人、小孩分四批到中央门、迈皋桥[①]一带来迎接我们，见了从前幼稚园的孩子，已经生了小孩，等候我们开办幼稚园了。晓庄在焦土抗战的命令下，一切房屋都烧光了，树木都砍光了，只留得你祖父母墓两棵树岿然并存，欣欣向荣。这不能不归功于坟亲家丁府[②]及农友爱护之功。南京只有正统报纸，殊无民主之气象。十八日来沪，住许士骐先生老兄德臣先生家，吕班路53号，电话80501，甚为便利舒适。此地民主力量甚旺。昨日有教师千余人欢迎我于育才中学（市立），我讲《民主生活与民主教育》，许多熟人都见面了。生活教育社上海分社不久将成立。育才房屋在物色。社大让上海朋友发起，我任顾问。

陶城已于昨日到沪。

科学发明稿未收到。

敬颂

康健！

衔

卅五、四、廿二

注释

① 中央门、迈皋桥　地名。中央门为南京市城门之一，迈皋桥位于中央门和晓庄两地之间。

② 坟亲家丁府　指晓庄农友丁大奎家。陶行知父母及胞妹的坟皆在丁家的山地上，故称丁家为坟亲家。

无风尘之苦而有人生之乐

——致姚文采全家

文采淑文[1]两位同志 启厚[2]启安两位同学：

在京小住，承你们厚待，盛情可感。十七日大风，午后四时半到沪。住吕班路53号，电话80501。主人许德臣先生为士骐先生老兄，歙县同乡，其好友亦如白鹭主人[3]，故吾等在此，亦无风尘之苦而有人生之乐。近日忙于访友演说。沪上情形尚佳。故人之多出我意料之外。得暇能来沪一游否？士骐先生府上驻兵事，尚希积极代为进行，以期解此倒悬。专此致谢。敬颂
康健！

行　知

卅五、四、廿二

注释

① 淑文　姚文采夫人娄淑贞的妹妹。

② 启厚、启安　姚文采的长子、次子。

③ 白鹭主人　指姚文采。时姚文采家住在公园附近莲子营，门前有“鹭洲别墅”，故名。

在令兄处如在自己家

——致许士骐

士骐吾兄：

晓光已到沪。令媛飞机，请持罗隆基先生函与弟去见行政院陈克文先生。倘陈已离渝或不成功，即持函见史良先生（枣子岚垭犹庄）。请与马有生先生同去见陈、史，俾认识了，下次有需要时，可以托人。弟在令兄处如在自己家，甚安。专此。敬颂康健！

衔

卅五年五月十二日

先介绍新同志

——致庞曾漱

曾漱先生：

孔令宗先生为生活教育社老同志，谒诚奉访代商苏州分社筹备事宜。弟意先着手介绍有力新同志，俟我廿九日来苏，能约集一处会谈共商进行为佳。不日当奉函接受王校长①约，来苏参加廿九日毕业典礼，希代为转告。敬颂

康健！

行　知

卅五、六、十九

注释

① 王校长　指王季玉。

请协助排歌舞

——致张本志、胡凤文

本志、凤文①：

新书业同人联谊会请你们排一二个歌舞，于五日演出，如果可能，甚佳。兹介绍干事丁于先生前来接洽，务希允许。敬颂康健！

衔

卅五、七、四

注释

① 张本志、胡凤文　均为育才学校戏剧组学生。张本志系四川方言话剧《啷　办》的作者，此剧系根据陶行知建议编写。

晓庄契据完璧出现

——致胡同炳

同炳：

好消息！晓庄契据完璧出现，现已托翁先生全部带到姚公馆。望你驻城帮助姚先生奔走，争取时间，集中精神，确定产权，以完成这一任务。陈光甫先生处，我当去看他，多少要有些成就。敬颂

进步！

衔

卅五、七、十四

告诉他“我父亲要我自立”

——致陶晓光

晓光：

Friedman①先生刚才打电话来，说你的翻译要得，望你于今晚或明早到 Hamilton House②（在福州路江西路口）C1004 房里去找他。我还没有说你是谁。你可以告诉他 My father wants me to stand on my own feet③。附名片介绍一张，你可持去。他那儿有一本书借给我看，望你带来。敬颂

成功！

衔

卅五、七、十五

注释

① 即 Jullian R. Friedman，中译名为傅理曼，时为美国驻华大使馆劳工参赞。

② 即汉弥尔顿大厦。

③ 这句话的中文意思是：我父亲要我自立。

为民主斗争前仆后继

——致育才同学会上海分会全体同学

育才学校同学会上海分会全体同学鉴：

今日诸位同学成立上海分会是值得高兴的一件事。从此以后，大家为生活而团结，为学习而团结，为互助而团结，为服务而团结，为争取民主而团结，一定是把生活过得更好、更丰富、更有意义。现在民主斗争已经到了最尖锐的阶段，反民主分子不惜用恐怖手段来抵抗那不可抗拒的大势。李公朴先生（育才之友）便是这样的牺牲了。我提议再接再厉，前仆后继，屡败屡战，以底于成。我提议每逢死了一位民主战士，即以感召培养一万位民主新战士来顶补，死了一百位民主战士，即以感召培养一百万位民主新战士来顶补。因此我们纪念公朴先生的最好的办法，是立志把自己造成一位英勇的民主战士。不但如此，还要做民主酵母，使凡与我你他接触的人，都发起民主的酵来，成为一个个的英勇的民主战士。只要我们肯得为民主死，真民主就会来到，而中华民族也一定可以活到万万年。让我再详说英勇的民主战士是怎样培养出来。第一套功夫是“仁者不忧，知者不惑，勇者不惧，达者不恋”。第二套功夫是“富贵不能淫，贫贱不能移，威武不能屈，美人不能动”。有了这些德性，无论遇着什么关口，也会胜利的通过。虽杀身亦成仁了。我们应该在这些德性上面努力进修，共同勉励。四天之后即是校庆，倘使我们当中都锻炼好了这样的人格，那才是值得庆贺了。

陶行知　卅五年七月十六日

为新中国之新教育继续奋斗[①]

——致育才学校全体师生

绿芷、博禹、意林、微林、公泽、永扬、冷云、蒋路、启刚、让能、再为、彭松、百令、淑怡 诸位同志：[②]

七月十三日的信刚才收到，至为感谢。下关事件发生后，也接到你们的慰问信。大家，尤其是我，从这些信里，得到了无上的鼓励，使我知道我努力的方向没有错，也不是孤军奋斗。我今天也知道，我向援华会提议增加预算和增加薪金的建议已经通过，每月薪金加二万元，合计五万元。究自何月起，容我问明再行奉闻。自四月份起最好聚起来做点有益的生产，每月可以多得营养，这只是一点有胜于无的补助。希望它能给大家一点小小的安慰。从重庆来的报告都使我兴奋。由于各位同志、同学、同工的集体合作，育才是比我在渝时办得精神好，我在此向大家致敬。

公朴去了，昨今两天有两方面的朋友[③]向我报告不好的消息。如果消息确实，我会很快地结束我的生命。深信我的生命的结束，不会是育才和生活教育社之结束。我提议为民主死了一个，就要加紧感召一万人来顶补，这样死了一百个就是一百万人，死了一千个就有一千万人。死了一万个就有一万万人肯得为民主牺牲，而中华民族才活得下去。此地我们现在第一要事，是感召一万位民主战士来补偿李公朴之不可补偿之损失。只有这样才是真正的追悼。平时要以“仁者不忧，知者不惑，勇者不惧，达者不恋”的精神培养学生和我自己。有事则以“富贵不能淫，贫贱不能移，威武不能屈，美人不能动”[4]相勉励。前几天，女青年会在沪江大学约我演讲《新中国之新教育》，我提出五项修养：一为博爱而学习，二为独立而学习，三为民主而学习，四为和平而学习，五为科学创造而学习。这些也希望大家共勉并指教。

我这封信是写给全体的。只因为诸位写了信给我，也就是同时给了诸位的回信。肖生、竹因以及其他没有写信的朋友，都希望使他们知道这信的内容，麻烦之处，容当后谢。

敬颂

康健！

陶行知

卅五、七、十六

注释

① 这是陶行知生前所写的最后一封亲笔信。7月25日凌晨，陶行知突发脑溢血，逝世于上海。

② 信首所列诸同志均系育才学校教职员。

③ 两方面的朋友　指共产党人和民主人士。

④ 前三句见《孟子·滕文公下》。后一句系陶行知加的。

附　录

沈钧儒、张申府、陶行知致毛泽东、周恩来电

毛（泽东）、周（恩来）：

目前已届对日抗战最后严重阶段，不幸内战危机日度日紧，全国有心之人，言之莫不痛愤。如何遏止狂流，恢复一致对外，适应世界大势，而纳国家政治〔于〕民主正轨，站在各方面忝作有力之严正表示：儒等爱国不敢后人，于此危机关头，自当一本初衷，追随国人，益努力于救国事业。

两先生及各位友好，多年来坚持国家人民立场，力促国家社会进步，群伦崇行，国人依赖，倘得舟车之便，愿来延面领明教。

沈钧儒

张申府

陶行知　　叩

1945 年 6 月下旬

毛泽东、周恩来复沈钧儒、陶行知、张申府电

若飞同志即转沈衡山、陶行知、张申府三先生大鉴：

得电欣悉。三先生拟来延赐教，无任欢迎。何日命驾，乞示行期。

毛泽东　周恩来

1945 年 6 月 30 日

陶行知、邓初民、翦伯赞致洪深等慰问电

浅哉、震亚、文淑诸先生：

惊闻先生等以劝阻少数特殊学生之暴行横遭侮辱，浅哉先生并被凶殴，师道尊严，扫地尽矣，如此教育，岂不率天下而禽兽也。特电慰问，毋任愤慨。

陶行知、邓初民，翦伯赞

（原载 1946 年 3 月11 日重庆《新华日报》）

陶行知、陈鹤琴致山东同乡会函

查我国积弱原因虽多，而教育不普及，科学不发达，社会生活处于停滞不前，使侵略者有机侵入，亦为重要原因之一。兹经八年之抗战，幸而胜利，然痛定思痛，务谋有以补救，使教育能普及，科学得发达，人人能为建设新中国而努力。本社本此迫切需要，拟开办夜校，谋将本社在沪新旧社员，利用公暇而进修，以为普及教育服务，约需夜间课室十间，租借匪易。素仰贵会热心教育不遗余力，拟向　　　贵会恳商租用夜用课堂十间。如蒙俯允，使各社员能及时学习，则感德无涯矣。专此奉商，敬恳玉成，见复为荷。此致

山东同乡会

理事长　陶行知

理　事　陈鹤琴

生活教育社　　三十五、五

人名索引

二 画

丁　十　1945 年在重庆乡村建设学院，曾代表一群青年请陶行知开办“一小时的临时社会大学”。1946 年在江苏镇江担任《新教育》杂志主编。

丁文江　(1887—1936)　字在君，江苏泰兴人。曾留学英国。1913 年出任北洋政府工商部矿政司地质科长，1916 年创办中国地质研究所任所长，直到 1921 年。1921 年至 1926 年改行经商，任北票煤矿公司总经理。继而从政，任军阀孙传芳手下的淞沪商埠督办公署的总办（相当于如今的上海市市长），同时任中英庚款委员会中国委员。1922 年胡适主持的《努力周报》是丁文江最早提倡办的。他俩起草，蔡元培领衔，陶知行首先赞同，十六位名流、学者签署发表《我们的政治主张》，宣扬“好人政治”。1923 年作为科学派代表人物参加科学与玄学的论战。1928 年 1 月陶知行认为这“只可说是洋八股与老八股之争”。后任北京大学教授，中央研究院总干事。著有《丁文江先生地质调查报告》《矿物学教科书》，并与翁文灏合著《第一次中国矿业汇要》。丁文江是现代中国地质学之父，又有非凡的行政能力，但没有“拨乱反正”的本领，正如他自喻，是“治世之能臣，乱世之饭桶”。

丁光生　即丁广生，在南京上小学时曾做小先生。

丁汝昌　(1836—1895)　字禹廷，一作雨亭，安徽庐江人，清末爱国海军将领。1875 年（光绪元年）赴英国购买兵舰并参观德、法海军和造船厂，归国后综理北洋水师。1888 年任北洋海军提督。1894 年中日甲午战争爆发，9 月 17 日遭日本舰队突然袭击，他登上旗舰“定远号”飞桥指挥作战，在飞桥震裂、身负重伤后，仍坐在甲板上督战，迫使日军先行退出战场。战后，奉命率舰队由旅顺驶至威海卫。1895 年 2 月，日本陆、海军协同围攻威海卫北洋舰队，他指挥官兵抵抗达半月之久，后因形势恶化，被迫于刘公岛服毒自杀。

丁佐盛　曾在中华科学仪器公司就职。曾经借无线电话给晓庄学校作展览用。

丁柱中　安徽怀宁人，曾任晓庄学校指导员，校长办公处主任，安徽第一中学教导主任，生活教育社社员。曾与陈鹤琴同时主编《儿童科学》丛书，创办儿童科学通讯学校。

丁　超　即丁兆麟。曾先后担任过江苏江宁县尧化门国民学校、燕子矶小学（即北固乡区立第一国民学校）校长。曾与陶行知、赵叔愚、邵德馨三人于1926年11月21日代表中华教育改进社发起组织特约乡校教师研究会。编有《中华教育改进社》丛刊3种。著《燕子矶小学》，陶行知曾为之作序。1928年10月，商务印书馆出版。

丁葆冈　原名丁保冈，晓庄学校1930年高中部师范科毕业生。建立孙中山陵园时，陶曾被邀参与设计。陶陆续创设几所中心小学，丁被指派筹备中山中心小学。

卜　凯　(John Lossing Buck，1890—1962)　美国人。1915年来华任金陵大学农学系教授。关于中国农业经济方面的著述甚多。著《安徽芜湖附近120农家的社会经济调查》《直隶盐山县150农家的社会经济调查》《中国农村的所有权和租佃关系》《中国农家经济》《中国农业的若干基本问题》等书。

力　扬　(1908—1964)　原名季信，字汉卿。1929年考入国立西湖艺术学院。1942年任教于重庆育才学校，任文学组主任。曾担任中华全国文艺界抗敌协会重庆分会理事和《新民报》文艺副刊编辑。1946年参与《活路》杂志编辑工作。1947年赴香港，任民主同盟港九支部委员兼宣传部长。1948年冬到晋察冀边区。1953年调文学研究所工作。著有诗集《枷锁与自由》《我的竖琴》，长诗《射虎者及其家族》等。

三　画

三　苗　亦称有苗、苗民，相传为尧时一部落长。多次作乱，与共工、驩兜及鲧并称为“四罪”，后被舜所杀。

于去疾 （1887—？） 1927年曾去晓庄参观，参加朝会，结识陶行知。1941年曾自告奋勇设法租得管家巷28号作为生活教育社和育才设在重庆的办事处。1943年管家巷28号失火，估计损失25万，曾请于大力帮助，时于任陕西省盐务总局局长。1946年在南京小时报社工作，陶于四五月间三次去南京时均去报社访问。

于右任 （1879—1964） 原名伯循，字右任，别署刘学裕，笔名神州旧主等。陕西三原人。1906年赴日本，加入同盟会。1912年任交通部次长，1918年任靖国总司令，1922年创办上海大学任校长。以后历任国民政府委员、常委、军事委员会常委、审计院院长、监察院院长、最高国防委员会常委。

于 再 云南昆明南菁中学教师。1945年11月25日，昆明学生6000余人在西南联合大学举行反内战时事晚会，国民党当局派军队包围现场，并开枪恫吓。次日，各校学生联合罢课，并上街宣传，以示抗议。12月1日，国民党军警特务冲进学校，血腥镇压罢课师生。于再与西南联大学生潘琰、李鲁逮以及昆华工校学生张华昌等4人被杀，酿成震惊中外的“一二·一”惨案。

于冲汉 （1871—1932） 字云章，辽宁本溪人。早年赴日本任教。“九一八”事变后充任伪“奉天地方维持会”副委员长。1932年任伪满洲国监察院长。

于彦胜 江苏武进人。晓庄学校大学部毕业生，曾留校担任指导员。

于洪生 江苏武进人。1928年9月入晓庄学校，1930年在高中部师范科毕业。

于宣力 湖北人，大同大学毕业，重庆育才学校自然组教师。

于 勒 （G. Udny Yule，1871—1951） 英国统计学家，致力于推广普及皮尔逊学派的理论。皮尔逊把一些优生学家和数学家组织起来，成立了第一个应用统计学系，创办了《生物统计》杂志，使伦敦成为世界上统计学科研教学的领导中心。于勒于1911年写了《统计学理论导论》，奠定皮尔逊学派的理论基础。

于菊生　江苏武进人。1928 年考入晓庄，1930 年在高中部师范科毕业。

于　斌　(1901—1978)　号冠五、希岳，后改号野声。黑龙江兰西人。1924 年留学意大利，精通拉丁语及英、德等国语言。历任北京中华全国公教进行会总监督、津沽大学校长、中国公教学校视察主任、《益世报》发行人、中国宗教徒联谊会常务委员、天主教南京区总主教。1978 年 7 月在意大利梵蒂冈参加教皇保罗六世葬礼时猝死。

土肥原　即土肥原贤二（1883—1948）　日本特务，陆军大将。早年即被派到中国，1931 年任奉天（今沈阳）特务机关机关长，先后参与策划“九一八”事变和建立伪满洲国。1935 年强迫中国签订《奉天协定》。“七七”事变后，1938 年在上海设立“土肥原机关”，任机关长。后历任日本第五军司令官、日本航空总监、东部军司令官、第七方面军司令官、日本军事训练总监和第十二方面军司令官兼第一总军司令官。第二次世界大战后，定为甲级战犯，被处绞刑。

大　禹　亦称禹、夏禹。夏朝的建立者。姒姓，名文命。舜时为司空，治平洪水。《书·禹贡》载有他在九州治理山水，分别田地等级，制定贡赋等事迹。相传被舜选为继任人，舜去世后即位，建立夏代。《帝王世纪》有禹“年百岁，崩于会稽，因葬会稽山阴县之南”一说。

万国宾　吉林农安人，万福麟之子。“九一八”事变后，万福麟未返黑龙江任所，只是命令黑河警备司令马占山负责处理军务，万国宾席卷黑省库款潜逃，致使马占山孤军无援，终难抗御日本之侵略。

万福麟　(1880—1951)　字寿山。吉林农安人。历任排长、连长、营长、团长、旅长兼中东铁路军哈满司令、师长、军长。1928 年任黑龙江省军务督办，力主东北易帜。1929 年任黑龙江省主席、第五编遣军主任、防俄军副司令。1931 年任国民党北平绥靖公署常委。“九一八”事变后未返回黑龙江任所。1933 年任第四军团指挥官，参加华北抗敌。后任第五十三军军长，抗日战争时任第一集团军副总司令。1938 年参加武汉守卫战。1949 年去台湾，任台湾“政治咨询委员会”委员。

万籁天　剧作家。陶行知曾聘请他为育才戏剧组主任。

小白龙　日本浪人小日向白朗（1900—1982），日本新潟县人，职业特务。1916 年来沈阳、天津、入特务机关“坂西会馆”。1920 年被派往西伯利亚搜集情报期间，变为土匪大头目。后投靠奉系张宗昌，先后任营长、团长、旅长、护卫司令。1932 年春回到沈阳，奔向千山参加方丈会议，被选为义勇军总司令，绰号“小白龙”，阴谋瓦解义勇军。1935 年去天津，混入青帮组织普安协会。抗战时去东北，招募马贼编成“兴亚挺进军”。1938 年任“快速挺进队安抚军”司令官，在河北平原协助日军扫荡。后入上海建立特务组织，1949 年 10 月从上海偷渡出境返日。

千家驹　（1909—2002）　经济学家。浙江武义人。1932 年毕业于北京大学经济系。曾任北京大学讲师，广西大学教授，《中国农村》《经济通讯》主编，香港达德学院教授。1936 年参加全国各界救国联合会，任常委。1945 年加入中国民主同盟，任民盟南方总支部秘书长。1949 年出席中国人民政治协商会议第一届全体会议。中华人民共和国成立后，历任中国人民银行总行顾问，政务院财经委员会委员，中央工商行政管理局副局长，中央社会主义学院副院长，中国社会科学院顾问，全国工商联、中国财政学会、中国金融学会顾问，中国钱币学会副理事长兼《中国钱币》主编，民盟第一至第三届中央委员、第四届中央常委和第五、第六届中央副主席，中国科学院哲学社会科学部委员。1985 年任中国陶行知研究会副会长。是第二至第五届全国政协委员，第六、第七届全国政协常委，经济委员会副主任。著有《中国的内债》《新财政学大纲》《中国货币发展简史》等。

门德尔松　（Felix Mendelssohn，1809—1847）　德国作曲家。自幼学习音乐，少年时即与歌德交往，受到其思想影响。后赴英、奥、法、意等国及莱比锡从事演奏及指挥。毕生推崇巴赫的作品，力图扩大 18 世纪欧洲古典音乐传统的影响。1843 年创办德国第一所音乐学院于莱比锡，所作五部交响曲及七部乐队序曲中，以抒写其游历苏格兰、意大利印象的第三（《苏格兰》）、第四（《意大利》）交响曲及《赫布里底群岛》（又名《芬格尔洞》）序曲尤为著名。主要作品尚有《e 小调小提琴协奏曲》、为莎士比亚喜剧《仲夏夜之梦》所写的序曲和插曲、钢琴曲集《无词歌》（此种体裁为其首创）以及歌曲等。

卫立煌（1897—1960） 又名辉珊，字俊如，安徽合肥人。北伐战争时任国民革命军第一军第十四师师长。1929 年起任第四十五师师长、第十四军军长。抗战时期，先后任第二战区副司令长官兼前敌总指挥及第一战区司令长官和中国远征军司令等职。在山西前线抗战时和八路军接触较多。朱德称赞他为“在忻口战役中立下大功的民族英雄”。解放战争后期，任东北“剿总”总司令。因消极避战，被蒋介石撤职查办，软禁于南京。1949 年获释后去香港，1955 年 3 月由香港回北京。曾任政协全国常委、全国人大代表、国防委员会副主席、民革中央常委等。

卫挺生（1890—1977） 字琛甫，亦作申父。曾留学日、美。1928 年任国民政府立法委员。曾参与拟定《平民千字课》的编辑目标。从事史学研究。晚年定居美国。

子　思（前 483—前 402） 姓孔，名伋。孔子之孙。战国初思想家。他把儒家的道法观念“诚”说成是世界的本源，以“中庸”为其学说的核心。孟子曾受业于他的门人，将其学说加以发挥，形成了思孟学派。《汉书·艺文志》著录《子思》二十三篇，已佚。现存《礼记》中的《中庸》《表记》《坊记》等，相传是他的著作。

飞帝亚斯　通译菲狄亚斯（Phidias，前 490 或前 485—前 432） 古希腊雕塑家，雅典人。主要活动于公元前 448 年—前 432 年。擅长神像雕塑，作品有建立在雅典卫城上的《雅典娜》铜像、用象牙嵌金的奥林匹亚的《宙斯》像和《雅典娜·帕提依》，均已不存。据说帕提侬神殿的装饰雕塑，也是在他领导设计和监督下完成的。这些装饰雕塑的主要部分现藏伦敦大不列颠博物馆，是古希腊雕塑全盛时期的代表作。

马丁·路德 (Martin Luther，1483—1546) 16世纪欧洲宗教改革运动的发起者，基督教（新教）路德派的创始人。他认为国家的责任，不只是设置学校，还要保证儿童能够入学。如同国家有权强迫人民服兵役一样，国家也有权强迫儿童入学。

马士英 (约1591—1646) 字瑶草，贵州贵阳人。万历进士。历任宣府巡抚，兵部右侍郎。1644年，他联江北四总兵迎立福王于南京，任东阁大学士兼兵部尚书，排斥史可法，打击东林党人，专政弄权。南京陷落后南走，降清后被处死。

马万里 (1904—1979) 江苏武进人。1924年南京美专毕业后留校任教。20世纪30年代先后在上海暨南大学、广西普及国民基础教育研究院任国画教师。在广西博物馆举办黄宾虹、马万里山水花卉国画展，与徐悲鸿共同筹办广西第一届美术展，展出徐悲鸿、张大千、齐白石、刘海粟、马万里等人作品。1941年任桂林榕门美专校长兼国画系主任，1944年后至成都、大理、腾冲等处写生开画展。1952年移居北京，与陈半丁、叶浅予等切磋艺事，悉心创作。1960年移居南宁，任广西文史研究馆副馆长，广西政协第二、第三届委员。

马可尼 (Guglielmo Marconi，1874—1937) 意大利物理学家。致力于空间无线电设备的研制。1901年以首次在大西洋两岸实现远距离无线电信号的传送而著名，1909年与德国物理学家布朗共获诺贝尔物理学奖。

马可·波罗 (Marco Polo，约1254—1324) 意大利旅行家，出身威尼斯商人家庭。1271年11月随其父、叔东行，途经两河流域、伊朗高原、中亚细亚、帕米尔高原来中国。1275年5月至上都（今内蒙古自治区多伦县西北），得元世祖忽必烈厚遇。其间几乎遍游中国，并曾出使缅甸和南洋等地。后因伊儿汗国阿鲁浑汗向元室求婚，遂奉命送公主出嫁。

1292 年初从中国泉州启航，经爪哇、苏门答腊，出印度洋，抵达波斯。此后继续西行，1295 年返抵威尼斯。1298 年，在威尼斯与热那亚的战争中被俘，于狱中口述东方见闻，由同狱鲁思梯谦（Rusticiano）笔录成书，即《马可·波罗行纪》。1299 年获释，返威尼斯。

马占山　（1885—1950）　字秀芳。祖籍河北丰润，生于奉天怀德（今属吉林）。行伍出身，曾任东北边防军骑兵师师长，黑河警备司令。1931 年“九一八”事变后，曾继万福麟代理黑龙江省主席，率部在黑龙江泰来、江桥一带抗击日军。后在日军进攻下退出东北。

马克思　（Karl Marx，1818—1883）　马克思主义的创始人。先就读于波恩大学，后毕业于柏林大学，获哲学博士学位。1842 年为《莱茵报》主编。1844 年初，创办《德法年鉴》杂志。1844 年 8 月底和恩格斯在巴黎会见。1846 年，和恩格斯在布鲁塞尔建立了共产主义通讯委员会和德意志工人协会。1847 年加入共产主义者同盟，并领导该同盟。1847 年 12 月至 1848 年 1 月，同恩格斯一起起草同盟的纲领《共产党宣言》。1864 年 9 月马克思在伦敦建立了国际工人协会，即第一国际，成为它的领导者。1867 年出版了不朽著作《资本论》第一卷。主要著作还有《德意志意识形态》《法兰西内战》《哥达纲领批判》《〈黑格尔法哲学批判〉导言》《神圣家族》《关于费尔巴哈的提纲》《哲学的贫困》《政治经济学批判》《路易·波拿巴的雾月十八日》等。有《马克思恩格斯全集》。

马邻翼　字振五，又作振吾，湖南宝庆（今邵阳）人。曾任学部主事，宪政筹备处筹备员。1912 年任甘肃提学使，1914 年任教育部参事、安徽省教育厅厅长、直隶教育厅厅长，1921 年任北洋政府教育部次长，1928 年任蒙藏委员会委员及驻北平办事处处长。

马君武　（1881—1940）　原名道凝，字厚山，广西桂林人。1901 年留学日本，1905 年加入同盟会，任秘书长兼广西支部长。1906 年归国，在上海参加创办中国公学，任教务长。不久留学德国。武昌起义后，参与起草临时政府组织大纲。1912 年 1 月任临时政府实业部次长，后被举为参议员。1917 年到广东参加护法运动，1921 年任孙中山非常大总统府秘书长。他致力于工艺化学研究，晚年任广西大学校长。著有《马君武诗稿》。

马纯仁　又名昌实，安徽阜阳人，晓庄师范大学部毕业生。1929 年被捕，经陶行知保释后在山海工学团、生活教育社、国难教育社从事生活教育的理论工作。

马松亭　桂林一学校校长。1938 年在成立中国回民救国协会广西分会时，曾邀请陶行知去演讲。

马迪亚·李普　（Madia Lippe）　美国波特兰市的一个裁缝女工，会做诗。

马侣贤　（1907—1974）　安徽合肥人，晓庄师范大学部毕业生。曾任山海工学团团长，湖南省政府咨议，育才学校总务部主任、副校长、校长。曾与戴自俺合编《山海工学团》。

马相伯　（1840—1939）　原名建常，又名良，江苏丹徒（今镇江）人。清朝末年多次任外交使节，支持戊戌变法。变法失败，移居上海，先后创办震旦学院、复旦公学。民国成立后，一度代理北京大学校长，反对袁世凯称帝。“九一八”事变后，积极参加救国会工作，被誉为爱国老人。是上海文化界救国会和全国各界救国联合会的主要负责人之一。1939 年 11 月 4 日病逝于越南谅山。遗著编为《马相伯先生文集》。

马思聪　（1912—1987）　广东海丰人。1923 年去法国学习音乐后考入巴黎音乐学院，学习小提琴与理论作曲。毕业回国后任云南中山大学和广东艺专等校教授。1937 年创作的小提琴独奏曲《思乡曲》为成名作。抗日战争爆发后，积极从事爱国音乐创作，写出了《祖国大合唱》《民主大合唱》等，还曾为陶行知的词作曲。中华人民共和国成立后，长期担任中央音乐学院院长等职务。1967 年迁往美国。主要音乐作品还有管弦乐《山林之歌》《欢乐组歌》，芭蕾舞剧《晚霞》等。

马叙伦　(1885—1970)　字彝初，又作夷初。浙江杭县（今余杭）人，政治活动家，教育家。早年参加南社、同盟会。辛亥革命后任《大共和报》主笔，浙江都督府印铸局局长，北京医学专门学校、北京大学教授。1919 年任北京中等以上学校教职员联合会主席，1921 年后任浙江省立第一师范校长，浙江省教育厅长，北洋政府、国民政府教育部次长。“九一八”事变后，应聘为国难会议会员，后任北平文化界救国会、华北民众救国联合会主席。1946 年发起组织中国民主促进会，6 月参加筹备上海人民反内战运动大会，23 日作为和平请愿代表去南京，在下关车站被国民党特务殴伤。1949 年 9 月出席中国人民政治协商会议第一次全体会议，任政协常务委员（第二、三届连任）。历任中央人民政府委员、政务院政务委员、文化教育委员会副主任，教育部、高等教育部部长，第四届全国政协副主席，民进第三至第五届中央主席，民盟第一至第三届中央副主席。著作甚丰，主要有《说文解字六书疏证》《说文解字研究法》《中国文字之源流与研究方法之新倾向》《石鼓文疏记》《老子校诂》《庄子义证》《庄子天下篇释义》《读两汉书记》等。

马　莱　英国前陆军大臣，是当时共产国际领导的“世界人民反战大同盟”成员。1933 年 9 月率代表团来中国了解日本侵华情况。1933 年 10 月 1 日（山海工学团成立一周年纪念日），他率代表团参观山海工学团。

马崇淦　1918 年曾主持《申报·教育版》的编务工作，后任《申报·教育消息》主编，直到 1932 年。提倡和支持陶行知的乡村教育及晓庄学校。

马寅初　(1882—1982)　教育家，经济学家。浙江嵊县人，又名元善。早年加入中国同盟会，北洋大学肄业。1910 年毕业于美国耶鲁大学经济系，1914 年获哥伦比亚大学研究院经济学博士学位。1916 年后，任北京大学教授、教务长，曾参加五四运动。后兼任浙江兴业银行顾问，中国银行顾问、总司券。1927 年后任浙江省政府委员、国民政府立法院立法委员、立法院经济委员会委员长、财政委员会委员长，中央大学、交通大学教授。抗日战争期间，任重庆大学教授兼商学院院长。因抨击国民党政府的经济政策而被监禁。抗战胜利后，任中华工商专科职业学校教授，参加爱国民主运动。建国后，历任中央人民政府委员兼政务院财经委员会副主任委员，华东军政委员会副主席，浙江大学、北京大学校长，中国科学院哲学社会科学部委员。20 世纪 50 年代因提出以节制生育、提高人口质量为中心的“新人口论”和综合平衡按比例发展的经济理论，遭到错误批判。1960 年辞去北京大学校长职务，居家赋闲。1979 年平反恢复名誉，任北京大学名誉校长、中国人口学会名誉会长。是第一、二、五届全国人大常委，第一、三届全国政协委员，第二、四、五届全国政协常委。著有《马寅初演讲集》《马寅初经济论文集》《经济学概论》《战时经济论文集》《新人口论》等。

马超俊　(1886—1977)　广东台山人，号星樵。早年去美国做工，后在日本参加同盟会。1911 年组织广东华侨敢死队支援武昌起义，后曾参加二次革命、护法运动。1924 年任国民党广州特别市党部执行委员会委员兼工人部部长，1927 年后历任劳工局长、广东省农工厅长、立法委员、南京市长等职，1938 年任国民党中央社会部副部长。后任组织部副部长、农工部部长等。1949 年去台，历任“国策顾问”“总统府资政”等职。

马博厂　国民政府教育部为筹备中正大学而聘请的主任委员。

马联甲　(1866—?)　字少甫，江苏东海人，清光绪进士，曾任武卫右军标统。1913 年任安武军五营统领，张勋旧部。历任安徽陆军旅长、师长。1918 年为皖南镇守使，1920 年任安徽军务帮办，1922 年升安徽督理，次年兼署省长。1924 年冯玉祥发动北京政变时，曾与人联名电促段祺瑞入京。

马赓虞　1923 年曾与叶兆林、杨述孝同为薛鸿志的《中国教育统计概览》计算数字。

马歇尔　(George Catlett Marshall，1880—1959)　美国国务卿(1947—

1949）。1924年至1927年初次来华，任武官，曾参加第一次世界大战。第二次世界大战期间，任美国陆军参谋长。1945年至1947年任驻华特使，以“调处”为名，参与国共谈判。1947年至1949年任美国国务卿，五星上将。1947年6月发表演说，提出援助欧洲经济复兴的“马歇尔计划”。1950年至1951年期间任国防部长，获1953年诺贝尔和平奖。有关出使中国的回忆录《马歇尔使华》于1976年在美国出版。

马福祥　（1876—1932）　字云亭，回族，甘肃河州（今临夏）人。清光绪二十一年（1895）与其兄马福禄招募乡勇，成立“安宁军”。1899年奉命入卫京都，抗击八国联军。1921年为绥远都统，1925年任西北边防会办。后历任北平政治分会委员、蒙藏委员会副委员长、青岛特别市市长、安徽省政府主席，后任蒙藏委员会委员长。有《观澜亭记并诗》等。

马德标　是当时中国的一个贫苦百姓，被帝国主义国家在租界地内雇用的外籍巡捕投入虹口浜里死亡的受害者。

四　画

丰子恺　（1898—1975）　名仁，又名婴行，浙江桐乡人。早年曾从李叔同学习绘画、音乐。1921年留学日本，翌年回国。曾任上海开明书店编辑，上海大学、复旦大学、浙江大学美术教授。受佛教影响，曾作《护生画集》，寓佛家护生戒杀之旨。五四运动后，进行漫画创作。中华人民共和国成立后，曾任上海中国画院院长、中国美术家协会上海分会主席。作有《庆千秋》《饮水思源》等。著有《音乐入门》《缘缘堂随笔》，译著有《西洋画派十二讲》《源氏物语》《猎人日记》等。

王士毅　安徽黟县人，曾在育才学校半工半读。1944年报名从军，被编为“中国驻印军战车第二营”。行前，陶行知在育才绘画组为他送行时，他曾以《木兰辞》中的“将军百战死，壮士十年归”的诗句自励。陶行知据此作诗见赠。

王万恩　保育院难童，后入育才学校戏剧组。

王子建　苏南人。1933年任广东大埔百侯中学教师、工场主任。

王云五　(1888—1979)　原名之瑞，号岫庐。广东香山（今中山县）人。生于上海，早年在上海当学徒。入守真书馆学习后，于1912年1月任南京临时政府大总统孙中山秘书。曾任北洋政府教育部专门教育司科长、佥事、代理司长。1921年任商务编译所所长、总编辑、总经理。1927年担任晓庄学校董事会司库和副董事长，支持出版《晓庄学校丛书·教学做合一讨论集》，曾提出四角号码检字法。1938年6月至1948年3月任第一至第四届国民参政会参政员，1946年5月就任国民政府经济部部长、财政部部长，1947年任国民政府行政院副院长。

王文韶　(1830—1908)　字夔石，号耕娱（一作赓虞），清末浙江仁和（今杭州）人，咸丰进士。历任湖南布政使、湖南巡抚、云贵总督，多次镇压农民和少数民族起义。光绪二十一年(1895）调直隶总督兼北洋大臣，捐金列名强学会，不久以户部尚书、协办大学士入赞军机处，在总理各国事务衙门上行走。百日维新时，受命办理矿务铁路总局。八国联军攻陷北京，力主对外妥协。授体仁阁大学士，转文渊阁大学士，后晋武英殿大学士。

王正廷　(1882—1961)　字儒堂，浙江奉化人，早年毕业于天津北洋大学预科。1905年留学日本，翌年加入同盟会。1908年留学美国耶鲁大学，获文学硕士学位。回国后在上海中华基督教青年会工作，武昌起义时任湖北都督府外交副主任。1912年任唐绍仪内阁工商次长、参议院副议长，后专任上海青年会全国协会总干事。1917年参加护法运动，并任护法军政府外交总长、财政总长。1919年任巴黎和会全权代表，拒绝在巴黎和约上签字。1922年任外交总长兼代国务总理，曾大力支持中华教育改进社。1924年任外交总长、财政总长及关税会议委员长。1927年后，任陇海铁路总办、外交部长、国民党中央执行委员、国民政府委员等职。

1936 年出任驻美大使。抗日战争胜利后，曾任上海市参议员、菲律宾交通银行董事长、太平洋保险公司董事长。

王世杰　(1891—1981)　字雪艇，湖北崇阳人。曾参加辛亥革命，任都督府秘书。后留学英、法，在法国获法学博士学位。回国后在北京大学任教，参与创办《现代评论》周刊。1929 年任武汉大学校长，1933 年任教育部长，后曾在海牙国际法庭任职。1939 年任国民党中央宣传部长，后曾任中央监察委员、国民参政会主席团主席、外交部长等职。1949 年去台。著有《比较宪法》《宪法原理》等多种著作。

王占元　(1861—1934)　字子春，山东馆陶（今属河北）人。1890 年毕业于北洋武备学堂入宋庆的毅军，参加中日甲午战争。1895 年任新建陆军步兵第二营后队队官。1911 年 3 月任北洋陆军第二镇第三协统领、第二镇统制、第二师师长，先后镇压武昌起义、二次革命和白朗起义。后任湖北护军使、湖北军务帮办、湖北督军，并与冯国璋、李纯合称长江三督。以后曾任孙传芳的训练总监。

王礼锡　(1901—1939)　又名庶三，笔名博今，江西安福人。1929 年参加筹办"神州国光社"，1931 年 4 月任"神州国光社"编辑部主任并与女作家陆晶清合编《读书》杂志。曾参与 1933 年 11 月 20 日的福建事变，成立与国民政府相对立的福建人民政府。抗战期间，任"全英援华会"副主席。1939 年春担任作家战地访问团团长，赴前线访问。著有《海外杂笔》《战时日记》等。

王幼侨　(1888—?)　河南省安阳县人。曾任河南省教育厅长，河南省第六区行政专员。1938 年 6 月任第一届国民参政会参政员，1940 年 8 月任河南省政府委员。

王仲济　(1898—1976)　名家楫，号仲济，上海奉贤人。东南大学毕业，后留美，获博士学位。回国后历任南京中国科学社生物研究所研究教授，中央大学生物系教授，中央研究院动植物研究所所长，当选为中央研究院院士。中华人民共和国成立后，任中国科学院水生生物研究所所长，中科院中南分院副院长，中国科学院学部委员。曾任九三学社中央常委，全国政协委员，武汉市政协副主席，全国人大代表，为中国原生动物学的开创人之一。著有《中国淡水轮虫志》等。

王守仁　(1472—1529)　又名云，字伯安。浙江余姚人，明哲学家、教育家。尝筑室故乡阳明洞中，世称阳明先生。其学以良知良能为主，谓格物致知，当自求诸心，不当求诸事物。他主张“知行合一”和“知行并进”，认为“知是行之始，行是知之成”。他的学说又称“王学”，影响颇大，还流行到日本，被称为“心学”或“阳明学”。著有《王文成公全书》。

王时槐　(1521—1605)　字子植，号塘南，吉安府安福（今江西省安福县）人，嘉靖二十六年（1547 年）进士。授官南京兵部主事、礼部郎中、福建佥事、太仆少卿。宗王守仁学，主从“慎独”，反对“理先气后”说和佛氏以气为幻的理论。著有《广仁类编》《友庆堂合稿》等。

王秀玉　女，苏州振华女校创办人王谢长达的三女，曾任该校校长。1946 年 6 月 29 日曾请陶行知专程去苏州，在该校四十周年纪念大会上发表演说。该校即现在的苏州十中。

王作舟　又名王佐周，河南罗山人。任职冯玉祥部队，被冯派往晓庄师范学习。1930 年毕业，后参加山海工学团。

王伯秋　(？—1939)　江苏江宁人，早年留学日本、美国。孙中山的二女婿，后在南京高师与陶行知同事。1920 年 7 月 12 日至 8 月 20 日南京高师办理暑期学校及国语讲习科期间，曾与北京大学的胡适、陈衡哲，南开大学的梅克光，南京高师的任鸿隽等讨论陶提出的“用四通八达的教育，来创造一个四通八达的社会”，以扩大平民教育。曾担任《新教育》杂志公民教育组、高等教育组编辑员。1921 年任江苏公立法政专门学校教务长、东南大学政治经济科主任。2 月 28 日陶推荐王主持皖省教育未果，后担任《新教育》杂志高等教育组编辑员，发起建立江苏省立明陵小学，为中华教育改进社特约学校。1923 年 6 月与朱其慧、袁观澜、晏阳初、陶行知共同发起组织“中华平民教育促进会”，并由王主持在南京进行第一个试验，因而陶称王为“南京平民教育的总司令”。王原准备办两万人的平民教育，其母六十大寿之时，陶追加到十万。陶行知写对联“作十万新民，寿六旬王母”，王即以作十万新民自任。平民问学处也是王伯秋在试验中发明的，王与陶友谊至深。1935年任安徽长乐县长兼专员，以后任国民政府立法委员。

王希曾　与陶行知等创办《新教育评论》杂志，并任编辑。曾任《新教育》杂志编辑，北京大学、北京师范大学、燕京大学、辅仁大学教授，察哈尔人民政府民政厅长。中华人民共和国成立后，任内务部参事室主任，中国陶行知研究会顾问。

王　玠　公元868年即唐咸通九年曾出资刻印《金刚经》，为现存世界上第一部标有年代的木板印刷品，这是1900年在甘肃敦煌千佛洞里发现的。刻本由7张纸粘成一卷，全长488厘米，每张纸长76.3厘米，阔30.5厘米。刻板的面积很大，卷末印有“咸通九年四月十五日王玠为二亲敬造普施”，全卷完整无缺，刻印技术已很纯熟。

王若飞　(1896—1946)　贵州安顺人，原名荫生，又名大伦，号继仁。1918年到日本明治大学留学，1919年为抗议签订“二十一条”回国，后赴法国勤工俭学。曾参加工学世界社。1922年加入旅欧中国少年共产党，同年加入法国共产党，不久转入中国共产党。1923年赴莫斯科东方大学学习，1925年回国后，任中共豫陕区委书记、中央秘书长、江苏省委书记，1928年到苏联任中共驻共产国际代表。1931年回国，任中共西北工委特派员，领导内蒙的革命工作。同年11月因叛徒出卖被捕，在狱中坚持革命斗争。1937年夏出狱后，历任中共陕甘宁边区委员会宣传部长、华北华中工委秘书长、八路军副参谋长、中共中央秘书长兼中央党务研究室主任。在中国共产党第五、第七次全国代表大会上当选为中央委员。抗日战争胜利后陪同毛泽东参加重庆谈判，后留重庆任中共出席政治协商会议代表，继续与国民党谈判。1946 年 4 月 8 日返延安汇报请示工作途中，因飞机失事在山西兴县黑茶山遇难。

王松林　浙江杭州人。中学美工教师。

王画伯　曾为陶行知作画《隔夜牡丹》。

王卓然　(1893—1975)　字回波，号梦白，辽宁省抚顺县人。北平师范大学毕业，美国哥伦比亚大学硕士。曾任东北边防司令长官公署咨议，东北外交委员会主任秘书，东北大学教授、代理校长，东北救亡总会主席团委员。1938 年至 1942 年任第一、第二届国民参政会参政员。1945 年加入民盟并发起组织九三学社。中华人民共和国成立后，任国务院参事。

王昆仑　(1902—1985)　江苏无锡人，毕业于北京大学哲学系，参加过五四运动。1922 年加入国民党，1926 年任黄埔军校潮州分校政治教官。后随军北伐，任国民革命军总司令部政治部秘书长。1927 年国共合作破裂后，从事民主活动。1933 年参加中国共产党，长期进行民主运动和统一战线工作。1941 年皖南事变后，与王炳南、屈武等发起组织中国民主同盟，1943 年与谭平山等发起组织三民主义同志联合会，1948 年赴美考察。1949 年 1 月经苏联回国，参加中国人民政治协商会议第一届全体会议，当选为政协常委。曾任中央人民政府政务院政务委员、北京市副市长，第二、第三、第四届民革常委、民革中央宣传部长，第五届民革中央副主席、代主席、主席，第六届民革中央主席，全国人大第一至第四届常委。著有《红楼梦人物论》。

王国维　(1877—1927)　字静安、伯隅，号观堂，又号永观。浙江海宁人。清朝秀才。1901 年留学日本，回国后在通州、苏州等地学堂讲授哲学、心理学、伦理学、逻辑学，后赴北京任学部图书局编译名词协修，从事中国戏曲史和词曲的研究。后从事考订中国古代史料、古器物、古文字学、音韵学，尤其致力于甲骨文、金文、汉晋简牍和历代石经的考释。1922 年研究故宫所藏的青铜器等文物，1925 年任清华大学研究院教授。1927 年 6 月 2 日在北京颐和园昆明湖投水自尽。著有《人间词话》《殷卜辞中所见先公先王考》《观堂古金文考释》《观堂集林》，并编有《静安文集》等。

王宠惠　(1881—1958)　字亮畴，广东东莞人。1900年在北洋大学堂法科毕业，次年留学日本。1902年转赴美国，入耶鲁大学，获法学博士。1905年加入同盟会。1912年经孙中山提名，任南京临时政府外交总长，后改任司法总长，南方政府教育总长等职。国民政府成立后，历任司法部长、司法院长、外交部长、国防最高委员会秘书长和行政院代理院长等职。1945年代表中国出席联合国宪章制宪会议。

王荆璞　福建人。与张宗麟同为晓庄学校指导员。1928年兼任燕子矶幼稚园指导员，1930年遭蒋介石通缉，曾隐匿在扬州中学附小教书。后又与张宗麟同在集美幼稚师范、广西桂林师专、湖北教育学院、武汉幼稚园、山东邹平乡村师范等从事幼儿教育工作。

王省三　浙江新登人，晓庄学校高中部师范科毕业生，曾任晓庄研究所干事。

王炳南　(1908—1988)　陕西奉天（今乾县）人。1925年参加中国共产主义青年团，次年转入中国共产党，曾在乾县、淳化等地从事建党工作。1929年后赴日本、德国留学。在德国期间，任国际反帝大同盟东方部主任。1930年回国后，在杨虎城部工作。西安事变中，任西北民众运动指导委员会主任，曾任中共中央南方局国际宣传组负责人、外事组组长、中共重庆工委候补委员。1946年重庆谈判期间任毛泽东秘书，后任中共中央外事组副主任。中华人民共和国成立后，历任外交部办公厅主任、部长助理、驻波兰大使兼中美大使级会谈代表，外交部副部长，对外友协会长、顾问。是第一、第三届全国人大代表，第六届全国人大常委，第五届全国政协常委。

王洞若　(1909—1960)　原名王义田，又名王作、王乃明、王用观，笔名洞若、颐田、旷琴、琴等。江苏丹徒人。晓庄学校大学部第一期毕业生，毕业后留校工作，长期随陶行知从事生活教育运动。曾任国难教育社党团书记，教联的党团书记，中国左翼文化总同盟江苏省临工委委员，中共江苏省委教育系统总支部负责人，上海群众工作委员会会员，江苏省外县工作委员会宣传委员，抗战教育研究会党团书记，中共南方局文委直接领导下的育才学校支部书记，生活教育社理事兼服务部常务干事，晓庄研究所驻桂林办事处主任，育才学校研究部主任。

王　觉　20世纪40年代曾任育才学校文学组教师，建国后在重庆文联工作。

王　莹　(1913—1974)　原名喻志华，安徽芜湖人。话剧、电影演员、作家。14岁考入湘雅医学院。1928年参加上海艺术剧社，后考入复旦大学中文系。1930年参加中国共产党，1935年主演《自由神》而蜚声影坛。1942年赴美，先后在贝满学院、耶鲁大学、邓肯舞蹈学校学习，曾任美国东西方文化协会董事兼中国戏剧部主任。1955年回国，翌年任北京电影制片厂编剧。“文化大革命”中受迫害致死。著有《剪秋萝》《春雨》等散文、新诗及小说《宝姑》《两种美国人》。

王造时　(1903—1971)　原名雄生，江西安福人。曾赴美国留学，获政治学博士学位。1929年回国后，曾任上海光华大学教授、文学院院长、政治系主任。1932年上海“一·二八”事变后，积极参加抗日救亡运动。1935年参加全国各界救国联合会，任常务理事兼宣传部长。1936年11月被国民政府逮捕，为“七君子”之一。抗日战争爆发后获释。后任前方日报社社长、国民参政员。中华人民共和国成立后，任华东军政委员会委员、上海市法学会理事、复旦大学教授、上海市和全国政协委员。著译有《荒谬集》《历史哲学》《国家的理论与实际》《现代欧洲外交史》等。

王家桢　(1897—1984)　字树人，黑龙江双城人。曾留学日本，任张作霖大元帅府秘书、外交部秘书，东北边防军司令长官公署外交机要主任，国民政府外交部常务次长兼接收威海卫专使，作为中国代表出席国际联盟会议。1938年6月至1942年任第一、第二届国民参政会参政员。1945年任中国代表团顾问，出席旧金山联合国成立大会。抗战胜利后，任东北行辕经济委员会委员、生产管理局局长等职。中华人民共和国成立后，任全国政协委员、民革中央委员。

王　冕　(1287—1359)　字元章，号煮石山农、饭牛翁、会稽外史。元末明初浙江诸暨人。少年家贫，白天牧牛，入学舍听诸生读书，夜间去庙中借长明灯阅读。被韩性收为弟子，学识渊博。屡举不第，隐居九里山下，种梅千株，自号梅花屋主，善画梅。朱元璋攻婺州（治今浙江金华），诚意招揽，授咨议参军，旋卒。有《竹斋集》。

王崇植　(1897—1958)　字受培，江苏常熟人，上海交通大学毕业，后赴美留学，获电机硕士学位。回国后在浙江工业专门学校、南洋大学任教授。1928 年在建设委员会任电气标准局局长。1931 年以后历任国际电信局长、青岛工务局长、南京市社会局长、天津开滦矿务总局总经理、"台湾区生产事业管理委员会"委员，"行政院美援运用委员会"委员兼秘书长。

王　琳　(1906—1991)　浙江浦江人，晓庄师范第一期学生，曾任浙江湘湖师范教员。中华人民共和国成立后，晓庄师范恢复后任副校长。江苏省陶行知研究会副会长，中国陶行知研究会顾问。

王　琦　版画家，美术理论家，重庆人。1937 年毕业于上海美术专科学校西画系，次年赴延安入鲁艺学习。后任中国木刻研究会、中华全国木刻界抗敌协会常务理事。曾在重庆、南京、香港等地报纸任美术副刊主编。中华人民共和国成立后，历任上海行知学校美术组主任，中央美术学院教授，《美术》杂志、《版画》杂志主编，中国美协第三届理事、第四届常务理事，中国版画家协会副主席兼秘书长。1979 年加入中国共产党。著有《新美术论集》《谈绘画》《艺术形式的探索》，主编有《欧洲美术史》。

王　越　当时在广东乳源公渡广东省立文理学院任教。曾任中山大学教授和暨南大学副校长，中国陶行知研究会顾问。

王葆真　(1899—1977)　字卓三，河北深泽县人。日本早稻田大学毕业，加入同盟会，曾参加辛亥革命。曾任国民政府立法院立法委员，国民党中央党史委员会名誉编纂，第五战区司令部顾问，第一集团军总司令部顾问。1938 年 6 月任第一届国民参政会参政员。抗战胜利后，被选为民革中央委员，任民革华中军事特派员，从事国民党军队内部策反工作。1949 年 2 月在上海被捕入狱。上海解放后，应邀参加第一届政协会议。中华人民共和国成立后，历任政务院政法委员会委员、第一届全国人大代表、第三届政协全国委员会常委等。

王瑞符　江苏盐城人，晓庄学校大学部毕业。抗日战争期间，任育才学校、晓庄研究所、生活教育社驻渝办事处主任。

王　畿　(1498—1583)　字汝中，号龙豁，浙江山阴（今绍兴）人。明理学家。王守仁门生，嘉靖进士，官至南京兵部郎中。其学说被内阁大学士夏言斥为伪学，遂谢病归。后致力于讲学四十余年，善谈说，能动人，足迹遍东南。为学以“致知见性”为主，把王阳明“良知”学说进一步引向禅学。有《龙豁集》。

王羲之　(321—379，一作 303—361)　东晋著名书法家，字逸少，琅邪临沂（今属山东）人。初为秘书郎，后历任右军将军、会稽内史等职，世称王右军。因与骠骑将军王述不和，愤而辞官，定居于会稽山阴（今浙江绍兴），卒年 59 岁。精于隶、草、正、行诸体书法，尤擅长于正书与行书。每自称“我书此钟繇，当抗行；比张芝草，犹当雁行也”。时人赞其“字势雄强，如龙跳天门，虎卧凤阁”“飘若浮云，矫若惊龙”。称之为“书圣”。其手书真迹，可见于宋以来刻印之丛帖中。

夫　差　(？—前 473)　春秋末年吴国国君。吴王阖闾之子。公元前 495 年至前 473 年在位。夫差二年（前 494）战胜越国，迫使越屈服求和。越王勾践将美女西施献给夫差，成为夫差的宠妃。夫差九年伐鲁，次年开凿邗沟，图谋北进。十一年伐齐未胜，次年在艾陵（今山东莱芜东北）大败齐师。十四年会诸侯于黄池（今河南封丘西南），与晋争霸，越乘虚攻入吴都。二十三年（前 473）终被越国所灭，夫差自杀。

韦卓民 （1889—1976） 广东香山（今中山县）人。1903 年在武昌文华书院读书时，接受基督教圣士会洗礼。1918 年赴美国哈佛大学留学。1920 年回国后，任武昌文华大学教授。1929 年到英国伦敦大学当研究生，获哲学博士学位。1930 年回国后任华中大学校长。曾多次到美国讲学，并出席世界基督教代表大会。1938 年 6 月至1942 年 7 月任第一、第二届国民参政会参政员。1952 年后任华中师范学院教授。著有《中国古籍中的上帝观和祭祀的研究》《孟子的政治思想》等。

尤克雷地 通译欧几里得（Euclid，约前 330—前 275） 古希腊最杰出的数学家，以《几何原本》十三卷而闻名。这是几何的推理、定理和方法的主要源泉，它构建了几何的一种演绎体系，至今仍是数学中的重要部分。

车 胤 （？—401） 字武子，东晋南平（治今湖北公安西南）人。少勤学，家贫无灯油，夏夜用绢囊装萤火虫照明读书，以博学知名。

戈打德 通译戈达德（Henry Herbert Goddard，1866—1957） 美国变态及临床心理学家，优生学的早期提倡者。戈达德主要研究智力障碍产生的原因。他探索了卡利卡克家族的两个支系，其中一个支系在智力上有缺陷。他根据原因将障碍的病症分类后，发现有 1/2~2/3 是遗传性的。这一结论促使他提出阻止低能者生育的倡议。他赞成遗传智力理论，1910 年制定《智力测量量表》，载《训练学校》。1912 年出版了《卡利卡克家族》一书，1914 年发表《低能原因及后果》等著作。

戈尔吉·H. 利昂 （Gorge H. Leon） 墨西哥人，陶行知旅行墨西哥城的邮件转达人。

戈 林 （Hermann Goring，1893—1946） 纳粹德国战犯。第一次世界大战时在空军服役。1922 年加入国家社会主义工人党，旋为“冲锋队”头子。1928 年被选为国会议员，1932

年任议长，1933 年为盖世太保的头子，后任空军部长，普鲁士政府首脑与空军总司令。1936 年起负责“四年计划”，控制全国经济，主持扩充军备。第二次世界大战中，指挥空军，负责动员工作，制定对犹太人的种族迫害计划，并策划奴隶劳动计划。1946 年被纽伦堡国际军事法庭判处绞刑，行刑前自杀。

戈　登　(John Brown Gordon，1832—1904)　美国将军。毕业于佐治亚州立大学，后为律师。长期服役于南部军队，内战中升至中将。曾指挥阿波与托克斯战役。内战结束后，任联邦参议员、佐治亚州州长、南部同盟退伍军人团总司令等职。著有《古老的南部》《内战回忆录》。

瓦　特　(James Watt，1736—1819)　英国工程师、发明家。蒸汽机的改进者。现在常用的功率单位即以其姓氏命名。1785 年被选为英国皇家学会会员。

瓦雷士　通译华莱士（Alfred Russel Wallace，1823—1913)　英国博物学家。1854 年至 1862 年到马来群岛考察，发现马来群岛的动物分布可分东洋区及澳洲区，其分界线被称为华莱士线。1858 年 2 月受马尔萨斯人口论的启发，认为生存竞争适者生存是进化的原因，于是用三个夜间写成《论变种无限离开原始型的倾向》论文，寄给将要完成《物种起源》著作的达尔文，达尔文发现与他自己的著作大同小异，观点一致。达尔文采取了容忍和支持的态度，将华莱士的论文与自己的文稿同时于 7 月 1 日在伦敦林耐学会宣读。1870 年发表《自然选择文稿》与达尔文意见分歧，认为人是通过自然选择进化而来的，不再需要借助任何其他机制。但其心理能量则不然，另有某种非生物学因素在起作用，也不同意达尔文的性选择的理论（雌性个体选择颜色鲜艳的羽毛）。华莱士相信灵性论。1869 年著《马来群岛》，1905 年著《我的一生》。

贝　尔　(Alexander Graham Bell，1847—1922)　美国发明家。出生于英国的爱丁堡，主要靠自学和家庭教育，成为多才多艺的发明家。1864 年开始声学研究。1872 年在美国波士顿开办培养聋人的教师的学校并编有《可见的语言先导》。1875 年他的多路电报获得专利，1876 年还获得电话专利。一生曾获 18 种专利，还与别人合作另获 12 种专利。他的工作重点在基本原理方面，他的许多观念到今天才见到成效。

贝特洛 (Marcellin Berthelot，1827—1907) 法国有机化学家、物理化学家、科学史学家，也是政府官员。他的创造性思想及工作对 19 世纪末叶的化学发展有很大影响。1859 年任巴黎药学院有机化学教授，1876 年为高等教育监察员，1881 年被选为终身上议员。1886 年至 1887 年任公共教育部长，1895 年至 1896 年任外交部长。曾对醇、羧酸、烃的合成和化学反应速度等作过重要研究。他将热力学应用于化学，从而把放热反应与吸热反应区别开来。他出版过 1600 本书和论文。1889 年任法国科学院秘书。

贝特森 (William Bateson，1861—1926) 英国生物学家，坚定的达尔文主义者，为遗传学奠定基础和命名。1902 年著《孟德尔遗传学原理》，1913 年著《遗传学诸问题》。

牛　顿 (Isaac Newton，1643—1727) 著名的英国物理学家，英国皇家学会会长，是经典力学（牛顿力学）的奠基人。他提出了力学的三大定律，或称牛顿运动定律，还发现万有引力定律。他在光学、热学、天文学及数学等方面也作出了杰出贡献。著有《自然哲学的数学原理》《光学》等。

毛泽东 (1893—1976) 字润之，湖南省湘潭县人。中国共产党创始人之一，中华人民共和国和中国人民解放军的主要缔造者和领导人。1924 年国共合作，当选为国民党第一、第二届中央执行委员会候补委员，任国民党中央宣传部代理部长。1930 年任中国工农红军第一方面军总前委书记兼总政治委员，1931 年当选为中华苏维埃共和国临时中央政府主席，1934 年被选为中共中央政治局委员。1935 年 1 月在贵州遵义召开的中共中央政治局扩大会议上，增选为中共中央政治局常委。1936 年当选为中共中央军事委员会主席，1943 年 3 月当选为中共中央政治局主席，1945 年中共七届一中全会当选为中共中央委员会主席。中华人民共和国成立后，任中共中央主席、中华人民共和国中央人民政府主席、中央军委主席、中华人民共和国主席、全国政协主席、名誉主席。主要著作编为《毛泽东选集》《毛泽东诗词选》等。

毛　遂　战国时赵国人，平原君门下食客。赵孝成王九年（前 257），秦国攻赵都邯郸，平原君到楚求救，选门下二十人随从，选得十九人，他自荐同往。平原君与楚王谈论半日不决，他按剑而上，直说利害，说服楚王同意合纵抗秦，当堂歃血为盟，于是平原君以他为上客。

币　原　即币原喜重郎（1872—1951）　东京帝国大学（今东京大学）毕业，历任驻美大使、外务省政务次官、外相等。在中国问题上推行与英美协调的政策（即币原外交）。1930 年因签订《伦敦裁军条约》而受军部指责，“九一八”事变后被迫退职。1945 年 10 月出任首相，任内着手修改宪法，通过第一次农地改革法，并公布天皇的“人格宣言”。1946 年辞职。后任进步党总裁和众议院议长。

勾适生　又名勾秉锌。1925 年为南开学校高中部学生，当年 11 月 27 日陶行知曾在该校对全体学生演讲《学做一个人》，勾做记录。1933 年秋季，与王昆仑、孙晓林等 6 人在南京无锡同乡会组成“南京读书会”，后筹备组织南京各界救国会。抗战期间在重庆参加南开校友会的工作。

卞　和　一作和氏，春秋时楚国人。相传他觅得玉璞于荆山中，两次献给楚王，都被认为是假的，先后被砍去左右足。后楚文王即位，他抱璞哭于荆山下，王使玉人理其璞，果得宝玉，称为“和氏之璧”。

文天祥　（1236—1283）　字履善，一字宋瑞，号文山，吉州庐陵（今江西吉安）人。南宋政治家、文学家。1275 年闻元军东下，在赣州组织义军，入卫临安。后至福建抗元。1277 年进兵江西，为元军所败退广东。第二年被俘，拒降，书《过零丁洋》诗以明志。次年被送至大都，面对威胁利诱，始终不屈，在狱中作《正气歌》，为世传诵。1283 年 1 月 9 日在柴市被害。遗著有《文山先生全集》。

文幼章　（Endicott）　加拿大人，生于四川。1945 年在上海圣约翰大学执教，支持上海学生的反美斗争。1946年3月14日，陶行知曾委托陶宏转达他和文幼章预约“将来之共同创造”，即将育才学校演变为大学，使文幼章能在育才大学得到一种教学之乐。

文怀恩　美国传教士。1904年曾在日本传教，后在南京传教。1913年至1914年金陵大学包文总监督（即校长）回美国期间曾代理包文的总监督职务。1917年包文返华任金陵大学校长，文怀恩即担任副校长。平日擅长口技，在各种游艺会中献艺，全校老幼无不哄然。

方与严　(1889—1968)　又名方竹因，安徽歙县王充村人。1910年创办依坑小学，后曾担任小学教师和校长。1921年参加国民党，晓庄学校第二期学生，后派往湘湖师范担任校长。曾任晓庄师范校务主任、代理校长。1931年主编《儿童生活》《师范生》等刊物，1933年担任山海工学团联络处主任，1935年冬在广西南宁参加共产党并担任南宁市委宣传部长。“一二·九”运动中，在上海担任战时服务团总干事。1938年冬，被派往香港担任中华业余补习学校任教务主任，是生活教育社第一届理事、第二届五位常务理事之一。1939年秋，出任国民政府军委会战地党政委员会皖南视察员。曾先后担任重庆育才学校校务主任、社会大学副校长兼生活教育系教授。1949年调到中共中央宣传部教育组工作，曾以救国会代表的身份参加中国人民政治协商会议第一次全体会议。中华人民共和国成立后，先后担任教育部初等教育司和民族教育司的副司长。编著有《新教育史》《陶行知教育论文选辑》《大众诗人和大众教育家》《生活教育简述》《创造风》等，还主编过《生活教育》半月刊、《生活教育》丛书以及《大众教育》丛书。1995年8月，四川教育出版社出版了《方与严教育文集——陶行知及其生活教育》上、下集。

方孝孺　(1357—1402)　字希直，一字希古，号逊志，人称正学先生。明浙江宁海人。惠帝时，官至侍讲学士。燕王（明成祖）起兵，朝廷讨燕诏檄皆出其手。燕王兵入京师（今江苏南京），被俘下狱，拒为成祖起草登极诏令，被处死，灭十族（九族加朋友弟子），死者八百余人。有《逊志斋集》。

方克刚　1922 年为孟禄、陶知行领衔成立的中华杏秀游泳社的发起人之一，1923 年 8 月任中华平民教育促进会总会湖南省区两董事之一，1925 年任湖南平民教育促进会董事长。

方怀毅　安徽歙县人，曾与其父方与严同在晓庄学校读书，为该校高中部师范科毕业生。曾组织歙县西乡王充歙县工学团，为生活教育社歙县分社临时负责人。中华人民共和国建立后，曾任安徽休宁二中校长等。

方炳文　中国科学社生物研究所研究人员，曾襄助晓庄学校生物科学的发展。抗战期间流落法国。

方振民　(1875—1943)　原名英钦，改名为新，字振民。安徽婺源（今属江西）人。早年就读于南通师范，毕业后被张謇选入日本弘文师范学习。时与黄兴及华兴会往来密切，剪辫易服，改名为新。1905 年回国任安庆优等师范学堂学监兼伦理学教员，1906 年任婺源县劝学所首任总董兼视学员，1907 年任教于安徽省学务公署教育官训练所，1913 年筹办省立第五师范（1914 年改名省二师），并任该校教务主任兼徽州学区视学，1915 年任省教育会安庆驻办员。1917 年任国立南京高师校长室秘书，陶行知称之为“南高的左右手”。1919 年安徽三中校长徐承祜被学生驱赶出校，陶行知与胡适等人请方振民掌校，方任职八年，曾获教育部七等嘉禾章。1928 年三中与二师合并，方改任皖省教育厅秘书。此后相继在徽州师范主持教务，任第十区农林实验中学名誉校长，徽属联立职业学校校长等职。

方振武　(1885—1941)　字叔平，安徽寿县人。武昌起义后投入革命军，1913 年东渡日本，次年加入中华党，先后从张宗昌、冯玉祥部。1927 年从蒋介石，被任命为国民革命军中央直属第九方面军总司令、第四十五师师长、第六军总指挥兼安徽省政府主席。1933 年组织抗日救国军，自任总指挥。同年，参加冯玉祥领导的察哈尔民众抗日同盟军，任前敌总司令。后避居香港，陶行知出使欧美及在香港逗留期间，曾共同为抗日民族统一战线奔走呼号。1941 年 12 月日军进攻香港，在逃难途中遇害。

尹　文　战国时人，和宋钘齐名，同游稷下。善名辩，著《尹文子》一篇，列名家。现存《尹文子》上下两篇，或疑为魏晋同人伪托。一说《管子》中的《白心》是他的著作。其说与黄老刑名之学相近。

巴本得利奥　通译巴多里奥（Pietro Badoglio，1871—1956），1943 年至 1944 年意大利首相、元帅。历任参谋总长、驻巴西大使、意大利总督、意大利侵略埃塞俄比亚军总司令等职。1943 年接替墨索里尼任首相，不久即向英美军队投降，退出法西斯同盟。

巴　苏　（？—1986）　印度人，全名比乔埃·库玛尔·巴苏。1938 年与爱德华·柯棣华等组成援华医疗队援助中国人民的抗日斗争。1943 年回国后，发起成立全印柯棣华大夫纪念委员会，继续为加强中印两国人民的传统友谊贡献力量。1986 年 12 月 12 日病逝，生前遗嘱将一半骨灰葬于中国。1988 年 6 月 2 日在石家庄华北军区烈士陵园修建了“巴苏大夫纪念碑”，举行了巴苏大夫骨灰安放仪式。

巴斯德　（Louis Pasteur，1822—1895）　法国化学家、微生物学家。证明发酵及传染病是微生物引起的，创始并首先应用疫苗接种以预防狂犬病、炭疽、鸡霍乱；挽救了法、英等国的养蚕业、啤酒和酿酒业；发明了巴氏消毒法，解决了酒的变质问题。他在 19 世纪的科学研究方法上带来一场革命，他离开实验室，在自然环境中研究病原体，不但查明病原，而且指出防治的方法。

孔　子　（前 551—前 479）　名丘，字仲尼，鲁国陬邑（今山东曲阜东南）人。春秋末期思想家、政治家、教育家，儒家学派的创始人。所撰鲁史《春秋》是我国第一部编年史著作。现存《论语》一书，为研究其学说的重要资料。自汉以后，孔子学说成为两千多年封建文化的正统，影响极大。

孔祥熙　（1880—1967）　字庸之，山西太谷人。1901 年留学美国，毕业于耶鲁大学。辛亥革命后任山西督军阎锡山参议。

1926 年任广东革命政府财政厅厅长，1927 年任武汉国民政府实业部部长。第一次国共合作破裂后，历任南京国民政府实业部部长、财政部部长、行政院院长、中央银行总裁、中国银行总裁等。长期控制财权，与蒋介石、宋子文、陈立夫和陈果夫并称为中国的“四大家族”。1944 年赴美为国民党政府争取援助，1966 年定居美国。编有《孔庸之先生讲演集》。

孔德成 （1920— ） 字达生，山东曲阜人。孔子七十七世孙，袭衍圣公。1934 年，国民政府给他授衔为“大成至圣先师奉祀官”。1948 年 3 月增补为第四届国民参政会参政员。

邓华熙 （1826—1917） 字小赤，又作小石，广东顺德人。光绪十二年（1886）任云南池常道，次年任云南按察使，后历任湖北布政使，安徽、山西、贵州巡抚。光绪二十七年因病辞官。宣统三年（1911）广州将军凤山被炸死后，在他和梁鼎芬的主持下，广东咨议会宣布独立。

邓初民 （1889—1981） 原名希禹，字昌叔，湖北石首人。1913 年留学日本，1917 年回国。任湖北省政府委员兼湖北省审判土豪劣绅委员会审判长、武汉中央军事政治学校教官。大革命失败后到上海，后负责社会科学家联盟工作，并在暨南大学、中山大学等校任教。1945 年加入中国民主同盟，1948 年加入中国国民党革命委员会。曾主编《民主星期刊》，是民盟重要领导人之一。中华人民共和国成立后，任山西省副省长、山西大学校长、中国政治学会名誉会长、全国人大常委、全国政协常委、民盟中央副主席。1962 年加入中国共产党。著有《中国社会史教程》《新政治学大纲》《社会进化史纲》《政治科学大纲》等。

邓颖超 （1904—1992） 女，河南省光山县人。曾任中共中央南方局委员兼妇女工作委员会书记。抗日战争时期，先后在武汉、重庆从事党的统战工作，曾大力支持陶行知所办的教育事业。1938 年 6 月至 1948 年 3 月任第一至第四届国民参政会参政员。中华人民共和国成立后，曾任中共中央政治局委员，全国人大常委会副委员长，全国政协主席，全国妇联主席、名誉主席。

五 画

甘介侯 (1897—?) 江苏宝山人，北京清华大学、美国威斯康星大学、哈佛大学毕业。曾任武汉国民政府外交部秘书长，江汉关监督兼湖北交涉员，李宗仁一方面军外交处长，桂系第四集团军外交处长，国民政府外交部驻广东特派员。抗战时期先后任国防参议会参议员，第一、第二届国民参政会参政员。1949 年任派驻联合国代表。

甘 地 (Mohandas Gandhi，1869—1948) 印度民族运动领袖，20 世纪非暴力主义倡导者。出身宗教家庭，主张苦行与戒杀，信奉素食主义，提倡不同宗教信仰间的互相容忍。1894 年在南非创立印度国大党。1920 年他决心要印度脱离英国统治而改组国大党，使之成为一个有广泛群众基础，扎根于小城镇和农村、有效率的印度民族主义政治机构。他发起了争取印度完全独立的非暴力运动，这次运动促成了 1947 年产生印度及巴基斯坦两自治领地。他是 20 世纪反殖民主义、反种族歧视以及非暴力主义三大革命的促进者。1938 年 8 月 14 日陶行知曾去印度访问甘地，甘地在印度杂志上介绍陶行知写的《大众教育运动》，并认为“这篇文章对我们印度一定是很有用的”。

艾 伟 (1890—1955) 字险舟，湖北江陵（今荆州）人。当时在重庆沙坪坝中央大学任教。陶受李信慧之托寄 Measuring Intelligence 请写书评。艾曾写《介绍推孟麦两二氏著〈智慧测量〉》一文，发表在《战时教育》第五卷第九期。

艾 青 (1910—1996) 现代著名诗人。原名蒋海澄，笔名莪伽、克阿、纳雍、林壁等。浙江金华人。1928 年考入杭州国立西湖艺术学院（即今杭州美术学院）绘画系，次年赴法国巴黎留学。1932 年回国，在上海加入中国左翼美术家联盟，后遭法国巡警逮捕入狱。1933 年第一次用艾青的笔名，发表了寄自狱中的《大堰河——我的保姆》一诗。抗日战争爆发后，曾在山西民族革命大学，湖南衡山乡村师范学校任教。先后在重庆育才学校任文学组主任和在延安鲁迅文学艺术学院任教。中华人民共和国成立后，参加军事管制委员会，接管中央美术学院，当选为第一届政协候补委员、中华全国文艺界联合会委员、中国作家协会理事、中国美术家协会理事、《人民文学》副主编。著有《艾青选集》等。

艾　登　(Robert Anthony Eden，1897—1977)　英国首相（1955—1957)，保守党领袖。牛津大学基督堂学院毕业。第一次世界大战期间在陆军服役，1923 年当选下院议员，历任掌玺大臣、自治领大臣、国防大臣等职。1936 年至 1938 年任外交大臣，后因反对绥靖政策而辞职。1940 年至 1945 年任外交大臣，1951 年至 1955年任副首相兼外交大臣，1957 年因在苏伊士运河事件中失败辞职。晚年定居美国。著有关于其外交生涯的《周而复始》《艾登回忆录》等。

艾　黎　(Rewi Alley，1897—1987)　全名路易·艾黎，新西兰人。1916 年参加第一次世界大战。1927 年来华，任上海公共租界工部局消防处防火督察、工业督察等职。1934 年参加了上海第一个国际性的马克思主义学习小组，并和中共建立了联系。曾把住所作中共地下党的庇护所和秘密电台的据点。1938 年 5 月辞职去武汉，与斯诺等人发起工业合作社运动（简称“工合”)。1939 年任“工合”国际委员会委员兼实地工作秘书，全力投入“工合”工作，以此支援中国抗战。1943 年为培训“工合”干部在陕西双石铺创办培黎工艺学校，1944 年该校迁至甘肃山丹，对学生进行半工半读、理论结合实际的教育，培养了大批人才。1953 年后定居北京，主要从事写作，向世界各国宣传和介绍新中国。晚年为重建培黎学校和恢复“工合”而努力，逝世后骨灰撒在甘肃山丹。著有《艾黎自传》等。

左丘明　左丘氏，名明。春秋时史学家，鲁国人。为鲁国史官。著有《春秋左氏传》，目失明，后著《国语》。

左　明　(1904—1939)　山东人。1927 年入田汉主办的上海艺术大学戏剧系，曾参加南国电影剧社，去过陶行知办的晓庄学校。1929 年组织摩登剧社，推动上海学校的戏剧运动，为左翼剧团联盟成员。1933 年参与组织新地剧社。抗日战争爆发后，任上海救亡剧队第五队队长，经由南京、开封、西安，最后到延安。编有《北国的戏剧》，曾与周扬、沙可夫等合写剧本《血祭上海》。

左舜生　(1893—1969)　湖南长沙人，名学训，号仲平，上海震旦学院肄业。1919 年加入少年中国学会，后任该会执行部主任。1920 年任中华书局编译所新书部主任，1924 年参与创办《醒狮周报》，任总经理，次年加入中国国家主义青年团（后改称中国青年党）。1931 年后任复旦大学、大夏大学、中央政治学校教授，1935 年任中国青年党中央执行委员长，1938 年后任国民参政会参政员、主席团主席，1941 年参加中国民主政团同盟，任秘书长，1947 年任国民党政府农林部部长。1949 年移居香港后，在新亚学院、清华书院任教。

石达开　(1831—1863)　清广西桂县人，初参加拜上帝会。1850 年率众赴桂平，参加金田起义，任左军主将。1851 年封翼王。为太平天国定都南京，累建战功。后两次被疑忌离京出逃，受困而死。

石凌鹤　著名戏剧家，早年在左翼剧联。抗战时期在军事委员会政治部第三厅，曾任孩子剧团艺术指导。在庆祝郭沫若从事文学创作 25 周年时，曾以导演郭沫若之《棠棣之花》著称。为孩子剧团改编导演张天翼之《秃秃大王》，后因有反蒋忌讳，改为《猴儿大王》。中华人民共和国成立后，一直在江西省从事文艺创导工作。

石　崇　(249—300)　字季伦，小名乔奴，渤海南皮（今河北南皮东北）人，西晋大臣。永熙元年（290）出为荆州刺史，以拦劫远方贡使商客致成巨富。晋武帝助王恺与他斗富，亦不能胜。八王之乱中，与齐王冏结党，为赵王司马伦党羽孙秀所杀。

石　瑛　(1878—1943)　湖北阳新人，字蘅青。1903 年中湖北乡试，早年参加同盟会后留学欧洲。武昌起义后归国总办禁烟事宜。曾任同盟会湖北支部长，众议院议员。二次革命失败后，再赴欧洲。学成回国后，任教北京大学，担任武昌师范大学校长，1924 年去南京参加中华教育改进社大会。南京国民政府成立后，历任湖北省建设厅长、武汉大学工学院院长、浙江省建设厅长等职。1932 年任南京市长，后任考试院铨叙部长等职。

布　朗　(Elmer Ellsworth Brown，1861—1934)　美国教育家。密歇根大学毕业，后留学德国获哈勒大学哲学博士学位。回国后任加利福尼亚大学教授，美国教育总署署长，纽约大学校长，美国教育理事会主席。1911 年起任布朗大学校长，使该校扩展成为美国最大的大学之一。著有《我国中学的结构》《美国州立大学的起源》。

布鲁斯特　(David Brewster，1781—1868)　苏格兰物理学家，以在光学和偏振光方面的实验工作著名。1815 年当选为皇家学会会员，次年发明万花筒。19 世纪 40 年代初利用透镜把双目镜中不相同的两个图像组合起来，产生三维效果，从而改进了体视镜。1859 年任爱丁堡大学校长，著有《论光学》《牛顿爵士生平、著作和发现述略》等。在《科学之先烈》中详细叙述了伽利略发现木星的四个卫星的经过，还参与了当时关于其他天体上可能存在生命的讨论。

东乡平八郎　(1847—1934)　日本海军元帅，萨摩藩士出身，明治初年赴英学习海军，曾参加萨英战争、戊辰战争。1894 年 7 月 25 日，作为“浪速”号舰长，偷袭中国舰队，击沉运载清军的英国商船“高陞号”，导致中日甲午战争爆发，他升为常备舰队司令。战后历任海军大学校长、舞鹤镇导府司令长官。1904 年至 1905 年日俄战争时任联合舰队司令官，在旅顺和对马海峡击败俄国海军。战后任海军军令部长，1913 年升为元帅。晚年是军内强硬派的支柱之一，曾被封为侯爵。

弗里德里希二世　(Friedrich II，der Grosse，1712—1786)　一译腓特烈二世，又称腓特烈大帝，普鲁士国王（1740—1786）。

在位时维护农奴制，加强军事官僚专制制度，扩大军队，曾数次发动侵略战争。其严酷的纪律和机械的训练方法对以后的普军有很大影响。

卡文迪许　(Henry Cavendish，1731—1810)　英国物理学家和化学家，英国皇家学会会员。曾用扭力天平验证万有引力定律，从而确定了引力常数和地球的平均密度。在化学方面，他证明了水和空气的组成。在电学方面，发现两电荷间的相互作用力与其距离的平方成反比。他在1781年写的《起电度》一文中首先提出了“势”(Potential)这种概念，并和其他科学家共同引入了电荷、电容等概念。

卡　特　(Thamas Francis Carter)　托马斯·弗朗西斯·卡特，生卒年不详。据陶行知称，此人经20年之研究，才知道欧洲的纸与印刷之发明渊源于中国。

卡特赖特　(Edmund Cartwright，1743—1823)　英国发明家，发明了第一台羊毛精梳机和原始的动力织机，还发明了制绳机和一种用酒精代替水的蒸汽机。

卡露锁　通译卡鲁索(Enrico Caruso，1873—1921)　20世纪初最受爱戴的意大利歌剧男高音歌唱家，并且是第一位在唱片上录下自己嗓音的一流音乐家。

卢子英　四川合川(今属重庆市)人，著名爱国实业家卢作孚之弟。20世纪30年代曾往山海工学团晤陶行知。抗日战争时期任北碚区区长、三峡兵役实验区区长。陶行知的育才学校得以在北碚北温泉和合川草街子创办，全赖于卢子英的支持。高士其经昆明赴香港治病在北碚出发前，卢曾设宴送行，并筹措医药费。

卢作孚　(1893—1952)　又名卢思。四川合川(今属重庆市)人。搞交通运输的实业家，与办重工业的张之洞，搞化学工业的范旭东和搞纺织工业的张謇同被毛泽东誉为中国不可忘记的四大实业家。早年入同盟会，参加反对清政府假“川汉铁路国有”滥借外债的斗争。五四运动时，加入少年中国学会。1919年在《川报》担任主笔、记者。曾担任合川中学监学兼数学教师。1921年应川军第二军第九师师长杨森邀请，担任永宁道尹公署的教育科长。他主张教育是在“教人学习，教人从实际生活上去学习”。创办通俗教育研究会。开展平民教育。整顿川南师范学校，聘请恽代英主持教务。1923 年与萧楚女在重庆二女师同教国文。1924 年在成都创办城市通俗教育馆。1925 年开发合川以及嘉陵江三峡地区，开创民生公司，建立乡村运动试验区，自任总经理及三峡峡防团务局局长。1929 年就任川江航务管理处处长，兴办民族航运工业。同时还发展矿业、钢铁、机械、电力、贸易等实业。1930 年在蔡元培、黄炎培、秉农山的支持下，在国内考察，特别考察了南京燕子矶小学和晓庄学校。并在四川大力宣传陶行知的《中国教育改造》一书。1934 年偕其弟卢子英专程去山海工学团访晤陶行知，从而使北碚成为全国小先生普及运动在四川的主持单位，卢作孚为主持人。1939 年陶行知定居北碚，育才学校和晓庄研究所以及生活教育社也以北碚为基地，得以发展。

卢绍刘　曾任安徽省教育厅长，在江苏教育经费管理处工作时曾特别设法发放江苏国库补助费，以使晓庄学校得以开创。陶行知曾鼓励他做全民教育的厅长，热心平民教育。这是大事，勉励他为一大事来，做一大事去。

卢　前　(1905—1951)　原名正绅、字冀野，江苏省江宁县（今南京）人。1922 年入南京东南大学国文系，1926 年后曾在南京金陵大学、上海光华大学、四川成都大学、南京中央大学、上海中国公学、广州中山大学、上海暨南大学等校任教，后任四川大学教授、福建音乐专科学校校长。1938 年 6 月至 1945 年 4 月任第一、第二、第三届国民参政员，1948 年 3 月增补为第四届国民参政员。先后主编《民族诗坛》《中华乐府》。1948 年 1 月任南京文献委员会通志馆馆长。著有《南北曲溯源》《明清戏曲史》《中国戏剧概论》等。

业岐兹　(Robert Meayus Yerkes，1879—?)　美国心理学家。著有《跳舞》《鼠动物行为之研究》等书。

帅昌书　(1903—1969)　又名丁华，四川人，南京东南大学学生。

1929 年参加中国共产党，曾任上海教联党团书记、中共上海临时委员。1939 年曾参与创办育才学校，并担任指导部主任。中华人民共和国成立后，任中央人民政府高等教育部部长助理。

叶元龙 (1897—1967) 安徽歙县人。早年留学美、英、法等国，获美国威斯康星大学经济学硕士学位。回国后，任光华大学教授、国立政治大学教授、上海商科大学教授、中央大学教务长兼经济系主任、安徽省财政厅厅长、贵州省教育厅厅长、重庆大学校长。中华人民共和国成立后，任上海大同大学教授、上海财经学院教授、上海社会科学院历史研究所编辑员。著《现代经济思想》《马歇尔经济学说批判》等。

叶则由 (1875—1934) 名德嘉，字则柔，号醉霞，安徽歙县壕城口人，新安画家。曾任安徽省立二师、省立三中美术教员。《云海探奇图》乃叶则由请歙县名书画家方勋（字伯贫）所作。

叶　刚 晓庄学校学生。1929 年曾在江苏省无锡县开原乡河埒口小学任教，1930 年在南京雨花台就义。

叶纶恕 浙江湘湖师范学校学生，浙江省立乡村师范学校共同生活会社会改造部宣传科干事。

叶浅予 著名漫画家。曾任《时代》记者。

叶楚伧 (1887—1946) 江苏吴县人，原名宗源，字卓书，早年加入中国同盟会。1916 年与邵力子创办《民国日报》，任总编辑。曾任国民党中央政治会议秘书长、国民政府联席会议秘书长，参加"四一二"反革命政变。后历任国民党中央工人部代理部长、中央宣传部部长、江苏省政府主席、国民政府委员、代理文官长、国民党中央政治会议委员、中央执行委员会常委兼秘书长、国民政府立法院副院长等职。

申包胥 春秋时楚国贵族，又称王孙包胥，楚君蚡冒的后代。与伍子胥为知交。楚昭王十年（公元前 506 年），吴国用子胥计攻破楚国，申到秦国求救，在宫廷痛哭七日夜，终使秦发兵救楚。

田　汉　(1898—1968)　剧作家，诗人，文艺活动家。湖南长沙人，字寿昌。早年留学日本，在东京参加少年中国学会与创造社。1922年回国后，在上海创办南国电影剧社、南国艺术学院和南国社，主编《南国》月刊。1929年1月23日田汉率领南国社冒雪前往晓庄演出，陶行知和田汉分别在欢迎仪式上致词。陶行知组织晓庄剧社与之交流，并派学生谢纬棨参加南国社演出，从而使陶与潘汉年有所接触。1932年前后，参加发起成立中国民权保障大同盟、中国左翼作家联盟、中国左翼戏剧家联盟，曾任左翼剧联党团书记、中共上海中央局文委委员。1937年后，在国民党政府军事委员会政治部第三厅工作。抗日战争胜利后，在上海参加爱国民主运动。1948年赴华北解放区。中华人民共和国成立后，历任中央人民政府政务院文教委员会委员，文化部戏改局、艺术局局长，中国文联第三届副主席，中国剧协主席、党组书记，是第一、第二届全国人大代表，第一届全国政协代表，第四届全国政协委员，是我国新兴话剧运动的奠基人之一，戏曲改革运动的先驱者，革命音乐、电影的组织者和领导人。有《田汉文集》十六卷。

田　洪　曾参加南国电影剧社。1929年曾到晓庄学校，对晓庄剧社的成立有贡献。

田　横　(？—前202)　秦末狄县（今山东高青东南）人，本齐国贵族。秦末，从兄田儋起兵，重建齐国。楚汉战争中自立为齐王，不久为汉军所破，投奔彭越。汉朝建立，率部属五百余人逃往海岛。因不愿称臣于汉，在奉召返回洛阳途中自杀。

史可法　(1602—1645)　明末河南祥符（今开封）人，字宪之，号道邻。崇祯进士。历任右参议、户部右侍郎、南京兵部尚书、礼部尚书兼东阁大学士等职。清军南下，拒诱降，力守扬州，城破后自刎未死，为清军所执，不屈被杀。扬州人民在梅花岭建衣冠冢纪念他。有《史忠正公集》。

史东山　(1902—1955)　电影编导，浙江杭州人。1922年入上海影戏公司，先后任美工、编导，后入联华影业公司，创作了《人之初》《狂欢之夜》《青年进行曲》等影片。抗日战争时期，在中国电影制片厂编导了《保卫我们的土地》《胜利进行曲》等影片。1946 年参与组建昆仑影业公司，创作了影片《八千里路云和月》等。中华人民共和国成立后，历任文化部电影局艺委会委员兼技术委员会主任、中国影协第一届常务委员，是第一届全国政协代表。编导的影片《新儿女英雄传》1951 年获捷克斯洛伐克第六届卡罗维·发利国际电影节导演奖。著有《电影艺术在表现形式上的几个特点》《论电影镜头的组接》等。

史汀生　(Henry Lewis Stimson，1867—1950)　先后毕业于耶鲁大学和哈佛大学法学院，后在纽约为开业律师。1911 年至 1913 年任陆军部长，1927 年至 1929 年任美驻菲律宾总督，1929 年至 1933 年任美国国务卿。1930 年、1932 年先后率领美国代表团出席伦敦海军会议和日内瓦裁军会议。日本侵略中国东北后，坚持瓜分中国的“门户开放”政策。1940 年至 1945 年任陆军部长时，提出对日本使用原子弹的建议。著有《美国的尼加拉瓜政策》《远东危机》和自传《在和平与战时的服役中》等。

史考梯　英国飞行员。1934 年 10 月，他和同伴白拉克参加由英、澳、美、荷、新、丹等国举行的由英国伦敦到澳大利亚墨尔本的飞行比赛，以 71 时 18 分的成绩夺得冠军，并创造了这条航线飞行速度的新纪录。

史　良　(1900—1985)　女，字存初，江苏常州人，上海法科大学毕业。曾任南京政治工作人员养成所指导员,江苏省临时法院书记官。1935 年发起组织上海妇女救国会，任理事和上海文化界救国会执行委员，全国各界救国会重要成员。1936 年 11 月因从事爱国活动与沈钧儒、邹韬奋等七人被国民党政府逮捕入狱。1937 年获释，任战时儿童保育会设计主任委员。1938 年 6 月至 1942 年 7 月任第一、第二届国民参政会参政员。1942 年任中国民主政团同盟（后改中国民主同盟）中央执行委员，曾任育才学校法律顾问。中华人民共和国成立后，曾任全国人大常委会常务委员、副委员长，全国政协副主席，中央人民政府司法部长，全国妇联副主席，民盟中央主席。著有《史良自述》。

史迪威 （Joseph Warren Stilwell，1883—1946） 美国陆军将领。1904年在美国西点陆军军官学校毕业。1906年至1910年和1913年至1917年担任该校教官，其间于1911年首次来华，后参加第一次世界大战。1921年以步兵少校任驻华使馆随员，在北京学习汉语文。曾在美国于山西设立的红十字会筑路工程队任职。1927年至1929年任美军驻天津部队参谋长和司令官。1932年任美国驻华大使馆陆军武官参赞，1941年任美国第三军团司令。太平洋战争爆发后，第五次来中国，任中、印、缅战区美军司令兼中国战区总司令蒋介石的参谋长，同时负责监督美国对华《租借法案》的实行。曾派部下考察延安和部分抗日敌后根据地，并向蒋介石建议武装八路军、新四军。因同蒋介石发生矛盾，1944年10月被美国政府召回。回国后，曾任美国陆军地面部队司令，后任美军第十军军长。1946年病故。美国人白修德1948年编辑出版有《史迪威文件》一书。

史量才 （1880—1934） 名家修，字以行，上海青浦人。早年毕业于杭州蚕桑馆，后到上海任教。1904年创办女子蚕桑学校。1908年任《时报》主笔。1912年接办《申报》自任总经理。1919年与陶行知欢迎杜威夫妇。1921年与人合办中南银行，开办民生纱厂，协助陆费逵重办中华书局。1927年买进《时事新报》，1929年购得《新闻报》大部股权。1930年曾秘密聘请陶行知担任《申报》总管理处顾问，大力改革，出版《申报》月刊，编印《申报年鉴》。史量才因支援“一·二八”抗战，支持宋庆龄等组织的中国民权保障同盟，引起蒋介石的忌恨，派遣特务将史杀害。

丘比特 （Cupido） 古罗马宗教所信奉的爱神，相当于希腊神话中的厄洛斯和拉丁诗歌中的阿摩尔。据说丘比特是身生两翼而为诸神传信的神灵墨丘利与爱神维纳斯所生之子。丘比特之像通常为生有双翅的男童，手持弓箭，为其箭所伤者，就会坠入情网。有时其像如同战神马尔斯，身披甲胄。

丘吉尔 （Winston Leonard Spencer Churchill，1874—1965） 英国首相（1940—1945，1951—1955）。保守党领袖。出身贵族家庭，毕业于桑赫斯特军事学院，1895 年投军。1900 年以后，曾连续当选为自由党或保守党议员。历任殖民、贸易、内政、海军、军需、陆军、空军、财政等部大臣。十月革命后，策划对苏俄的武装干涉。希特勒在德国当政后，提出联苏制德的主张。反对张伯伦签订《慕尼黑协定》。1939 年第二次世界大战后，进入战时内阁任海军大臣，1940 年任首相。1946 年在美国富尔顿发表演说，鼓吹英美联盟，对抗苏联，揭开了战后“冷战”时期的序幕。著有《第二次世界大战回忆录》《英语民族史》等。曾获 1953 年诺贝尔文学奖。

白求恩 （Henry Norman Bethune，1890—1939） 加拿大胸外科医师，多伦多大学及爱丁堡大学医学博士。曾任蒙特利尔皇家维多利亚医院及圣心医院胸外科医生、主任。西班牙内战期间，参加国际纵队，支援西班牙人民的革命斗争。1937 年 7 月 30 日在美国洛杉矶西班牙人民之友欢迎宴会上晤陶行知，后于 1938 年率领医疗队到达延安，不久转赴晋察冀边区，为中国抗日军民服务，并培养了大批医务干部。后因抢救伤员感染中毒，在河北唐县逝世。

白启祥 字动生，江苏江宁人。1926 年为江宁县立师范学生，曾参加乡校教师研究会成立会，后入晓庄学校读书。曾任杭州翁家山小学校长。编有《西湖八小孩》《普及教育经验谈》。1939 年在正中书局编《教与学》月刊。

白拉克 英国飞行员。1934 年与史考梯参加由英、澳、美、荷、新、丹等国举行的由英国伦敦到澳大利亚墨尔本的飞行比赛，以 71 小时 18 分的成绩夺得冠军，并创造了这条航线飞行时间的新纪录。飞行前，白拉克向女演员台斯芒求婚。

白　狼 即白朗的谐音（1873—1914） 字明心，河南宝丰人。为反对袁世凯军阀统治，1912 年率领豫西一带农民武装起义，次年攻克禹县，提出“打富济贫”口号，进军豫、鄂、皖边境，由几百人扩展至几万人，并于1914年改称“公民讨贼军”。俄、美、英、法等国派军事人员观察，袁世凯调集20万大军“会剿”。由于长期流动作战，损耗很大，旋战败牺牲，部队溃散。

白崇禧　(1893—1966)　字健生，广西临桂人，国民党军事将领。北伐战争时任国民革命军总司令部副总参谋长。蒋桂战争失败后，与李宗仁等以“自治、自卫、自给”的三自政策，长期治理广西。1936年6月参与两广事变，后任军事委员会副总参谋长。1938年任桂林行营主任，统一指挥长江以南三个战区。

白鹏飞　(1870—1943)　广西桂林人，字经天。早年留学日本，获东京帝国大学法学士学位。回国后，曾任广东省立工业专门学校教务主任、国立北平法政大学总务长、广西大学教授兼总务长，中央大学、北京大学教授，北平大学法学院院长、广西大学校长。1943年逝世。著有《行政法总论》《行政法大纲》《法学通论》《比较劳动法学大纲》等。

包尔生　(Friedrich Paulsen，1846—1908)　德国哲学家、伦理学家、教育学家。曾在柏林大学就读，毕业后在柏林大学执教，1878年起任教授直至去世。著有《伦理学体系》。1909年蔡元培根据日译本《序论》和《伦理学原理》译成中文，以《伦理学原理》为书名由商务印书馆出版。杨昌济在湖南省立第一师范学校讲授修身课时，曾以此作为教材。毛泽东在听课和阅读该书的过程中，作了大量批注。1990年7月出版的《毛泽东早期文稿》发表了这些批注。《伦理学体系》也重新翻译出版。

包监督　(1873—1944)　名包文，美国人。美国美以美会传教士，1887年来华，1914年任金陵大学校长。该校原为金陵大学堂，1910年由宏育书院（1906年由基督、益智书院合并而成）与汇文书院合并，以大学建制成立。

冯乃超　(1901—1983)　广东南海人，日本京都帝国大学肄业。1928年加入中国共产党。曾任创造社编辑，主编《创造》月刊，为创造社后期的主要成员。1930年与鲁迅等人筹组成立中国左翼作家联盟，任左联党团书记、宣传部部长。后任中国左翼文化界总同盟党团书记、党刊《红旗报》编辑。抗日战争和解放战争时期，任国民党政府军事委员会政治部第三厅中共特支书记，文化工作委员会科长，重庆国共谈判中共代表团顾问，中共中央长江局文化工作委员会副书记、书记，华南分局文化工作委员会书记。1949年出席中国人民政治协商会议第一届全体会议。中华人民共和国成立后，历任政务院文化工作委员会副秘书长兼人事处处长，中央人事部副部长，中共广东省委委员，中山大学党委第一书记、副校长，广东省第二、第三届政协副主席，北京图书馆顾问。是中共八大代表，第一届全国人大代表，第四、第五届全国政协委员。

冯子材　(1818—1903)　字南干，号萃亭，广东钦州（今属广西）人。1862年任广西提督，1875年调任贵州提督。1884年以广东四府团练督办名义抗击法国对滇桂边境的侵犯。后受命帮办广西军务，历任云南提督以及贵州提督等职。中日战争期间，驻守镇江，义和团运动时，赴北京防守。

冯玉祥　(1882—1948)　字焕章。安徽巢县（今巢湖市）人。1924年派军队将清逊帝溥仪逐出故宫，改所部为国民军，并任司令兼第一军军长。1927年5月，任国民革命军第二集团军总司令。1928年先后爆发蒋冯战争和中原大战。“九一八”事变后反对蒋介石的不抵抗政策和独裁统治。1933年在张家口组织民众抗日同盟军。1936年任国民政府军事委员会副委员长。1937年2月，同宋庆龄、何香凝等13人向国民党五届三中全会提出《恢复孙中山先生手订联俄联共扶助农工三大政策案》。1946年出国，1947年底至1948年初，与李济深等发起组织中国国民党革命委员会，任中央委员会常委和政治委员会负责人。1948年应中国共产党之邀，回国参加新政治协商会议筹备工作时，途经黑海，轮船失火遇难。冯玉祥是陶行知的亲密朋友。冯在南京时，曾资助晓庄学校修甘肃、河南及陕西三馆。冯玉祥修在晓庄的住宅，后来也捐赠给学校。1927年12月，陶行知应邀去开封冯部研究士兵教育。1928 年 8 月 7 日，晓庄开会欢迎冯玉祥。冯发表演说："预备派几个人到晓庄来学学，将来回去，用晓庄的教育方法训练兵士与民众。"当时正值蒋冯战争，蒋介石借口陶受冯支持，于 1930 年 4 月 8 日查封晓庄并通缉陶行知。1932 年晓庄学校启封，解除对陶的通缉也是冯疏通的结果。冯玉祥是生活教育社第二届监事会三位常任监事之一，积极支持育才学校，并任社会大学董事长。

冯亦代　(1913—2005)　原名贻德，浙江杭州人，中国民主同盟盟员。1936 年毕业于沪江大学商学院，1939 年在香港参加中华全国文艺界抗敌协会、国际新闻社。曾任香港《星报》翻译，创办英文《中国作家》，出版《耕耘》杂志，主编《电影与戏剧》，任重庆中外文化联络社、上海《世界晨报》经理，《联合晚报》副刊编辑，《人世间》编委。中华人民共和国成立后，历任国际新闻局秘书长，外文出版社出版部主任，英文《中国文学》编辑部副主任，《读书》副主编。是第六届中央民盟常委，第七届全国政协委员、中国作协理事等。译著有《美国现代文艺界潮》，《龙套集》《书人书事》《漫步纽约》等。曾与陶行知、倪斐君共同创办由美国援华会资助的国际难童学校（亦称培才学校）。陶行知曾将自己整理的诗集九册交冯出版。

冯国华　(？—1938 年)　又名迈樱，20 世纪 30 年代江苏宝山县教育局长。1934 年 1 月 28 日山海工学团 17 个儿童工学团团员总集合举行"一·二八"两周年纪念及儿童自动工学团授旗典礼。典礼由社健（即张健）主持，冯国华向工学团授予"普及教育动员令"的旗子，鼓励工学团的小先生们普及国难教育。他还将宝山县境 200 万亩产棉区的 20 万农民组织成工学团来开展农民教育。事未成，后即辞职到江苏省立俞塘民众教育馆工作。"一二·九"后一直从事国难教育。1938 年 10 月 7 日与日军战斗为国殉难。

冯洪达　(1926—　)　安徽巢湖人。1946 年至 1948 年在美国学习（随父冯玉祥），1949 年在苏联学习。回国后曾任北海舰队副司令员。1941 年 10 月 18 日，陶行知曾应冯玉祥、李德全之邀，专程去重庆巴县陈家桥寓所，次日（19 日）庆祝冯洪达 15 岁生日。

冯理达 （1925— ） 安徽巢湖人。1946 年至 1948 年在美国学习并担任其父冯玉祥秘书，做爱国华侨和爱国学生工作。1949 年至 1958 年在苏联列宁格勒大学学习并教中文。1958 年毕业，获医学博士学位。其间曾在苏联列宁格勒卫生局中国针灸班讲学。1958 年后回国，任中国医学院流行病微生物学研究所助理研究员。1970 年至 1973 年任李德全同志秘书。1973 年任海军总医院主任医师，中华全国妇女联合会执行委员。第七届政协全国委员会委员，第八届政协常委。

冯梯霞 广东人，金陵大学农业植物系毕业。曾任中华平民教育促进会干事，在定县平民教育实验区推广农业科学知识。

冯　庸 （1901—1981） 初名英，字镇雄、天锋等，辽宁海城人。1927 年创办冯庸大学，任校长。后组织义勇军参加“一·二八”淞沪抗战。曾任东北抗联第七路军总指挥、军官训练团及第九战区中将处长等职。

玄　奘 （602—664） 通称“三藏法师”，俗称“唐僧”，与鸠摩罗什、真谛并称为中国佛教三大翻译家，唯识宗的创始人。本姓陈，名，洛州缑氏（今河南偃师缑氏镇）人。十三岁出家，从凉州出玉门关西行赴天竺，在那烂陀寺从戒贤受学。后又游学天竺各地，并同一些学者展开辩论，名震五竺。贞观十九年（645）回到长安。译出经、论七十五部，凡一千三百三十五卷；并把《老子》《大乘起信论》译成梵文，传入印度。多用直译，笔法严谨，世称“新译”。曾编译《成唯识论》。所撰《大唐西域记》为研究中国西北地区及印度、尼泊尔、巴基斯坦、孟加拉国、中亚等地古代历史地理和从事考古的重要资料。

兰喀斯特 （Joseph Lancaster，1778—1838） 英国教育家，导生制的倡导者。1798 年在南维克开办贫民学校，由于学生人数激增，就把年龄大的学生作为导生。他首先教导生，然后导生再教各小组的学生，实行“导生制”。导生制亦称倍尔—兰喀斯特制。1803 年著《教育改良论》。

宁振镛　重庆育才学校教师。1941 年担任育才学校暑期自学团算术自学团的数学顾问。

司徒美堂　(1868—1955)　广东开平人。1881 年去美国，1884 年加入洪门致公堂，参加反清斗争。1904 年起追随孙中山进行革命活动，后在美负责致公堂、安良堂等侨胞团体的工作。抗日战争爆发后，保护受国民党政府通缉而在国外宣传抗日的陶行知，发动美洲华侨捐款支援祖国抗战。1945 年被选为美洲洪门致公堂主席，1948 年拥护召开新政治协商会议和组织联合政府的主张。1949 年回国，出席中国人民政治协商会议第一届全体会议。后历任中央人民政府委员、全国人大常务委员会委员，全国政协委员，华侨事务委员会委员等职。

司徒雷登　(John Leighton Stuart，1876—1962)　美国基督教新教传教士、外交官。生于中国杭州，父母均为美国在华的传教士。他于 1905 年开始在华传教，1910 年在金陵大学任教，1919 年起任燕京大学校长、校务长。1946 年任美国驻中国大使。1949 年离开中国。著有《启示录注释》《传教士和大使司徒雷登在华五十年回忆录》等。

尼古拉　指俄国的尼古拉二世 (Nicholas Ⅱ of Russia，1868—1918) 俄国沙皇，亚历山大三世的长子。1894 年继承父位，1918 年被革命政权枪决。

尼　采　(Friedrich Wilhelm Nietzsche，1844—1900)　德国哲学家、诗人。终身未婚。1889 年患进行性麻痹症，以后偏瘫，神经错乱。他的哲学和文学著作充满先知式的训示和反传统的叛逆性，在世界上有很大影响。

尼赫鲁　(Jawaharlal Nehru，1889—1964)　印度总理 (1947—1964)，英国剑桥大学毕业。1912 年归国，任阿拉哈巴德高等法院律师，1918 年起任国大党全国委员会委员，1920 年参加甘地领导的非暴力不合作运动。1929 年任国大党全国委员会总书记，其后屡次当选该党主席。1939 年任全印度邦议会主席、全国计划委员会主席。1946 年任临时政府副总理，1947 年 8 月印度独立后任总理兼外交部长。他和周恩来总理在联合声明中提出了和平共处五项原则，是不结盟运动和万隆会议的倡导者之一。著有《尼赫鲁自传》《印度的发现》和《独立之后》等。

加尔耐　通译约翰·南斯·加纳（John Nance Garner，1868—1964）美国副总统（1933—1941）。1890 年靠自学获律师资格，后在得克萨斯州议会任职。曾为联邦众议院议员、议长，众议院少数党领袖和税收委员会委员。因反对罗斯福第三次连任总统离职，并退出政界。

加里宁　（Михаил Иванович Kαπинин，1875—1946）　苏联共产党和国家的领导人之一。农民家庭出身，当过车工。1898 年加入俄国社会民主工党。屡遭逮捕和流放。1912 年被选为俄国社会民主主义工党（布）候补中央委员。十月革命后，当选党中央委员（1919）、政治局委员（1926）；历任全俄中央执行委员会主席（1919—1922）、苏联中央执行委员会主席（1922—1938）、苏联最高苏维埃主席团主席（1938—1946）。著有《论共产主义教育》《一切为了前线；一切为了胜利》《苏维埃国家的威力》等书。

加拉罕　(Lev Mikhailovich Karakhan，1899—1937)　1918 年任苏联副外交人民委员，1919 年 7 月代表苏俄政府发表《俄罗斯苏维埃联邦社会主义共和国对中国人民和中国政府的宣言》，宣称放弃帝俄时代在中国所取得的一切特权，归还租界，废除不平等条约。1920 年 9 月以代理外交人民委员身份再次发表对华宣言，重申对中国人民的友好态度，建议实现两国关系正常化，缔结友好同盟。1923 年奉派来华。1924 年 5 月 31 日与北洋政府外交总长顾维钧签订《中苏解决悬案大纲协定》，恢复了两国的正常外交关系。同年 6 月任苏联首任驻华大使。在华期间，支持中国北方人民革命运动，推动冯玉祥左倾。“三一八”惨案后站在中国人民一边。1926 年 8 月回国。

加富尔　(Camillo Benso Cavour，1810—1861)　撒丁王国首相

(1852—1859；1860—1861）意大利王国首相（1861）。意大利自由派贵族和资产阶级君主立宪派领袖，曾就读于都灵军事学院。后服役，开办企业。1847年创办《复兴报》，宣传君主立宪思想。力图在撒丁王国领导下，通过军事和外交手段，自上而下统一意大利。1860年至1861年在加里波第领导下，经过民族革命战争，西西里和那不勒斯获得解放，加富尔集团乘机将其并入撒丁王国，宣布意大利王国成立。

台和中　甘肃泰安人，晓庄学校大学部毕业生。曾派往淮安县莲花街新安会馆创办新安小学。曾任甘肃省立女子职业学校校长、甘肃省第三女子中学校长、生活教育社第一届15位监事之一，生活教育社甘肃分社临时负责人。

六　画

邢舜田　(1910—1988)　河北高阳人。1934年应陶行知邀为他主编的小学教科书插图。参加生活教育社。曾与陈鹤琴合作编绘《新文字民族英雄故事》和《科学家传记》20余种，与陆静山主编《小主人文库》。1951年任中国青年出版社美编室和少儿读物编辑室主任。参加筹建中国少年儿童出版社，任编委兼幼儿读物组长。主编《学前儿童文艺》丛书，参加编绘一些幼儿读物。

吉　田　即吉田茂（1878—1967）　日本东京人。1906年毕业于东京帝国大学法科，后进入外务省，历任驻中国安东、济南领事，驻天津、沈阳总领事。1928年任外务次官，1932年任驻意大使、驻英大使。1945年9月起任日本外相，1946年5月起任自由党总裁，先后五次组阁任首相，执政长达7年之久。著有《回想十年》《世界与日本》《激荡的百年史》等。

吉星文　(1910—1958)　字绍武，河南扶沟人。1923年毕业于县立初中，随叔父吉鸿昌入伍，历任排、连、营、团长。1937年任宋哲元部三十七师二一九团团长。曾率部在芦沟桥抗击日军。后历任旅、师、军长。在重庆时，陶行知曾派育才学校代表前往慰问。1949 年去台湾，历任澎湖防卫部副司令官、金门防卫部副司令官。1958 年 8 月 23 日，在中国人民解放军炮击金门的战斗中被炸伤，后死去。

托尔斯泰 （Leo Tolstoy，1828—1910） 俄国作家、改革家、道德思想家。创作了《战争与和平》《安娜·卡列尼娜》《复活》等不朽巨著，是 19 世纪最重要的思想家之一。

托里圻利 通译托里拆利（Evangelista Torricelli，1608—1647） 意大利物理学家和数学家。早年赴罗马研究数学。先当伽利略的助手，后继伽利略任佛罗伦萨大学教授。在著名的托里拆利实验中，他发现气压变化时，水银柱的高度也随之变化。根据这一原理制成水银气压计。著有《重力运动论》。

老　子 即老聃。一说姓李，名耳，字伯阳，“聃”是谥号，春秋末年思想家，道家创始者。相传他是楚国苦县（今河南鹿邑）人。《老子》一书是陆续形成并非老聃之作，成书的年代约在墨子以后庄子以前。在自然观方面具有无神论的倾向，后来唯物唯心两派都从不同的角度吸收了他的哲学思想。

老　舍 （1899—1966） 原名舒庆春，字舍予，北京人，满族。1918 年毕业于北京师范学校。曾任小学校长、中学教员、英国伦敦大学东方学院汉语讲师。1930 年回国后任齐鲁大学、山东大学教授，中华全国文艺界抗敌协会常务理事兼总务部主任。1946 年赴美讲学，1949 年回国。历任政务院文教委员会委员，中国文联副主席，中国作协副主席、书记处书记，北京市文联主席，中国民间文艺研究会副主席，中国剧协理事，《北京文艺》《说说唱唱》主编，中国文联第二、第三届委员，中国作协第二届理事，第一至第三届全国人大代表，第三届全国政协委员、第四届全国政协常委。1951 年被北京市人民政府授予“人民艺术家”称号。“文化大革命”初期被迫害致死。主要著作有《老张的哲学》《骆驼祥子》《四世同堂》《正红旗下》《龙须沟》《茶馆》和《老舍文集》。

地瓦尔　通译杜瓦（Tames Dewar，1842—1923）　英国化学家、物理学家，曾任剑桥大学、伦敦皇家学院教授，伦敦化学学会会长、伦敦化工学会会长。早年研究有机化学，后从事低温测量、光谱仪、永久气体的液化等研究。曾发明制造液氧和液态臭氧的器械、真空外套和用以贮藏液态气体的保温瓶（也称“杜瓦瓶”）等。1895年液化空气成功；1898年制成液氢。9年后又制得固态氢，并测定氢的折光率，还研究低温时液氧和液态臭氧的磁性、元素的比热。1889年曾和阿贝尔一起发明了炸药“柯戴特”，1910年又用直接法测得纯镭盐生成氦的速度。著有《论氧气的液化与液体的临界体积》等。

共　工　古史传说是尧的臣子，试授工师之职。后被舜流放于幽州。

亚里斯大德　通译亚里士多德（Aristotelēs，前384—前322）　古希腊哲学家、科学家。其学派被称为逍遥学派。将科学分为理论的科学、实践的科学和创造的科学，是形式逻辑的奠基人。在哲学上，动摇于唯物主义和唯心主义之间；在政治上，主张由中等奴隶主来治理国家；在美学上，曾给悲剧下过一个著名的定义；在教育上，认为理性的发展是教育的最终目的。在生物学、生理学、医学等方面也有贡献。主要著作有《工具论》《形而上学》《物理学》《伦理学》《政治学》《诗学》等。

芝　诺　（Zenon Eleates，约前490—约前436）　古希腊哲学家，埃利亚学派的主要代表之一。在雅典从事教学。相传因反对奴隶主民主派的僭主政治而被捕并杵臼处死。著有《论自然》，现仅存残篇。

西肖尔　（Carl Emil Seashore，1866—1949）　美国心理学家。历任依阿华州立大学教授、心理学系主任、研究生院院长等职。发明语言暗示器、心理刺激反应器和声源测定器等多种心理实验仪器，并提出西肖尔音乐才能测量法。著有《日常生活的生理学》《心理学的基础实验》《音乐的心理学》等。

西　施　一作先施，姓施，又称西子，春秋末越国苎罗（今浙江诸暨南）人。西施为绝色的美女，由越王勾践献给吴王夫差，成为夫差最宠爱的妃子。传说吴亡后，与范蠡偕入五湖而去。

百沽斯　通译巴古科斯（Bacchus），又称狄俄尼索斯（Dionysus）。在希腊神话中，他是丰产与植物的自然神，特别是以酒与狂欢之神著称。

达尔文　（Charles Robert Darwin，1809—1882）　英国博物学家，进化论奠基人。1859 年出版震动学术界的《物种起源》，提出以自然选择为基础的进化学说。随后又发表《动物和植物在家养下的变异》《人类起源及性的选择》等书，对人工选择作了系统的叙述，并提出性选择及人类起源的理论，进一步充实了进化学说的内容。马克思、恩格斯称赞《物种起源》是划时代的著作。恩格斯认为达尔文的进化论是 19 世纪自然科学的三大发现之一。

达　斯　（1869—1958）　印度唯心主义哲学家。吠檀多派哲学的改革者，他把印度古代瑜伽派的心理学说和西方实证论的心理学联系起来，打算建立一套新的心理学体系。著《自我的科学》《社会组织的科学》等。

列　宁　（Lenin，1870—1924）　弗拉基米尔·伊里奇·列宁，原姓乌里扬诺夫，出生在辛比尔斯克。俄国共产党（布尔什维克）的缔造者和领导者，第一届苏维埃政府即人民委员会主席。著有《列宁全集》60 卷。

成庆生　（1905—1959）　安徽安庆人，华中大学文学士。1935 年任华中大学附中教导主任，1936 年曾为武汉学联在附中操场举办全武汉学生的国难歌咏大会。抗战期间任教于广西桂林中山学校并担任广西地方建设干部学校小组指导员。生活教育社在桂林公开成立时被选为首届理事，1940 年 5 月还担任生活教育社生产基金及资金筹募委员会委员。曾随梁漱溟在广西贺县参加中国民主同盟东南总支部，并去香港。1948 年接替方与严、朱智贤任中业学院院长，1959 年墓葬广州。

尧　　传说中五帝之一，原始时代部落联盟领袖。陶唐氏，名放勋，史称唐尧。

毕云程　(1891—1971)　浙江海盐人，笔名新生。1927 年后任邹韬奋主编的《生活》周刊特约撰述、《世界知识》编辑、生活书店总经理。香港《生活日报》经理。1938 年任生活书店总编稽核。1949 年后任上海文史馆馆长，韬奋纪念馆馆长。曾积极资助中华教育改进社和晓庄学校，支持陶行知的生活教育事业。

毕来思　美国民间组织援华会官员。1945 年 9 月 27 日曾写信致陶行知，希望陶提供有关生活教育社以及陶请求拨 100 万美元进行旨在提高全民族文化水平的民主教育实验的具体情况，以便统筹拨款。1946 年曾专程来华考察。

毕　昇　(？—约 1051)　宋代人，活字版印刷术的发明者。据沈括《梦溪笔谈》记载，毕昇在宋庆历年间 (1041—1048)　发明在胶泥片上刻字，一字一印，用火烧硬后，便成活字。排版前，先在置有铁框的铁板上敷一层掺和纸灰的松脂蜡，活字依次排在上面，加热，使蜡稍熔化，以平板压平字面，泥字即固着在铁板上，可以像雕版一样印刷。此外，他还研究过木活字排版。活字可以多次使用，比整版雕刻经济方便。

光　昇　(1875—？)　字明甫，安徽省桐城县人，日本早稻田大学毕业。曾任北京大学教授，安徽法政专门学校校长，安徽省政府委员。1938 年 6 月至 1948 年 3 月任第一至第四届国民参政会参政员。

吕长春　江苏句容人。重庆育才学校自然组学生。1944 年至 1946 年曾主持育才小龙坎、瓷器口两农场，后任上海行知艺术学校教导主任。长期从事生活教育研究，现为上海市陶行知研究会副会长。多年在上海师大教育管理系执教，副研究员，高级教师。

吕凤子　(1885—1959)　字凤子，人称凤先生。江苏丹阳人。清末秀才。1909 年毕业于南京两江师范。曾在江苏、湖南、北平、上海、四川等地执教，曾任中央大学艺术系国画教授兼大学研究院国画研究员。1953 年任江苏师范学院图画制画系主任。擅人物、山水、花鸟画，一生作画近千件。创书法篆刻中之“凤体字”。曾为陶行知刻印。出有《风景画法》《中国画技法研究》《吕凤子治印集》等。

吕祖谦 (1137—1181)　字伯恭，学者称东莱先生，婺州（今浙江金华）人，南宋学者。为学主“明理躬行”，治经史以致用，创金华学派。南宋乾淳后学派分为三：朱（熹）学以格物致知，陆（九渊）学以明心，吕学则兼取其长。曾于淳熙二年（1175）在信州铅山（今江西铅山）鹅湖寺举行哲学辩论会，试图折中朱、陆不同理学派别的争论。著有《东莱集》《吕氏家塾读书记》《东莱左传博议》《历代制度详说》等。

吕振羽 (1900—1980)　湖南武冈（今属邵阳）人。1926 年毕业于湖南高等工业学校，同年参加北伐战争。“九一八”事变后参加抗日救亡活动，曾任中国大学教授、自由职业者大同盟书记。1936年加入中国共产党，从事统战工作，是中国早期马克思主义历史科学研究者之一。1941 年任中共中央华中局党校教授，后任刘少奇秘书。解放战争时期任大连大学校长兼党委书记。中华人民共和国成立后任东北人民政府文教委员会副主任，东北人民大学校长兼党委书记，中国科学院哲学社会科学学部委员，全国人大代表、全国政协委员。著有《史前期中国社会研究》《殷周时代的中国社会》《中国政治思想史》《简明中国通史》和《吕振羽史论选集》等。

吕调元 (1869—1932)　原名景丰，字权予，号燮甫，安徽太湖人。清光绪进士。历任知县、知府。1913 年任湖北民政长。次年改为巡按使，旋调任陕西巡按使。1916 年聘为国务院顾问。1918 年被选为参议院议员。次年任安徽省省长，不久去职。1923 年任安徽全省铁路督办。1926 年曾任国民革命军援东北军总司令。

吕镜楼 (1885—?)　又名吕德清，河北宁津人，原在北京师范大学附属小学教书，陶宏是他的学生。陶行知常去听他的课，认为他重视儿童的好奇心，科学教育应从儿童时代下手，因而视为知己、同事。1927 年筹办乡村师范之初，陶即聘吕为科学指导员，直到晓庄被查封。曾参与筹组自然学园，编著《儿童科学》丛书多种。

朱由检 （1611—1644） 即明思宗，1628—1644 年在位，年号崇祯。崇祯十七年，李自成率军攻克北京，他在煤山（今景山）自杀。

朱由崧 （1607—1646） 福王朱常洵之子，袭封福王。1644 年明亡后，被凤阳总督马士英联结江北四镇迎立至南京监国，建南明政权，即帝位，年号弘光。1645 年清军逼近，逃往芜湖，后被俘获处死。

朱冰如 又名秉瑜（陶行知给改为现名），上海英美烟厂女工。在晨更工学团徐明清的帮助下，参加上海浦东女青年会女工夜校学习，并当上了“小先生”，在英美烟厂办女工读书班，学员 100 多人。与晓庄学校高中部师范科毕业生陈伦结婚，并同在浙江杭州市艮山门教书。1935 年徐明清被捕，关在杭州监狱，陶行知曾三次派她给徐明清送去衣物和钱，并设法营救。

朱买臣 （？—前 115） 字翁子，西汉吴县（今江苏苏州）人。家贫好读书，卖薪自给。武帝时，为会稽太守，与横海将军韩说等击破东越首领的叛乱。曾官主爵都尉，后被杀。

朱启贤 （1911—1968） 山东单县人。1945 年在美国哥伦比亚大学获哲学博士，博士论文为《科学的哲学与教育》。曾就近担任陶行知与杜威、克伯屈等人之间的联络工作。民主同盟盟员，北京师范大学四级教授，1968 年 4 月在“文化大革命”中不幸去世。

朱君毅 （1895—？） 浙江江山人，清华大学毕业，美国哥伦比亚大学哲学博士。1922 年为中国高等师范学校讲授《教育统计学》的四位专家（陶知行、张耀翔和张见安）之一。1930 年著《教育统计学》。曾对《平民千字课》提出很有价值的意见，曾任美国纽约大学汉文讲师，中国东南大学教授兼教育科副主任、教务主任，江苏第一女子师范学校教务长，清华、北大等校教授、教育心理系主任，国民政府考试院高等考试襄试委员、立法院编译处长。

朱其慧 （1887—1931） 字淑雅，女，江苏宝山（今属上海市）人。早年协助丈夫熊希龄创办香山慈幼院及中华教育改进社。1923 年曾在北京同陶行知等发起创立中华平民教育促进会，任董事长。1925 年发起组织中国妇女协会，并任委员长。后曾创办女子平民工厂。

朱泽甫 （1901—1985） 安徽桐城人。1930 年晓庄学校大学部毕业，曾任上海光华工学团负责人。1933 年与刘大作、盛震叔去广东大埔大麻中学任教，后去百侯中学接替唐文粹主持师范班和小学的工作。1935 年回安徽担任省立师范一学区的辅导员。后回上海担任吴淞铁路机车厂工人学校校长。1985 年任中国陶行知研究会理事。著《陶行知年谱》。

朱经农 （1887—1951） 原名有畇。原籍江苏宝山（今属上海市），生于浙江浦江。早年留学日本，1905 年加入同盟会。1916 年又赴美留学，获硕士学位。1921 年任北京大学教育系教授，《新教育》杂志教育哲学组编辑员。1923 年去上海任商务印书馆编辑，曾与陶行知一同编辑《平民千字课》教材。主编《申报·平民周刊》，后任上海市教育局局长、教育部常务次长。1931 年为晓庄师范被封，曾与陶行知有“牛变为豨”的争论。1932 年 9 月任湖南教育厅厅长，1943 年 2 月任中央大学教育长，抗战胜利后任商务印书馆总经理。1948 年 11 月去美国，任中国出席联合国文教会议大会首席代表。后留美从事著述。

朱海观 （1908—1985） 文学翻译家，安徽寿州（今寿县）人，回族。1932 年至 1936 年，先后毕业于金陵大学英文系、历史系。曾任国民党政府文化工作委员会秘书、苏联塔斯社驻中国总社翻译。中华人民共和国成立后，任《世界文学》编委。译有［俄］格罗斯曼《不朽的人民》、陀思妥耶夫斯基《罪与罚》、伊林《人与自然》，［美］《海明威中篇小说选》、沃克《战争风云》，［印度］安德纳《克什米尔牧歌》等。

朱家骅　(1893—1963)　字骝先，浙江吴兴人。1912 年留学德国学地质，1924 年回国，任北京大学地质系教授兼德文系主任。1927年任广东民政厅长兼中山大学副校长，1929 年当选为国民党中央委员和中央政治会议委员。后任国民政府教育部长、交通部长、浙江省主席。1939 年 12 月负责国民党组织部并兼任中央调查统计局局长，为 CC 集团首要人物之一。1940 年后任中央研究院代理院长。

朱培德　(1889—1937)　字益之，云南盐兴人。1915 年加入中华革命党。先后任云南护国军团长，粤滇军第七混成旅旅长、滇军第四师师长、中央直辖滇军总司令。北伐时任前敌总指挥、建国第一军军长。1927 年任江西省主席，追随蒋介石“剿匪”。

朱葆初　又名朱宝锄，江苏昆山人。晓庄学校建校时的建筑设计师兼晓庄学校指导员。

朱　棣　(1360—1424)　明代皇帝（1403—1424）。太祖朱元璋第四子，洪武三年（1370）封燕王，藩北平府（今北京）。惠帝削藩，他以祖训为名，起兵“靖难”，建文四年（1403）夺取帝位，年号永乐。确立内阁制度。永乐七年（1409），设奴儿干都指挥使司，治理黑龙江、精奇里江、乌苏里江、松花江流域和库页岛等地。永乐十九年迁都北京，以南京为留都。开通会通河，使漕运畅通。他很重视联系海外诸国，多次派太监郑和出使南洋等地。又命解缙等编纂《永乐大典》，对保存古代典籍有所贡献。

朱蕴山　(1887—1981)　安徽六安人。早年参加光复会和同盟会，参加过辛亥革命和八一南昌起义。1947 年参与发起组织中国国民党革命委员会。中华人民共和国成立后，曾任第二至第四届全国政协常委，第五届全国政协副主席，第四、第五届全国人大常委副委员长，民革中央主席。

朱　德　(1886—1976)　原名代珍，字玉阶，四川仪陇县人。1909 年加入中国同盟会，1911 年参加云南起义，任团长、少将旅长。1922 年赴德国留学，同年加入中国共产党。1925 年赴莫斯科东方大学和秘密军事训练班学习。1926 年任国民革命军第二十军党代表兼政治部主任，并任中共重庆地委军委委员。1927 年 1 月任国民革命军第三军军官教育团团长，后又兼任南昌市公安局长。同年 8 月参加领导南昌起义，任起义军第九军军长。1928 年 1 月举行湘南暴动，建立工农民主政权，任工农革命军第一师师长。同年 4 月率部上井冈山同毛泽东领导的秋收起义部队会师，成立了工农革命军第四军，任军长。后相继任红四军军长、红一军团军团长、红一方面军总司令、红军总司令、中共苏区中央局委员、中央革命军事委员会副主席和主席。1934 年领导中央红军长征。1935 年 6 月红一、四方面军会师后，兼任红军左路军总指挥。抗日战争时期，任八路军（后改称第十八集团军）总指挥和总司令、中央军委副主席，同时兼任第二战区副司令长官。曾提倡屯田垦荒，开展大生产运动。解放战争时期，任中国人民解放军总司令，中央军委副主席。1949 年 9 月参加中国人民政治协商会议第一届全体会议，被选为中央人民政府副主席。同年 10月被任命为中国人民解放军总司令和中央人民政府人民革命军事委员会副主席，同时任中共中央军委副主席、中央纪律检查委员会书记。1954 年当选为中华人民共和国副主席，并被任命为国防委员会副主席。1955 年被授予元帅军衔。1959 年后，连任第二、三、四届全国人大常委会委员长。曾任中共中央政治局常委、中央委员会副主席。主要著作编为《朱德选集》等。

朱　熹　（1130—1200）　字元晦，一字仲晦，号晦庵，晚号晦翁，别号紫阳。徽州婺源（今属江西）人，侨居建阳（今属福建）考亭。南宋哲学家、教育家，绍兴进士。在哲学思想上，他从北宋二程学说发展为完整的理学体系，世称程朱学派，被后人视为理学正宗。他认为“理在先，气在后”，但其宇宙形成说却能接受古代科学成果，主张阴阳二气的宇宙演化论。他学识渊博，对整理古代文献颇有功绩。著有《四书章句集注》《通书解说》《资治通鉴纲目》等，后人辑有《朱文公文集》。

乔启明　(1897—1970)　字映东。山西猗氏（临猗）人。曾任金陵大学教授、国民政府经济部农产促进委员会主任委员。解放战争时期，曾参加反蒋大同盟。中华人民共和国成立后，历任中国人民银行总行农业金融管理局副局长、山西省农学院副院长，山西省政协副主席、九三学社中央委员、全国政协委员。著有《中国土地利用》《中国农村社会经济学》等。

伍必端　江苏南京人，回族。1939 年至 1945 年在重庆育才学校绘画组学习，1946 年入张家口华北联合大学文艺学院美术系学习。1948 年随中国人民解放军到天津，在军管会文教部工作，任天津画报社编辑。1949 年调北京中央美术学院任教，1956 年赴苏联列宁格勒列宾美术学院进修。曾任中央美术学院版画系副主任，为中国美协理事、中国版画家协会理事，中国陶行知研究会理事。

伍廷扬　广西人。抗日战争期间曾任浙江建设厅厅长。

伍仲文　(1881—1954)　江苏南京人。民国初期曾任教育部视学、普通教育司司长。

伍朝枢　(1886—1934)　广东新会人，字梯云。早年赴美就学，回国后任广东劳工局及农工实业局委员，后又赴英国留学。1912 年回国，任湖北省外交特派员。1913 年任参议员。1914 年后，任袁世凯政府总统府顾问、外交部顾问、国务院顾问。1918 年任广州军政府外交次长兼总务厅长，1919 年作为广州方面代表参加北京政府代表团赴巴黎和会。1923 年后历任广东大元帅府外交部长、国民党中央党部商民部长、广州国民政府委员、广州市长、南京政府驻美公使、外交部长。1929 年和 1930 年两度以中国首席全权代表身份出席国际联盟大会，后任广东省政府主席兼琼崖特区长官。

伍献文　(1900—1985)　浙江瑞安人。1925 年毕业于南京高师，后从事鱼类及水生物学的研究和教学，是中国鱼类学和水生物学的奠基人之一。1932 年赴法国留学，获博士学位。回国后，任中央大学教授兼生物系主任、复旦大学教授、中央研究院动物研究所研究员。中华人民共和国成立后，任中国科学院生物学部委员和水生生物研究所所长、太湖淡水生物研究室主任、全国政协委员、九三学社中央常委、湖北省人大常委会副主任、湖北省政协副主席、中国水产学会副理事长。著有《中国淡水鱼养殖学》《中国淡水鱼类志》等。

伍　德　(Wood Mary Elizabeth，1861—1931)　美国传教士。1899年来华，在武昌传教。1910年创办文华大学，任文华大学图书馆馆长。编有《庚子赔款与中国图书馆运动》。

任　光　(1900—1941)　浙江嵊县（今嵊州）人。1917年考入上海复旦大学，1919年赴法勤工俭学，考入里昂大学。1924年到越南河内亚佛琴行任工程师兼经理，1928年回国。后参加左翼剧联音乐小组，积极从事革命音乐的创作和传播，曾创作《渔光曲》等歌曲。1936年因创作《打回老家去》受到日本帝国主义迫害，于1937年8月再赴法国。1938年8月与陶行知在国外相遇，10月同船回国。多次为陶行知的诗歌谱曲，任生活教育社理事后参与创建育才学校音乐组，先后在长沙、贵阳等地从事抗日宣传活动。1940年7月参加新四军，在新四军政治部战地文化处工作。1941年1月7日在皖南事变中牺牲。主要作品有歌剧《洪波曲》、歌曲《高粱红了》《王老五》等。其中《打回老家去》《渔光曲》《大地进行曲》流传很广。

任鸿隽　(1886—1961)　字叔永，四川巴中（今属重庆市）人。早期入南社，留学日本参加同盟会，辛亥革命后任南京临时大总统秘书。1913年留学美国，与胡明复、赵元任、周仁、秉志、杨铨等发起组织中国第一个科学团体——中国科学社。1915年1月创办中国第一个综合性科学期刊——《科学》，自任主编。曾担任教育部专门教育司司长，东南大学副校长，中央研究院化学研究所所长，国民参政员等职。1925年到1935年，连任中华文化基金委员会秘书及干事长。1935年任四川大学校长。1949年9月后任全国政协委员。著有《大宇宙与小宇宙》《近世化学家列传》

《汉译科学大纲》《科学概论》《教育论》等。

华莱士　(Henry Agard Wallace，1888—1965)　美国人。1933 年起历任美国农业部长、副总统（1941—1945）和第二次世界大战期间的国防经济委员会首脑。1944 年 6 月访苏后来到中国，曾访问延安并把青霉素介绍给中国。1945 年又任商业部长，1948 年曾为进步党总统候选人。著有《农业价值》《苏维埃亚洲之行》等。

华盛顿　(George Washington，1732—1799)　美国第一任总统（1789—1797)。早年在英国殖民军中服务，参加七年战争。曾任弗吉尼亚议会议员，第一和第二届大陆会议代表，反对英国殖民统治。1775 年北美独立战争爆发，任大陆军（即十三州起义部队）总司令，直到 1783 年 9 月迫使英国签订和约，正式承认美国独立。同年 12 月辞职隐退。1787 年主持费城会议，制定联邦宪法。1789 年当选为总统，后连任。任内发展工商业和保护对外贸易，设立合众国银行，颁布司法条例，成立美国最高法院。

伊文思　(Oliver Evans，1755—1819)　美国工业革命中的发明家之一，生于美国特拉华的纽波特。他一生中主要的贡献是：在纽科门和瓦特发明并已广泛应用的蒸汽机的基础上，研制出高压蒸汽机，建立了工业上的第一条连续生产线，后者是一种超越了他所在时代 50 多年的革新创造。1817 年他研制成用于供水设备的 24 马力高压蒸汽机，这是他一生中最后的一项伟大工作。1792 年撰写的《青年面粉业工人指南》再版 15 次。1805 年还出版了《蒸汽机故障指南》。

伊丽莎白　即伊丽莎白一世（Elizabeth I，1533—1603)　英国都铎王朝女王（1558—1603)。在位时，依靠新兴贵族和资产阶级的支持，厉行专制统治，最终确立英国国教制度，规定国教会的教义和仪式，颁布迫害破产农民的法律，鼓励向海外殖民，并于 1588 年击溃西班牙“无敌舰队”，初步确立英国的海上霸权。支持成立“东印度公司”（1600)。当政末年，专制王权同新贵族及资产阶级的联盟开始出现裂痕。

多　铎　(1614—1649)　爱新觉罗氏，清太祖努尔哈赤第十五子。1644 年，以定国大将军从多尔衮入关镇压李自成农民军，攻占西安，又移兵南下，破扬州，杀史可法，下江浙等地，消灭南明弘光政权。

色诺芬　(Xenophon，约前 430—约前 355 或 354)　古希腊历史学家，苏格拉底的弟子。著有《远征记》《希腊史》及《苏格拉底言行回忆录》。

庄　子　即庄周（约前 369—约前 286）　战国时思想家、文学家，宋国蒙（今河南商丘东北）人。《庄子》系庄子及其后学者著，道家经典之一。《庄子》多采用寓言形式，想象丰富，在哲学上和文学上有很高价值，对后来的哲学史、思想史和文学史都有影响。

庄　严　重庆育才学校音乐组教师，暑期自学团和声、乐理、唱歌三个自学团顾问。

庄泽宣　留学美国，获哥伦比亚大学教育学学士。回国后任厦门大学教授。1932 年任中山大学教育研究所主任。曾参加中华教育改进社第二届年会编辑组工作，作为广东省的代表出席全国教育会议。

刘人寿　重庆人。1937 年赴延安，1938 年在延安中央社会部工作，受潘汉年领导。1939 年到上海任电台报务员及联络，1947 年负责潘汉年单位的工作。中华人民共和国成立后任上海市委统战部副部长、市政府办公厅主任。后因潘汉年案牵连被捕入狱 18 年。1979 年平反后任上海市委统战部顾问。

刘大作　(1909—1989)　又名刘世厚，吉林人，晓庄学校大学部毕业，中国陶行知研究会理事。

刘大钧　(1891—1962)　字季陶，号君谟。原籍江苏丹徒，出生于淮安。留美专攻经济学与统计学。曾任清华大学教授、立法院统计处处长、统计局长，曾发起成立中国经济学社及中国统计学社，并主编《国民经济》月刊。1941 年任重庆大学商学院院长。抗战胜利后，任驻美大使馆经济参事。

刘大娘　重庆巴县歇马场人。送儿子刘楷投效抗日志愿军。1938 年她在街上看见经过的队伍里有一个人像她的儿子刘楷，她就买爆竹燃放欢送。

刘王立明　（1896—1970）　女，安徽太湖人。1916年赴美留学，美国西北大学毕业。长期从事妇女运动，领导中华妇女节制协会，并在上海、香港、重庆等地创办妇女职业学校。抗战期间，丈夫刘湛恩被日伪特务暗杀后，继续从事爱国民主运动。1938年6月至1945年4月任第一至第三届国民参政会参政员。1944年任中国民主同盟中央执行委员，1946年和陶行知等共同倡议成立中国人权保障委员会。中华人民共和国成立后，曾任全国政协常委，全国妇联委员，民盟中央委员，中华妇女节制会会长等职。

刘仁庵　1943年四川自贡市市长。曾请其父刘笏铭捐十万元助赠育才学校。

刘北禾　江苏省教育经费管理处任职。曾特别设法发放江苏国库补助费，使晓庄学校得以开创。

刘永福　（1837—1917）　本名业，字渊亭，广东钦州（今属广西）人，迁居广西上思。1857年参加广西天地会起义，曾在广西、云南边境组织黑旗军抗击清军。后去越南，在河内奋起抗法，被越任命为三宣副提督，后因功升三宣正提督。中法战争时，受清政府收编，任广东南澳镇总兵。1894年移驻台湾，帮办军务。1895年夏天在台南被推为军民抗日首领，1902年任碣石镇总兵，1911年被推为广东民团总长。

刘廷芳　（1891—1947）　字亶生，浙江永嘉人。上海圣约翰大学毕业，后赴美国留学，获博士学位。1920年回国，任燕京大学神学院院长，并兼任北京大学和北京高等师范教授。《新教育》杂志外国人在华教育经营组编辑员，燕京大学教育系教授，明日社社长。该社1934年1月8日开始在天津《大公报》主编《明日之教育》周刊。1934年1月当选为中国教育学会第二届理事，1945年后当选为立法委员。后去英国剑桥、牛津等大学讲学。

刘廷蔚　1924年住庐山普仁医院多年，与陶行知同为诗人，并相互赠诗。陶致函胡适介绍刘廷蔚是“一位最可爱的少年诗人”。

刘纪文 (1890—1957) 原名兆，字兆铭。广东东莞人。1910 年加入同盟会，后赴日本留学，并任中华革命党总务部干事。1917 年回国，参加护法运动，后任陆军军需司长、国民革命军总司令部军需处长，1927 年被任命为南京特别市市长。抗日战争时，为陪都建设计划委员，特考典试委员长。1949 年去台湾任“总统府国策顾问”。

刘伯明 (1887—1923) 名经庶，字伯明。原籍山东，后移居南京。曾东游日本，任中国留学青年会干事，后加入同盟会。1911 年赴美留学，获西北大学哲学博士学位。回国后先后在金陵大学、南京高等师范学校执教，曾在陶行知办的暑期学校及国语讲习科中任教，担任《新教育》杂志教育哲学组编辑员。1921 年任东南大学办公处主任、行政委员会主任，东南大学副校长兼文理科主任。1919 年五四运动时，曾和陶行知一起参加南京纪念国耻，组织学界联合会，支持学生的爱国运动。1922 年春与吴宓、梅光迪、柳诒征、胡先骕共同创办《学衡》杂志。著有《西洋古代中世纪哲学史大纲》《近代西洋史哲学大纲》，译有《思维术》。

刘良模 音乐家、民众歌咏团的创导者，中国陶行知基金会顾问。

刘　君 安徽同乡，在北京八达岭参观归来在车站与陶偶遇，刘赠与陶明朝永乐年间的长城砖。

刘松年 江宁县教育局管辖的笆斗山小学教员，中华教育改进社特约乡校教师研究会会员。

刘国钧 湖北省钟祥县人。就读本县中学时，日军侵占县城，逃到河西乡下。1939 年 1 月参加保育院，到重庆。7 月入育才学校文学组学习，参加“佚民社”、“夜莺剧社”。1941 年 10 月到延安，入延安大学高中部学习，任延安少年团副团长。1942 年调陕甘宁边区联防司令部作机要工作，1945 年调东北辽东分局组织部，后到长白县任副书记。1947 年调东北盐务局，1949 年到东北财政部，1952 年任大连市商业部企业处科长、主任、处长，1953 年到北京轻工部盐务总局，生产技术司、部纪检组任主任、处长、 副局长、局长。现是北京陶行知研究会副会长兼秘书长。

刘季平　(1908—1987)　又名刘焕宗、剑雄，江苏如东人。1928 年入晓庄读书，任学校中共支部书记，中共南京市委宣传部长。抗战期间曾在周恩来任副部长、郭沫若任厅长的军委会政治部第三厅任主任科员。1938 年转生活教育社工作，1941 年后任抗日军政大学九分校副校长，1945 年后任苏皖教育厅长。1949 年后，历任上海市副市长、中共山东和安徽省委书记处书记、教育部副部长、北京图书馆馆长、中国陶行知研究会会长、中国图书馆学会理事长。著有《刘季平文集》。

刘　复　(1891—1934)　即刘半农，原名寿彭，号曲庵，江苏江阴人。1912 年先后任《中华新报》和中华书局编辑。1917 年到北京大学任教，积极参加新文化运动。1920 年出国，留学英、法等国。1925 年获法国国家文学博士学位，同年秋回国后，历任北京大学教授、中法大学国文系主任、中央研究院历史语言研究所特约研究员、北京古物保管委员会委员、辅仁大学教授、北平大学文理学院院长。1931 年后，专任北京大学文学院研究教授，主管研究院文史部事。著有《半农杂文》《扬鞭集》《中国文法通论》《四声实验录》等。

刘载黎　发起组织去芜湖、安庆学术演讲中心演讲，邀请北京、南京、上海名人担任讲员。1921 年 1 月 1 日曾邀请刘伯明、张士一、孙洪芬、张默君、王伯秋及陶行知等六人，同时请陶转请胡适预约北京方面的讲员。

刘铁华　育才学校绘画组主任 (1941)，育才学校暑期自学团连环画自学团顾问、丙班英语自学团顾问。中华人民共和国成立后在河南师范大学艺术系工作。

刘海粟　(1896—1994)　名槃，字秀芳，江苏武进人，画家、美术教育家。1912 年创办上海图画美术院。1919 年后，赴日本、欧洲考察美术，曾任中华教育改进社美术组主任。1930 年被聘为比利时独立百年纪念国际美术展览会审查委员。1931 年应邀赴德国法兰克福中国学院讲学，曾在日本、欧洲多次举办个人画展。中华人民共和国成立后，历任上海美术专科学校校长，华东艺术专科学校校长，南京艺术学院院长、名誉院长，中国文联第四届委员，中国美协第三届理事，第五届全国政协委员，第六、七届全国政协常委。1981 年被聘为意大利国家艺术学院院士，获金质奖章。有画集《黄山》《海粟国画》《海粟老人书画集》，著有《米勒传》《中国绘画上的六论法》等。

刘清扬　(1897—1977)　号婉如，女，天津人，回族。早年参加同盟会，五四运动时，发起组织天津妇女界爱国同志会，任会长，并任天津各界联合会常务理事，后参加上海筹组全国各界联合会。自天津南下经过南京时，曾向南京学界联合会副会长陶行知请教。为了响应李大钊关于“青年应该到农村里去”的号召，刘清扬、周恩来、邓颖超作为天津觉悟社的代表，与北京代表李大钊、张申府等联合发表《改造联合宣言》，高呼“到民间去”。1920 年冬赴法国勤工俭学，经张申府介绍于 1921 年参加中国共产党，后与张申府一道遵陈独秀之命介绍周恩来加入中国共产党。1924 年曾和李大钊去苏联参加第三国际第五次代表大会，1931 年后积极参加抗日救国运动，1937 年加入全国各界救国联合会，1939 年春曾和陶行知、张申府一道成为救国会 17 人座谈会的固定成员，成为“中国人民救国会”的骨干。1944 年加入民盟，任中央执行委员兼妇女部主任。中华人民共和国成立后，历任全国政协常委，民盟中央常委、全国妇联副主席、中国红十字会副会长等。

刘鸿生　(1888—1956)　浙江定海人，生于上海。早年就读于圣约翰大学，后创办鸿生火柴有限公司、中华工业公司、华东煤矿公司等。曾积极资助中华教育改进社和晓庄学校。在“八一三”淞沪抗战中曾担任中国红十字会副会长等。中华人民共和国成立后，历任中国人民救济总会上海分会副会长、第一届全国人大代表、第二届全国政协委员。

刘琼瑶　又名刘心村，福建永春人。晓庄学校高中部师范科毕业生，曾任福建仙游行政公署教育指导员，在任内积极推行小先生制。生活教育社福州分社临时负责人，中国陶行知研究会理事。

刘湛恩　(1895—1938)　湖北阳新人，教育家。早年留学美国，先后在南京东南大学、光华大学、沪江大学等校任教授、校长等职。“九一八”后，利用各种机会争取国际友人支持，呼吁侨胞团结抗日。“一二·九”运动爆发后，参与联合发表《上海文化界救国运动宣言》，担任上海各界人民救亡协会理事、上海各大学抗日联合会负责人等职。1938 年 4 月 7 日，被日军特务机关枪杀。

刘蘅静　(1902—?)　女，广东省番禺县人。北平女子师范大学毕业，留学美国哥伦比亚大学师范学院。曾任国民党广东、江西、汉口、上海等省市党部委员，江苏省立南京女子中学校长，国民党中央社会部妇女运动委员会委员，国民党第六届候补中央监察委员。1938 年 6 月至 1948 年 3 月任第一届至第四届国民参政会参政员，1948 年任立法院立法委员。

齐世英　(1898—?)　字铁生，辽宁开原人。德国海台山大学毕业，曾任奉天（辽宁）同泽中学校长，东北国民军总司令部秘书兼外交处主任，北伐军总司令部参谋，国民党中央政治委员会秘书，中央党务委员会委员。1938 年 6 月至 1948 年 3 月任第一届至第四届国民参政会参政员，1945 年 5 月任国民党第六届中央执行委员。

齐亚诺　(Galeazzo Ciana，1903—1944)　意大利外交部长(1936—1943)，墨索里尼之婿，罗马大学法学博士。1925 年起在巴西、阿根廷、中国等使领馆任职。1935 年至 1936 年，积极参与意大利侵略埃塞俄比亚的战争，为柏林——罗马——东京轴心的策划者。1943 年意军崩溃时，因主张向英美投降，被德意法西斯当局逮捕处死。

齐燮元　(1879—1946)　字抚万，直隶宁河（今属天津市）人，清末秀才。日本陆军士官学校毕业，后投靠直系军阀。1913 年任江西督军李纯的督署参谋长。后历任旅长、师长。1920 年任江苏督军，曾捐资赞助中华教育改进社。1923 年任苏皖赣巡阅使。1924 年在江浙战争中击败皖系卢永祥，兼任淞沪护军使。同年在第二次直奉战争中失败，被免职。1937 年抗日战争爆发后投敌。

齐耀琳　(1865—?)　字震岩，又字照岩，吉林伊通人。1895 年出任天津道，1905 年任安徽按察使，1909 年任直隶提法使，1911 年任江苏布政使、河南布政使，旋升任河南巡抚，兼管安徽，与袁世凯关系密切。辛亥革命时，竭力阻挠河南独立，残杀革命学生。民国后历任吉林民政长，江苏巡按使。1916 年 7 月任江苏省省长兼代督办。

关山月　原名泽霈，广东阳江人，国画艺术家、美术教育家。受父影响，自幼喜爱绘画。1933 年毕业于广州市立师范学校，后进岭南画派创始人高剑父创办的春睡画院学习。曾在东南亚和全国各地举办个人画展。中华人民共和国成立后，先后担任华南文艺学院教授兼美术部副部长、中南美专教授兼副校长、广州美术学院教授兼副院长、中国美协副主席、中国文联委员、广东画院院长、广州美术学院教授、广东省文联副主席、广东省美协副主席等职，是第三、第四、第五届全国人大代表。为中国岭南画派的主要代表画家之一。

关　羽　(?—220)　字云长，本字长生。三国河东解县（今山西临猗西南）人。东汉末亡命奔涿郡，从刘备起兵。建安五年（公元200 年），刘备为曹操所败，他被俘后，极受优礼，任为偏将军。袁绍攻曹操，他阵斩绍勇将颜良，被封汉寿亭侯；后仍归刘备。建安十九年，镇守荆州。二十四年，围攻曹操部将曹仁于樊城，又大破于禁所领七军，擒斩庞德。因后备空虚，不久孙权派吕蒙袭取荆州，他兵败被杀。历史上被尊称为“关公”、“关帝”。

关麓征　(1905—1980)　字雨东，陕西鄠县人，黄埔军校第一期学员。历任陆军第十一师步兵第三十一旅第六十一团团长、新编第五师副师长、第二十五师师长、第五十二军军长、第三十二军团军团长、第十五集团军总司令。1945 年任云南省警备总司令，制造镇压昆明爱国学生的“一二·一”惨案，被迫停职。1947 年任陆军军官学校校长，1949 年任台湾陆军总司令。

米开朗基罗　通译米开朗琪罗（Michelangelo Buonarroti，1475—1564）　意大利文艺复兴盛期雕塑家、画家、建筑师、诗人。所作《大卫》雕像，被认为是象征着为正义事业而奋斗的力量。重要作品尚有壁画《最后的审判》，雕塑《摩西》及《奴隶》等。建筑设计有罗马圣彼得大教堂的圆顶和加必多利广场行政建筑群等。有辑本诗集传世。

米振标　河南人，行伍出身。历任毅军统领、翼长、热河临西镇守使、热河军务帮办。1920 年任热河都统，靠近皖系，后投冯玉祥国民军，任河南军务帮办兼毅军总司令。

江冬秀　（1890—1975）　安徽旌德江村人。1904 年与当时只有 13 岁的胡适订婚。1918 年结婚，此后定居北平。1961 年自美去台。1962 年胡适逝世时仍在台湾。

江兆虎　（1908—1995）　安徽旌德人。南京安徽公学（即南京皖中）第二届高中毕业生，曾任校学生会主席。1933 年金陵大学毕业后在皖中和皖中徽州分校任教，以教西洋史和化学为主。之后曾出任中英协会秘书、总干事，中缅协会主任秘书，国民党中央党部专员。抗战胜利后，先后任上海交通银行襄理，交通大学教授，复旦大学教授、法学院院长、经济系主任。上海解放前夕拒绝去台湾，此后继续从事高等教育工作。是民革上海市委的重要成员。陶行知遭通缉匿居上海时，江曾受姚文采派遣给陶送钱送寒衣。

江运之　湖北武昌人，曾在重庆南开中学、华北文法学院就学。1949 年至 1950 年任山海工学团教师、教导主任，1950 年至1957 年在上海市公安局大场分局及市局工作，1957 年至 1982 年任上海静安区句容路小学校长、支部书记，1991 年至 1996 年任山海工学团办公室主任。曾参加《山海工学团 60 年》及《山海工学团建团 60 周年纪念集》的编辑工作。

江彤侯　（1881—1950）　字晧，原名开炜，号蜷翁，安徽歙县人。留学日本，同盟会会员，曾任安徽省议会议长、教育厅长等职。在职期间令全厅公役一律读书，为强迫平民教育之

第一幕。晓庄学校董事会监察员。

江　青　(1914—1991)　女，原名栾叔荣，后改姓李，名云鹤。艺名蓝萍，发表摄影作品署用化名李进。山东诸城人。早年曾在山东实验戏曲学校的实验京剧团学戏，参加海漠剧社。后到上海，进入剧团和电影界为演员。1933 年加入中国共产党，抗战爆发后去延安，入马列学院学习。中华人民共和国成立后，曾任中宣部电影处处长。1966 年“文化大革命”开始，任中央文革小组第一副组长，为中国共产党的九大、十大中央政治局委员。1981 年由最高人民法院特别法庭判处死刑，缓期两年执行。1991 年 5 月自杀身亡。

江范五　字仁纶，安徽歙县人，生年不详。宣统二年拔贡，1906 年游学日本，入速成师范。回国后任教于新安中学堂（安徽省立三中前身），1910 年后离校到北京、甘肃等地任职，主要从事教材编写和文秘工作。约于 1937 年死于甘肃，归葬故里。江的八弟江粹青（字仁纯）1905 年曾与陶行知在徽州中西蒙学堂（1906 年改名崇一学堂）同窗。

江恒源　(1885—?)　字问渔，江苏灌云人，北京大学毕业。曾任北洋政府农商部主事、北京中国大学教授、江苏教育厅长、河南教育厅长、河南省政府委员。1917 年协助黄炎培创立中华职业教育社。1928 年 6 月，继黄炎培担任中华职业教育社办事部主任兼农村服务专修科主任。创建徐公桥乡村改进试验区，并任晓庄学校指导员。曾筹办板浦小学。1948 年，他根据长期从事教育的实践，提出“全部学制，应以职业教育为中心（亦可云以发展经济为中心）”的新观点。1938 年 6 月至 1948 年 3 月任第一至第四届国民参政会参政员。中华人民共和国成立后，任中央人民政府文化教育委员会委员、全国政协委员，上海人民政府委员。

江振华　(1875—1971)　又名松如。安徽歙县上路街人。曾在南通办油厂，与张謇（季直）有交往，与黄宾虹有戚谊。热心社会公益事业，曾在上海创办新安、徽宁学校，同邑叶则由、陶行知、许士骐均与之友善。建国后任上海文史馆馆员。 编著有《黄山游览必携》。

江　庸　(1878—1960)　字翊云，又作逸云，别署澹荡阁主，福建长汀人。宣统法科进士，日本早稻田大学毕业。曾任北洋法政学堂、京师大学堂教习，学部参事，大理院帮办，京师高等审判厅厅长，大理院院长，司法部次长、总长，驻日中国留学生监督，北京法政大学、朝阳大学校长，故宫博物院古物馆馆长等职。1938 年 6 月至 1948 年 3 月任第一至第四届国民参政会参政员，1948 年任立法院大法官。1949 年 2 月担任上海人民和平代表团代表，赴北平参加国共谈判，后留住北平。中华人民共和国成立后，曾任全国人大代表、全国政协委员、上海市文史馆副馆长。著有《撤废领事裁判权的问题》《趋庭随笔》等。

江淑和　重庆育才学校文学组学生兼作财务人员，1941 年育才学校经常费累计表的制表人，后在上海市教育局工作。

江慎修　(1681—1762)　原名江永，字慎修，江西婺源人。清朝音韵学家、经学家，著名学者戴震从其受业。著有《古韵标准》《四声切韵表》《周礼疑义举要》等。

江翼云　(1877—1960)　即江庸，字翊云，别署澹荡阁主，福建长汀人。宣统法科进士，日本早稻田大学毕业。历任京师政法专门学校校长，京师高等审判厅厅长，大理院院长，司法部次长、总长，驻日中国留学生监督，修订法律馆总裁，北京政法大学及朝阳大学校长，故宫博物院古物馆馆长。曾任第一至第四届国民参政会参政员，立法院大法官。1949 年 2 月担任上海人民和平代表团代表赴北平参加国共谈判，留住北平。建国后曾任全国第一届政协委员，华东军政委员会人民监察委员，上海市文史馆副馆长。著有《撤废领事裁判权的问题》《趋庭随笔》等。

汤玉麟　(1871—1937)　字阁臣，热河朝阳（今属辽宁）人，绿林出身。后被张作霖收编，任巡防营马队帮带。辛亥革命后，历任陆军第二十七师旅长、奉军第七混成旅旅长。曾参与张勋复辟活动。1919 年任张作霖顾问。第一次直奉战争中，任右路巡防队统领。1926 年任东北陆军第十二军军长，后调任热河都统。国民政府成立，任东北政务要员、热河省主席。日本侵入热河后，逃匿天津意租界。

汤尔和　(1878—1940)　原名鼐，字调鼎，号六松，浙江杭州人。留学日本获博士学位。1911年代表浙江省参加各省都督府代表联合会，任议长。1912年创办国立北京医学专门学校，任校长。1915年发起成立中华民国医药学会，任会长。1922年任北洋政府教育次长、总长，后任内务总长、财政总长兼盐务署督办。1930年起历任东北边防军司令长官公署参议、东北政务委员会委员等。1937年投降日本，任伪华北临时政府议政委员会委员兼教育总长。译著有《生物学精义》《东省刮目论》《满铁外交论》等。

汤　武　又称武汤、成汤、天乙、汤，甲骨文称唐、大乙。商朝的建立者，第一个君主，约公元前1711年至前1698年在位。他任用伊尹执政，修明内政，积聚了力量。夏桀残暴，人民反对，汤起兵灭夏，建立商朝，都亳（今河南商丘）。减轻征敛，鼓励生产，安抚民心，从而扩展了统治区域，影响远及黄河上游。

安娜·路易斯·斯特朗　(Anna Louis Strong，1885—1970)　美国著名进步作家和记者，1908年获芝加哥大学哲学博士。20世纪20年代初赴苏联，1930年协助苏联办英文《莫斯科新闻》，担任主编和特稿撰写人。曾先后于1925年、1927年、1936年、1938年、1946年、1958年六次访华，并定居北京。著有《中国大众》《人类的五分之一》《中国的黎明》等。

安　娥　(1905—1976)　女，原名张式沅，曾用名何平、张菊生，河北涿鹿人。诗人、剧作家。1927年曾被派往莫斯科中山大学学习，曾在中共中央特科工作。抗战期间任战地记者、战时儿童保育会常务委员，后在实验戏剧学校任教。在北京人民艺术剧院、中央实验歌剧院、中央戏剧家协会任创作员。主要作品有儿童剧《海石花》、诗集《燕赵儿女》、诗剧《高粱红》《战地之春》，著名歌曲《卖报歌》和《渔光曲》的词。

许士德　捷克斯洛伐克人。曾为该国驻重庆大使馆武官。他参观了育才学校在印度加尔各答举办的绘画木刻展览，选订了舒元玺同学刻的一幅木刻《小孩》。

许广平 （1898—1968） 笔名景宋，广东番禺人，鲁迅夫人。1926年毕业于北京女子师范大学。1927年与鲁迅结婚，1937年和郑振铎等编辑出版《鲁迅全集》。抗战期间在上海参加救亡运动。1947年任上海妇女联合会主席、《民主》周刊编辑。1949年出席中国人民政治协商会议第一次会议。建国后曾任中央人民政府政务院副秘书长，全国妇联副主席，中国民主促进会副主席，全国文联副主席，第一至第三届全国人大常委、全国政协常委等。1960年加入中国共产党。著有《欣慰的纪念》等。

许世英 （1873—1964） 字静仁，又号俊人，华耜，安徽至德人。曾参加反清组织“共进会”。1897年任刑部主事，1910年赴欧美考察司法、监狱。回国后任山西提法司、布政司，辛亥革命时与人联名呼请清帝退位。1912年后任北洋政府大理院长、司法总长、政治会议委员、安徽省长兼安徽财务督办。1913年任福建民政长，后任内务总长、交通总长、国务总理等。1924年受段祺瑞之命，与浙粤接洽，秘密赴粤，迎孙中山北上，商谈南北联合反对直系军阀之计划。1930年后任全国赈灾委员会代委员长、委员长兼全国财政委员会主席。1936年至1938年任驻日本大使，1939年陶行知创办育才学校时任校董事会董事，1947年任国民政府委员、蒙藏事务委员会委员长，1950年由香港去台，曾任“总统府资政”。

许世骐 （1901—1996） 安徽歙县人。曾在国民政府卫生部供职，晓庄学校指导员，在校义务授课。1943年为育才学校董事，1985年任中国陶行知基金会顾问。

许钦文 （1897—1984） 原名绳尧，笔名钦文、蜀宾、田耳、湖山客，浙江绍兴人。于浙江省立第五师范毕业后去北京大学旁听，在鲁迅指导下，开始小说创作，曾参加中华教育改进社。1925年出短篇集《故乡》，鲁迅论其风格为乡土文学。1927年去杭州任教。中华人民共和国成立后，在浙江任教。1955年任浙江省文化局副局长。曾当选为中国民主促进会中央执委、浙江省政协常委、浙江省文联副主席、中国鲁迅研究学会顾问。有《许钦文小说选集》等。

许恪士 (1895—1967) 名本震，安徽歙县人。曾在德国留学，代表中国于1926年、1927年两次出席世界教育会议。曾任安徽第二中学校长、中央大学教育系教授、台湾省教育厅长、台湾大学教授。著有《中国教育思想史》。

许 惇（敦）士 (1896—1969) 安徽歙县许村人。1920年毕业于北京大学，获文学学士学位，即任安徽省立二女师国文教员。1921年到安徽省立三中协助方新校长主持教学工作，1932年任安徽省立徽州女中校长，1944年任安徽省立徽州中学校长，1949年8月受聘为歙县师范主任（即校长），此后一直任徽州师范教师。著有《汉书艺文志笺》《读〈骚〉摘注》等多篇文章发表在《中国学报》上。

许德珩 (1890—1990) 字楚生，江西省九江市人。北京大学毕业，留学日本，少年中国学会会员。曾任黄埔军校教官，国民革命军总政治部秘书长，中山大学、暨南大学、北京大学、北平大学教授。九三学社创建人之一。1938年6月至1948年3月任第一至第四届国民参政会参政员。中华人民共和国成立后，曾任全国人大常委会副委员长，全国政协副主席，水产部部长，九三学社总社主席。著有《社会学讲话》等。译有马克思《哲学之穷困》、拉法格《家族进化论》、布哈林《唯物史观社会学》等。

阮仲勉 1922年6月任芜湖安徽省立第二女子师范学校校长。后任安徽大学校董。

孙 之 (1907—1966) 河北人，著名画家，北平国立艺术专科学校毕业。1925年开始漫画创作。1936年起开始宣传武训，创作了《武训传》连环年画；20世纪30年代与段承泽合作出版了《武训先生画传》；1950年11月又与李士钊合作，重新编制出版了《武训画传》。不久被点名批判。此后改笔名“孙信”，潜心于美术教育和连环画创作。“文化大革命”中含冤去世。

孙丹林　(1872—?)　字翰丞，山东登州人。曾任直鲁豫巡阅使署秘书长。1922年6月任北洋政府内务部次长，并先后代理和署理总长。1927年任上海中国兴业银行总经理。七七事变后任国民党政府外交部特派员，前往日本，进行交涉。

孙汉尘　1923年1月至6月，曾任黎元洪北洋军阀政府内阁总理张绍曾内阁的阁员。

孙伏园　(1894—1966)　原名福源，笔名有伏、松年、柏生、桐柏等，浙江绍兴人。1921年毕业于北京大学。五四时期曾先后在《国民公报》《晨报》工作，并任《晨报》副刊主编。1919年1月加入新潮社，1921年在北平参加发起文学研究会，同年参加中华教育改进社。1924年11月参加创建语丝社，出版《语丝》周刊，后又创《京报·副刊》。曾主编汉口《中央日报·副刊》、《当代》月刊等。抗战期间，曾任中华全国文艺界抗敌协会第二届大会理事、国民党军事委员会设计委员和齐鲁大学、四川大学教授。著有《伏园游记》《鲁迅二三事》等。

孙连仲　(1893—1990)　河北献县人。1912年投入冯玉祥部，任旅长、师长。1928年9月后被冯调任青海省主席、甘肃省主席。1930年蒋冯阎大战后倒向蒋介石，受委为陆军第26路军总指挥兼“江西省清乡督办”。1935年任国民党中央监察委员。抗战时期，中日台儿庄会战，亲赴前线冒死督战，声名大噪。后受任第一战区、第五战区副司令长官、第六战区、第十一战区司令长官。1946年后任保定绥靖公署主任、南京卫戍总司令兼总统府参军长。1949年赴台湾，1950年后曾任“总统府”战略顾问等。

孙　武　字长卿，齐国人，春秋时兵家。曾以《兵法》十三篇见吴王阖闾，被任为将，率吴军攻破楚国。他的思想有丰富的朴素唯物主义和辩证法因素。著作有《孙子兵法》，为中国最早最杰出的兵书。

孙佩苍　(1890—?)　字雨珊，辽宁省人。法国巴黎美术学校毕业，曾任里昂中法大学校长、东北大学教授。1938年6月至1942年任第一、第二届国民参政会参政员。

孙宝琦　(1867—1931)　字慕韩，浙江杭州人。曾任清直隶道员，创设育才馆及开平武备学堂。1907年任驻德公使，要求收回青岛。1909年任津浦铁路会办，1911年任山东巡抚。1913年至1914年3月连任熊希龄、徐世昌内阁外交总长，一度任国务总理。1914年起，先后任北洋政府税务处督办、审计院院长、财政总长、经济调查局总裁、全国赈灾处处长。1918年组织外交后援会，1922年任华盛顿会议外交问题研究会副会长等，1924年任北京政府国务总理兼外交委员会委员长。

孙　科　(1891—1973)　字哲生，广东香山（今中山县）人，孙中山之子。早年赴美留学，与陶行知同学，曾共同讨论如何建设广州的问题。回国后历任大元帅府秘书，广州非常国会和外交部秘书兼非常国会书记，广州特别市首任市长，国民政府建设部部长、财政部部长、考试院副院长、行政院院长，国民政府副主席兼立法院院长、考试院院长等职。

孙洪芬　(1889—1953)　名洛，字洪芬，安徽黟县人。1915年留学美国，1919年回国。先后在南京高等师范学校、国立东南大学、国立中央大学理学院、中华大学、武昌文华图书馆专科任教。1929年后任中华教育文化基金董事会执行秘书、干事长，后曾任国民政府农林部顾问。译有《人事行政》书。

孙起孟　安徽休宁人，东吴大学毕业，曾任中华职业教育社总办事部总书记。1945年参与发起组织民主建国会，被选为中央常务理事兼秘书处主任。曾出席中国人民政治协商会议第一届全体会议，并任第一届政协副秘书长。1949年后，历任政务院副秘书长，中央人事部副部长，国务院第八办公室副主任，政协第二至第六届常务委员，民建中央副主任、副主席，全国工商联副主任、副主席，全国人大常委副委员长等职。曾任中国陶行知研究会顾问，许涤新逝世后、任中国陶行知基金会会长。

孙晓村　(1906—1991)　浙江余杭人。1935年任南京救国会负责人，全国各界救国联合会中央常委，军事委员会农产调整委员会专员，第三战区粮食管理处副处长，民盟中央国内工作委员会主席，上海法政学院教授。曾出席中国人民政治协商会议第一届全体会议。中华人民共和国成立后，历任北京农业大学校长，中越友好协会副会长，中国民主建国会中央秘书长、副主委、副主席，中央咨议委员会主任，全国政协常委、副秘书长、副主席，全国工商联常委、顾问，中华职业教育社常务理事，中国陶行知基金会顾问，中国银行常务董事，中国国际信托投资公司董事，中央社会主义学院院长，中国和平统一促进会顾问。

孙家鼐　(1827—1909)　字燮臣，号蛰生、澹静老人，安徽寿州(今寿县)人，咸丰状元。1864年提督湖北学政，后多次出任考试试差阅卷大臣，历任工、礼、吏部尚书。1876年与翁同龢同任光绪帝师傅，1896年提出“中学为主，西学为辅”的主张，1898年管理京师大学堂，1905年任文渊阁大学士，1907年后任武英殿大学士、充资政院总裁、体仁阁大学士、东阁大学士、学务大臣、政务大臣。屡上新政奏章。晚年从事实业活动。

孙崇甫　生活教育社社员，曾先后担任西安《老百姓报》编辑，《伤兵之友》主编。

孙锡洪　原东北大学化学系教授兼系主任，后为育才学校自然组主任。

阳　虎　一作阳货，春秋末鲁国季孙氏家臣。专权克主，曾因私怨囚季桓子。前502年又谋攻“三桓”(孟孙、叔孙、季孙)，夺嫡立庶，被击败，出奔阳关。次年奔齐，又经宋奔晋，依附赵氏。

阳翰笙　(1902—1993)　作家、戏剧家，四川高县人，原名欧阳本义，字继修，笔名华汉。1924年就读于上海大学社会学系。1925年入中国共产党。1926年任黄埔军校政治部秘书等。1927年任国民革命军第六军、第四军政治部秘书，同年参加南昌起义，任国民革命军第十一军第二十四师党代表、总政治部秘书长。后到上海，参加创造社，从事左翼文化运动。1929年参加筹建中国左翼作家联盟，任党团书记。1932年任中共中央文委成员和左翼文化总同盟党团书记。抗日战争时期，任中华全国文艺界抗敌协会理事，国民政府军事委员会政治部设计委员兼第三厅主任秘书、文化工作委员会副主任，中国电影制片厂编导委员会主任委员。1946年后在上海领导进步文艺事业，建立上海联华影艺社、昆仑影片公司，并任“昆仑”编导委员会主任委员。中华人民共和国成立后，历任政务院文化工作委员会党组书记兼秘书长、总理办公室副主任，中国文联党组书记、副主席兼秘书长，中国影协第一届主席，中国人民对外文化协会党组书记、副会长，中国人民争取和平与裁军协会副会长。是中共十二大代表，第一、二届全国人大代表，第三届全国政协委员，第五、六届全国政协常委。长期担任文学艺术的组织领导工作，对发展我国革命文艺事业作出了贡献。著有《阳翰笙日记》《阳翰笙文集》《阳翰笙剧作选》《风雨五十年》等。

纣　即帝辛，名受。商朝末代国王，著名的暴君，极宠爱妃妲己。曾杀比干、梅伯等，囚禁周文王。在牧野之战中，他兵败自焚。

约翰·费斯克　(John Fiske，1842—1901)　美国历史学家、哲学家。1873年曾访欧洲，会见达尔文、斯宾塞和赫胥黎。著有《宇宙学纲要》等。

七　画

麦克马利　通译麦克默里（Frank Morton McMurry，1862—1936）美国教育家，与其兄查理·麦克默里因向美国教育界介绍赫尔巴特而齐名。弗兰克·麦克默里学于密歇根大学，留学德国，1889年于耶拿大学获哲学博士学位。曾任布法罗大学师范学院院长，哥伦比亚大学师范学院教授，主要讲授普通教育学。著有《怎样学习和教导怎样学习》等。

麦克乐　美国人。东南大学体育研究推行部主任，中华教育改进社教育测验研究室主任、体育研究专员。在中华教育改进社年会中任演讲员，讲《中国体育应有之改革》。曾在中国青年会体育科任教。陶行知在南京高师举办首次暑期学校时，被聘为教员。曾到中国 11 个省考察体育教育。

麦柯尔　(W. A. Mccall) 美国哥伦比亚大学教授。1922 年应邀来华推行心理和教育测验，被聘为中华教育改进社研究员。曾和广州、上海、苏州、南京、武昌、天津、北京等地教育专家交换意见，并合作完成了包括 TBCF 制在内的 50 多种测验，撰写《中国教育的科学测量》一文，训练两期研究生。1936 年 11 月 9 日在纽约代表哥伦比亚大学师范学院迎接到美国访问的陶行知和陆璀。

玛雅可夫斯基　(1893—1930)　俄罗斯著名诗人。1908 年加入俄国社会民主工党，因从事地下活动多次被捕。1909 年在狱中开始写诗。他致力于诗歌的"非诗化"，采用市民语言，在技巧上实行大胆的创新。尤其重要的是，他的诗适合在群众中朗读。他是共产党得力的宣传家，曾用多种方式表达自己的思想。他的抒情诗篇和他的技巧创新对许多苏联诗人都产生了影响，在国内外给人们留下强烈的印象。

声方聿　广东人。曾任北京艺文中学教员，后从事地下革命工作而牺牲。

严子陵　即严光，一名遵，东汉初会稽余姚（今属浙江）人。曾与刘秀同学。刘秀即位后，他改名隐居，后被召到京师洛阳，任谏议大夫，不受，归耕于富春山，年八十余，卒于家。陶行知 1927 年 5 月曾为许士骐所绘严子陵像题诗。

严范荪　(1860—1929)　即严修，字范荪。原籍浙江慈溪，生于河北三河。清光绪进士，授翰林院编修。历任贵州学政、直隶学务处总办、清廷学部侍郎。曾力主废科举，办教育。1904 年偕张伯苓赴日本考察教育，回国后创办敬业中学于天津。1918 年与范源濂赴美，归国后创办南开大学，捐献大量钱财及书籍。

严竞成　又名严纯，贵州印江人，南京晓庄学校高中部师范科毕业。

严家炽　(1885—?)　字孟繁，江苏吴县人。曾任广东省广州知府。辛亥革命后，历任广东财政司长，广东、湖南、江苏省财政厅长，热河官产总处副处长等职。在江苏任财政厅长时，曾拨经费资助中华教育改进社活动。抗日战争中，任汪精卫南京伪政府的财政部常务次长。

严谔生　(1897—1969)　笔名小记者，浙江海宁人。曾任上海市商会秘书长、上海商业日报社社长、上海新声通讯社社长，上海《立报》总经理。

严意志　女。1969年下乡，1972年在四川资阳中学任教，1978年就读于西南师大外语系，1982年毕业后在重庆育才中学任教。现为该校外语高级教师、教研组长。

劳合·乔治　(1863—1945)　英国自由党领袖、首相(1916—1922)。早年为律师，1890年当选下院议员，历任贸易大臣和财政大臣。

克贝勒　通译克佩尔(Frederick Paul Keppel，1875—1943)　美国教育家，哥伦比亚大学毕业。历任哥伦比亚大学教务长，美国国际商会会长，纽约卡内基公司总经理等职。著有《大学生和他的大学》《成人教育》《博爱与博学》等等。

克里司梯安　(Ann Gilcreast，1934—)　美国麻省小学六年级女生，1944年2月曾致信美国总统罗斯福，要求购买一只平价的西班牙小狗。

克伯屈　(William Heard Kilpatrick，1871—1965)　美国教育家。默塞尔学院毕业，后入约翰斯·霍普金斯大学深造。1912年获哥伦比亚大学哲学博士学位，历任默塞尔学院教授、代理院长，哥伦比亚大学师范学院教授。主要从事杜威实用主义教育思想的传播。1917年曾到中国宣传实用主义教育理论，并到晓庄学校参观、演讲，1947年任纽约陶行知纪念会主席。

克洛克　1945年在美国驻华大使馆任职的外交官，曾参观过育才学校，并收养孤儿为义子，曾为陶行知保存其诗歌手稿。

克莱斯特　(George von Kleist，约1700—1748)　普鲁士行政官员和牧师，普鲁士物理学家。1745年发现莱顿瓶的原理，现在通称电容器。几乎同时，穆申布鲁克也单独发现了莱顿瓶并作了比他更彻底的研究。

克朗普顿　(Samuel Crompton，1753—1827)　英国发明家，发明大规模生产优质纱的走锭纺纱机。英国议会专门为此授予他 5000 英镑奖金。

克鲁泡特金　(Kropotkin，1842—1921)　俄国革命者和地理学家，无政府主义运动的最高领袖和理论家。他最重要的著作是 1902 年的《互助论》。

苏永扬　现名苏辛涛。1939 年毕业于延安马列主义学院，1942 年被中共南方局分配到重庆育才学校工作。后历任重庆新民报社总编辑、湖南日报社总编辑。现在中国社会科学院经济研究所工作。中国陶行知研究会常务理事。

苏永静　女。湖北钟祥市人，重庆育才学校文学组学生。1946 年至 1950 年先后任重庆行知小学教师，重庆育才学校女生管理。此后担任幼儿园教师和行政负责人，1979 年离休。

苏格拉底　(Socrates，约前 469—前 399)　古希腊三大哲人中的第一位。本人无著作，关于他的人格和学说的材料，主要见于柏拉图的《对话录》和色诺芬的《回忆录》。

苏　轼　(1037—1101)　字子瞻，一字和仲，号东坡居士。眉州眉山（今属四川）人。他与父亲苏洵、弟苏辙同为当时著名的作家，号称“三苏”并为后人一同列入“唐宋八大家”。1057 年（仁宗嘉祐二年）中进士，神宗时曾任祠部员外郎，知密州、徐州、湖州。因反对王安石新法，被贬黄州。哲宗时任翰林学士，官至礼部尚书。后又被贬到岭南的惠州和海南的琼州。徽宗即位后大赦，才得以内徙，最后卒于常州。追谥“文忠”。擅长行书、楷书。诗文有 110 卷收入《东坡七集》，另著有《东坡乐府》《东坡书传》等。

杜元载　(1905—1975)　字庚之，湖南溆浦人。毕业于北京师范大学，后留学美国，获硕士、博士学位。1928 年回国，任教于河南大学、北京大学、中央大学、西南联大等校。曾为中华教育改进社社员，并先后在国民党中央党部组织部、三青团中央任职。1949 年去台。著有《教育测验与统计》《社会教育》等。

杜月笙　(1888—1951)　江苏川沙（今上海浦东新区）人，为旧上海法租界青帮首领之一。历任国民政府陆海空军总司令部顾问，是上海市抗日救国会常务委员、上海地方协会会长、中汇银行董事长、中华实业信托公司董事长、全国船联会董事长、复兴航业股份有限公司董事长、香港新界青山酒店董事、中国航联保险公司香港分公司董事长。

杜　甫　(712—770)　字子美，自称少陵野老。其曾祖时由原籍襄阳（今湖北襄阳县）迁居巩县（今河南巩义）。杜审言之孙。天宝三年（744）在洛阳与李白相识，同游梁宋。乾元二年（759）弃官，历尽艰辛至成都，得严武等人帮助，于浣花溪畔营建草堂。宝应元年（762）流亡梓州、阆中。一度被荐为检校工部员外郎，世称“杜工部”。永泰元年（765）离成都，至夔州出蜀，病死湘江途中。他是伟大的现实主义诗人，今存诗1400多首、文20余篇，被公认为“诗史”，尊为“诗圣”。北宋王洙编有《杜工部集》20卷，补遗1卷，今传。

杜君慧　(1904—1981)　女，广东广州人。1924年考入广东大学，1928年加入中国共产党，1930年参加中国左翼作家联盟，1935年创办《妇女生活》月刊，后任上海妇女救国会组织部长。1944年在重庆创办《职业妇女》月刊，曾任中国战时儿童保育会重庆保育院院长。1945年任中国妇女联谊会常务理事。1947年育才学校迁至上海大场后，曾继方与严、屠公博任该校教导主任。1949年当选为第一届全国妇联候补执委和全国政协代表。中华人民共和国成立后，任北京第二女子中学、第六中学校长，并当选为全国政协委员、中共八大代表。译有《教育史》《教育病理学》等。

杜国庠　(1889—1961)　历史学家，广东澄海人。字守素，笔名林伯修。早年留学日本，获东京大学经济学博士学位。1919年回国，曾在北京大学、朝阳大学、中国大学任教。1928年加入中国共产党，从事无产阶级文化运动和学术方面的研究活动。建国后，历任中共广东省委宣传部副部长，广东省教育厅厅长，中国科学院广州哲学社会科学研究所所长、广州分院院长，广东省第一、第二届政协副主席，中科院哲学社会科学部委员。是第一、第二届全国人大代表，第一届全国政协委员。著有《先秦诸子的若干研究》《先秦诸子思想概要》《便桥集》等，有《杜国庠文集》。

杜　牧　(803—853)　字牧之，京兆万年（今陕西西安）人，唐文学家。历任监察御史，黄、池、睦诸州刺使，中书舍人。有《樊川文集》。

杜　威　(John Dewey，1859—1952)　美国哲学家、社会学家、教育学家，实用主义芝加哥学派和实用主义美学的创始人。1884 年获霍布金斯大学哲学博士学位，先后任明尼苏达大学、芝加哥大学教授。1905 年任哥伦比亚大学哲学教授，1919 年至 1921 年和 1931 年曾来中国讲学。自称其哲学为经验自然主义和工具主义，认为教育即生活，学校即社会，应让儿童从做中学。曾任美国哲学学会、美国心理学会、美国大学教授联合会会长，还任过中华教育改进社名誉董事、中华文化教育基金委员会委员。著有《学校与社会》《民主主义与教育》《艺术即经验》《哲学的改造》《经验和自然》等。

杜威夫人　即爱丽丝·奇普曼（Alice Chipman，1860—1927）　杜威的夫人，专业教育工作者。1919 年 5 月至 1921 年 7 月曾随杜威在中国讲学。

杜重远　(1897—1943)　吉林怀德（今公主岭市）人。早年留学日本，1923 年回国后在沈阳创办肇新窑业公司，曾任奉天总商会副会长。“九一八”事变后在北平参加组织东北民众抗日救国会，任常委兼政治部副部长。后帮助邹韬奋编辑《生活》周刊。1934 年在上海创编《新生》周刊。5 月 4 日因该刊发表《闲话皇帝》一文，日本驻沪总领事以所谓“侮辱天皇，妨害邦交”为借口提出抗议，被国民党当局查封刊物判处徒刑一年零两个月。1935 年 10 月，曾促进张学良与杨虎城联合并接受中国共产党提出的抗日民族统一战线的主张。对张、杨发动西安事变、逼蒋抗日起了一定的促进作用。曾任生活教育社监事，生活教育社生产资金及资金筹募委员会委员。1939 年任新疆学院院长，1943 年

10 月在新疆被军阀盛世才秘密杀害。

李一氓 (1903—1990) 原名民治，四川彭县人。沪江大学、东吴大学肄业。1925 年加入中国共产党，1927 年任国民革命军南昌总政治部秘书长，参加南昌起义。1932 年到江西中央苏区，长征后任中共陕甘宁省委宣传部、陕西省委宣传部部长，新四军秘书长，中共淮海地委、苏北区委书记，苏皖边区政府主席兼中共中央华东局宣传部部长，中共旅大区委副书记，大连大学校长。1953 年后，在布拉格、维也纳参加世界和平理事会的工作。1958 年后，历任驻缅甸大使，国务院外事办公室副主任，中共中央对外联络部副部长，中纪委副书记，中国国际交流协会会长，国务院古籍出版规划小组组长。中共十三大代表，中顾委常委，第一届全国人大代表。译有《马克思文选》，著有《一氓题跋》《存在集》等。

李乃忱 重庆育才学校教师。1941 年任育才学校暑期自学团甲班英语自修团顾问。后在北京人民艺术剧院。

李士钊 山东人，长期执著于武训研究。20 世纪 40 年代曾任上海武训学校校长，编著有《武训先生的传记》和《武训画传》(孙之鯭绘画)。1951 年批武训，被公开点名批判，此后一再罹难。平反后在山东济南任省参事。一直忙于恢复武训办的三所义学，修武墓并积极参加山东陶研活动。已去世。

李子云 曾为清华学校校医，中华教育改进社社员。中华教育改进社第二届年会卫生组副主任。

李友梅 湖南浏阳人，晓庄学校大学部毕业。曾自告奋勇响应陶校长号召去江苏淮安县莲花街新安会馆创办新安小学。陶行知兼该校校长。

李中襄 (1896—1958) 字立侯，江西南昌人，生于浙江宁波。曾任国民党江西省党部党务设计委员，安徽省政府代理秘书长，国民政府军事委员会委员长南昌行营党务处主任委员，国民党中央党务委员会委员，国民政府军事委员会办公厅主任兼战时新闻局副局长，国民党第六届中央执行委员，江西省政府委员兼民政厅长。1938 年 6 月至 1948 年 3 月任第一至第四届国民参政会参政员。

李公朴　(1902—1946)　原名永祥、号晋祥，又号朴如，笔名长啸。江苏武进人，生于山阳（今淮安）。早年参加抵制日货运动，组织爱国社。1928 年留学美国，1931 年任环球通讯社社长。1932 年底陶行知将李公朴介绍给史量才，在史的资助下创办《申报》流动图书馆、《申报》业余补习学校和妇女补习学校。1935 年任上海各界救国会执行委员，1936 年设读书生活出版社，同年 5 月，任全国各界救国联合会执行委员，同年 11 月在上海与邹韬奋、沈钧儒等六人被国民政府逮捕，世称救国会“七君子事件”。抗战爆发后被释。1937 年任山西民族革命战争战地动员委员会委员兼宣传部长，1944 年任中国民主同盟云南省支部执行委员，与闻一多等编辑《民主》周刊。1945 年任民盟中央委员，1946 年 1 月与陶行知创办社会大学，任副校长，并主编《民主教育》，1946 年 7 月在昆明被国民党特务杀害。有《怒涛集》《读书问答集》，译《读书与写作》等。

李玉波　河南人。原在河南辉县乡师就读，后入晓庄为高中部师范科毕业生。1935 年派往安徽任省立师范学区辅导员。

李石曾　(1881—1973)　名煜瀛，字石曾。1902 年赴法就学，倾心于克鲁泡特金的互助论。1906 年加入同盟会，在天津出版《民意报》，参与成立留法勤工俭学会。1915 年任华法教育会副会长，中华教育改进社名誉董事，后任北京大学教授、中法大学董事长、国民党政府监察委员、北平大学校长、北平师范大学校长。1948 年被聘为总统府资政，1952 年当选为台湾国民党中央委员会评议委员。著有《石僧笔记》。

李仙根　(1892—?)　广东中山人。曾任西南政务委员会委员，粤汉铁路局长，广东省政府设计委员会专任委员。1938 年 6 月至 1942 年任第一、第二届国民参政会参政员。

李　白　(701—762)　唐诗人。绵州彰明（今四川江油南）青莲乡人。祖籍陇西成纪（今甘肃秦安北）。隋末，先人流寓碎叶（唐属安西都护府，在吉尔吉斯斯坦北部托克马克附近），他即于此出生。幼时随父迁至昌隆。字太白，号青莲居士。

744 年结识杜甫。被誉为继屈原之后我国最伟大的浪漫主义诗人。有《李太白集》。

李永新　(1901—?)　字鹤龄，蒙古卓索图盟喀喇沁左旗人，北京蒙藏专门学校毕业。曾任国民革命军内蒙骑兵总指挥部教官，国民党内蒙党务指导委员、特派员，中央组织委员会蒙藏组织科长，国民政府军事委员会政治部设计委员，国民党第六届监察委员会常务委员。1938 年 6 月至 1948 年 3 月任第一至第四届国民参政会参政员。

李协和　(1882—1946)　即李烈钧，原名烈训，字协和，别号侠黄，江西武宁人。1902 年入江西武备学堂，1904 年冬留学日本，1907 年入同盟会。辛亥革命时被推为安徽都督，后任北伐军第二军总司令、江西都督，参加护法运动，任大元帅府参谋总长。1924 年被选为国民党中央执行委员，拥护孙中山联俄、联共、扶助农工三大政策。1925 年 12 月又通电赞成西山会议派的主张，后历任江西省主席、国民政府常务委员、军事委员会常务委员、中央监察委员。西安事变后，任审判张学良的军事法庭审判长。抗战爆发移居昆明，病卒重庆。

李任仁　(1886—1968)　字重毅，广西临桂人。1911 年加入中国同盟会，1931 年任广西教育厅长。抗日战争时期，任文化服务社董事长。曾出席生活教育社在桂林召开的成立大会，并担任理事。抗战胜利后，参加发起组织中国民主促进会。1949 年参加中国人民政治协商会议第一届全体会议，被选为全国政协委员。中华人民共和国成立后，历任政务院政法委员会委员、华侨事务委员会副主任、中南军政委员会委员、广西壮族自治区副主席、民革中央常委、民革广西省委主任委员。1968 年 8 月 18 日在南宁特大洪水袭击中不幸逝世。

李自成　(1606—1645)　本名鸿基，陕西米脂双泉里人，明末农民起义领袖。出身农民家庭。崇祯三年（1630）起义，后为高迎祥部下的闯将，崇祯九年（1636）继高迎祥为闯王，崇祯十六年（1643）在襄阳称新顺王。崇祯十七年

(1644)，建立大顺政权，年号永昌。不久攻克北京，推翻了明王朝。后被吴三桂击退，在河南、陕西抗击，永昌二年（1645）在湖北通山九宫山被杀害身亡。

李红光　(1906—1935)　朝鲜族人。1931年“九一八”事变后，组织磐石游击队抗日。历任东北人民革命军独立师参谋长、第一军第一师师长、东北抗日联军第一军参谋长等职。1935年3月在辽宁桓仁庙岭与敌作战中牺牲。

李扶斯　通译阿尔弗烈德·里夫斯（Alfred Reeves）　1922年美国汽车总商会总干事。

李连山　又名良三，李德全的侄儿，常住上海，冯玉祥常托他与陶行知、张宗麟联系。

李秀成　(1823—1864)　或作寿成，原名以文，广西藤县人。太平天国将领。初加入拜上帝会，1851年参加太平军，后为军师、监军、指挥、检点、地官正丞相。1858年为后军主将，1859年封忠王。天京陷落后被俘、为曾国藩杀害。

李忍涛　(1904—1944)　云南鹤庆人，国民政府军事化学兵种创始人。青年时入清华学校，曾在中华教育改进社第二届年会上表演话剧《父之回家》。后留学欧美。1933年奉令在南京组建国民政府军化学兵总队，任总队长。淞沪抗战爆发后，曾率部参加对日作战。后撤至四川整训。1944年秋，赴印度视察化学兵总队第一团在印度补给、装备及训练的情况。9月在返回中国途中，因飞机失事身亡。

李　纯　(1874—1920)　字秀山，天津人，北洋武备学堂毕业，曾任北洋第六镇协统。辛亥革命后，任廿一混成协协统，后归第六镇统制。民国建立后，任第六师师长。1913年历任九江镇守使，江西护军使、江西都督。袁世凯称帝时，封一等侯。1917年调任江苏督军，1920年升任苏、皖、赣三省巡阅使。

李抱忱　(1907—1979)　幼名宝珍、保真，笔名饱尘、疲兮。北京人，生于河北保定。早年毕业于燕京大学，曾任北京育英中学音乐主任、南京戏曲研究院北平分院研究员等。1935年赴美研习音乐，1938年任教育部音乐教育委员会委员，

1941 年任重庆国立音乐学院教授兼教务主任，曾去育才学校参观。1944 年去美国进修，先后任教于耶鲁大学、国防语言学校等校。1974 年到台湾。曾任台湾师范大学音乐系教授、台湾音乐协会理事长。著有《山木斋话当年》《合唱指挥》等，另有《李抱忱音乐论文集》等。

李范一　(1891—1976)　湖北应城人，清末秀才，曾加入同盟会，参加武昌起义。1912 年赴美留学，回国后建立中国第一座短波无线电台。曾任陕西省教育厅长、湖北省建设厅长。抗战期间与中国共产党合作。1949 年出席中国人民政治协商会议第一届全体会议，被选为全国政协委员。中华人民共和国成立后，任燃料工业部、石油工业部副部长。历任第一、二、三、四届全国人大代表。

李　林　(1914—1940)　原名李秀若，福建龙溪人，侨居印度尼西亚。1930 年回国，先后在福建集美中学、上海爱国女校读书。1935 年深入工厂，办了女工夜校。1936 年组织抗日宣传队，并在北京民国大学加入中华民族解放先锋队。1937 年参加山西牺牲救国同盟会举办的军政干部训练班，担任训练班的中共特区宣传委员兼连党支部书记，后任中共雁北工作委员会宣传委员，晋绥边区第十一行政专员公署的秘书主任。1940 年 4 月 26 日在日寇第九次扫荡中壮烈殉国。陶行知曾誉为“中国的丹娘”。

李松亭　20 世纪前夕山东省临清画庙的老画师，凭记忆画有武训像。

李宗仁　(1891—1969)　字德邻，广西桂林人。早年加入同盟会，1912 年参加护国战争、护法战争。北伐战争时期任国民革命军第七军军长、第三路军总指挥、第四集团军总司令。1928 年任国民政府委员、军事参议院院长、国民党中央监察委员、西南政务委员会常务委员。1936 年两广事变前曾邀救国会领导成员之一的陶行知前往两广，并亲自陪同来往广州南宁间酝酿组成民族统一战线抗日。以后任广西绥靖公署主任，第五战区司令长官兼安徽省主席。1938 年组织指挥台儿庄保卫战，取得了抗战的初步胜利。1948 年任国民政府副总统、代总统。1965 年 7 月由美国返归祖国。

李宗璜　(1887—1978)　又名宗黄、字伯英，云南鹤庆人。1911 年加入同盟会，参加过护国运动。历任广东江防司令、驻粤滇军第二军代军长、第二军第二混成旅旅长等职。抗战时任河南省党部特派员。1945 年 10 月任云南省民政厅长兼代省政府主席。与关麟征同为当年镇压“一二·一”运动的罪魁祸首。

李建勋　(1884—1976)　字湘宸，河南清丰人，清末秀才。1908 年毕业于北洋大学，后赴日本留学。1915 年回国任直隶（今河北）省视学，1917 年后曾两次赴美国留学，获哲学博士学位。回国后，任清华大学、北京大学、北平师范学院教授，《新教育》杂志教育行政组编辑员，北京师范大学教育学院院长，西北师范学院教育系主任。中华人民共和国成立后，历任华北行政委员会文教委员会委员，平原师范学院教授，天津师范学院副院长。著有《美国民治下的省教育行政》《天津市小学教育研究》《战时与战后教育》《师范学校教育行政、教材教法研究》。

李组绅　生卒年不详，浙江镇海人。曾指导《申报·时评》。抗日战争期间，任安徽六和沟制铁公司总经理。公司迁渝后，联合新民机器厂等六个较大机器厂，成立六厂联合会，任理事长、重庆育才学校校董。1945 年参加筹组中国民主建国会，任常务监事。中华人民共和国成立后，任民建总会会务推进委员会委员，常委监事。

李品仙　(1890—1987)　字鹤龄，广西苍梧人。1911 年参加武昌起义，后入保定军校，毕业后历任旅长、师长。1926 年任国民革命军第八军第三师师长，参加北伐。抗日战争爆发后，任第五战区副司令长官兼第十一集团军总司令，曾参加淞沪抗战、徐州会战和台儿庄战役。1938 年任第四兵团总司令，1939 年任第二十一集团军总司令、安徽省政府主席，1945 年奉命成立第十战区，协同美军作战。抗战胜利后，任华中军政长官公署副长官、广西桂林绥靖公署主任。1949 年去台湾。

李信慧　美国哥伦比亚大学心理学硕士，曾陪同陶行知谒马克思墓，并一同回国。任晓庄研究所研究员。

李济之　（1896—?）　现代考古学家，原名李济，湖北宗祥人。曾留学美国，得哈佛大学人类学博士学位。曾任南开大学教授，中央研究院历史语言研究所考古组主任。

李　凌　又名绿永，广东台山人。1938年入延安鲁迅艺术学院音乐系学习，毕业后留校任研究员、教育处教育科长。1940年在重庆创办《新音乐》月刊，任主编。1943年至1946年任育才学校音乐组主任，1946年创办上海中华星期音乐学校、香港音乐院，任校长及副院长。中华人民共和国成立后，历任中央音乐学院副教务主任、中央歌舞团团长、中央乐团团长、中国音协副主席等职，是我国著名的音乐理论家。主要著作有《音乐杂谈》《音乐漫谈》《音乐艺术随谈》等。

李商隐　（约813—约858）　字义山，号玉谿生，怀州河内（今河南沁阳）人。唐末诗人，开成进士，曾任县尉、授秘书郎等职，晚年又数度出任节度使判官。时牛李党争剧烈，受到排挤，潦倒至死。他的诗艺术成就较高，形成深情绵邈，绮丽精工的独特风格。但诗中用典太多，也有不少晦涩难懂的地方。有《李义山诗集》等。

李鸿章　（1823—1901）　字少荃，安徽合肥人。道光进士，授翰林院编修。清末淮军创始人，洋务派首领。先后任江苏巡抚，署两江总督、钦差大臣，直隶总督兼北洋大臣。建立北洋海军，创办江南制造局、上海轮船招商局、开平煤矿、天津电报局、上海机器织布局等企业。在任职期间，掌管清政府外交、军事、经济大权，成为洋务派首领。曾与列强多次签订不平等条约。

李　密　（224—287）　一名虔，字令伯，犍为武阳（今四川彭山东）人，西晋文学家。早年丧父，母改嫁，由祖母刘氏抚养成人。晋武帝征他为太子洗马，诏书屡下，密以祖母老，无人奉养上疏《陈情表》固辞。情辞恳切，感人肺腑，为西晋散文名篇。

李隆基　(685—762)　即唐玄宗，一称唐明皇，唐代皇帝。712 年至 756 年在位。景云元年（710）与姑母太平公主合谋发动政变，杀韦后，拥其父睿宗为帝，被立为太子。延和元年（712）受禅继位，改元先天，次年又改元开元。整顿弊政，社会经济有所发展，称“开元之治”。后期任用李林甫、杨国忠等执政，吏治腐败。本身又奢侈荒淫，宠杨贵妃（太真）。天宝十四载（755）安史之乱爆发，次年逃往四川。太子亨（肃宗）即位灵武（今宁夏武南），他被尊为太上皇。

李鲁连　西南联大学生。1945 年 11 月 25 日，昆明学生 6000 余人在西南联合大学举行反内战时事晚会，国民党当局派军队包围现场，并开枪恫吓。次日，各校学生联合罢课，并上街宣传，以示抗议。12 月 1 日，国民党军警特务冲进学校，血腥镇压罢课师生。李鲁连与潘琰同学、昆华工校学生张华昌以及南菁中学教师 4 人被杀，酿成震惊中外的“一二·一”惨案。

李　赓　福建人，全国学联代表。陶行知曾介绍他给在新加坡《星洲日报》任主编的郁达夫。

李道逵　育才学校文学组学生，1941 年参加育才学校暑期自学团，为佚名社自学团两位负责人之一。

李湘宸　(1884—1976)　原名李建勋，字湘宸，河南清丰人，曾赴日留学。1915 年任直隶（今河北）省视学，后又赴美获哲学博士。曾任清华大学、北京大学教授、北京师范大学教育学院院长、西北师范学院教育系主任。中华人民共和国成立后，任华北行政委员会文教委员、平原师范学校教授、天津师范学院副院长。

李瑞门　(1878—?)　海外洪门人士，加拿大安大略省驻都城华侨统一抗日救国总会救济股主任。

李楚材　(1906—1998)　江苏常熟人，晓庄学校大学部毕业。陶行知曾推荐李到浙江湘湖师范学校任教。长期在上海从事教育工作，担任中学校长、名誉校长，曾是中国陶行知基金会顾问。著有《破晓》。

李端棻　(1833—1907)　字苾园，贵州贵筑（今贵阳）人，同治进士。历任学政、刑部侍郎等职，支持康、梁的变法主张。1896 年，上疏建议设立京师大学堂。1898 年密荐康有为、谭嗣同于光绪帝，旋任礼部尚书。戊戌政变时被革职，充军新疆。1901 年赦归。曾主讲贵州经世学堂，并首倡自办贵州矿产和铁路。

李　璜　(1895—?)　字幼椿，四川成都人。曾留学法国，中国青年党创始人之一。曾任国立北京师范大学、武昌大学、北京大学、四川大学教授。1937 年任国防参议会参议员，1938 年 6 月至 1948 年 3 月任第一至第四届国民参政会参政员。1947 年参加“国大”，任国民政府经济部长，行政院政务委员，总统府咨询委员会委员。

李敷仁　(1899—1958)　原名文会，笔名老百姓、成员、护人、村长等。陕西咸阳人。1931 年在西安创办《老百姓报》，1944 年创办《农村》周刊，任主编，1945 年主编《民众导报》，1946 年 5 月遭特务所害，幸免于难。后转赴延安，任延安大学校长。中华人民共和国成立后，任民盟中央委员、西北人民革命大学校长、西安市政协副主席。著有《关东歌谣集锦》《抗战歌谣》《李敷仁诗文选》等。

李德全　(1896—1972)　北京通县人，冯玉祥夫人。曾代表冯玉祥迎接北上的孙中山，并随冯玉祥赴苏联考察。1936 年发起组织南京女子学术研究会，抗战期间曾任战时儿童保育委员会副理事长、中苏文化协会女子委员会主任、中国妇女联谊会主席。1946 年受邓颖超委托，参加了在纽约召开的世界妇女大会。中华人民共和国成立后，曾任卫生部长、中国红十字会会长、全国政协副主席、全国妇联副主席、保卫儿童委员会副主席、中苏友好协会副会长等职。

杨卫玉　(1888—1956)　江苏嘉定（今属上海市）人。1908 年毕业于上海尚贤堂书院，后留学日本东京高等师范学校。曾任上海民立女子中学教师，江苏省第一师范学校、江苏省第二女子师范学校、苏州女子职业学校教师、主事，倡导职业教育。1921 年参加中华职业教育社工作，1930 年后任中华职业教育社副理事长、总干事。1945 年参与发起组织中国民主建国会，任常务理事。1949 年出席中国人民政治协商会议第一届全体会议。建国后，任轻工业部副部长、民建第一届中央常委，是第二届全国政协委员。

杨东莼 (1900—1979)　原名杨人杞，湖南醴陵人。1921 年在北京大学参加马克思学说研究会，曾从事学生运动与工人运动。1922年参加中国劳动组合书记部，后专事研究和翻译。曾任广西师范专科学校校长、广西地方建设干部学校教育长，武汉大学、四川大学、华西大学等校教授，以译摩尔根的《古代社会》著名。1936 年曾与陶行知先后代表救国会与桂系首领李宗仁联系，与闻“六一事变”。生活教育社第一届理事兼调查设计部常务干事。中华人民共和国成立后，曾任华中师范学院院长、国务院副秘书长、中央文史馆馆长、中国民主促进会中央委员会副主席等职。

杨　朱 战国初魏国人，哲学家。先秦古书中又称他为杨子、阳子居或阳生。相传他反对墨子的“兼爱”和儒家的伦理思想，主张“贵生”、“重己”，“全性葆真，不以物累形”，反对侵夺。孟子说他“拔一毛而利天下不为也”，抨击他的“为我”思想。无成文著作。关于他的片断史料，散见于《孟子》《庄子》《韩非子》《吕氏春秋》等书中。

杨杏佛 (1893—1933)　名铨，江西清江人。1911 年参加同盟会，1912 年赴美国留学。曾任南京高等师范学校教授。1915 年在美国发起组织中国科学社，1924 年任孙中山秘书。1927 年参加上海工人第三次武装起义，1928 年任中央研究院总干事，大学院副院长。曾陪同蔡元培去晓庄参加一周年纪念会。1932 年参与筹备组织中国民权保障同盟，并任执行委员兼总干事。1933 年 6 月 18 日遭特务暗杀身亡。著有《杏佛文存》和《杏佛讲演集》。

杨秀琼 (1918—1982)　女，广东东莞人。1933 年代表香港队参加中国第五届全运会游泳比赛，获女子 50 米和 100 米自由泳、100 米仰泳、200 米蛙泳四项第一名。1934 年参加第十届远东运动会，获 50 米、100 米自由泳、100 米仰泳及 200

米接力赛四项金牌。1936 年被选入中国游泳队参加第十一届奥运会。曾多次打破远东和全国女子游泳项目纪录。

杨　杰　(1889—1949)　字耿光，云南大理人。1913 年毕业于日本陆军士官学校炮兵科，在日本时加入同盟会。曾参加辛亥革命讨袁护国之役。1924 年任国民军第三军参谋长，1926 年任国民革命军第六军总参议，随军北伐，后曾任师长、军长、总司令部总参谋长、陆军大学校长等职。1933 年 9 月出国考察欧洲军事，此后致力于军事理论研究。七七事变后率领实业考察团赴苏联。1938 年 5 月任驻苏大使，1940 年任军事委员会顾问，曾给予陶行知所办教育事业极大资助。抗战胜利后，参加组织三民主义同志会，推动国民党民主派进行反对蒋介石独裁的活动。1948 年 1 月，当选为国民党革命委员会中央执行委员。1949 年 9 月离昆明赴北平出席第一届中国人民政治协商会议途中，于 19 日被国民党特务暗杀于香港寓所。著有《国防新论》《孙子兵法解》《现代国防的基本条件》等。

杨述孝　1923 年曾与马赓虞、叶兆林一同为薛鸿志的《中国教育统计概览》计算数字。

杨贤江　(1895—1931)　字英甫，笔名有李浩吾、姚英夫、李膺杨、公朴等，浙江余姚人。1917 年毕业于浙江省立第一师范学校，后受聘于陶行知任主任时的南京高等师范学校教育科，为职员，《学生》杂志编辑。1919 年参加少年中国学会，1922 年加入中国共产党，1927 年参加上海工人第三次武装起义，任上海特别市临时政府教育局代理局长，不久任武汉革命军日报社总编辑。大革命失败后，东渡日本。1929 年回国，参加中共中央文化工作委员会工作，发起组织社会科学家联盟，是我国最早以马克思主义指导教育研究的教育家。著有《教育史 ABC》《新教育大纲》，译有《苏维埃共和国新教育》《世界史纲》等。

杨明远　(1921—1988)　又名杨书钊、杨大戈，安徽定远人。1944 年任重庆育才学校小学部教师时，师从陶行知，开始从事生活教育运动。抗战胜利后回上海，担任山海实验乡村学校的教导主任、副校长。中华人民共和国成立后，曾两度参加山海工学团的恢复和再建工作，参加陶研活动，曾任上海市陶行知研究会副理事长兼秘书长。离休前任上海市静安区教育学院副院长。

杨秉孙　小提琴演奏家，湖北武汉人。1939 年入育才学校学音乐，曾任上海市政府交响乐团演奏员。中华人民共和国成立后，任中央歌舞团演奏员。1954 年赴匈牙利李斯特音乐学院学习，1957 年入苏联莫斯科音乐学院进修。1958 年回国后，历任中央乐团乐队首席、独奏演员、副团长，中国音协第四届常务理事。1951 年获第三届世界青年联欢节小提琴比赛优秀表演奖，1955 年获第五届世界青年联欢节小提琴比赛四等奖，1957 年获第六届世界青年联欢节小提琴比赛三等奖。1981 年加入中国共产党。

杨贵妃　(719—756)　即杨太真，小字玉环。唐蒲州永乐（今山西芮城西南）人。初为玄宗子寿王瑁妃。后入宫得玄宗宠爱。745 年封为贵妃，渐干预政事。堂兄杨国忠操纵朝政，政事败坏。755 年安史之乱爆发。次年，帝被迫将她缢死。

杨　铃　南京高等师范学校教员。曾受聘担任陶行知办的首次暑期学校的教员。

杨效春　(1899—1938)　浙江义乌县人，少年中国学会会员，南京高等师范学校教育专修科毕业。晓庄试验乡村师范 1927 年初创时，任学校教育指导员。1929 年离开晓庄学校，到山东邹平协助梁漱溟试办“乡农学校”，后任安徽黄麓乡村师范校长。著有《晓庄一岁》《乡农教育论文集》《乡村教育纲要》。

杨寅初　晓庄学校毕业，广西中山纪念学校代理校长，生活教育社筹备委员、理事兼服务部常务干事，生活教育社生产基金及资金筹募委员会委员。

杨　森　(1884—1977)　字子惠，四川广安人，毕业于四川陆军速成学堂。早年入同盟会，民国成立后曾任护国军第一军总部参谋、川军第二军军长、国民革命军第二十军军长、国民政府第六军团长、第九战区副司令长官、贵州省主席、重庆市甫长等。曾资助育才学校。1949 年去台湾，后任“中华全国体育协进会”理事长。

杨敦甫　江苏南京人。家贫，幼年失去父母，寄养外家。曾入同文书院学英语，后在江运轮船上当水手。同学好友陈光甫留美回国，请他协助创办上海商业储备银行，不久即成为银行家。其女儿杨南琛与晓庄学生、新安旅行团顾问汪达之结婚。

杨　廉　字四穆，四川人，早年留美学教育。20 世纪 30 年代中期任安徽省教育厅长，抗战期间任四川省教育厅长。

杨静桐　菲律宾宿务省爱国华侨，菲律宾洪光学校校长。曾在菲律宾推行生活教育，发展育才之友，发起育才难童储金，给予育才以经济资助。中华人民共和国成立后，曾在中央教育部初教司工作。

杨　震　（？—124）　字伯起，东汉弘农华阴（今属陕西）人。少好学，博览群经，当时称为“关西孔子杨伯起”。历任荆州刺史，涿郡太守、司徒、太尉等职。安帝乳母王圣及中常侍樊丰等贪侈骄横，他多次上疏切谏，被樊丰所诬罢官，自杀。其子孙世代任大官僚，“弘农杨氏”成为东汉有名的世家大族。

杨德昭　（1895—1983）　原名毓申，百侯侯南人。早年肄业于上海暨南学堂，曾参加同盟会和北伐，长期任第一集团军驻南京中将衔代表。1923 年创办联益中学，1933 年接办百侯中学，任董事长。特请陶行知推荐生活教育社骨干多人来侯中任教，合并侯南等地各小学为百侯中学附属小学，开办艺友师范，设立民众教育馆，实行小先生制。同时资助山海工学团，并为中华业余学校（香港）董事。1937 年曾聘请与组织失去联系的三军团政治部地方工作部部长罗明任侯中代理校长，实施抗日教育。1947 年杨又任立法委员，建国前夕与黄绍竑联名通电起义。后继续关心家乡教育，1983 年病逝于香港。

杨　潮　（1900—1946）　原名廉政，号九寰，笔名羊枣、潮水等。因参加五四运动被清华学校开除。后参加左联工作，积极

吴让能　复旦大学毕业，重庆育才学校教师。

吴兆棠　(1905—1964)　字昭说，安徽休宁人，吴树琴堂叔。毕业于同济大学，先后留学日本、德国，获博士学位。1941年任中央训练团教务组长兼中央大学教授，1944年后曾任三青团中央干事会干事，1947年任教育部督学，不久任中等教育司司长。同年，任国民党中执委员，1949年去台。1955年任政治大学训导长，后转任教育研究所主任。1963年任“台湾省教育厅长”。著有《训练原理与实施》《教育原理》等。

吴汝纶　(1840—1903)　字挚甫，安徽桐城人。同治进士，官冀州知府。1902年任京师大学堂总教习，赴日本考察教育。曾师事曾国藩，为“曾门四弟子”之一。著《东游丛录》《诗说》等，为晚期桐城派中影响较大的作家。

吴羽白　(1909—1958)　吴承仕的胞弟，原名吴承禧，字羽白，安徽歙县人。曾任中央研究院社会科学研究所研究员、上海兴业银行副经理。中华人民共和国成立后，任上海财经学院教务长、上海市政协常委。

吴克坚　(1900—1986)　曾化名李岘，湖南平江人。1924年加入中国共产党，1927年任国民革命军第二十军独立团政治部主任、中共平江县委书记，同年参加秋收起义。1932年到莫斯科学习。1936年去巴黎，任《救国时报》(巴黎版)总经理，化名李岘。“七七事变”后回国，先后任中共中央长江局副秘书长，新华日报社总编辑。中华人民共和国成立后，历任华东军政委员会秘书长、中共中央华东局统战部长和上海联络局长、全国人大常委会副秘书长、全国人大法制工作委员会委员、全国政协委员。

吴佩孚　(1874—1939)　字子玉，山东蓬莱人。北洋直系军阀首领，秀才出身。1922年直奉战争后，先后任两湖巡阅使、直鲁豫三省巡阅使，控制北洋政府。1923年镇压京汉铁路工人大罢工，制造“二七”惨案。1924年第二次直奉战争中，被奉军及冯玉祥部国民军击败，逃至湖北。1926年又联合奉系张作霖、山西督军阎锡山等，进攻国民军，不久被湖北国民革命军打败。“九一八”事变后，寓居北平。抗日战争爆发后，曾拒绝出任伪职。

吴　泽　江苏常州人。1937 年毕业于中国大学经济系，曾任复旦大学、大夏大学教授。中华人民共和国成立后，历任华东师范大学教授、历史系主任、中国史学研究所所长，国务院学位委员会第一、第二届学科评议组成员，上海历史学会第九届副会长，上海华侨历史学会第一届会长。专于中国古代史、中国史学史和史学理论。主编《中国历史大辞典·史学史》，著有《中国古代史》《中国历史简编》《中国原始社会史》等。

吴承仕　（1884—1939）　字检斋、絸斋，又号茧斋，笔名少白等。安徽歙县人。1926年任中国大学国学系主任，后历任北京大学、北京师范大学、民国大学、东北大学等校教授。精研音韵训诂之学，并首先用马克思主义观点从事经学研究，创办《文史》杂志，组织启蒙学会。“九一八”事变后，担任北京师范大学教授联席会议主席，参加北平作家协会，积极支持和参加左联与“一二·九”运动。1938 年，在北京拒绝敌人收买，拒不出任北京师范大学校长，终因日寇汉奸的迫害致病，于 1939 年 9 月 20 日在北京逝世。12 月，陶曾三次致函约晤其弟吴羽白，商谈抚恤与褒扬吴承仕之事。1940 年 4 月 16 日，延安各界为他举行追悼大会，毛泽东、周恩来等都送了挽词、挽联。

吴树琴　（1915—2003）　安徽休宁人，安徽省隆阜第四女子中学学生。1934 年陶行知介绍她和同乡同学沈德华、黄彤宁“三姊妹”投考上海中法大学药学专修科学习。1939 年除夕与陶行知结婚。曾任晓庄研究所研究员。长期从事化学分析，曾在北碚新亚药厂和南京等地的制药厂做研究工作。曾任中国陶行知研究会、陶行知基金会顾问。

吴　勃　又名白危。曾任重庆育才学校指导部主任。周恩来、邓颖超等参观育才，吴勃向其介绍育才情况。

吴研因　（1886—1975）　江苏江阴人，1906 年毕业于上海师范学校。曾任江阴县立单级小学和上海高公学校校长，菲律宾公理报社总编辑、晓庄学校指导员、教育部国民教育司司长等职。晓庄被封时，教育部指令他接管学校。曾与陶行知合写中华儿童教育社社歌。中华人民共和国成立后，历任教育部初等教育司司长、中学教育司司长、民进中央委员、全国政协常委。著有《小学国语新读本》《基本教育》等。

吴贻芳　(1893—1985)　女，湖北武昌人。1919 年毕业于金陵女子大学，1923 年赴美留学，获博士学位，曾任中国出席联合国成立大会代表。归国后任金陵女子大学校长，第一至第四届国民参政会参政员。1949 年参加中国人民政治协商会议第一届全体会议。1951年起先后担任公立金陵大学校务委员会副主席、南京师范学院副院长、江苏省副省长、全国政协委员、全国妇联和中国民主促进会中央副主席、中国基督教三自爱国运动委员会名誉主席，曾当选为历届全国人大代表。

吴俊升　原南京高等师范学校教育科学生，时任国民政府教育部高教司司长。

吴晓邦　(1906—1995)　原名吴锦荣、学名吴祖培，号启明，江苏太仓人，中国现代舞的创始人之一。学生时代参加过五四运动、五卅运动，1929 年留学日本。1931 年，为纪念 19 世纪的音乐家肖邦，取名吴晓邦。1932 年在上海办“晓邦舞蹈学校”，1935 年办“晓邦舞蹈研究所”。9 月，举行个人第一次作品发表会，只有一个波兰妇女是购票的观众，但他并不灰心，仍继续从事舞蹈艺术。1937 年 9 月，参加救亡演剧四队，创作了著名的现代舞蹈节目《义勇军进行曲》和《春天里来百花香》，取得很大成功。1940 年为新安旅行团创作了大型舞剧《虎爷》，这是我国第一次舞剧的演出。1942 年在孩子剧团和育才学校任教。1957 年成立“天马舞蹈研究室”，1979 年被选为中国舞蹈家协会主席。

吴　晗　(1909—1969)　浙江义乌人。原名春晗，字辰伯。1934 年毕业于清华大学，后任云南大学、西南联合大学教授，清华大学教授、系主任、文学院院长。1943 年参加中国民主同盟。中华人民共和国成立后，历任北京市副市长、北京市第一至第四届政协副主席、中国科学院哲学社会科学部委员。1957 年加入中国共产党，1958 年当选为民盟中央副主席。是第一至第三届全国人大代表，第一届全国政协委员，第二、三届全国政协常委。生平从事中国古代史研究，对明史的研究尤有成就。著有《朱元璋传》和历史剧《海瑞罢官》等。

吴涵真　浙江人。长期从事儿童教育工作，曾任九龙儿童书局经理、儿童书院院长、香港中华业余补习学校校长、新知出版社常务理事。1938 年担任生活教育社第一届监事、育才学校董事会董事，支持晓庄研究所。抗战时期曾在川康建设期成会第二办事处的工作，并任李济深的顾问。

吴敬恒　（1865—1953）　原名朓，字稚晖，曾署朏盦。江苏武进人，清光绪举人。早年入江阴南菁书院。初任天津北洋学堂教习，后回上海任南洋公学校长。曾留学日本。1902 年在上海参加爱国学社，与章炳麟等创办《苏报》。1903 年《苏报》案发生后，出走国外。1905 年加入同盟会，次年在巴黎出版《新世纪》杂志，宣传无政府主义。1921 年任里昂中法大学校长，1924 年出席国民党第一次全国代表大会，被选为中央监察委员。1928 年 4 月 22 日，曾出席晓庄周年纪念联村运动会并参加跑山竞赛。历任南京国民政府国防最高委员会委员、教育部国语统一筹备委员会主席、中央研究院院士、总统府资政、国民党中央评议委员等职。著有《吴稚晖先生全集》。

吴翔庆　1919 年 6 月曾为江苏省警察厅镇压学生运动联名发出《南京 21 校职教员之不平鸣》，以示抗议。

吴新稼　现名吴甫生。湖北宜昌人。1933 年去上海参加左翼教育工作者联盟，1936 年参加中国共产党，次年任孩子剧团团长，1938 年任生活教育社理事、生活教育社生产基金及资金筹募委员会委员，1939 年在育才学校工作。中华人民共和国成立后，先后在山东大学、中原大学、共青团中南工委《新青年报》、中共中央中南局宣传部、国家体委宣传司工作。1980 年任中国社会科学院研究生部主任，中国陶行知研究会副秘书长，北京市陶行知研究会副会长。

吴蕴初 (1891—1953) 原名葆元，江苏嘉定（今属上海市）人。1923 年在上海天厨味精厂任经理，1928 年创办中华工业化学研究所，自任董事长，后被推为中华化学工业会副会长、中华工业联合会委员。1929 年在上海开办天原电化厂，1935 年创办天盛陶器厂，改变了中国酸碱容器依赖进口的状况，1936 年又办天利氮气厂。抗战爆发后，将大部分工厂迁往重庆，1947 年所属企业在上海重新开工。曾任国民参政会参政员和全国工业协会理事长等职。中华人民共和国成立后，任华东行政委员会委员，上海市人民政府委员。

吴 瀚 曾任汉口懿训女中教师，汉口女青年会战时服务团团长，生活教育社社员兼生活教育总社事务员、会计，生活教育社生产基金及资金保管委员会委员。刘季平夫人。

吴耀宗 (1893—1979) 广东顺德人。1920 年任北京基督教青年会学生部主任。1924 年去美国留学，获神学硕士学位。1927 年回国，在上海中华基督教青年会全国协会任职。曾发起唯爱社，任主席。“九一八”事变后，参加了全国各界救国会等抗日团体。1941年到成都讲学，并主编《天风》周刊。1946 年返上海，同年 6 月以宗教界代表身份赴南京请愿，反对内战。1949 年 9 月以宗教界代表身份参加中国人民政治协商会议第一届全体会议。1950 年发起基督教三自（自治、自养、自传）爱国运动。后历任中国基督教三自爱国委员会主席、中华基督教会全国总会会长、全国政协常委、全国人大常委、世界和平理事会理事等。主要译著有《基督教与新中国》《尼赫鲁传记》等。

利伯帝 (Hans Lippershey，1576—1619) 德国出生的眼镜制造商，传统上把望远镜的发明归功于他。1608 年 10 月 2 日，他正式把他的发明（他称它为“观察器”）呈献给荷兰的议会。荷兰议会给予他奖励并要求把它改成双目望远镜。伽利略根据这个发明报告立即制作了他自己的望远镜。

邱昌渭 (1899—?) 字毅吾，湖南芷江人，美国哥伦比亚大学政治学博士。曾任沈阳东北大学法学院教授，广西省政府秘书长，广西省政府委员兼教育厅长、民政厅长，生活教育社监事，国民党中央设计局副秘书长。1945 年 4 月任第四届国民参政会参政员，1948 年任立法院立法委员。

何应钦　(1890—1987)　字敬之，贵州兴义人，日本陆军士官学校毕业。1916 年返国，任黔军第四团团长兼贵州讲武学校校长。参加护法之役，任第五混成旅旅长。1924 年出任黄埔军校总教官，旋任教导一团团长，两次东征，递升旅长、师长、军长。曾参加北伐。1930 年任国民政府军政部部长，并多次担任军事委员会各地行营主任。“九一八”事变后，于 1933 年兼代军委会北平分会委员长。同年 7 月，出卖了华北的大部分主权，与日本华北驻屯军司令官梅津美治郎签订《何梅协定》。抗日战争时兼任总参谋长。1944 年任中国战区中国陆军总司令，1946 年出任联合国军事参谋团中国代表团团长，1948 年任国防部部长，1949 年任国民政府行政院长，拒绝与中国共产党和谈。去台湾后，任“总统府”战略顾问委员会主任、国民党中央评议委员等职。

何　荦　江苏昆山人。抗战时期在中共江苏省委所属职委系统工作。1943 年至 1946 年调任潘汉年领导的华中局情报部的敌区交通员。中华人民共和国成立后，任上海市公安局水上分局局长，后因潘汉年案牵连调安徽。十一届三中全会后任安徽日报社党委书记。后在上海从事研究、整理潘汉年的史实工作。

何思源　(1896—1982)　字仙槎，山东菏泽人，毕业于北京大学。1919 年留学美、德、法等国。回国后执教中山大学，后历任国民革命军总司令部政治部训练部副主任、国民党山东省党务整理委员会委员、山东省教育厅长、山东省政府秘书长等职。1946 年任北平特别市长，1949 年起义，为和平解放北平作出贡献。后任全国政协委员、中国国民党革命委员会中央委员。著有《国际经济政策》《近代中国外交史》《中国人口问题》等。

何香凝　(1878—1972)　原名谏，又名瑞谏。广东南海人，廖仲恺夫人，廖承志母亲，国民党革命派杰出代表。早期随同孙中山致力于推翻清政府，后积极参加讨袁。1924年支持孙中山与共产党合作，任国民党妇女部部长，后积极参加抗日救亡活动，支持共产党的各项主张。中华人民共和国成立后，任全国人大常委会副委员长，全国政协副主席、中国美术家协会主席、中国国民党革命委员会主席等职。著《何香凝诗画集》。

何炳松　(1890—1946)　字伯臣、柏丞。浙江金华人，留学美国。任商务印书馆编辑、副经理等职。曾任《教育杂志》主编、杭州大学董事、暨南大学校长、英士大学校长等职。著有《中古欧洲史》《近世欧洲史》，译有《美国教育制度》等。

何　惧　(1912—1987)　江苏常熟人。曾与沙千里等人组织上海蚁社。1935年参加全国各界救国联合会，后被选为中常委兼组织部副部长。1945年加入中国民主同盟。曾创办丽华印刷厂，发行进步书刊。1946年任中美汽水厂厂长、上川实业公司董事。中华人民共和国成立后曾任重工业部驻沪办事处主任、一机部成套设备总局副局长、第三届全国人大代表、第五、第六届全国政协委员。

何联奎　(1902—1977)　字子星，浙江松阳人。1927年在国民革命军第二十六军政治部工作。1928年留学法国巴黎大学、英国伦敦大学，专攻人类学。1931年回国，在北京大学、中央大学社学系任教。曾任扫荡报社社长、国民参政会参政员、中央大学法学院院长，国民党第六届中央执行委员会常务委员等职。著有《民族文化研究》《何联奎文集》等。

何　鲁　(1894—1973)　字奎垣，四川广安人。早年加入同盟会，参加过辛亥革命。1912年赴法国留学，获硕士学位。1919年回国，任东南大学教授。曾在陶行知办的暑期学校及国语讲习科任教。此后，历任大同大学、中国公学、安徽大学、重庆大学、云南大学教授，四川大学教授、教务长、校长等职。奖掖后学，扶持过严济慈、华罗庚等著名学者。中华人民共和国成立后，任中国科学技术情报研究所研究员，中国数学会理事。当选为民革中央委员会委员、全国政协委员。是最先把现代数学引进我国的学者之一，曾阐明由一种变数发展到多种变数理论，获数学大师称号。著有《纯粹数矩阵论》等。

伯　夷　商末孤竹君的长子，墨胎氏。孤竹在今辽宁卢龙东南。孤竹君立次子叔齐继位为王，叔齐让位给伯夷，伯夷逃避。后来两人闻周文王善养老而入周。武王伐纣，两人劝谏，以为不仁。武王灭商，两人隐居首阳山不食周粟而死。

伯斯笃　通译巴斯德（Louis Pasteur，1822—1895）法国化学家，微生物学家。

佛里斯　通译德佛里斯（Hugo De Vries，1848—1935）　荷兰植物学家、遗传学家。1900年与德国柯灵斯和奥地利丘歇马克同时重新发现孟特尔定律，进行红杆月见草的遗传学试验。并根据试验的结果，于1901年发表突变学说，认为生物的进化起因于突变。现在知道他在月见草的遗传学试验中所发现的突变，大都是染色体畸变。著有《变异论》。

伽利略　（Galileo Galilei，1564—1642）　意大利物理学家、天文学家，近代实验科学的奠基者之一。他是最早用望远镜观察天体的天文学家，曾用大量事实证明地球环绕太阳旋转，否定地心说。1632年发表《关于两种世界体系的对话》，支持和阐发哥白尼的地动说，次年遭罗马教廷宗教裁判所的审判并处罚八年软禁。他虽被监禁仍继续从事研究。1980年，罗马教廷正式承认350年前宗教裁判所对伽利略的审判是错误的。

近　卫　即近卫文麿（1891—1945）　日本战犯、首相（1937—1939；1940—1941）。1916年任贵族院议员，1919年随西园寺公望参加巴黎和会，1933年起任贵族院议长，1939年起任枢密院议长。首相任内，发动全面侵华战争，正式签订《德意日三国同盟条约》，对内颁布“国家总动员法”，组织“大政翼赞会”，建立法西斯“新体制”。日本投降后，畏罪自杀。

余汉谋　（1896—1981）　字幄奇，广东高要人。早年毕业于保定军官学校，曾任粤军连长、营长、宪兵司令部副官长、旅长。1925 年后，历任国民革命军团长、副师长、师长，粤军第一军军长，国民党第四届中央执行委员，广东西北区绥靖委员，1936 年晋为陆军上将衔。1937 年后，任国民党第十二集团军总司令、第四战区副司令长官、第七战区司令长官、陆军总司令广州绥靖公署主任等职。后去台湾任“总统府”战略顾问。

余光生　(1906—1978)　浙江镇海（今宁波）人。1927 年毕业于上海交通大学土木系，次年赴美国，在密歇根大学研究院学习，1932 年加入中国共产党。曾任《纽约先锋报》编辑，美洲华侨大同盟执行委员、书记。1940 年回国，后任延安《解放日报》编辑、总编辑，新华通讯社代社长，东北铁路总局局长，中长铁路理事会主席。中华人民共和国成立后，历任齐齐哈尔铁路局、哈尔滨铁路局局长，铁道部副部长。

余家菊　(1898—1976)　字景陶、于渊，湖北黄陂人。毕业于武昌中华大学哲学系。加入少年中国学会。1921 年留美，1924 年任武昌师大哲学系主任，1925 年加入中国青年党。主持中华书局《醒狮》周刊教育副刊后任国民参政会参政员、国民政府委员。著译有《国家主义概论》《中国教育史要》《教育原理》等。

希特勒　(Adolf Hitler，1889—1945)　生于奥地利。第一次世界大战中曾为德国士兵，1919 年加入德意志工人党（次年改名为纳粹党），1921 年成为该党党魁。1933 年 1 月在垄断资本集团支持下出任总理，1934 年总统兴登堡死后自称“元首”，解散国会，取消所有反对派政党，残酷迫害和屠杀共产党人、进步人士和犹太人，实行法西斯专政，重整军备，挑起第二次世界大战。著有《我的奋斗》，是德国法西斯头子，纳粹德国头号战犯。

谷正伦　(1890—1953)　字纪常，贵州安顺人。1908 年留学日本加入同盟会，后再入日本陆军士官学校。曾任炮兵团长，第二混成旅旅长。1921 年被任命为中央直辖黔军总司令，1926 年任独立第二师师长、首都卫戍司令。1929 年春天，陶行知派去创办淮安新安小学的三个晓庄学生，因为地方为争庙产而对办学校没有丝毫兴趣而求助于陶。陶知道那时的淮安县长与谷有私交，因而电谷求助，谷慨然允助。县长令庙产拨归新安小学办学用。1931 年 4 月，谷正伦奉蒋介石命查封晓庄。1932 年升任宪兵司令，后任甘肃、贵州省政府主席。1950 年去台湾任“国策顾问”等职。

邹元标　（1551—1624）　字尔瞻，号南皋，明江西吉水人。万历进士。初出为官，以得罪张居正，谪戍都匀卫六年，悉心研究理学。后任谏官，以敢言著称。后居家讲学近 30 年。与赵南星、顾宪成号为三君。有《愿学集》《存真集》。

邹秉文　（1893—1985）　原名应崧，江苏吴县人。1901 年赴美留学，回国后任南京金陵大学农林科植物病理学教授、南京高等师范学校农业专修科主任。1949 年赴美，任美国华侨和昌公司董事长。1956 年回国，任农业部和高教部顾问、全国政协委员。

邹家骅　（1926— ）　又名嘉骅，上海市人，邹韬奋之子。1955 年留苏。历任沈阳第二机床厂副主任工程师、厂长，第一机械工业部研究所所长、研究院副院长，国务院国防工业办公室、国防科工委副主任，兵器工业部部长，国家机械工业委员会主任，国务委员兼机械电子工业部部长兼国家计划委员会主任，1991 年 4 月任国务院副总理兼计划委员会副主任。

邹绿芷　（1914—1986）　原名尚禄，辽宁辽阳人，诗人和翻译家，清华大学肄业。1937 年入陕北公学。曾任七七少年剧团团长，育才学校文学组教师兼作陶行知秘书，育才学校北碚办事处主任，育才学校教导主任，西南学院教授。1948 年任中国福利会教育科科长，人事处处长，中国建设杂志社办公室主任，儿童时代社社长。译有［英］狄更斯《炉边的蟋蟀》，［美］勃朗宁《铁成》、［墨西哥］特雷文《伐木工的反叛》、［丹麦］尼克索《蒂特三部曲》等。

邹　鲁　（1885—1954）　字海滨，广东大埔人。早年留学日本，1905 年加入同盟会。曾任议员、护法军政府财政部次长、国民党中央执行委员会常务委员兼青年部部长等职。1933年任广州中山大学校长，曾邀陶行知到校演讲。抗日战争时期，先后任国民政府国防最高委员会常委、国民政府委员、国民党中央委员和中央常委。1949年到台湾。著《中国国民党史稿》。

邹韬奋　（1895—1944）　中国著名的新闻记者、出版家。原名恩润，笔名韬奋。原籍江西余江，生于福建永安。1921年从上海圣约翰大学毕业，1923年在黄炎培等创办的中华职业教育社任编辑股主任。1926年接编《生活》周刊。“九一八”事变后，积极宣传抗日救亡，反对国民党不抵抗政策。1933年初参加中国民权保障同盟，后参加全国各界救国联合会的领导工作，先后在上海、香港主编《大众生活》周刊、《生活日报》《生活星期刊》。1936年7月与沈钧儒、陶行知、章乃器四人联名发表《团结御侮的基本条件与最低要求》的联合声明，11月被捕，为“七君子”之一。抗日战争期间，先后在上海、汉口、重庆创办并主编《抗战》《全民抗战》。1942年到苏北解放区。早年著有职业教育专著，主要著作编为《韬奋文集》《韬奋全集》。

亨利·加里　通译亨利·凯里（Heary Carey，1687—1743）　英国诗人、戏剧家、音乐家。主要由于他的歌谣而为人所铭记，特别是收在他的最佳配乐诗集《音乐世纪》（1737）中的《我们在小巷里漫步》。相传他就是著名颂歌《国王万岁》的作者。所著最佳戏剧是《诚实的约克郡人》。

亨利·福特　（Henry Ford，1863—1947）　美国汽车制造商。1903年创办福特汽车公司，使美国成为汽车之国。

应尚德　1919年任金陵大学校长。同年5月9日下午江苏省议会在南京开国耻纪念会，陶行知与应尚德、赵正平、张家训四人作为来宾与会并相继发表演说，佩戴国耻纪念白绫符号游行。后与陶共同拟定南京学界联合会章程并于13日通过章程宣告联合会成立。15日被选为会长，陶副之。6月2日由于另行组织南京学生联合会，应、陶同时辞职。1925年任南开大学理科教授。

冷中雪　湖南新宁人，壮族。1936 年在上海参加全国各界救国会，后又参加上海文化救亡协会，从事救亡宣传工作。1939 年 5 月到重庆生活书店工作，1939 年 7 月参加育才学校筹建事务，后任社会组艺友，次年初离校到重庆上川公司工作。中华人民共和国成立后在河南省开封市委党校工作。

冷　遹　(1882—1959)　字御秋，江苏丹徒人。1906 年加入同盟会，1907 年曾被捕入狱，1910 年与人创建广西同盟会支部。武昌起义后，任民军混成协帮统、中华民国陆军第一军第三师师长、安徽军政府参谋部长、第九师师长等职。1915 年参加讨袁运动，1917 年任护法军政府总参议和代理内政部长。后致力于实业和教育，曾同黄炎培创办中华职业教育社。抗日战争中积极投入抗日民主运动。1945 年 5 月与黄炎培等联合提出恢复国共谈判主张，并亲赴延安接洽。抗战胜利后曾任国民政府江苏省临时参议院议长。1938 年 6 月至 1948 年 3 月任第一至第四届国民参政会参政员。中华人民共和国成立后，曾任全国政协委员，江苏省人民政府副省长，中国民主建国会常委兼江苏省主任委员。

辛汉文　(1906—1966)　电影化妆师，上海市人。1928 年参加南国社，1930 年参加中国左翼戏剧家联盟，1932 年加入中国共产党，1935 年参与组织上海业余剧人协会，1937 年参加演出话剧《保卫芦沟桥》，同年领导抗日救亡演剧十队。1941 年后任中华剧艺社化妆师兼舞台监督，1946 年后任昆仑影业公司、东北电影制片厂化妆师，后在东北电影制片厂主持第一期电影化妆人员训练班。曾担任《夜半歌声》《三毛流浪记》等影片的化妆。

辛弃疾　(1140—1207)　字幼安，号稼轩，齐州历城（今山东济南）人，南宋大词人。他一生主张坚决抗金，现存词六百多首，多抒发恢复统一祖国山河的强烈感情；因多次受主和派排挤，词中常谴责主和派误国，流露自己壮志未酬的悲愤；又长期任地方官或闲居山林，故也有吟咏祖国河山的作品。词风继承苏轼豪放风格，但更纵放自如，冲破音律限制，屹然别立一宗。有《稼轩长短句》。今人辑有《辛稼轩诗文钞存》。

汪己文 (1899—1970) 原名邦铼，字祀文，晚号改庐，安徽歙县人。1915 年毕业于上海中华法律专门学校后去苏州任教，后返家乡任歙县县立小学校长。曾与方与严、吴甲三等联合全县教员清查教育经费，追回被土豪劣绅侵占的稻谷三千余石。1927 年后在苏州相继创办安徽公学和新安小学，实践陶行知的生活教育主张，推行小先生制，编印《苏州新闻》周刊、《歙声》和《皖事汇报》，任歙县旅苏同乡会会长。抗日战争爆发后，任歙县战地服务团团长，第三区区长，与汪任民同编《抗日三字经》宣传救亡。1949 年赴北京华北人民大学政治研究院学习，毕业后在南京从事教育工作。著有《卷裹集》《改庐笔记》《宾虹书简》《黄宾虹年谱》等。汪的长兄邦钧（鸿文）与陶行知在徽州中西蒙学堂同窗。

汪达之 (1903—1980) 原名达志，安徽黟县人，晓庄学校第三期学生。1930 年陶行知派他任新安小学校长，1933 年他发起组织了“新安儿童自动旅行团”。1935 年他又组织和亲自领导“新安旅行团”，在全国 19 个省宣传团结抗日救国，同反动派的倒退分裂行为斗争。“皖南事变”后，他遵照中国共产党的决定，率领“新安旅行团”从大后方转移撤退到苏北抗日根据地。曾任苏皖边区政府教育厅督学。中华人民共和国成立后，在南京主持恢复晓庄师范学校并任校长，后任中央教育部师范教育司专员及广东民族学院党委书记兼副院长等职。

汪亦伦 笔名刃锋，安徽全椒人。幼年从外祖父鲁云逵学习书法、国画。1938 年投奔大别山参加抗日救亡工作，曾主办《大别山画报》。1939 年到重庆育才学校任美术教师，1942 年与木刻家王琦、丁正献等组织中国木刻研究会，向国外介绍中国新木刻艺术，1946 年在上海组织中国木刻协会，任常务理事兼展览部长，1949 年由香港至解放区中原大学任教，同年在北京参加第一次全国文代会。1951 年调北京市文联创作部，一直从事美术创作兼《北京文艺》编委。

1980 年出席中国木刻家协会成立大会，被选为副秘书长并兼管展览部工作。

汪纯宜　安徽休宁人，女，与陶文渼在南京汇文女中同窗。1913 年与陶行知结婚，生有四子，支持陶行知的事业。20 世纪 30 年代因陶行知遭通缉，以致被迫流亡日本，汪担惊受怕，刺激过深，得了精神分裂症。1936 年 4 月 23 日在陶行知正出国访问时，汪因久病不治，在上海去世。

汪孟邹　(1877—1953)　安徽绩溪人。1901 年就学于江南陆师学堂，1903 年创办芜湖科学图书社，1904 年发行陈独秀主编的《安徽俗话报》，1913 年在上海开设亚东图书馆，直到 1953 年。与安徽三名文化巨人胡适、陈独秀、陶行知关系密切，当时各种新思潮的书籍多出版于"亚东"。1928 年出版陶行知的《中国教育改造》和《知行书信》以及《晓庄》丛书的稿本开始是藏在"亚东"，以后陆续由其他书局出版。汪孟邹、汪原放两叔侄对中国新文化运动是有贡献的。

汪原放　(1897—1980)　安徽绩溪人。少年时只读了七年书。1911 年进了叔父汪孟邹创办的芜湖科学图书社当学徒，1913 年随汪孟邹到上海亚东图书馆，刻苦自学英文，后任亚东图书馆编译直到 1936 年。1925 年加入中国共产党，任书店支部书记。1927 年春，在汉口中国共产党中央主持和经办的《民国日报》任国际编辑，后任经理。不久任中共中央出版局局长，9 月又回上海任"亚东"编译。1928 年 6 月，曾和汪孟邹一同设法营救中央委员、江苏省委组织部长陈乔年。他长期从事中国古典文学的整理工作和外国文学的翻译工作，是第一个对中国古典小说用新式标点进行分段整理的人。1920 年出了标点的《水浒》，以后陆续点出了十多种名著，还出版过《诗经今译》第一册。中华人民共和国成立后，任新文艺出版社、古典文学出版社和中华书局上海编辑所编辑。著有《回忆亚东图书馆》等，译有《伊索寓言》《一千零一夜》《鲁滨孙漂流记》等。

汪精卫　(1883—1944)　名兆铭，字季新。原籍浙江山阴（今绍兴)，生于广东番禺，留学日本。1905 年参加同盟会，曾任《民报》主编。1910 年在北京参加暗杀清摄政王载沣被捕，武昌起义后获释。1921 年任广东教育会会长，1923 年被推举为中华教育改进社董事，1924 年任国民党中央宣传部长，1926 年任国民政府常务委员会主席兼军事委员会主席，1928 年为国民党改组派首领。历任行政院长兼外交部长、国民党中央政治委员会主席、国民参政会议长、国民党副总裁。1938 年 10 月投降日本，成了大汉奸，1940 年成立伪国民政府，任主席。

汪懋祖 (1891—1949)　字典存，江苏吴县人。曾任北京女子师范大学教员。中华教育改进社社员，与陶行知等发起创办《新教育评论》。

沙千里 (1901—1982)　上海市人，政治活动家。五四运动后，积极从事进步活动，曾主编《青年之友》，宣传反帝爱国思想。"九一八"事变后，先后参与发起组织上海市职业界救国会、上海市各界救国联合会、全国各界救国联合会等进步团体，主编《生活知识》。1936 年 11 月，与沈钧儒、史良等救国会领袖被国民党反动当局逮捕入狱，是国内外闻名的"七君子"之一。中华人民共和国成立后，曾任第四届全国人大常委、全国政协第一届委员、贸易部副部长、轻工业部部长、粮食部部长等职。

沙茨基 (1878—1934)　全名斯坦尼斯拉夫·乔菲洛维奇·沙茨基(又译夏弗斯基)，苏联教育家。1929 年至 1934 年任教育人民委员部委员，1905 年在莫斯科创办第一个儿童学工团(工人子弟俱乐部)。1911 年他和妻子 B. H. 沙茨尤娅利用社会资助在卡卢加省为学工团员组织了一个名为"愉快的生活"劳动夏令营，每年有 68 个至 80 个俱乐部的积极分子参加。1917 年十月革命后，他主持了俄罗斯联邦教育人民委员会国民教育第一个试验站的工作 (1919—1932)。此站在卢尤加省设有一个农村分校，在莫斯科设有一个城市分校。这个站是一个教育科研机构、幼儿园、学校、儿童校外机构和成人教育的综合体，他在这里研究并实际上检验了组织共产主义教育的许多问题，对如何把学校与有益的劳动结合起来，对教学活动的合理化，对集体的形成以及与周围的环境的关系等问题，做了有益的探索。1932年至1934年，他领导了俄罗斯联邦教育人民委员部中心试验室的工作，同时还担任莫斯科音乐学院院长。著有《生活教育论》《沙茨基教育文集》（1—4卷）。

沈尹默　（1883—1971）　原名君默，字中，浙江吴兴（今潮州）人。早年留学日本，1912年回国任北京大学教授。曾任《新青年》编委，河北省教育厅长、北平大学校长。中华人民共和国成立后，任中央文史馆副馆长、上海市人民委员会委员、全国政协委员、中国文联委员、上海市文联副主席、上海中国书法篆刻研究会主任。工正行草书，尤以行书著名。

沈玄庐　（1892—1928）　原名宗传，字叔言，后改名定一，字剑侯，号玄庐，别署子丞。留学日本，参加同盟会，当选浙江省议员并任议长。1919年主编《星期评论》，推广白话文，在上海组织马克思主义研究会。1927年任国民党浙江清党委员会主任委员兼浙江政治分会秘书长。1928年曾在蔡元培任院长的大学院任职，后任浙江反省院院长，遇刺身亡。著有《玄庐小存》。

沈宗瀚　（1895—1980）　浙江余姚人，字海槎，别署克艰居士。1918年毕业于北京农业专门学校，后自办实验农场，并在一些农业学校任教。1923年赴美留学，1927年获博士学位，同年回金陵大学任教，主持小麦、高粱、水稻等育种研究，培育多种良种。1934年任中央农业实验所总技师兼农艺系主任，后任该所副所长。1949年去台，曾任国民党中央研究院评议员。著有《中国农业资源》（英文）、《台湾农业之发展》等书。

沈钧儒　（1875—1963）　字秉甫，号衡山，浙江嘉兴人，陶行知的知交。曾留学日本，回国后先后参加立宪运动和辛亥革命。1912年加入同盟会，后致力于教育事业，被推举为浙江省教育会会长。1928年任上海法科大学教务长，并担任律师，营救被捕的中共地下党员和进步人士。1933 年参加中国民权保障同盟。1935 年 12 月与陶行知共同发起上海文化界救国会，任执行委员。1936 年参加发起全国各界救国联合会，11 月 22 日被逮捕，是著名的“七君子”之一。1937 年抗日战争爆发后出狱，1938 年创办《全民》周刊，任社长，7 月代表救国会应聘为国民参政会参政员。1941 年 3 月创议组织中国民主政团同盟，1944 年改组为中国民主同盟，他任中央常务委员，1945 年任中国人民救国会主席。1947 年民盟被国民党政府解散，他到香港主持召开民盟一届三中全会，坚持同共产党合作。1949 年参加新政协筹备会工作。中华人民共和国成立后，历任政协全国委员会副主席、中央人民政府委员、最高人民法院院长、全国人大常务委员会副委员长。1956 年当选为民盟中央主席。

沈兹九　(1898—?)　女，浙江德清人。留学日本，曾任《申报》编辑，主编《妇女生活》杂志。1935 年发起组织上海妇女救国会及上海各界救国联合会，并任执行委员。1946 年在新加坡创办《新妇女》月刊，任《风下》周刊、《南侨日报》编辑。曾出席中国人民政治协商会议第一届全体会议。历任全国妇联常委兼中国妇女杂志社社长，民盟第二届中央委员、第三至第五届中央常委。1987 年当选为民盟中央参议委员会副主任。

沈恩孚　(1864—1944)　字信卿，号渐庵，又号心磬，江苏吴县人，上海龙门书院肄业。1904 年赴日本考察教育，回国后任龙门师范学堂监督，倡导新学。后在上海发起江苏学务总会，被选为会长，致力于革新教育，开创新风。辛亥革命后，在江苏都督府供职，担任过《新教育》杂志教育普通问题编辑员。曾发起中华职业教育社，筹建南京河海工程专门学校，负责董理同济大学，创办鸿英图书馆。

沈骊英　(？—1941)　女，浙江桐乡人。1924 年留学美国研究植物学和农学。历任浙江省政府建设厅农业技师、中央农业实验所技正。相继培育出“中农 28”等 10 个优良稻麦品种，为小麦育种专家，撰写学术著作 20 余种。陶行知誉其为

"麦之女神"。

沈鍊之　浙江永嘉人。1926年毕业于北京师范大学英语系，1933年获法国里昂大学文科博士学位。曾任北京师范大学教授，福建社会科学研究所所长，暨南大学史地系主任、文学院院长、代理校长。建国后，历任浙江师范学院、杭州大学教授、历史系主任，浙江省历史学会第三至第五届会长，民盟中央委员、浙江省委副主任委员，1981年加入中国共产党。专于法国历史。撰有论文《评拉法格的历史功绩》《恩格斯和法国工人党》，著有《法国革命史讲话》，译有《世界文化史》《法国史》。

宋子文　(1894—1971)　广东文昌（今属海南省）人，宋庆龄之弟。曾任广东革命政府财政厅厅长、国民政府财政部部长、全国经济委员会主席、中央银行总裁、中国银行总裁、外交部长，驻美特使、行政院院长、广东省主席等职。1936年曾与宋美龄、端纳等赴西安与张学良、杨虎城及中共代表谈判，和平解决"西安事变"。

宋　玉　战国楚辞赋家。通晓辞赋、音律，事顷襄王。《汉书·艺文志》著录《宋玉赋》十六篇，多亡佚。现存十四篇中，唯《九辩》最为可信，其余诸篇有人疑非宋玉所作。

宋庆龄　(1893—1981)　又名宋庆琳，广东文昌人，生于上海，早年留学美国，1914年任孙中山秘书，1915年10月与孙中山结婚。孙中山逝世后，坚决执行孙中山的"三大政策"。1927年发表宣言揭露蒋介石、汪精卫叛变革命的行为，拒绝担任国民党中央委员会和国民政府的任何职务。1932年12月参加组织中国民权保障同盟，保护和营救了许多共产党员和爱国民主人士。1933年9月主持远东反战大会，并任远东反帝反战同盟中国分会主席。1938年6月发起组织保卫中国同盟，致力于战时医药救济和儿童福利工作。解放战争时期，在上海创建中国福利基金会，致力于妇幼卫生、文化教育和社会救济事业。后任中国国民党革命委员会名誉主席，中央人民政府副主席、中国妇联名誉主席、中国人民保卫儿童全国委员会主席、中国福利会会长，世界保卫和平委员会执行局委员、世界和平理事会理事、亚洲及太平洋区域和平联络委员会主席、全国政协副主席、全国人大常委会副委员长、中华人民共和国副主席。1981年5月15日被中共中央政治局接受为中国共产党正式党员。五届人大第十八次会议被授予中华人民共和国名誉主席称号，主要著作收入《宋庆龄选集》。

宋美龄　(1901—2004)　广东文昌人，生于上海。早年去美国、英国留学，1927年与蒋介石结婚。曾发起新生活运动，任妇女指导委员会指导长；并一度担任航空委员会秘书长，负责空军事务。抗日战争期间在重庆从事收容儿童、救济妇女的工作，曾任中国战时儿童保育会理事长。1975年蒋介石故去后离台赴美居住。

宋哲元　(1885—1940)　字明轩，山东乐陵人。在冯玉祥部历任连、营、团、混成旅、师长。1927年至1929年任陕西省主席。"九一八"事变通电全国、请缨抗日。历任察哈尔省政府主席、第三军团总指挥、冀察绥靖主任、河北省政府主席、国民党中央监察委员等职。

宋　鼎　又号调公。江苏江宁县尧化门小学校长，中国教育改进社特约乡校教师研究会发起人之一，晓庄学校指导员。抗日战争期间，在万县中国儿童救济协会教养院从事儿童教育工作。

张一涛　曾任《生活教育》半月刊的记者，1935年陶行知推荐到安徽从事小先生普及教育运动。

张一麟　(1867—1943)　亦作一麐，字仲仁、峥角，号公绂、民佣、大圜居士、红梅阁主。江苏吴县人。1911年武昌起义后，协助江苏都督程德全筹办民政，曾任袁世凯总统府秘书、政事堂机要局长、教育总长、冯国璋总统府秘书长。1921年至1931年与张謇组织苏社。"九一八"事变后，积极从事抗日救国活动，任江苏省农民银行监理委员，筹建育才学校，任董事会董事长。1938年6月至1943年任第一至第三届国民参政会参政员。著《现代兵事集》《古红梅阁别集》《五十年来国事丛谈》等。

张士一　(1885—?)　又名张谔，江苏吴江人。1917年与吴宓同船去美留学，获美国哥伦比亚大学硕士。曾任成都四川高等学堂及上海交通部工业专门学校英文教员，上海中华书局编辑所英文部长，东南大学英语系主任、教授，南京高等师范学校图书委员会主任，《新教育》杂志教材与教学法组编辑员，中华教育改进社国语教学组副主席。1920年为南京高师首届暑期学校及国语讲习科教员，1924年负责中华教育改进社的英语研究，1933年任中央大学教育学院副教授。

张大千　(1899—1983)　原名正权，改名爰，又名季、季爰。四川内江人。1914年入重庆求精中学就读，随母习画，1917年去日本京都学习染织与绘画，1919年回国师从李瑞清学习书画，不久在松江禅定寺出家，法号大千，三个月后还俗。1925年在上海举办第一次个人画展，1927年开始游历国内名胜，1929年任第一届全国美术展览会干事会员，1936年任南京中央大学美术系教授，1941年去甘肃敦煌莫高窟临摹壁画200余件。曾用绘画资助育才学校。抗战胜利后赴印度临摹阿旃陀壁画，并在印度讲学，举行画展。1950年后，在欧美及东南亚各大城市举办画展。1972年侨居美国，1978年迁居台北。出版有《张大千画册》《张大千书画集》等。

张之江　(1882—1966)　字紫珉，号子姜，直隶（今河北）盐山人。1903年加入北洋常备军，任排长，后加入冯玉祥武学研究会。1914年加入北洋军第十六混成旅，1924年任察哈尔都统，1926年任西北边防军督办、西北军总司令。1927年后，任国民政府委员、军事委员会高级参谋、全国禁烟委员会会长、军事参议院参议、南京国术馆馆长、国民参政员等职。建国后，任第二届全国政协委员，民革中央委员。

张之洞　(1837—1909)　字孝达，号香涛，晚号抱冰。清末直隶南皮（今属河北）人。同治进士。历任翰林院侍讲学士、内阁学士等职。中法战争时，由山西巡抚升两广总督，支持抗法斗争。战后大办洋务，后调任湖广总督、两江总督。甲午战争期间为主战派。后积极派遣留日学生，招聘外国教员，推行新教育。1898 年发表《劝学篇》，提出“旧学为体，新学为用”，攻击维新思想。义和团运动时是“主剿”派。1907 年授大学士、充体仁阁大学士，补授军机大臣，兼管学部。有《张文襄公全集》。

张子高　(1886—1976)　曾名准、芷皋，湖北枝江人。1911 年留学美国，曾发起组织中国科学社。历任金陵大学、浙江大学、清华大学教授，清华大学化学系主任、教务长。中华人民共和国成立后任清华大学化工系主任、副校长。中国化学会理事，中国自然辩证法学会北京分会会长。著有《中国化学史稿》《四家藏墨图录》等。

张元夫　(1891—？)　新疆乌鲁木齐人，北京中国大学毕业。曾任天津兴业银行经理，新疆省政府驻京办事处处长，新疆边防督办盛世才派驻重庆代表。1938 年 6 月至 1945 年任第一至第三届国民参政会参政员。

张见安　1922 年在高等师范学校开设《教育统计学》的四位专家之一。其他三位是陶行知、张耀翔和朱君毅。《新教育》杂志中等教育组、师范教育组的编辑员。

张申府　(1893—1986)　又名崧年，河北献县人。五四期间曾参加创办《每周评论》，并任《新青年》编委，积极从事新文化运动和马克思主义宣传工作。1920 年参加筹建北京共产主义小组，1921 年留学法国、德国。在法国巴黎领导建立共产主义小组，是中共旅法、旅德支部主要负责人之一。曾任黄埔军校政治部副主任，广东大学、清华大学、北京大学教授。“九一八”事变后，参加领导华北各界救国联合会。1938 年 6 月任第一届国民参政会参政员，1942年任中国民主政团同盟（后改中国民主同盟）常务委员。中华人民共和国成立后，任全国政协委员、北京图书馆研究员、中国农工民主党中央顾问。

张亚生　曾在四川郫县太平寺保育院任职，后受聘为育才学校自然组教师，兼管该组工艺。1941 年与英语教师谭坤珩同为财务账目审核人，育才学校暑期自学团榴火社自学团顾问。曾在四川富顺县科委档案馆工作。

张再为　四川洪雅人。1940年至1941年在重庆育才学校任指导部教务员，1945年复旦大学毕业，1946年至1949年先后任育才学校总务主任、育才学校重庆分部教导主任。中华人民共和国成立后，历任重庆市巴县的区政府文教助理员、区长，重庆大、中专党委办公室副主任、主任，重庆出版社副社长，重庆市文化局办公室主任等职。

张西曼　(1895—1949)　又名百禄，湖南长沙人。1908年加入同盟会，辛亥革命后两次赴俄国考察。1919年在北京与李大钊等创立社会主义研究会，在上海、天津等地建立分会。1922年曾向孙中山建议联合苏俄，改造国民党。先后参与创立北方交通大学俄文系、北京中俄大学、武昌中山大学，曾任武昌中山大学校务委员兼法学院院长、俄文法政学系系主任。1935年7月在南京发起创建“中苏文化协会”，被举为常务理事。1945年在重庆创办《民主与科学》杂志，任社长兼主编。1946年先后发起成立中国民主宪政促进会、九三学社，分别担任理事长、理事等职，后任国立中央大学教授，曾和学生一起参加反内战反饥饿反迫害运动，著有《历史回忆》等。

张百熙　(1847—1907)　字埜秋。湖南长沙人，同治进士，任侍读、内阁学士。戊戌政变时，因荐举康有为获罪，被革职留任。义和团运动后，疏请改官制、理财政、变科举、办学堂、设报馆。后历任工部、吏部、户部、邮传部尚书，政务、学务、编纂官制大臣等职。

张　贞　(1884—1963)　字干之，福建诏安人。曾参加同盟会，后入保定军校。1923年任东路讨贼军第八军前敌司令。1926年任国民革命军独立第四师师长，进军福建，旋任福州卫戍司令。1929年当选国民党第三届中央候补执行委员、中执委委员、第四十九师师长等职，晋升为中将，陆军上将。1949年去台湾。

张仲实　(1903—1987)　陕西陇县人。1931年在上海从事文艺运动和马克思主义革命理论的传播工作。1935 年起任生活书店总编辑。1940 年在延安任中宣部出版科科长、中宣部出版处处长、中共中央马恩列斯著作编辑局副局长。著有《马克思恩格斯传略》和《列宁传略》。

张自忠 (1891—1940) 字荩忱，山东临清人。1941 年投军，后在冯玉祥部任排长、连长、营长、团长、副长官。1927 年任国民革命军第二集团军军官学校校长、第二十五师师长、第三十八师师长。任第二十九军前线总指挥时，指挥喜峰口抗战。后任冀察政务委员会委员兼察哈尔省主席、天津市市长、第五十九军军长。1938 年抗战，取得台儿庄战役的胜利。在第三十三集团军总司令任职期间，1940 年 5 月，在湖北宜城前线截击日军中牺牲。

张旭东 现名张昌，育才学校社会组学生。现在中国人民解放军南京工程兵部队政治部工作。

张孝若 (1898—1935) 名怡祖，字以行，张謇之子。曾游学美国。1919 年任淮海实业银行经理。1924 年被任命为智利公使，辞不就。1926 年张謇去世后，继任大生纱厂等机构的董事长、南通学院院长。1935 年 10 月在上海被仆人枪杀。著有《南通张季直先生传记》，编《张季子九录》等。

张志广 (1892—?) 察哈尔省涿鹿县人，北京高等师范毕业。曾任察哈尔省立宣化师范校长，第四中学校长。1940 年 12 月至 1948 年 3 月任第二、第三、第四届国民参政会参政员，1948 年任监察院监察委员。

张志让 (1893—1978) 江苏武进人，字季龙。先后毕业于上海大同学院和复旦公学。1915 年赴美国留学，1920 年毕业于纽约哥伦比亚大学法律系，同年赴德国柏林大学进修，1921 年回国。后任北京政府司法部参事、武汉国民政府最高法院推事，复旦大学法律系主任兼法学院院长等。1936 年参加全国各界救国联合会，曾同宋庆龄等赴南京营救被国民党政府拘押的英籍人士牛兰，赴苏州抗议国民党政府逮捕沈钧儒、邹韬奋等“七君子”，发起“救国入狱运动”，并作律师，为“七君子”辩护。抗日战争时期，任国民党政府军事委员会政治部第三厅处长、文化工作委员会委员、广西大学教授，主编《宪政》月刊、《抗战》周刊、《国民公论》《文摘》等刊物。组织上海各大学教授联谊会，曾多次营救和资助被国民党政府迫害的共产党人和进步人士。中华人民共和国成立后，历任复旦大学校务委员会主任委员，最高人民法院副院长，全国人大法案委员会、法制委员会委员，中国政治法律学会副会长兼中国斯里兰卡友好协会会长。是第一至第四届全国人大代表、第一届全国政协代表、第五届全国政协常委。

张作霖　(1875—1928)　奉天（今辽宁）海城人，字雨亭。1916年任奉天督军兼东三省巡阅使，后为奉天督军兼省长。1922年自任东三省自治保安司令，宣布东三省独立。1924年把持北京政权，1927年杀害共产党人李大钊等，同年6月组织安国军政府，自称"中华民国海陆军大元帅"。1928年乘火车回东北时，被日本关东军预谋炸死。

张伯伦　(Arthur Neville Chamberlain, 1869—1940)　英国首相(1937—1940)，保守党领袖。梅森学院（今伯明翰大学）毕业，曾任伯明翰市市长。1918年当选下院议员，历任邮政总长、卫生及财政等部大臣。首相任内，1938年承认墨索里尼侵占埃塞俄比亚，默认希特勒吞并奥地利，同年9月，缔结《慕尼黑协定》，执行纵容德、意法西斯侵略的绥靖政策。第二次世界大战爆发后，英国被迫卷入战争，不久下台。著有《追求着和平》等。

张伯苓　(1876—1951)　原名寿春，天津人。1891年入北洋水师学堂，毕业后入海军，后回天津从事教育。1904年创办敬业学堂(后改称南开学校)，1917年赴美留学，1919年创办南开大学，1923年和1928年创办南开女中部和南开小学部。任中华教育改进社董事兼司库，中华教育文化基金委员会副董事长，《新教育》杂志教育普通问题初等教育组编辑员。1938年任西南联大校务委员会常委。曾任国民政府参政会副议长、国民党中央监察委员。1948年任国民政府考试院院长，不久辞职。1950年到北京。著有《张伯苓教育言论选集》。

张君劢　(1887—1969)　名嘉森，字君劢，一字士林，号立斋。上海宝山人。1906年留学日本早稻田大学，参加政闻社。辛亥革命后，任宝山县议会议长，后留学德国。曾任浙江交涉署署长，上海时事新报社总编辑，自治学院校长，参加科学与玄学论战，被称为“玄学鬼”。中国国家社会党创始人之一，国家社会党与民主宪政党合并为民主社会党后，任主席。参加组织中国民主同盟。1938年6月至1948年3月任第一至第四届国民参政会参政员。1949年去美国。著有《国宪议》《国家社会主义》《人生观问题》等。

张劲夫　曾用名张新夫、张世德，安徽肥东人，晓庄学校毕业。曾任山海工学团团长。1934年在上海参加中国左翼教育工作者联盟，曾任上海国难教育社负责人、党团委员，中共安徽工委宣传部部长，安徽省总动员委员会组织科长，生活教育社理事，鄂豫皖区委员会民运部部长，皖东省委书记，新四军第五支队政治部主任、江北指挥部政治部副主任，新四军第二师政治部副主任、旅政委，中共淮南区委员会宣传部部长，鲁南、鲁中南行署副主任，中共杭州市委副书记，杭州市副市长。中华人民共和国成立后，历任浙江省财政经济委员会主任，中共浙江省委常委，华东财政经济委员会副主任，地方工作部党组书记、副部长，中国科学院党组书记、副院长兼国家科委副主任，财政部部长，国务院财经委员会副秘书长，中共安徽省委第二书记、第一书记，安徽省省长，国务委员兼国家经委主任，中央财经领导小组秘书长，中共中央顾问委员会常务委员会委员。是中共第八届中央候补委员、中共第十至第十二届中央委员，第一、二、五届全国人大代表，第三、四届全国政协常委，中国陶行知研究会名誉会长。

张其昀　(1900—1985)　字晓峰，浙江鄞县人。国立南京高等师范毕业。曾任中央大学教授，浙江大学史地系主任和文学院院长，国民政府监察院监察委员，资源委员会专门委员。1940年12月至1948年3月任第二至第四届国民参政会参政员，1948 年后任国民政府政务院政务委员兼教育部长、国民党中央常务委员会委员。著有《东西文化》《三民主义概论》《中国地理学研究》《中华五千年史》。

张枝一　安徽歙县人，陶行知在歙县崇一学堂和南京金陵大学的同学，陶文渼的丈夫。因病早逝。

张国良　（1899—1984）　又名张杰夫，安徽歙县人，陶行知的好友。早年求学于北京高等师范博物专修科，大同大学数理专修科。1924 年至 1953 年任上海寰球中国学生会附设小学教导主任兼中学部教师，其间曾任徽社《徽音》月刊主编、光华书局编辑、行知小学校董，热心桑梓教育。1953 年至 1965 年任上海高桥中学物理教师。此后退休在家乡义务从事公益和教育工作，任歙县政协第三、第四届委员，热心支持歙县陶行知研究工作。著有《最新国音读本》，发表过不少论文、诗歌、谜语、杂感、小品文。

张治中　（1890—1969）　政治活动家。安徽巢县（今巢湖）人。原名本尧，字文白。1916 年毕业于保定军校第三期步兵科。曾任黄埔军校学生总队队长、军官团团长。参加了北伐战争。1928 年后，任中央陆军军官学校教育长、国民政府第五军军长、第四路军总指挥。抗日战争时期，任第九集团军总司令、湖南省政府主席、军事委员会政治部部长兼三民主义青年团书记长。曾率部参加淞沪“一·二八”抗战和八一三抗战。抗战胜利后，任西北行辕主任兼新疆省政府主席。1945 年国共重庆谈判时，任国民党代表。1946 年代表国民党参加军调处三人小组，为和平解决国内问题，曾三次到延安。1949 年任国民党政府和平谈判代表团首席代表，同中国共产党代表团在北平进行谈判。当国民党政府拒绝在双方拟定的国内和平协定上签字后，留居北平。同年出席中国人民政治协商会议第一届全体会议。建国后，历任中央人民政府委员，人民革命军事委员会委员，西北军政委员会副主席，民革第二届中央常委和第三、第四届中央副主席，国防委员会副主席，第三届全国人大常委会副委员长。是第一、二届全国人大常委，第一至四届全国政协常委。著有《张治中回忆录》。

张学良　(1901—2001)　字汉卿，辽宁海城人，张作霖的长子。19岁任东北军第三混成旅旅长，晋级为陆军少将。1922年后历任镇威军东路第二梯队司令、第二旅旅长兼整理处参谋长、东三省航空处总办和航空学校校长、第三军军长、奉天军务督办、东北边防军司令、国民政府陆海空三军副司令。“九一八”事变后，东北沦丧，代蒋介石受过，热河失陷，罢官出洋。1934年又受蒋介石指令，指挥东北军参加第五次“围剿”中央红军。以后联共抗日，与杨虎城一道发动西安事变，成为当时停止内战发动抗战的一个历史转变。事变后陪送蒋介石返回南京，遭受囚禁。1961年蒋介石解除对张学良的软禁管束，却仍嘱咐蒋经国“不可放虎归山”，直到1991年才第一次去国外探亲。

张宗昌　(1881—1932)　字效坤，山东掖县人，北洋奉系军阀。先投靠直系，历任旅长、师长，后投奔奉系，曾任第三旅旅长和第二军副军长。1925年任山东军务督办，组成直鲁联军，任副司令，后任总司令并兼安国军副总司令。北伐战争期间支援孙传芳对抗国民革命军，1928年所部被消灭，1932年在济南被刺死。

张宗麟　(1899—1976)　浙江绍兴人。1921年冬入南京高等师范教育系，师从陶行知、陈鹤琴。1927年6月担任南京市教育局学校教育课幼儿教育视导员，9月兼任晓庄第二院（幼稚师范）指导员、吉祥学院院长。1928年专职晓庄学校工作，任指导员及指导员主任。1932年任福建集美乡村师范校长，以后历任广西桂林师专教师、重庆教育学院教务长、湖北教育学院教育系主任、山东邹平简易师范校长等职。1936年协助陶行知办生活教育社、国难教育社，出任光华大学教授、卫华出版股份有限公司秘书长、上海周报社社长、上海文化界救亡协会理事并任训练委员会主任委员。1942年后历任江淮大学秘书长、延安大学教育系副主任、北方大学文教学院院长、华北大学教育研究室主任。1949年后，历任北京军管会教育接管部副部长、高等教育委员会秘书长、教育部高等教育司副司长、高教部计划财务司副司长、司长等职。生活教育社正式成立时任上海分社临时负责人，生活教育社第一、二届理事。

张绍曾 (1880—1928) 字敬舆，曾留学日本。1916 年至 1922 年任北洋政府陆军训练总监、陆军部总长，1923 年任国务院总理，1928 年在天津被暗杀。

张笃伦 原西北军冯玉祥旧部，1946 年 5 月任重庆市市长。

张都统 即张之江（1882—1966） 字紫珉，号子姜，直隶（今河北）盐山人。1903 年加入北洋常备军，1910 年编入清陆军第二十镇，后加入冯玉祥武学研究会。1912 年因参加滦州起义被革职。1914 年加入北洋军第十六混成旅，1924 年任察哈尔都统，1926 年冯玉祥通电下野后，任西北边防军督办、西北军总司令。1927 年后任国民党政府委员、军事委员会高级参谋、全国禁烟委员会会长、军事参议院参议、南京国术馆馆长、国民参政会会员等职。中华人民共和国成立后，曾任第二届全国政协委员、民革中央委员。

张铁生 (1904—1979) 江苏高邮人，又名铭鼎。1923 年考入厦门大学，1927 年 2 月加入中国共产党，1929 年赴德国留学，曾任中共旅德支部负责人。1938 年回国后，任军委会政治部第三厅设计员、国际新闻社编辑，积极参加抗日救亡运动。1941 年赴香港主编《青年知识》。抗战胜利后，任中共香港工委书记。中华人民共和国成立后，任中共中央对外联络部处长、中央国际活动指导委员会副秘书长、全国政协委员。著有《近代国际关系史》《中非交通史初探》，译有《实践理性批判》等。

张　健 又名社健，安徽肥东人。南京晓庄佘儿岗儿童自动学校、上海山海工学团学生，参加小先生运动。山海“儿童社会”执行委员会委员长，山海工学团地下党干事，中共国难教育社工作委员会委员。中华人民共和国成立后，任清华大学党委副书记、副校长，中国教育学会副会长、中央教育科学研究所所长、中国陶行知基金会常务副会长兼秘书长等。

张雪岩　较场口事件后曾与阎宝航、史良、李德全同时被筹委会推选往见蒋介石，报告较场口事件经过，请求严惩凶手。曾参与冯玉祥主持的利他聚餐会。

张曼筠　（1905—1975）　江苏江阴人，李公朴夫人。学生时代参加五四运动，后从事教育工作。1936 年参加全国各界救国联合会。1938 年赴延安入鲁迅艺术学院学习。1940 年以后在重庆、昆明与李公朴一起开办北门书屋。1945 年参加中国民主同盟。1949 年后，历任全国妇联执委，民盟中央委员兼办公厅主任，第一、二、三届全国人大代表。

张清和　疑为 1917 年与陶行知在美国相识的留学生张鼎臣。

张　谔　又名张士一，江苏吴江人，美国哥伦比亚大学硕士。曾任成都四川高等学堂及上海交通部工业专门学校英文教员，上海中华书局编辑所英文部长，东南大学英语系系主任兼教授，南京高等师范学校图书委员会主任，中华教育改进社国语教学副主席。

张　谔　江苏吴江人。漫画工作者。南京高等师范学校教员。曾受聘担任陶行知举办的首次暑期学校的教员。《中华日报》美术编辑，与蔡若虹、黄士英等合编《漫画和生活》。抗战时期在重庆《新华日报》工作。

张　维　力学家，北京人。1933 年毕业于唐山交通大学土木系，1938 年获英国伦敦帝国理工学院工学硕士学位，1944 年获德国柏林高等工业学校工学博士学位。回国后，曾任同济大学、北洋大学、清华大学教授。中华人民共和国成立后，历任清华大学教授、土木系和工程力学系主任、工程力学研究所所长、副校长、校务委员会副主任兼深圳大学校长，国务院学位委员会委员，中国科协书记处书记和第二、三届副主席，中国力学学会第二届副理事长，中国土木工程学会第二届副理事长，中国教育国际交流协会副会长，中国发明协会副会长，联合国教科文组织执行局委员，瑞典皇家工程科学院外籍院士，世界工程师组织联合会副主席，中国科学院技术科学部委员。是第三届全国人大代表，第六、第七届全国政协委员，中国民主同盟盟员，1956 年加入中国共产党。长期从事固体力学、壳体理论及其应用的研究，1944 年首次求得圆环壳强度问题的解析解。著有《壳体理论入门》，主编有《壳体文献汇编》《世界力学名著译丛》。

张博和　曾任北碚兼善中学校长。

张彭春　(1892—1957)　字仲述，张伯苓之弟，天津人。早年赴美留学，1915 年在哥伦比亚大学获教育学硕士学位。在胡适 1916 年 7 月 5 日的留学日记（四）上除陶行知与张仲述的合照外尚记有：两君皆今日留学界不可多得之人才也。1920 年入哥伦比亚大学研究院，1922 年读完博士课程，并通过论文考试，论文译题为《从教育入手使中国现代化》，因无钱付印论文，到 1924 年始正式获博士学位。1915 年开始著英文戏剧三本，直到 1935 年不断从事戏剧运动，编写和翻译剧本，在国内外演出。并两次伴梅兰芳赴美、苏演出，为梅氏整理剧目。回国后先后被聘为清华大学、南开大学教授，中华教育改进社中等教育研究会主任。1922 年 7 月应陶行知之请，观察欧洲各国教育制度，访问英、法、德、俄、波兰、丹麦等国。曾为清华大学教务长。抗日战争期间与陶行知同任国民参政会第一届参政员及任驻土耳其、智利公使。日本投降后，代表国民政府参加联合国活动，任社会经济理事会中国常任代表兼人权委员会副会长，参与起草《世界人权宣言》，并于 1948 年通过。

张敬仁　生活教育社理事。1940 年 5 月任生活教育生产基金及资金筹募委员会委员。

张粟原　生活教育社社员，1940 年 5 月任生活教育社生产基金及资金筹募委员会委员。

张鼎臣　1917 年陶行知离美时结识的留学生。

张敦廉　曾在北碚草街子古圣寺小学任职。

张道尹　时在张家口任察哈尔道尹。

张曾荫　曾资助过育才学校。

张瑞生　合川一商人。

张瑞芝　曾捐款资助育才学校。

张献忠　(1606—1647)　字秉吾，号敬轩，明末农民起义首领。延安柳树涧（在今陕西定边东）人。出身贫苦，初从军，因被人陷害革役。崇祯三年（1630 年）在米脂参加起义军，自号八大王。崇祯十七年（1644 年）在成都建立大西政权，即帝位，年号大顺。大顺三年（1646 年）末清兵南下，在西充凤凰山中箭阵亡。

张楚珩　曾任南京卫生署负责人。

张锡昌　(1903—1980)　江苏无锡人。1936 年加入中国共产党，后任《中国农村》《中国工业》《广西日报》主编，广西师范学院教授、《文汇报》主笔。曾撰写大量有关经济学方面的文章。中华人民共和国成立后，历任华东纺织工业管理局副局长、华东财委副秘书长兼华东纺织工学院院长、中共中央交通工业部办公厅副主任，内务部办公厅主任及党组成员、民政部顾问。1980 年 6 月 19 日在北京病逝。著有《农村社会调查》《战时的中国经济》等。

张蔼真　福建闽侯人，新生活运动促进总会妇女指导委员会主任，1947 年增补为国民政府第四届国民参政会参政员。

张　震　育才学校绘画组生活指导。

张　澜　(1872—1955)　四川南充人。字表方，清末秀才，留学日本东京弘文学院。辛亥革命前参加立宪派，为四川保路同志会领导人之一。曾任川北宣尉使、国会众议院议员、四川省省长。1919 年五四运动后，赞助青年学生赴法勤工俭学。1925 年创办成都大学，自任校长。“四一二”政变后，曾掩护和营救共产党员。抗战时期，被聘为国民参政会参政员，参加抗日民主运动。1939 年与黄炎培等人发起组织统一建国同志会。皖南事变后组成中国民主政团同盟，被推为主席。1944 年中国民主政团同盟改名为中国民主同盟，继任主席。抗战胜利后，反对蒋介石发动内战，拒绝参加国民大会。1949 年参加中国人民政治协商会议第一届全体会议。建国后，历任中央人民政府副主席，第一届全国人大常委会委员、副委员长，第一届政协常委、副主席。

张履芬　曾参与整理《平民千字课》每课常用字的工作。

张履明　曾在育才学校工作。

张默生　(1895—1979)　山东临淄人，原名敦讷。1924年毕业于北京师范大学，曾任复旦大学、重庆大学教授，四川相辉学院教授兼中文系主任，四川大学教授兼中文系主任。1952年加入中国民主同盟，1957年被错划为右派，1979年改正平反，同年9月27日在成都病逝。著有《老子章句新释》《庄子新释》《默僧自述》《异行传》，选编有《先秦诸子文选》等。

张默君　(1884—1965)　女，原名昭汉，号涵秋，又名莎菲亚，斋号白华草堂，湖南湘乡人。早年在南京读书，参加南社，加入同盟会。辛亥革命时，策动江苏巡抚程德全独立。1912年发起成立神州妇女协会，任会长，创办神州女校自任校长。1918年入美国哥伦比亚大学教育学院学习，被选为纽约中国学生联合会主席，并赴欧美各国考察教育。曾任中华教育改进社女子教育委员会副主任，《新教育》杂志女子教育组编辑员。1920年冬主持《神州女报》，同时任江苏省立第一女子师范学校校长。1927年后，历任杭州市教育局长、国民政府考试院委员、立法院委员、中央常务监察委员、国民党党史编纂委员会和国史馆名誉编辑等职。后在台湾病故。著有《默君诗存》《白华草堂诗》《红树白云山馆词》等。

张　曙　(1909—1938)　安徽歙县人，著名音乐家、作曲家。早年参加南国社，后在政治部第三厅工作，曾为新安旅行团谱团歌。抗战期间，为《日落西山》《洪波曲》《丈夫去当兵》作曲，影响甚大。1938年12月24日于日机轰炸中与长女一起遇难。

张　謇　(1853—1926)　字季直，号啬庵，江苏南通人，中国近代实业家、教育家，清末立宪派的主要代表人物。1895年投身实业，在南通等地创办以大生纱厂为中心的近代企业和通海垦牧、天生港、轮船公司等。辛亥革命后曾任南京临时政府实业总长和袁世凯政府的农林、工商部长等职。长期关心教育，并亲自参加教育实践。1888年掌教于江苏赣青书院，1893 年掌教于崇明瀛州书院。1901 年以后，陆续在南通和其他地区举办了一批文化教育事业，如通州师范、女子师范、南通纺织专门学校、南通医学专门学校、幼稚园、盲哑学校、博物苑、图书馆等，形成了一个以近代农工商科学技术实业为中心，包括初等、中等、高等教育在内的学校教育和社会教育体系。1911 年任中央教育会会长，1921 年 12 月任中华教育改进社名誉董事。1946 年 6 月 14 日，陶行知讲："我搞生活教育，张謇是我第一个先生。"其教育主张为：（1）教育与实业有着密切的关系；（2）重视基础教育；（3）对学校教育主严格、主干涉，反对对学生放任自流。著有《张季子九录》《张謇函稿》《张謇日记》《啬翁自订年谱》等。近年出版有《张謇全集》。

张耀翔　(1893—1964)　湖北汉口人，中国现代心理学家。1915 年赴美国留学，攻读心理学，获哥伦比亚大学硕士学位。1920 年回国后历任北京高等师范学校教授兼教育研究科（研究生院）主任，暨南大学教授兼教务长，文学院院长，沪江大学、复旦大学教授。中华人民共和国成立后，任华东师范大学教授、教育系主任，兼任中国科学院心理研究所特约研究员、中国心理学会理事。毕生致力于心理学的教学和研究，对中国心理科学的建立、发展与普及作出了重要贡献。1920 年在北京高师创建心理学实验室，1921 年中华心理学会成立，为首任会长兼编辑股主任，1922 年创办中国第一种心理学刊物《心理》，并在北京首次进行了民意测验。曾担任《新教育》杂志教育心理组编辑员。著有《心理学讲话》《感觉心理》《情绪心理》《儿童之语言与思想》等。

陆九渊　(1139—1193)　字子静，自号存斋，世称象山先生。抚州金溪（今属江西）人。南宋哲学家、教育家，与兄九韶、九龄并称"三陆"。乾道进士。曾任靖安、崇安两县主簿，官至奉议郎知荆门军。少慨然有志雪靖康之耻，并奏陈己见，被驳回不用。遂还乡讲学，学者辐辏。提出"心即理"

之说，认为“宇宙便是吾心，吾心即是宇宙”，“心”和“理”都是不变的。在治学修养方法上强调明本心便能达到至善境界，颇受禅宗影响。曾在“太极”、“无极”问题和治学方法上与朱熹长期辩论，遂分朱陆两派。其学说经明代王守仁发展，成为陆王学派。有《象山先生全集》。

陆小曼　(1903—1965)　江苏常州人，女，生于上海，原名小眉，后改眉，字小曼。1926 年与徐志摩结婚，合著《卞昆岗》。1949 年后任上海文史馆馆员、市政府参事室参事。

陆仁寿　与石民傭同时任江苏第三师范学校教师。

陆志韦　(1894—1970)　浙江吴兴人。1920 年获美国芝加哥大学哲学博士学位，回国后历任南京高等师范学校、东南大学、燕京大学教授。曾受聘担任陶行知办的暑期学校及国语讲习科的教员，《新教育》杂志教育心理组编辑员，1936 年任燕京大学校长。中华人民共和国成立后，任中国科学院语言研究所研究员、学部委员。为中国心理学的奠基人之一，曾发起中国心理学会，创办《中国心理学报》。1937 年后转向语言学，致力于汉语音韵学和汉字改革工作。著译有《社会心理学新论》《证广韵五十一声类》等；诗集有《渡河集》《中西小唱》等。

陆步青　1923 年担任南京第一女子师范学校校长。

陆　诒　(1911—1997)　江苏上海县（今属上海市）人，上海民治新闻学院肄业。1946 年加入中国民主同盟，曾任上海《新闻报》《大公报》记者，汉口、重庆《新华日报》记者、编委，上海《联合晚报》《联合日报》编委、记者，香港国际新闻社主任，香港达德学院新闻专修班主任，香港《光明报》主编。建国后，历任上海《新闻日报》副总编辑、编委兼复旦大学教授，民盟第五届中央委员，是第五、第六届全国政协委员。著有《战地萍踪》等。

陆叔昂　生活教育社成员。1940 年 5 月任生活教育社生产基金及资金筹募委员会委员。

陆宗舆　(1876—1941)　字闰生，浙江海宁人。早年毕业于日本早稻田大学。曾任东三省盐务督办、交通银行总顾问兼副总裁，财政部参事。1912 年任北洋军阀政府印铸局局长、大总统财政部次长。1913 年任驻日公使。前后多次向日本借款，出卖中国主权。1919 年五四运动爆发，与曹汝霖、章宗祥一起被斥为卖国贼，旋被免职。1940 年又出任汪精卫伪政府行政院顾问。

陆炳业　1938 年 12 月陶行知由南宁去香港时驻守友谊关（原名镇南关）的某委员会的委员。

陆费逵　(1886—1941)　陆费复姓，字伯鸿，又字少沧，浙江桐乡人。早年加入日知会。1906 年 2 月任商务印书馆出版部部长，主编《教育》杂志。这是继《教育世界》之后，我国第二个教育专业刊物，历时最长，其间曾两度休刊，共出 33 卷 382 期，1948 年 12 月终刊。1912 年 1 月，与沈知方等在上海创办中华书局，先后担任经理、总经理兼编辑所长、董事长。主持出版了《中华大字典》《辞海》。“九一八”事变后、主张联合抗日，曾任国民参政会第一、第二届参政员。著有《教育文存》《青年修养杂谈》《妇女问题杂谈》等。

陆维特　原名赖成瑚，晓庄学生，《战时儿童》编辑，育才学校文学组教师。1949 年后任厦门大学副校长，福建省科委副主任，中国陶行知研究会副会长。

陆景豫　江苏江阴人，1930 年晓庄高中部师范科毕业生。南京高师毕业。入晓庄前曾任江阴县立师范校长。

陆　游　(1125—1210)　字务观，号放翁。越州山阴（今浙江绍兴）人，南宋诗人，进士出身。幼年立志抗金复国，任镇江、隆兴通判。中年入蜀，先后在四川宣抚使王炎幕助理军务、范成大幕中任参议官。晚年罢职，长期在山阴乡居。著有《剑南诗稿》《渭南文集》《南唐书》《老学庵笔记》等，一生创作诗歌很多，今存九千多首。

陆慎如　女。负责筹办晓庄师范燕子矶幼稚园的指导员。

陆静山　(1905—1992)　江苏无锡人。笔名陆洛，初等教育专家。曾任晓庄学校指导员，劳山中学音乐教师。加入生活教育社，桂林新知书店编辑。1946 年任重庆行知小学校长。中华人民共和国成立后，历任上海师范学校教导主任、代理校长，人民教育出版社小学语文编辑，《小学生字典》主编，中国陶行知研究会顾问。编著有《晓庄歌曲集》《乡村小学开办法》等。

陆　璀　女，浙江湖州人。参加“一二·九”学生运动，曾代表全国学生联合会与全国各界救国联合会与陶行知一道去国外参加国际会议，从事“国民外交”，宣传与扩大抗日民族统一战线，促进华侨团结活动。1947年至1949年，作为中国解放区妇女联合会代表任驻巴黎国际民主妇联书记处中国书记，两次出席世界妇女大会和世界和平大会。曾被选为国际民主妇联执行委员和世界和平理事会理事。曾任全国妇联常委、国际工作部部长、全国政协委员、中美人民友好协会副会长、中国人民对外友协副会长等职。

阿尔弗里德　(Alfred，1907—1967)　世界最大的军火制造商克虏伯世家（Krapp Family）的后代，纳粹党卫队队员。1870年、1914年、1939年德国三次对外发动侵略战争时，克虏伯世家经营的克虏伯公司曾提供大量坦克、战舰、火炮、潜艇等各类武器弹药。阿尔弗里德继承祖业后，经营管理得法，使克虏伯家族的资产达到惊人的规模。由于其子阿恩特不愿继承父业，到阿尔弗里德逝世后即结束。

阿克赖特　(Richard Arkwright，1732—1792)　英国纺织工业家和发明家。1764年开始制造纺纱机，1769年获得专利。

阿莱斯·梅内尔　(1849—1922)　英国女诗人，散文作家和文艺批评家。

陈元直　原名隆愚，湖北汉口人，回族。1941年毕业于武汉大学化学系，1943年在育才学校任自然组教师、教导部主任，1944年任《科学与技术》杂志编辑。中华人民共和国成立后，历任科学技术出版社副社长，机械工业出版社社长、总编辑，机械工业部科学技术情报研究所、机械工业出版社顾问等职。是中国出版工作者协会第一、第二届理事，中国版协科技出版工作委员会副主任委员，中国机械工程学会编辑出版委员会主任委员。1987年获首届韬奋出版奖。负责编辑的书有《苏联机械制造百科全书》《机修手册》等。

陈　云　(1905—1995)　江苏青浦（今属上海市）人，原名廖陈云。1925 年参加中国共产党，1927 年任中共青浦县委书记、淞浦特委组织部部长，1929 年任中共江苏省委委员兼农委书记，1930 年当选为中共中央候补委员，1931 年当选为中央委员，1934 年当选为中央政治局委员。1935 年 9 月赴莫斯科，任中共驻共产国际代表团成员，1937 年 11 月回到延安，任中共中央组织部部长，1944 年任西北财经办事处副主任，1945 年在中共七届一中全会上当选为中央政治局委员，并任中央书记处候补书记等。中华人民共和国成立后，任政务院副总理兼财政经济委员会主任。1950 年在中共七届三中全会上补选为中央书记处书记，1954 年起任国务院副总理，后兼任商业部部长、国家基本建设委员会主任，1956 年中共八届一中全会当选为中央政治局常委、副主席。“文化大革命”中，同林彪、江青反革命集团进行了坚决的斗争。1975 年当选为第四届全国人大常委会副委员长，1978 年重新当选为中央政治局常委、副主席，并任中共中央纪律检查委员会第一书记，1979 年至 1980 年任国务院副总理，1982 年在中共十二届一中全会上被选为中央政治局常委，中央纪律检查委员会第一书记。著有《陈云文选》。

陈云门　安徽歙县人。1934 年歙县人在上海成立“旅沪同乡普及歙县教育助成委员会”，为委员，系三个召集人之一。

陈友仁　(1879—1944)　生于牙买加，原籍广东顺德，留学英国。1912 年，先后任北京政府交通部法律顾问、广州大本营航空局局长、孙中山英文秘书、国民政府外交部长。1933 年参加福建成立的中华共和国人民革命政府，任政府委员、外交委员会主席。是社会民主党中央委员。

陈长蘅　研究农业经济的人口学家。他根据 1910 年中国户口统计厘定中国每户平均人口为 5.2 人，同时计算出 1931 年前中国年平均增加人口 2000 万人。

陈布雷 (1890—1948) 浙江慈溪人，名训恩，字彦及，号畏垒。1911年毕业于浙江高等学校。曾任《天铎报》《时事新报》《商报》主笔。1912年3月加入同盟会，1927年2月由蒋介石介绍加入国民党。曾任浙江省教育厅厅长，蒋介石侍从室第二处主任，国民党政府教育部次长兼国民党中央宣传部副部长，国防最高委员会副秘书长，中央政治委员会代理秘书长等。长期为蒋介石草拟文件。1948年11月在南京自杀。

陈立夫 (1900—2001) 浙江吴兴（今湖州）人，曾留学美国，任蒋介石秘书。1928年与其兄组织中央俱乐部（即CC），控制国民党调查局（即中统）的特务系统，屠杀共产党员和进步人士。1936年11月代表蒋介石与中共代表潘汉年会谈，对第二次国共合作的形成有贡献。与陈果夫同为“四大家族”之一。历任国民党中央党部秘书长、组织部长及国民政府教育部长等职。著有《人理学》。

陈　达 (1892—1975) 字通夫，浙江余杭人。留学美国，获哥伦比亚大学博士学位。历任清华大学教授兼社会学系主任、内政部户政司司长、国际人口学会副会长。宣传节制生育、降低人口出生率。中华人民共和国成立后，历任中央财经学院、中国人民大学、中央劳动部干部学校教授，全国政协委员等职。著有 *Chinese Migrations*（《中国移民》）、《中国劳工问题》《人口问题》等。

陈　伦 浙江黄岩人，晓庄学校高中部师范科毕业生，与朱秉瑜结婚。他们夫妇在杭州三次受陶行知委托到监狱探望被捕的山海工学团指导员徐明清，送去衣物和钱，并设法营救。

陈　歼 现名陈堃，四川长寿人（现属重庆市）。1931年入川东师范，1934年在南京钟英中学及南京市一中读书，1936年参与创建秘密南京学联，任执委常委负责组织工作。曾与晓庄师范爱国青年秘密联络，1937年任南京学生抗敌后援会主席，10月加入中国共产党，以后从事党的地下工作。1944年遵董必武同志之命到育才学校担任教导主任。1945年在重庆管家巷28号生活教育社工作，参加《战时教育》

《民主报》的主编工作。1946年去解放区，主编《冀鲁豫日报》。1955年任成都工学院马列教研室主任。离休后仍从事建立“全息辩证思维模式”。

陈希豪　(1896—?)　浙江东阳人。曾任浙江省政府委员，国民党浙江省党部工人部长，国民党上海市党部指导员兼训练部长，国民党中央训练部秘书，国民政府内政部视察专员，国民党浙江省党部执行委员。1938年6月至1945年任第一至第三届国民参政会参政员，1945年任中央训练团新疆分团教育长兼国民党新疆省党部主任委员，国民党中央第六届中央执行委员。

陈启天　(1893—1984)　字修平，湖北黄陂人。1915年毕业于武昌中华大学，后在长沙第一师范学校任教，参加新文化运动。1919年加入少年中国学会，1923年参加办理《平民千字课》的试验班。1924年与曾琦、余家菊等人创办《醒狮》杂志，宣传国家主义。1925年参加青年党，任该党中执委员兼训练部主任。1947年任国民政府经济部长。

陈其瑗　(1887—1968)　广东广州人，字志据。1913年毕业于北京大学采矿冶金工程科。曾任广东全省教育会会长，广东省财政厅厅长，广东国民大学校长，黄埔军校、广州农民运动讲习所教员。1927年任国民党中央党部常委会书记长、江西省中央银行行长。1930年赴美国，在纽约等地华侨学校任教员、教务主任。1932年参与发起组织美洲华侨反帝大同盟，后任纽约《先锋周报》常务编辑、《救国时报》编委、华侨抗日救国筹饷总会宣传部主任。1946年到香港，任达德学院院长。1948年参与发起成立中国国民党革命委员会，1949年加入中国民主同盟，同年参加中国人民政治协商会议筹备处工作。中华人民共和国成立后，历任内务部副部长、全国侨联副主席、民革第一至第四届中央常委。1959年加入中国共产党，是第一至第三届全国人大常委、第一至第四届全国政协委员。

陈果夫　(1892—1951)　浙江吴兴（今湖州）人。早年和蒋介石一起在上海经营交易所。国民政府成立后曾任国民党中央常务委员兼组织部代部长、监察院副院长、江苏省政府主席等职，与其弟陈立夫成立中央俱乐部（即 CC）控制国民党中央执行委员会调查统计局（即中统），搞特务活动。

陈昌胜　1919 年五四运动时南京学生运动领袖，在 6 月 9 日的罢课示威游行中手执“政府改良”旗子，被警察殴打致伤并拘捕。陶行知等乃发表《21 校职教员之不平鸣》电文，并代向省长、督军请愿。

陈宝泉　天津人，字筱庄。早年入日本宏文学院学习，毕业归国后任学部郎中。1912 年后任北京高等师范学校校长，1923 年 7 月至12 月兼代教育部次长。任北京教育会会长、天津教育会会长。1928 年后任国民党天津市政府参事、河北省政府委员等职。

陈　诚　(1898—1965)　字辞修，浙江青田人。1924 年后，曾在黄埔军校任上尉特别官佐，历任国民革命军第二十一师师长、第十八军军长。1933 年第四次围剿时，任国民党中路军总指挥等。抗日战争期间，历任第三战区前敌总指挥兼左翼军总司令、军委会政治部部长、武汉卫戍司令兼湖北省政府主席、三青团书记长、第九战区司令长官、中国远征军司令长官、第一战区司令长官兼冀察战区总司令、军政部部长等。抗战胜利后，历任国防部参谋总长兼海军总司令、东北行辕主任。去台湾后，曾任国民党副总裁。

陈绍禹　改名王明（1904—1974）安徽金寨人，原名陈绍禹，曾用名陈韶玉。1925 年加入中国共产党。同年去莫斯科中山大学学习。1929 年回国，次年 9 月以反“立三路线”、“调和路线”为名，反对六届三中全会后的中央，并发表《为中共更加布尔什维克化而斗争》的小册子，提出了“左”倾政治纲领。由于第三国际代表米夫的支持，1931 年 1 月中共六届四中全会上被选为中共中央政治局委员、书记处书记，使以他为代表的“左”倾冒险主义者取得了中共中央的领导权。同年 11 月去苏联任中共驻第三国际代表，仍通过临时中央继续推行“左”倾冒险主义，对革命事业造成极大危害。1937 年抗日战争爆发后回国、任中共中央长江局书记，推行右倾投降主义。后任中共中央统战部长、中央法律委员会主任。建国后，任政务院政法委员会副主任。是中共第七、第八届中央委员。1956 年去苏联就医，后留居苏联。

陈绍宽　(1888—1969)　福建闽县（今闽侯县）人，字厚甫。青年时代考入福建马尾水师学堂，毕业后在中国海军服役，任大副、舰长等职。1916 年后任中国驻英国公使馆中校海军武官。1919 年任中国出席巴黎和会的海军代表，1926 年至 1932 年任中国海军第二舰队司令、国民政府海军部部长，1935 年 9 月晋升为海军一级上将。“九一八”事变后，执行过不抵抗的亲日政策。1937 年率海军参加抗日作战。1938 年 1 月任海军总司令。1945 年 9 月 2 日，代表中国海军在美舰密苏里号上接受日军投降。12 月被免去海军总司令，1946 年 2 月回福建隐居。1949 年参加了策动部分国民党海军官兵起义的工作。中华人民共和国成立后，任华东军政委员会委员、全国人大代表、福建省政协副主席、民革中央副主席等职。

陈柱天　(1910—1938)　又名松生，号辰远，湖北汉阳人。1928 年赴比利时留学。“九一八”事变后，在留比同学中从事抗日运动。1932 年在法国加入中国共产党，1936 年出席日内瓦世界青年和平大会，1937 年代表中国学联出席巴黎世界学联代表大会，后组织回国参观团参加抗战。任中共中央长江局党员训练班支部书记，世界反侵略大会中国分会理事。1938 年 12 月遇日军飞机轰炸，不幸殉难。

陈复君　女，湖北武昌人。1939 年 7 月入育才学校音乐组学习，1944 年 12 月赴延安，先后在延安鲁迅文艺学院文工团及延安中央管弦乐团任团员。1949 年进华北大学（现外国语大学）俄语系学习，1951 年后在中央歌剧院及中央音乐学院任教学翻译和笔译，1962 年至 1964 年在中央音乐学院音乐系进修，1988 年评为译审。出版有《世界著名歌剧集》《20 世纪音乐艺术大师》等数十万字译著，多次随各种文化代表团出国访问任翻译。1984 年起参加文化部老艺术家合唱团，任团委、副团长。中国陶行知基金会常委，北京市陶行知研究会理事，中国延安音艺校友会理事，中国音乐家协会会员。

陈皇后　名阿娇，汉武帝姑母长公主之女。初，武帝得立太子，长公主有力。武帝即位，立阿娇为皇后，擅宠骄贵十余年，无子。后因忌妒失宠被废，退居长门宫。

陈剑修　曾任南京特别市教育局局长，积极资助中华教育改进社和晓庄学校。

陈独秀　(1879—1942)　字仲甫，号实庵，笔名顽石等，安徽怀宁（今属安庆）人。曾两次留学日本，1903 年因进行革命活动被日本政府遣返回国。后协助章士钊主编《国民日报》，创办《安徽俗话报》，组织岳王会并任总会长。辛亥革命后，任安徽都督府秘书长。参加二次革命后被捕入狱，后又到日本协助章士钊办《甲寅》杂志。1915 年在上海创办并主编《青年》杂志（一年后改名《新青年》）。1917 年受聘北京大学文科学长，与李大钊等创办《每周评论》，是五四运动和新文化运动的主要领导人之一。1920 年成立上海共产主义小组，发起成立中国共产党，1921 年在中共第一次代表大会上被选为中央局书记。后又被选为中共第二、第三届中央执行委员会委员长，第四、第五届中央委员会总书记。1927 年 7 月，离开中共中央领导岗位，1929 年被开除党籍。1932 年被国民党逮捕，1937 年出狱，1938 年移住四川江津，病逝。著作有《独秀文存》等。

陈济棠　(1890—1954)　字伯南，广东防城（今属广西）人，同盟会会员。1913 年毕业于陆军速成学校后入粤军。1925 年曾任国民革命军第四军十一师师长、第四军军长、广东编遣特派员、第一集团军总司令、讨逆军第八路军总指挥，掌握广东军权。1932 年就任国民党西南执行部和西南政务委员会常委，1936 年与李宗仁发动“两广事变”。抗日战争时，曾任最高国防委员会委员、农林部部长。1946 年任海南特区行政长官兼警备司令。曾任台湾“总统府资政”，战略顾问。晚年致力于教育事业。

陈圆圆　(1624—?)　明末清初人，本姓邢，名沅，字畹芬。苏州名妓。吴三桂纳为妾。三桂出镇山海关，留京。李自成农民军起义入京，曾被俘。三桂降清，引清军攻陷北京，仍归三桂，从至云南。晚年出家为女道士，改名寂静，字玉庵。清军破云南，自缢死（一说绝食而死）。

陈豹隐　(1886—1960)　原名启修，笔名勺水、惺农、罗江等，四川中江人。1907 年赴日本帝国大学留学，1916 年发起组织丙辰学社（中华学艺社的前身），创办《学艺》杂志，宣传各种新思想。1918 年回国，被聘为北京大学教授，讲授财经课程。1921 年任北京大学马克思学说研究会《资本论》研究组导师，1924 年入莫斯科东方大学学习，1925 年回国在北京大学任教，1926 年赴广州，在黄埔军校和广州农民运动讲习所讲课。"四一二"政变后流亡日本。后回国历任北京大学教授、重庆大学商学院院长、第一至第四届国民参政会参政员。中华人民共和国成立后，任四川财经学院教务长、全国政协常委、民革中央常委等。译有中国最早的《资本论》文本，著有《新政治学》等。

陈烟桥　(1912—1970)　原名希荣，笔名李雾城，广东东莞人，著名木刻家。早年参加左翼美联，曾任育才学校绘画组主任，从事漫画创作和艺术理论研究。中华人民共和国成立后，任广西艺术学院副院长、广西美协主席等职。著有《新中国的木刻》《上海美术运动》《鲁陈烟桥木刻集》等。

陈调元　(1886—1943)　字雪暄，一作雪轩，河北安新人。早年毕业于陆军大学、保定军官学校，曾任北洋陆军旅长、江苏淮海镇守使、苏皖"宣抚军"第三路总指挥、皖军总司令。1927 年依附国民党，历任国民革命军军长、安徽省政府主席、山东省政府主席等职。1932 年任国府委员，1934 年 12 月任军事参议院院长。西安事变时与蒋介石等同时被拘。

陈陶遗　(1880—1946)　原名瑶，字陶怡，号道一，又号剑虹，江苏金山松隐镇（今属上海市）人。幼年肄业松江融斋师范学校及上海中国公学，后去日本入早稻田大学，习法政。1905 年入同盟会、光复会、南社，任江苏同盟会支部长。

辛亥革命时，任临时参议院副议长。后在黑龙江经纪东井垦殖公司。1912 年任考察欧美实业专使，1925 年 12 月至 1926 年 12 月被孙传芳任命为江苏省省长。此时，曾多次支持陶行知的事业，资助中华教育改进社和晓庄学校。1940 年 12 月至 1942 年任第二届国民参政会参政员，上海合众图书馆成立，为第一任董事长。图书馆馆长顾起潜搜访他的手迹十七帧，影印为《陈陶遗先生墨迹》，并刊出陈叔通所撰的《陈君陶遗家传》。

陈彬龢 （1885—1945） 江苏吴县人，留日学生。1925 年任《南开周刊》主编。11 月 27 日陶在南开讲“教学合一”时做记录，并对陶文作了补充——“更要教学生行”。曾任上海澄衷中学校长。1931 年入《申报》，任社评主撰，1932 年协助邹韬奋在上海筹备出版《生活日报》。筹备中国民权保障同盟，任上海分部常务委员。1933 年陶行知曾暂住在陈彬龢家。新安小学儿童自动旅行团到上海时，陶行知也是在陈彬龢家接待的。1939 年陈彬龢在香港创办《太平洋文摘》时，陶曾请宋子文予以经济资助。后办太平洋通讯社。1941 年，日伪接管《申报》后，陈曾任该报社社长。1943 年 10 月在上海发起成立由汉奸报纸组成的“上海新闻联合会”，自任理事长。抗日战争胜利后，受到国民党政府通缉，1945 年秋死于日本。编著有《申报评论选》等。

陈铭枢 （1888—1965） 字真如，广东合浦（今属广西）人，曾加入同盟会。1925 年后历任国民革命军第四军第十师师长，第十一军军长兼武汉卫戍司令、总政治部副主任，以及广东省政府副主席。1930 年所部改编为第十九路军。曾任京沪卫戍司令，“一·二八”淞沪抗战后代理行政院院长。1933 年参与福建事变，任中华共和国人民革命政府政府委员。1935 年七八月间与李济深、蔡廷锴等在香港成立中华民族革命同盟，创办了《大众日报》，酝酿通过两广事变，建立反蒋抗日统一战线。1936 年 9 月担任世界和平理事会中国理事，与陶行知共同发起召集全欧华侨抗日救国大会。抗战期间，任军事委员会政治部设计委员、国民外交协会主席等职，曾参与组织中国民主政团同盟，参与发起组织三民主义同志联合会并任常务干事。1948年任中国国民党革命委员会中央常务委员，1949年出席中国人民政治协商会议第一届全体会议。曾担任中央人民政府委员、中南行政委员会副主席、全国人大常委、全国政协常委。

陈裕光 (1893—?) 字景唐，浙江鄞县人。金陵大学毕业，美国哥伦比亚大学博士。曾任北京师范大学代理校长、金陵大学校长，是第一至第四届国民参政会参政员。中华人民共和国成立后，任上海市政协委员。

陈嘉庚 (1874—1961) 福建同安县集美镇（今属厦门市）人。1890年赴新加坡随父经商，1906年开始经营橡胶种植业，后又从事航运。1910年加入中国同盟会，是年当选为新加坡中华总商会协理、道南学校总理，并开始致力于教育事业。1912年回国筹办集美小学，1918年创办新加坡南洋华侨中学，并在集美相继办起幼稚园、中学、师范、商科学校、农林学校、女子师范、水产航海学校。1921年创办厦门大学，1924年创办《南阳商报》。这些事业都有赖于他的经营航运、在新加坡购买橡胶园、在马来西亚办橡胶厂获得巨大利润提供的经济基础。1931年将其企业改组为陈嘉庚股份有限公司，任总经理。1937年10月任南洋华侨总会主席，1938年当选为南洋华侨筹赈祖国难民总会主席。1938年6月至1942年任第一届、第二届国民参政会参政员，1940年组织南洋回国慰劳视察团，慰劳抗日将士，并专访延安，1946年创办《南侨日报》《南侨晚报》，1949年参加中国政治协商会议，任常务委员。以后历任中央人民政府委员、全国政协副主席、全国人大常委会委员、国家侨委委员、中国侨联主席等。1959年创立厦门华侨博物园。

陈鹤琴 (1892—1982) 浙江上虞人。1914年毕业于北京清华学堂，后留学美国哥伦比亚大学，获硕士学位。1919年回国后，历任南京高等师范学校教授、东南大学教授兼教务主任、南京晓庄试验乡村师范学校指导员及第二院（幼稚师范院）

院长。曾创办南京鼓楼幼稚园、江西省实验幼稚师范学校、上海市立幼稚师范学校。他与廖世承一起开拓中国现代心理测验与教育测验，1921年出版了两人合编的《智力测验法》。曾发起组织幼稚教育研究会、中华儿童教育社。中华人民共和国成立后，任南京大学师范学院院长、南京师范学院院长、中国教育学会名誉会长、中国幼儿研究会名誉理事长、九三学社中央常务委员会委员。毕生从事儿童心理、家庭教育、幼儿教育、小学教育、师范教育的研究和文字改革工作。著有《家庭教育》《儿童心理之研究》等。

陈翰笙　(1897—?)　经济史学家。江苏无锡人。原名陈枢。早年就读于美国珀玛拿大学。1921年获柏林大学东欧史地研究所博士学位。曾任哈佛大学研究院、柏林大学研究所研究员。1924年回国后任北京大学教授。1927年赴莫斯科，任国际农民运动研究所研究员。1929年回国后任中央研究院社会科学研究所所长。1935年加入中国共产党。先后任莫斯科东方大学研究员，纽约太平洋学会的《太平洋事务》季刊编辑，香港《远东通讯》英文版编辑，印度德里大学史学系评卷员，美国华盛顿州立大学特级教授，美国约翰斯·霍普金斯大学国际问题研究所研究员。1951年回国，历任外交部顾问兼中国人民外交学会副会长，外交部国际关系研究所副所长，中国科学院哲学社会科学学部委员，中国社会科学院顾问，世界历史研究所名誉所长。是第一至第三届全国人大代表，第二、第五届全国政协委员。专长世界政治经济史和中国农村经济研究。主要著作有《国际新局面》《封建社会的农村生产关系》《东北的难民与土地问题》《现今中国的土地问题》《广东农村生产关系与生产力》《中国南方土地问题》《华东农村经济问题》《中国的土地和农民》《中国农民》《西双版纳的土地制度》《美国垄断资本》《印度与巴基斯坦经济区域》。

邵从恩　(1871—1949)　字明叔，四川青神人。前清进士，京师大学堂肄业，留学日本东京帝国大学学习法政。曾任北京刑部主事、川南宣慰使、四川省民政长、国务院法制局参事、四川省政府顾问、川康建设期成会常务委员，力主抗日。1938 年 6 月至 1948 年 3 月任第一至第四届国民参政会参政员。1949 年被邀请参加中国人民政治协商会议第一届全体会议，因病未能成行。

邵爽秋 (1897—1976) 教授，江苏东台人。1923 年毕业于东南大学教育系，1924 年获美国芝加哥大学教育硕士学位，1927 年获美国哥伦比亚大学博士学位。曾任中央大学教授，暨南大学教授、教育学院院长，中国民生建设实验院院长。中华人民共和国成立后，历任辅仁大学、北京师范大学教授，中国民主同盟盟员。毕生致力于民生教育，提倡土布救国，是我国民生教育的代表人物之一。著有《教育行政效率测量法》(英文)、《教育经费问题》《民生教育》(英文)。

邵德馨 字仲香，江苏兴化人。金陵大学教授，曾兼任晓庄学校农艺指导员、万寿学院院长。中华教育改进社特约乡校教师研究会发起人，生活教育社理事。

纽科门 (Thomas Neweomen，1663—1729) 英国工程师和发明家。他发明的大气蒸汽机是瓦特蒸汽机的前身。他用了 10 年时间试制成一台蒸汽泵，比 T. 萨弗里的简陋水泵优越得多。由于萨弗里已在 1698 年取得发明水泵的主要专利，因此，他与萨弗里合作，在巴本设想的基础上，于 1712 年安装了第一台纽科门蒸汽机。为了在汽缸里造成真空，纽科门发明了内凝喷嘴和自动阀装置。

八　画

武　王 即周武王，姬姓，名发，西周的建立者。亲率军队灭亡纣王暴虐统治下的商朝。

武　训 (1838—1896) 原名武七，山东堂邑（今属聊城）人。少时贫寒，不识字。后以“修个义学为贫寒”作为理想，将乞讨所得置地放债，并在堂邑、馆陶、临清等设义塾。塾分蒙学和经学二级。又资助附近私塾，跪劝学生认真读书。

因“行乞兴学”，先后得山东巡抚张曜、袁树勋疏请嘉奖，被清政府授以“义学正”，赏穿黄马褂，辞而不受。后卒于临清义学庑下。

拉瓦锡 （Antoine Laurent Lavoisier，1743—1794） 法国化学家，现代化学的创始人。历任国家兵工厂厂长、总包税官、统一度量衡委员会委员、国库司库等职，并当选为法兰西科学院院士。1794年以曾任总包税官的罪名，被革命法庭判处死刑。1766年因撰写有关大城市照明设计的文章而获得法国科学院的金质奖章。1772年开始研究燃烧问题，得出磷、硫及金属在燃烧时其重量的增加是由于同空气相结合而产生的，并证明动物的呼吸与物质的燃烧一样，也是一种氧化作用，据以驳斥当时不正确的“燃素学说”，提倡燃烧的氧理论。他同另外三位法国化学家一起拟定了化合物的第一个合理的命名法。1783年他宣告“水是氢和氧化合的产物”，从而开创了定量的有机分析。他认为物质有三种聚集形态：固态、液态和气态。著有《化学基本教程》《物理学与化学概论》等。

拉萨尔 （Ferdinand Lassalle，1825—1864） 德国工人运动中机会主义派别的首领，毕业于柏林大学。1848年德国革命期间参加《新莱茵报》工作，1863年任“全德工人联合会”主席，推行机会主义政策。从超阶级的国家观出发，认为通过争得普选权和依靠“国家帮助”建立生产合作社，就可使资本主义过渡到社会主义。称农民是“反动的一帮”，反对工农联盟，宣扬“铁的工资规律”等。著有《工人纲领》《意大利的战争和普鲁士的任务》、剧本《弗朗茨·冯·济金根》等。马克思和恩格斯对他的机会主义观点进行过严厉的批判。

拉斯基 （Harold Joseph Laski，1893—1950） 英国政治学家。牛津大学毕业。曾任伦敦经济和政治学院教授、费边社执行委员、第二次工党政府官员、工党执委会主席等职。主要著作有《主权问题》《政治典范》《国家的理论与实际》《现代国家的自由》等。

耶　稣　(Jeshus)　基督教所信奉的救世主，称为基督或耶稣基督。据《新约全书》载：是上帝的独生子，为拯救人类，降世为人。生于犹太伯利恒，30 岁左右在加利利和犹太各地传教。选彼得、雅各、约翰等 12 人为门徒。后为犹太教上层分子所嫉恨，被门徒之一加略人犹大出卖，以“谋叛罗马”罪送罗马驻犹太总督彼拉多，被钉死在十字架上，死后第三日复活，第四十日升天。后人据《新约全书》推算，耶稣生平当在公元一世纪初期。

范长江　(1909—1970)　四川内江人，原名希天。1927 年入国民革命军第二十军，参加了南昌起义。1932 年至 1934 年在北京大学学习，1938 年组织了国际新闻社，1939 年加入中国共产党，1941年创办了香港《华商报》。曾任《大公报》记者，国际新闻社社长，香港华商报社副总经理，新华社华中总分社社长，新华日报社华中版社长、总编辑，新华社副社长、总编辑，人民日报社北平版社长、总编辑。1935 年以《大公报》记者身份到西北采访，写了大量旅行通讯，汇编为《中国的西北角》。1936 年西安事变后，到延安采访，写了通讯《陕北之行》，是从国民党统治区去陕北苏区采访的第一个记者。中华人民共和国成立后，历任新闻总署副署长，人民日报社社长，政务院文教委员会副秘书长，国务院科学规划委员会秘书长，国家科委副主任，中国科协副主席、党组书记。是第二至第四届全国政协委员。

范文澜　(1893—1969)　历史学家，浙江绍兴人。1917 年毕业于北京大学国学系，后在沈阳高等师范学校、南开大学、北京大学、中国大学、辅仁大学、河南大学任教。1939 年加入中国共产党，1940 年赴延安，任马列学院历史研究室主任等，主编《中国通史简编》。1941 年后任延安中央研究院副院长兼历史研究室主任。1946年后任北方大学校长、华北大学副校长。中华人民共和国成立后，历任中国科学院近代史研究所所长、研究员，中科院哲学社会科学部委员，中国史学会副会长。是中共第八届中央候补委员、第九届中央委员、第一届全国政协代表、第三届全国政协常委。

长期致力于历史学科的建设，倡导用马克思主义理论研究中国历史。在中国古代史分期、中国封建社会的长期性、历史发展的动力等问题的研究中提出了具有代表性和开创性的论点。著有《中国通史简编》《中国近代史》（上编）、《正史考略》等。

范仲淹　(989—1052)　字希文，苏州吴县（今江苏苏州）人。北宋政治家、文学家，大中祥符进士。出仕后有敢言之名。庆历三年（1043）被召入京，任参知政事。提出注意农桑、整顿武备、推行法制、减轻徭役等建议，因遭保守派反对，不能实现，本人亦罢去执政，出任陕西四路宣抚使。工于诗词散文，晚年所作《岳阳楼记》中“先天下之忧而忧，后天下之乐而乐”成为名句，传诵千古。有《范文正公集》。

范旭东　(1883—1945)　名锐，湖南湘阴人。1902年毕业于日本帝国大学化学系。辛亥革命后，在南京临时政府财政部任职。1914年在天津塘沽开办久大盐业公司，1917年创办永利制碱公司，1934年在南京创办硫酸铵厂。曾任永利化学公司董事长、总经理。七七事变后，入川办久大和永利分厂，曾资助陶行知办的育才学校。

范继森　(1917—1968)　江苏南京人。1933年起学钢琴。后入上海国立音乐专科学校，从俄籍教授查哈罗夫学习。1938年毕业后到重庆励志社管弦乐队任钢琴演奏员。1940年后，曾在重庆中央训练团音乐干部训练班、国立音乐院及其分院钢琴系、重庆育才学校等处任教。中华人民共和国成立后在上海音乐学院钢琴系任教。1955年起任该系系主任。

范源濂　(1876—1927)　字静生，湖南湘阴人。早年就学于长沙时务学堂，戊戌变法失败后流亡日本，入东京高等师范学校学习。清光绪三十一年（1905）回国，在北京任学部主事、清华大学校长，并创办法律学校和殖边学堂。辛亥革命后，曾任教育部次长，中华书局编辑部部长，北洋政府教育总长。1916年参加护国战争，曾任中华教育改进社董事长。1923年赴英与英政府商洽将庚子赔款用于教育事业。回国后，历任北京师范大学校长、中华教育文化基金委员会董事长、南开大学董事、北京图书馆代理馆长。曾多次到美国考察教育，并邀请外籍学者杜威、罗素等到中国讲学。

范　蠡　字少伯，号陶朱公，春秋末越国大夫，原为楚国宛（今河南南阳）人。先任越大夫，越被吴打败后，范献计吴王，自己也至吴为人质。归国后，助越王勾践刻苦图强，埋头奋战，终于一举灭吴。范即辞官而去陶（今山东定陶西北）经商，资千万，号陶朱公。他认为世间一切事物都在变化，时势的盛衰也如此。故须待时而动，顺其自然。在经济思想上，着眼于自然循环，掌握"贵上极则反贱"的原理。《计然篇》为其代表作，《汉书·艺文志》著录《范蠡》二篇，已佚。其言论见于《国语·越语下》及《史记·货殖列传》。

茅　盾　(1896—1981)　原名沈德鸿，字雁冰，笔名茅盾。浙江桐乡人。1916 年到商务印书馆练译所工作。1921 年 11 月任《小说月报》主编，发起组织文学研究会，提倡写实主义文学。同年在上海先后参加共产主义小组和中国共产党，1923 年曾在上海大学任教。以左派国民党员的身份参加国民党第二次全国代表大会，后在国民党中宣部任秘书。1926 年底任中央军事政治学校武汉分校政治教官，汉口民国日报社总编辑。1930 年 4 月任"左联"执行书记，发表许多小说，成为中国最著名的职业作家。抗日战争时期主编《文艺月报》，担任中华全国文艺界抗敌协会理事，后任新疆学院文学院长、新疆各族文化协会联合会主席，曾去延安鲁迅艺术学院讲学。回重庆与陶行知同任文化工作委员会常委。1946 年 12 月应邀赴苏联访问。1949 年 7 月当选为全国文联副主席，中国文学工作者协会（后改名为中国作家协会）主席。中华人民共和国成立后，任文化部部长、第四、第五届全国政协副主席，曾主编《人民文学》和《译文》等杂志。著有《蚀》《忆》《子夜》等大量文学作品及论著。

林　白　(Linbergh, Charles Alugustus, 1902—1974)　美国飞行员，因单独完成横越大西洋的不着陆飞行而闻名世界。曾担任洲际航空运输公司和泛美航空公司的技术顾问，许多航线都是他首次试航的。第二次世界大战后担任泛美航空公司和美国国防部顾问，国家航空咨询委员会委员。1927 年获国会授予的美国荣誉勋章，1954 年由艾森豪威尔总统授予空军后备队准将军衔。所著《圣路易斯精神号》曾获普利策奖金。

林则徐 (1785—1850) 福建侯官（今福州）人。字元抚，一字少穆，嘉庆进士。先后在浙江、江苏、陕西、湖北、河南等地任职，办理过军政、漕务、盐政、河工、水利等事，由道台升至巡抚。1838 年任湖广总督，严禁鸦片，成效卓著。旋被任命为钦差大臣，节制广东水师，前往广东禁烟。1839 年 3 月到达广州，与两广总督邓廷桢合力严缉走私烟贩，惩处受贿官吏，迫使英美烟贩缴出鸦片 237 万多斤，在虎门当众销毁。与此同时，大力整顿海防，积极准备战守。相信民心可用，招募当地青壮渔民 5000 多名组成水勇，屡挫英军武装挑衅。为了解西方情况，设立译馆，请人翻译外文书报。亲自主持译编《四洲志》，开创了近代研究西方的风气。1840 年初，接替邓廷桢任两广总督。鸦片战争爆发后，严密设防，使英军未敢进攻。10 月，因受投降派诬害被革职。1841 年被派赴浙江，筹划海防，不久被流放新疆伊犁。在新疆期间，兴办水利，开垦农田。1845 年被重新起用，先后任陕西巡抚、云贵总督等职。1849 年因病辞归故里。1850 年受命为钦差大臣，赴广西镇压农民起义，病死在广东潮州普宁县。著有《林文忠公政书》《信及录》《林则徐集》等。

林　肯 (Abraham Lincoln，1809—1865) 美国总统（1861—1865）。共和党人。曾任律师、联邦众议员。主张维护联邦统一，逐步废除奴隶制度。当选总统后，南方各州相继宣布脱离联邦，南北战争爆发。战争初期，军事失利，1862 年开始采取革命措施，颁布《宅地法》和发表《解放宣言》草案，并在次年 11 月葛底斯堡国家烈士墓落成典礼上发表演说，提出“民有、民治、民享”的纲领性口号，使战争成为群众性的革命斗争，保证了战争的胜利。1865 年 4 月 15 日被南方奴隶主指使的歹徒刺杀。

林庚白　(1897—1941)　原名学衡，字浚南，一字众难，自号摩登和尚，后改名庚白。福建福州人。曾参加以柳亚子为社长的南社。民国初年，与陈勒生等创黄花碧血社，以暗杀清朝余孽为志。二次革命失败后，退居上海，专心致力于诗作。曾办《长风》杂志，曾任中国大学法学教授、众议院议员与非常国会秘书长。1941 年 12 月 19 日遁居香港九龙时被日军杀害。

林语堂　(1895—1976)　福建龙溪（今龙海）人。原名林和乐、林玉堂，笔名毛驴、宰予、萨天师等。1916 年毕业于上海圣约翰大学，1919 年赴美国哈佛大学留学，后又到德国留学，获博士学位。1923 年回国后，相继任北京大学、北京女子师范大学、厦门大学教授，并长期为《语丝》杂志撰稿。1932 年参加中国民权保障同盟，任执行委员。1934 年后创办编辑《论语》《人世间》《宇宙风》等。1936 年 8 月赴美国任教，并用英文从事写作。曾任联合国教科文组织美术与文学主任。1954 年任新加坡南洋大学校长，1966 年定居台湾，1967 年任香港大学研究教授，主持编写词典。1976 年病逝于香港。著有《语言学论丛》《逃向自由城》《语堂文集》，主编《当代汉英词典》《国语词典》中英文著作有《剪拂集》《大荒集》《我的话》《京华烟云》《苏东坡传》《吾国与吾民》等。

林祖涵　(1886—1960)　字伯渠，号邃园，湖南安福（今临澧人），日本中央大学、莫斯科共产主义大学毕业。早年参加同盟会，1921 年参加中国共产党。曾任国民党第一届中央委员会候补执行委员，第二届中央执行委员会常委，党务部部长，广东省政府农民部部长，广州国民政府监察院监察委员，农民部部长，武汉国民党中央军事委员会秘书长，中华苏维埃中央工农民主政府国民经济部部长、财政部部长，陕甘宁边区政府主席。1938 年 6 月至 1948 年 3 月任第一至第四届国民参政会参政员。中华人民共和国成立后，曾任中央人民政府秘书长，全国人大常委会副委员长。中共六届六中全会上当选为中央委员，七届一中全会和八届一中全会上当选为中央政治局委员。著有《林伯渠日记》等。

林砺儒　(1889—1977)　教育家，原名林绳直，广东信宜人。1918年毕业于日本东京高等师范学校，同年回国。曾任北京师范大学、中山大学、厦门大学、桂林师范学院教授，广东勷勤大学教育学院、广东文理学院院长。建国后，历任北京师范大学校长，教育部中等教育司司长、副部长。是第一届全国政协委员、第一至第三届全国人大代表。著有《伦理学纲要》《教育哲学》《教育危言》《林砺儒教育文选》。

林雪娟　女，江苏苏州人。1946年就读上海沪江大学时任学生自治会主席，曾邀请陶行知先生向该校学生作“民主教育运动”的演讲。新中国成立后，曾任上海国棉二厂职工业余中学校长、嘉定县南翔人民公社党委副书记、嘉定县妇联副主任等职。

林　森　(1867—1943)　福建闽侯人，字子超，号长仁，又号天波，晚年别署青芝老人。1905年加入同盟会。辛亥革命后曾任南京临时参议院议长、国会非常会议副议长、福建省省长、广州大本营建设部长兼治河督办。曾参与西山派活动。1932年起任国民政府主席。

林　羲　即郑林羲，曾参与全国学联以及武汉青年救国团领导，后在政治部第三厅及文化工作委员会第一组（国际问题研究）工作。长期从事语言文字研究。

松　井　即松井石根（1878—1948）　日本东京人。历任参谋本部中国班班员、奉天特务机关长、海参崴派遣军参谋、关东军司令部参谋、驻华使馆武官等职。1933年任驻台湾军司令官，同年10月晋升大将。被称为“中国通”。1937年芦沟桥事变后派任上海派遣军司令官，“八一三”事变时指挥日军侵犯上海，旋调任华中方面军司令官。同年12月率兵侵占南京，纵兵进行为时6周的大屠杀，杀害30万中国军民。1944年任日本大东亚总部理事长、新亚协会会长。

1945 年日本投降后被列为甲级战犯，1948 年被远东国际军事法庭判处绞刑。

杭立武　(1903—?)　安徽滁县人。金陵大学毕业，美国威斯康星大学名誉研究员。曾任国民政府考试院考选委员会编纂室主任，金陵大学、中央大学教授，中央庚款委员会总干事，三青团中央干事。1938 年 6 月至 1944 年任第一至第三届国民参政会参政员。1944 年 12 月后任国民政府教育部常务次长、政务次长，中国出席联合国教科文组织第二届大会代表团总代表，国民政府行政院政务委员。

郁达夫　(1896—1945)　浙江富阳人，名文。1913 年赴日本留学，1921 年与郭沫若在日本成立创造社，1922 年回国，主编《创造》月刊、《大众文艺》等刊物。1930 年与鲁迅、宋庆龄等发起组织中国自由运动大同盟，同年参加中国左翼作家联盟。1938 年客居南洋，曾主编《星洲日报》，任新加坡文化界抗日联合会主席。1945 年 9 月被日本宪兵秘密杀害于苏门答腊。1952 年中央人民政府追认为烈士。著有《郁达夫全集》七卷、《忏余集》《达夫散文集》《达夫日记集》等。有《郁达夫文集》行世。

欧几里得　(Euclid，约前 330—前 275) 古希腊最杰出的数学家，以《几何原本》十三卷而闻名。这部著作构造了几何学的一种演绎体系。

欧元怀　(1895—?)　字愧安，福建省蒲田县人。美国哥伦比亚大学硕士，美国西南大学博士。曾任厦门大学、上海光华大学、中央政府大学教授，上海政治分会教育委员，上海公共租界工部局教育委员，大夏大学副校长。1938 年 6 月任第一届国民参政会参政员，1939 年 3 月任湖北省政府委员兼教育厅厅长，1948 年任立法院立法委员。

欧阳德　(1496—1554)　字崇一，号南野。明泰和（今属江西）人。嘉靖二年（公元 1523 年）进士，授六安知州，以学行改翰林院编修，官至礼部尚书兼翰林院学士。师从王守仁，尝与聂豹、徐阶、程文德集四方名士于灵济堂，发挥阳明宗旨，论良知之学。倡言知觉、良知名同实异。其学务真知实践，乐于引掖后进，建龙津书院，聚徒讲学。有《欧阳南野先生文集》。

卓别麟　(Charles Chaplin，1889—1977)　一译“卓别林”。英国出生的美国电影演员和导演。他在无声片中创造了一个哀婉动人、幽默风趣的流浪汉角色，并蜚声国际。20世纪20年代，他的影片卖座率最高。他每周拍片两部，仍满足不了需要，于是就自编自导自演，充分发挥他的艺术天才，塑造了一个令人难忘的所谓“小人物”。他给自己规定了这种打扮：圆顶礼帽、小得可怜的上衣、肥大的裤子、特大的皮鞋、加上一撮小胡子和一根细而短的手杖。以反法西斯为题材的《大独裁者》是他演出的第一部有声片。1947年制作的《凡尔杜先生》和1957年的《纽约之光》，曾激怒美国退伍军人协会和美国众院非美活动委员会。1972年接受美国电影艺术与科学院的特别奖，即奥斯卡特别荣誉奖。

卓　娅　(1923—1941)　苏联女英雄。纳粹德国进攻苏联时，在敌后进行游击活动。1941年11月在执行任务时被德军俘虏，经受严刑拷打，坚贞不屈，壮烈牺牲。死后被追认为“苏联英雄”。

尚仲衣　(1902—1939)　笔名子钵，河南罗山县人。民众教育专家，清华学校毕业。1924年留学美国，原学医科，后改学教育。毕业后，进哥伦比亚大学研究院研究，曾任留美基督教学生会会长。1929年获博士学位。回国后受聘为中央大学教育学院教授，后任浙江省立民众教育实验学校校长。1933年至1936年任北京大学教授，1934年10月27日曾在天津《大公报·明日之教育》周刊上著文与陶行知就《中华民族之出路与中国教育之出路》的文章展开争鸣，以后还专程去拜访陶行知，经过恳谈后两人成了好友，并共同参加生活教育运动。积极参加“一二·九”运动，曾被捕入狱。1936年秋任广东省勷勤大学教授，1937年任广西省立中山纪念学校校长、中山大学教授。1938年生活教育社成立大会在桂林中山纪念学校举行，被选为生活教育社第一任理事，同年任第四战区政治部宣传组长。1939年春，应广东省教育厅之约，乘车赴广东，中途翻车殒命。译《苏联的科学与教育》等。

易铁夫　四川中江人，南京晓庄学校毕业生。曾任成都高琦中学教导主任，生活教育社社员。1949年后，曾在四川雅安一中任教，为四川生活教育社监事等。

易璧光　又名必光，重庆市合川草街子人。1939年5月21日经易健光引荐结识筹办育才学校的黄开富，黄即介绍去育才担任管事务的职员，深受育才师生爱戴，土改时去世。

罗广文　(1905—1956)　四川忠县人。早年曾赴日本东京高等师范、日本士官学校留学，回国后曾在黄埔军校广州分校任教。1930年秋，在陈诚的第十八军任营长，1935年任国民政府军陆军第九十八师团长，1937年任九十八师参谋长，后任第十八师师长，第十八军、第八十七军军长等职。驻军北碚澄江镇时，曾到育才学校参观，陶行知曾向罗借旧枪作师生军事训练之用。解放战争时期，任第十四军军长、第四兵团司令、第七编练区司令，第十五兵团司令兼一〇八军军长。1949年12月24日率部在四川郫县起义。中华人民共和国成立后，历任全国政协委员、山东省林业厅厅长等职。

罗　丹　(Auguste Rodin，1840—1917)　法国雕塑家。14岁随勒考克 (Lecog de Boisbaudran) 学画，后随巴里学雕塑，去比利时布鲁塞尔创作装饰雕塑5年。1875年游意大利，确立了现实主义创作方法，善于塑造神态生动富有力量的艺术形象。如《青铜时代》《雨果》《加莱义民》《巴尔扎克》等作品因有新创造而受到官学派抨击。包含186件雕塑的《地狱之门》的设计，因官方阻挠未能按计划实现，只完成《思想者》《吻》《夏娃》等部分作品。生平作了许多速写，著有《艺术论》。

罗文干　(1888—1941)　广东番禺人，字钧任。留学英国，回国后历任清政府广东审判厅厅长、北京政府总检察厅检察长、北京大学法律教授、大理院院长、财政总长、调查中东路事件专员、国民政府司法行政部长兼外交部长等职。1938年任国防参议会参议员、国民参政会参政员、西南联大教授。

罗兰夫人 (Jeanne Manon Phlipon, Madame Roland, 1754—1793) 18世纪法国资产阶级革命时期代表大工商业资产阶级利益的吉伦特派核心人物之一，共和政府内政部长罗兰之妻。曾参与制定吉伦特派的政策，起草文件。雅各宾专政时期被处死。著有《回忆录》。

罗 坚 (1929—1990) 生于上海，从小受革命家庭熏陶。1941年10月参加孩子剧团，1943年7月到重庆育才学校戏剧组学习，1946年11月赴延安。长期从事文化艺术工作。曾任北京行知育才学校副校长。著文《陶校长与戏剧运动》。

罗良铸 又名罗公陶，湖南长沙人。曾留学德国。1929年任晓庄学校指导员、校长办公处主任。

罗洪先 (1504—1564) 字达夫，号念庵，江西吉水人。明世宗嘉靖八年（公元1529年）举进士第一，授翰林院修撰。致力于钻研王学，宗“致良知”说，主无欲才能致良知。大有“安贫乐道”的孔、颜之风。著有《念庵集》《广舆图》等。

罗 素 (Bertrand Russell, 1872—1970) 英国哲学家、数学家、逻辑学家。剑桥大学三一学院毕业后留校任教，1916年因反对征兵而被解职，1918年夏因宣传和平主义被判处监禁六个月。1920年至1921年曾来中国讲学，后在美国芝加哥大学、加利福尼亚大学任客座教授。1944年回国，获1950年诺贝尔文学奖。在数学上，从事过数理逻辑和数学基础的研究，并创立“罗素悖论”。在哲学上，最初是新实在论者，20世纪初转向逻辑实证主义，提出逻辑原子主义和“中立一元论”。认为教育的基本目的应该是培养“活力、勇气、敏感、智慧”四种品质。在政治上，反对侵略战争，主张和平主义。著有《哲学问题》《西方哲学史》《物的分析》《心的分析》《教育与美好生活》《论教育》等，并与其师怀特海合著《数学原理》。

罗振玉　(1866—1940)　字叔蕴，号雪堂，江苏淮安人，祖籍浙江上虞。清末任学部参事，曾一度整理清廷内阁大库档案，搜购大批出土的甲骨文。辛亥革命后逃往日本，1924年助溥仪逃入日本使馆，“九一八”事变后又积极参与制造伪满洲国的活动。著《殷虚书契》《殷虚书契考释》和《流沙坠简考释》等。

罗　格　又译拉格(Harold Ordway Rugg，1886—1960)　美国教育学家。达特茅思学院毕业，伊利诺伊大学哲学博士。曾任哥伦比亚大学教授。是美国进步教育运动中儿童中心课程及儿童中心学校的提倡者之一。20世纪30年代转向改造主义，主张多强调社会中心教育，少强调儿童中心教育；多关心社会变革，少关心个人成长，为改造主义教育流派的重要领导人之一。1932年来华访问，陶行知曾在《申报》上撰写时评欢迎罗格。1936年11月9日陶抵纽约，11日即造访罗格。两人多次晤面，并商定11月21日陶在哥伦比亚大学师范学院作首次学术演讲。著有《儿童中心主义教育》《美国的文化和教育》等。

罗曼·罗兰　(Romain Rolland，1866—1944)　法国作家、音乐学家、社会活动家。曾获艺术博士学位，在巴黎高等师范学校和巴黎大学讲授艺术史。曾访问过苏联，与高尔基建立友谊。以长篇小说《约翰·克利斯朵夫》、传记《贝多芬传》著称。1915年获诺贝尔文学奖。

罗隆基　(1898—1965)　字努生，江西安福人。清华大学毕业，美国哥伦比亚大学哲学博士。曾任上海公学、光华大学、天津南开大学、西南联大等校教授，《新月》杂志主编，北京晨报社社长。1931年与张君劢组织“再生社”，翌年改组为“中国国家社会党”，1941年任中国民主政团同盟执行委员。1938年6月至1942年任第一、第二届国民参政会参政员。中华人民共和国成立后，曾任政务院政务委员、森林工业部部长、民盟中央副主席、全国政协常委等。

罗斯福　富兰克林·罗斯福(Franklin D. Roosevelt，1882—1945)　美国总统(1933—1945)。民主党人，西奥多·罗斯福的堂弟。总统任内推行“新政”，经济迅速发展。第二次世界大战爆发后，反对德、意集团的侵略和战争政策。1944 年打破惯例，第四次连任总统，任内病逝。

罗斯福　西奥多·罗斯福（Theodore Roosevelt，1858—1919）　美国总统（1901—1909），共和党人。

罗　谦　浙江湘湖师范学校学生，浙江省立乡村师范学校共同生活会行政部会计科干部。

帕斯加尔　通译帕斯卡（Blaise Pascal，1623—1662）　法国数学家、物理学家、哲学家、散文大师、近代概率论的奠基者。他提出了关于液体压力的一个定律，后人称为帕斯卡定律。他建立的直觉主义原则对于后来一些哲学家如卢梭和帕格森等以及存在主义者都有影响。17 岁时写成数学成就很高的《圆锥截线论》。所著《思想录》《致外省人书》对法国散文的发展影响甚大。

帕　潘　(Denis Papin，1647—约 1712)　法国物理学家。1679 年发明了蒸汽高压锅，并首次提出由汽缸和活塞组成蒸汽机的设想。在别人提供草图的基础上，1707 年写成《利用蒸汽抽水的新技术》一书。1709 年他建造一艘用人力驱动的明轮船，证明在蒸汽驱动的船上用明轮代替桨是切实可行的。

季　通　(1877—1932)　江苏常熟（现张家港）人。曾留学日本，学习实用科学。回国后，提倡农田水利建设。因其劳绩，两次被推选为江苏省议会议员。1919 年新文化运动后，致力于教育事业，任上海爱国女子学校校长十年，创办私立虞山中学及乡村小学。1927 年 2 月 18 日函陶知行，介绍李楚材、季时贤投考晓庄学校。

秉　志　(1886—1965)　字农三，原名翟秉志，曾用名秉农山、翟际潜。河南开封人，清末举人。1909 年京师大学堂毕业，后赴美国留学，获哲学博士学位。1920 年回国，历任厦门大学、中央大学、复旦大学教授。曾任陶行知办的晓庄学校指导员，曾创办中国科学社生物研究所、静生生物调查所，任主任兼教授。1949 年后任中国科学院水生物研究所、动物研究所研究员，并当选为中国科学院地学生物学学部委员。曾当选为第一、二、三届全国人大代表。对动物学很有造诣，尤长于动物解剖学，发表了许多科学专著，著有科学论文63篇。

岳　飞　(1103—1142)　字鹏举，相州汤阴（今属河南）人。南宋抗金名将。因高宗、秦桧一心求和，被迫奉命退兵。后又被诬谋反，下狱。绍兴十一年十二月二十九日（1142年1月27日）以“莫须有”罪名被杀害。有《岳武穆遗文》(一作《岳忠武王文集》)，诗词散文都慷慨激昂。

侣　朋　山海工学团团员、小先生。曾到常州漕桥帮助承国英同志开创西桥小学儿童工学团。解放后在中央文化部任职。

金　山　(1911—1982)　原名赵默，字缄可，湖南沅陵人。1932年在上海主办《远东时报》，后加入左翼戏剧家联盟。1935年组织东方剧社和上海业余剧人协会。1939年起，受周恩来委托，率中国救亡剧团于南洋群岛、香港、越南、新加坡等地演出抗日爱国剧目。1942年到重庆，主演话剧《屈原》。中华人民共和国成立后，曾任中央戏剧学院院长、电视剧艺委会主任，为中国剧协副主席、文联委员。主演和导演的话剧共有50余个，主演、导演的电影各5部，创作或改编的话剧、电影剧本15部。

金中华　(1907—1968)　即金仲华，又名金宗华，浙江桐乡人，著名报刊活动家，青年时代致力于新文化运动。1923年陶行知、朱经农编辑《平民千字课》时，曾参加办理其试验班。1931年陶行知为《申报》主持舆论时，曾撰写申报时评。曾参与创办《妇女》杂志。1934年创办《世界知识》杂志并任主编，1935年任生活书店编辑部主任，曾协助邹韬奋编辑《大众生活》和《生活日报》，创办《永生》杂志。以后加入上海文化界救国会和宋庆龄主持的保卫中国同盟，担任《生活星期刊》主编兼发行人，协助邹韬奋编辑《抗战》和《全民抗战》。1938年在香港参与国际新闻社的领导工作，主编《星岛日报》。1949年后历任中国新闻、中国建设、新闻日报、文汇报等社社长，上海国际问题研究所所长、上海市副市长等职。

金　来　1914 年至 1915 年在美国伊利诺大学任副校长，系币制学专家，为当时美国三大经济学家之一。主张美国退还庚子赔款，为之鼓吹甚力。

金鸣歧　(1894—1979)　女，安徽休宁人，上海圣玛利亚学校商科毕业。经陶行知推荐，任安徽省立第四女子师范学校教导主任，并在学校所在地隆阜推行平民教育，与陶常有书信来往。1923 年在家乡创办西村平民学校，改革教学内容，开设劳动课，普及农村教育及扫除文盲。20 世纪 30 年代以后，一直在上海从事教育工作。

金海观　(1897—1971)　字晓晚，浙江诸暨人。1921 年毕业于南京高等师范学校教育科。曾任成都大学教育系教授。1932 年至 1956 年任浙江省湘湖乡村师范学校校长。中国民主促进会会员。长期从事乡村师范教育，创立工学制。撰有论文《工学制实验班计划书》，合编《中国教育词典》《杜威教育哲学》。

金曾澄　(1879—?)　字湘帆，原籍浙江绍兴，生于广州，日本高等师范毕业。曾任广东都督府参议，广东高等师范学校校长，广州国民政府教育行政委员会委员，国民党广东政治分会秘书长，广东省政府委员兼教育厅长，中山大学校长。1940 年 12 月至 1945 年任第二至第三届国民参政会参政员。

周士观　(1893—1984)　宁夏平罗人，美国威斯康星大学硕士。曾任宁夏省政府驻京代表，第十五路军总指挥部参议，第十七集团军驻汉办事处处长，宁夏省政府驻渝办事处处长。1938 年 6 月至 1945 年任第一至第三届国民参政会参政员，1945 年任民主建国会中央常务委员。中华人民共和国成立后，任全国政协委员，民建中央常委兼组织委员会副主任委员。

周文山　江苏丹阳人，晓庄学校高中部师范科毕业生，曾被派往山东邹平县考察梁漱溟搞的乡村建设。

周文王　商末周初周族领袖。姬姓，名昌，商纣时为西伯，亦称伯昌。一度被囚。建立丰（豐）邑（今陕西西安西南沣水西岸）为国都。在位 50 年，国势强盛。

周　处　(约236—297)　西晋义兴阳羡（今江苏宜兴南）人，字子隐。相传少时横行乡里，与蛟、虎并称“三害”，后发愤改过，斩蛟射虎，传为美谈。吴时为东观左丞。晋平吴后，任新平太守等，迁御史中丞，权贵恶其强直。其时氐人齐万年起兵，他任建威将军，率军镇压，兵败战死。

周自齐　(1871—1923)　字子廙，山东单县人，毕业于北京国文馆。1896年赴美留学，曾任清政府驻美公使馆参赞、游美学员处总办、外交部左丞。1911年任袁世凯内阁度支部大臣，1912年3月任山东都督兼民政长，1913年起历任北洋政府交通、陆军、财政、农商各部总长，1916年任税务处督办兼中国银行总裁，支持袁世凯称帝。1922年4月任教育总长兼代理国务总理，不久辞职，赴欧洲考察实业。曾捐资赞助中华教育改进社。

周谷城　(1898—1996)　历史学教育家，湖南益阳人。1921年毕业于北京高等师范学院英语部。曾任中山大学、暨南大学、复旦大学教授。中华人民共和国成立后，历任复旦大学教授、教务长，中国史学会常务理事，农工民主党第八、第九届中央副主席兼上海市委主任委员，上海市第三、第四届政协副主席，上海市第七届人大常委会副主任，第六、第七届全国人大常委会副委员长兼教育科学文化卫生委员会主任委员，农工民主党第九届中央主席、第十届中央名誉主席。是第一至第七届全国人大代表、第五届全国政协常委。著有《中国社会史论》《中国通史》《中国政治史》《世界通史》等。

周　泽　字稺都，东汉北海安丘（今山东安丘西南）人。少时习《公羊严氏春秋》，隐居教授，门徒常数百人。建武末，辟大司马府，任议曹祭酒。不久征试为博士。中元元年（56年），迁黾池令，永平五年（62年），迁右中郎将，后历任太常、侍中骑都尉等。在任奉公克己，果敢直言，尽敬宗庙。尝卧病斋宫，妻哀其病老，窥问所苦。泽大怒，以妻干犯斋禁，遂收送诏狱谢罪。

周宗琼　(1910—1996)　女，重庆江津人。1931年入北平女子第一中学高中，1933 年回江津任教，后办天成厂。1938 年与丈夫任宗德集股经营合川胜利酒精厂，1939 年先后将自建的小楼房租给国民党某集团军陪都办事处和《新华日报》门市营业部，从此接触共产党人。后受周恩来委托筹办国防动力酒精厂，任厂长，两次为《新华日报》和重庆、上海的地下党转移筹集资金，保证安全。1943 年又在重庆韦家院坝 16 号以酒精厂办事处为名修建了秘密的“文化之家”，为地下党和民主人士聚会之地。1944 年结识陶行知，成为“育才之友”，为育才筹集资金，支持办《民主》周刊，保证其四分之三的经费。捐赠 100 万元办社会大学，捐赠 1000 万元办大孚出版社，任董事长，沙千里任经理，陶任总编辑，后来还组建昆仑电影公司。建国后，在水利部工作，曾任全国政协委员。

周炳琳　（1892—1963）　字枚荪，浙江省黄岩县人。北京大学毕业，留学英、美、法、德等国。曾任国立武昌商科大学、广州中山大学、北平清华大学教授，北京大学法学院院长，中央政治学校教务长，西南联大法学院院长，国民政府教育部常务次长。1938 年 6 月至 1948年 3 月任第一至第四届国民参政会参政员。中华人民共和国成立后，任全国政协委员，民革中央常委，北京大学经济学教授。

周恩来　（1898—1976）　字翔宇，号少山，曾用名飞飞、伍豪等，原籍浙江绍兴，生于江苏淮安。天津南开学校毕业后赴日本留学，后回国参加五四运动。1920 年赴法国勤工俭学。曾任黄埔军校政治部主任，中共中央政治局常委，中央组织部长、中央军委书记、中央革命军事委员会副主席。抗日战争时期，任中共中央南方局书记、国民政府军事委员会政治部副部长。1937 年 8 月任国民政府国防参议会参政员，1945 年 4 月任第四届国民参政会参政员。中华人民共和国成立后，一直任政府总理，曾兼任外交部长，历任全国政协副主席、主席，中共中央副主席，中央军事委员会副主席。主要著作编入《周恩来文选》《周恩来统一战线文选》等。

周敦颐　(1017—1073)　原名敦实，字茂叔，号濂溪。道州营道(今湖南道县)人。北宋哲学家。精《易》，继承《易传》和部分道家思想，著《太极图说》《通书》，后人编为《周子全书》。

周　馥　(？—1921)　字玉山，安徽建德(今东至)人。曾入李鸿章幕府，因功升至知府。1877年后，历署永定河道，津海关道等。曾到海口办团务、办洋务、升到按察使。甲午战争时曾委以前敌营务处，并负责辽东各军的军需转运与供应。战争后任四川布政使，直隶布政使，升至山东巡抚。1904年授两江总督、南洋大臣，1906年一度署闽浙总督随即调任两广总督，1907年自请解职。

庞曾漱　(1918—1997)　就读浙江大学物理系、外文系。1942年到重庆育才学校任自然组主任，戏剧组、音乐组生活指导员，后在全国妇联工作。

郑先文　安徽庐江人，晓庄学校大学部毕业生。长期从事生物学的研究，曾协助丁柱中、陈鹤琴编《儿童科学》丛书，著《小学自然教学做》。

郑板桥　(1693—1765)　原名郑燮，字克柔，号板桥，自称板桥道人，江苏兴化人。清书画家。善诗词，工书画。画、诗、书，人称为三绝。诗词文章多有反映民间疾苦之作，有《板桥全集》。

郑晓沧　(1892—1979)　又名宗海，浙江海宁人。1914年北京清华学校毕业后赴美国留学，先后在威斯康星大学和哥伦比亚大学师范学院攻读教育，获硕士学位。1918年回国后，历任南京高等师范教授、中央大学教育院院长、浙江大学代理校长等职。中华人民共和国成立后，历任浙江师范学院和杭州大学教授、浙江师范学院院长、浙江教育学会名誉会长等职。是第三、四、五届全国政协委员，是我国著名教育家。著译有《教育概论》《教育原理》《柏拉图论教育》等。

郑螺生　(1870—1939)　福建同安人，自幼侨居于马来西亚怡保。1907年加入同盟会，任该会霹雳分会会长。1910年曾为支援广州再次举义奔走募捐。辛亥革命后，任中国国民党霹雳直属支部常委、新加坡支部常委。后因支援护国战争筹饷声援，为英国殖民当局所忌，被驱逐回国。1917年任孙中山大元帅府庶务司司长，以后历任南京国民政府监察院监察委员，侨务委员会委员。1937年返回马来西亚，宣传抗日，募捐救国。

法布尔　(Jean Henri Fabre，1823—1915)　法国昆虫学家，以研究昆虫解剖学及行为而著名。主要靠自学成才。1866年他从茜究草中分离出一种染料——茜素。

法拉第　(Michae1 Faraday，1791—1867)　英国物理学家、化学家。发现电磁感应现象、电解定律和光与磁的基本关系，创立现代电磁场的基本观念，创造了许多至今仍普遍采用的电学术语。他提出的力线观念经麦克斯韦发展成为电磁波，对理论物理作出了重大贡献。1827年他在《化学操作》一书中推荐了能够使物质达到较高纯度的结晶技术。还著有《电的实验研究》《化学与物理的实验研究》等。

波义耳　(Robert Boyle，1627—1691)　英国化学家、物理学家。1680年当选为伦敦皇家学会会长，因宣誓问题拒绝就职。1659年用实验阐明气压升降的原理，并提出著名的气体定律（后称波义耳-马略特定律）。在化学方面，他将当时习用的定性试验归纳为一个系统，首次引入化学分析的名称，并进行分析化学的研究。所著《怀疑派化学家》一书，批判唯心主义“元素”观，将元素定义为不能分解的物质，使化学研究建立在科学的基础上，对破除迷信和提倡科学精神起了巨大作用。他还发现了空气在声音传播中的媒介作用等。

房秩五　(1877—1966)　安徽枞阳人。1903年与陈中甫等创办《安徽俗话报》，1904年留学日本。回国后，在芜湖办理速成师范学校，并兼任桐城中学学监、安徽省教育总会干事，后任《东山省日报》主笔。1913年后，任湖北省宜昌厘金局长、秦皇岛柳江煤矿经理。1921年任芜湖道尹，1925年创办浮山小学，1927年又创办浮山中学，并任校长。中华人民共和国成立后，任安徽省人民政府委员、省政协副主席。

居 正 (1876—1951) 湖北广济（今武穴）人，原名之骏，号觉生。1905 年留学日本，同年加入同盟会，参加过辛亥革命。二次革命中任吴淞要塞司令，护国战争中任中华革命军东北军总司令。后任国民党中央党部总务部长，广州大总统府参议、内务总长。1925 年参加西山会议，1929 年因反对蒋介石被捕，1931 年后任国民党政府司法院院长兼最高法院院长。1949 年 11 月去台湾，任“监察院”监察委员。遗著编为《居觉生先生全集》。

居励今 (1889—?) 湖北广济人，法国里昂大学毕业。曾任湖北省立第一师范校长，武汉大学、中山大学教授。1938 年 6 月至 1944 年任第一至第三届国民参政会参政员。

弥尔顿 (John Milton，1608—1674) 英国诗人、政论家，剑桥大学毕业。1638 年起侨居意大利，在得到英国资产阶级革命的消息后，立即回国投入斗争。1649 年任克伦威尔政府拉丁文秘书。1652 年双目失明，仍继续供职。1640 年至 1660 年间发表政论多篇，捍卫民主，反对专制，其中重要的有《论出版自由》和《为英国人民声辩》。王政复辟后，被迫隐居，先后写成三部主要长诗《失乐园》《复乐园》和《力士参孙》，另有《教育论》等。

孟 子 即孟轲（约前 372—前 289） 字子舆，邹（今山东邹城东南）人。战国时思想家、政治家、教育家。他提出“仁政”的主张，“保民而王”。为了改善君民关系，提出“民为贵”、“君为轻”的口号。他还提出“良知”“良能”说和“劳心者治人，劳力者治于人”的论点，教人注重存心养性，深造自得，断言“万物皆备于我矣”，善养“浩然之气”则可“塞于天地之间”。他被认为是孔子学说的继承者，有“亚圣”之称。著有《孟子》，现存七篇。

孟宪承 (1894—1967) 字伯洪，江苏武田人，1916 年毕业于上海圣约翰大学。后赴美国华盛顿大学留学，获硕士学位，又赴英国深造，1921 年回国。曾任艺华大学、清华大学、圣约翰大学、北京师范大学、兰田国立师范学院等校教授。1925年与陶行知等发起创办《新教育评论》。中华人民共和国成立后，历任浙江大学文学院院长、华东军政委员会教育部长、华东行政委员会教育局长、华东师范大学校长、上海市政协副主席、上海市教育学会会长、全国人大代表。著有《教育概论》《大学教育》《中国古代教育文选》，译有《实用主义》《现代教育学说》等。

孟特尔　通译孟德尔（Gregor Johann Mendel，1822—1884）　奥地利遗传学家，遗传学的奠基人。原是天主教神父。1856年在布隆（Brünn，原捷克斯洛伐克的布尔诺，即本书《遗传论》中之波拉尼）教堂中进行豌豆杂交试验。1865年提出遗传单位（现在称基因）的概念，并阐明其遗传规律，以后称为"孟德尔定律"。这个发现在当时并未引起注意，直到1900年才为荷兰的佛里斯所证实，成为近代遗传学的基础。

孟　禄　（Paul Monroe，1869—1947）　美国教育家。弗兰克林学院毕业后留学德国，芝加哥大学哲学博士，曾任哥伦比亚大学师范学院教授、院长。1921年来华作教育调查，提倡"科学教育"。后任中华教育文化基金董事会副董事长。为中华教育改进社名誉董事。著有《教育史教科书》，并主编《教育百科全书》。

九　画

项　羽　（前232—前202）　名籍，字羽，秦末下相（今江苏宿迁西南）人，世为楚将。秦二世元年（前209），从叔父项梁在吴（今江苏苏州）起义。项梁战死后，秦将章邯围赵，楚怀王任宋义为上将军，羽为次将，率军往救。宋义到安阳逗留不进，项羽杀宋义，率兵救赵，在巨鹿之战中激战九次，摧毁秦军主力。秦亡后，自立为西楚霸王，并大封诸侯王。楚汉战争中，为刘邦击败。被围垓下（今安徽灵璧南）时，叹大势已去，作歌以别虞姬，虞姬以歌和之。

后突围到乌江（今安徽和县东北），自刎。

赵义熙　山西平遥人，重庆育才学校自然组学生。1947 年至 1960 年先后任育才学校教师、教导副主任、工会主席、中共支部书记，后任中学教师、校长，重庆市教育局视导员。1978 年调重庆市科协任报刊编辑部副部长、《科学爱好者》（后改名《课堂内外》）月刊主编，1986 年离休。现为重庆市陶行知研究会副会长。

赵元任　(1892—1982)　字宜重，生于天津，原籍江苏武进。1915 年入美国哈佛大学学习，获哲学博士学位。1920 年回国，任教于清华学校。1929 年任北平中央研究院历史语言研究所语言组主任。1938 年秋赴美国讲学，先后任夏威夷大学、耶鲁大学、哈佛大学等校教授。曾任美国语言学会会长、美国东方学会会长。在音位学理论、中国音韵学、语言方言以及汉语语法方面造诣很高。这方面的论著有《中国话的文法》《现代吴语的研究》《国语字典》等。除语言学研究外，还从事音乐创作，著有《赵元任歌曲选》，其中为刘半农词谱写的歌曲《教我如何不想她》流传甚广。《晓庄歌曲集》《儿童节歌曲集》中多是赵元任为陶行知诗歌谱的曲子。

赵正平　(1878—?)　又名厚生，字正平，江苏宝山人。他自认为人之道皆于自立自助以外，皆须立人助人，立人助人便是仁，所以他别署仁斋。先考进浙江武备学堂，后往日本学陆军。在东京参加同盟会，武昌起义后回国，在南京担任兵站总监部参谋长、调查局局长、江苏都督府副参谋长。1913 年讨袁失败，亡命日本，到爪哇从事华侨教育工作，回国后任暨南大学校长。1919 年兼江苏教育会南京分事务所负责人。同年 5 月 9 日下午作为来宾参加省议会国耻纪念会，继陶演讲后发表演说并佩国耻纪念白绫符号参加游行。5 月 15 日被推为南京学界联合会参事长，7 月 1 日上午又代表南京分事务所参加 15 团体会议，决定成立南京各界联合会。1922 年 7 月陶行知担任中华教育改进社主任干事兼《新教育》杂志主干时，曾担任该杂志华侨教育组编辑员。

赵朴初　(1907—2000)　安徽太湖人，东吴大学肄业。曾任上海佛教会主任秘书，上海慈联会救济战区难民委员会常委兼难民收容股主任，上海净业教养院院长。1945 年参与发起组织中国民主促进会。历任中国佛教协会秘书长、副会长、会长，中国书法家协会副主席，中国作协理事，中国人民保卫儿童全国委员会副主席，中国人民争取和平与裁军协会副会长，中日友协副会长，民进第六、第七届中央副主席，第六、第七届全国政协副主席，民进第八届中央副主席，中央参议委员会主席，第一至第五届全国人大代表。1982 年获日本佛教大学名誉博士称号和日本佛教传道协会传道功劳奖。1985年获日本第三届庭野和平奖。长期从事佛学研究，擅长诗词、书法。著有《滴水集》《片石集》《佛教常识答问》。

赵君陶　(1902—1985)　四川酉阳人，李硕勋夫人。五四运动后到北京求学，受其兄赵世炎的影响，参加组织进步学生运动。1926 年加入中国共产党，曾任湖北妇女协会宣传部部长、中共中央妇委秘书，1932 年到四川从事地下革命工作。抗日战争期间，参加了战时儿童保育会，任直属第三保育院院长，收养流亡的难童和青年。1946 年后在延安大学、中央教育研究室工作。中华人民共和国成立后，历任中共中央宣传部学校教育处处长、南开大学党委委员、化工部教育司副司长、北京化工学院副院长、全国政协委员。

赵叔愚　(1889—1928)　名宗鼎。北京人，金陵大学农科毕业。留美，攻乡村教育，获硕士学位。回国后任东南大学教授，“少年中国学会”会员。1921 年与陶行知在北京中华教育改进社共事，后任调查设计委员会主任。1927 年参与创办晓庄试验乡村师范学校，任研究部部长及第一院院长，同时兼任江苏教育学院教授。次年出任中央大学区立民众教育院院长，筹建“劳农学院”，1928 年 9 月病逝。著《农村教育参考材料》《乡村教育丛辑》等，译《乡村教育经验谈》。

赵　括　(？—前 260)　战国时赵将。喜空谈兵法，实际不会治兵。长平（今山西高平西北）之战中被秦将白起打败，所率赵军 40 万被坑埋，自己也被射杀。

赵　高　(？—前 207)　秦大臣，本赵国人。“进入秦宫，管事二十二年”，秦始皇以他通狱法，任为中车府令，兼行符玺令事。公元前 210 年，与李斯伪造遗诏，逼使始皇长子扶苏自杀，立少子胡亥为二世皇帝。任郎中令，掌握大权。后杀李斯，任中丞相；又杀二世，立子婴为秦王。旋为子婴所杀。

赵望云　(1906—1977)　河北东鹿人，早年曾在北京艺术专科学校学习美术。1930 年被《大公报》聘为特邀旅行写生记者，崭露头角。抗日战争期间，与老舍在武汉创办《抗战画刊》。1944 年后定居西安，创办平明画会，主编《雍华》杂志。新中国成立后，曾任西北美协主席、西北文化部文物处处长、陕西省文化局副局长，为中国美协常务理事。出版有《农村写生集》《塞上写生集》《埃及写生画册》《黄河写生集》等画集。

荀　子　(约前 313—前 238)　即荀况，又称孙卿，赵国人，战国后期思想家。其学术源于儒家，但又吸收和融化了当时进步的思想学说。在天道观上提出天人相分，即把自然的“天”和社会的“人”分开，主张改造自然，人定胜天。在认识论上提出“行贵于知”的观点。著有《荀子》。

荣　庆　(1854—1912)　鄂卓尔氏，字华卿，清蒙古正红旗人，满族，光绪进士。历任侍读学士、蒙古学士、鸿胪寺卿、大理寺卿、刑部尚书等职。京师大学堂开办后，任管学副大臣，主张以“中学”教育学生。调任礼部尚书，复调户部尚书，任军机大臣、政务大臣。曾多次呈奏，请加强对满族官员的教育。后任修订官制大臣。宣统元年（1909）调礼部尚书。三年责任内阁成立，任弼德院副院长，继任顾问大臣、德宗实录馆总裁。

荣　臻　字锡生，河北素强人。东北第一师旅长、东北第四方面军团第十七军军长。“九一八”事变中临阵退兵，1937 年投降日伪，任河北省省长。

胡士顿　(Houston)　物理学家，在 1874 年试验成功将液体的空气转化为固体。

胡子婴　(1907—1982)　浙江上虞人，笔名宗霖。女。1929 年毕业于杭州女子师范学校。1931 年“九一八”事变后，参加抗日救国活动。1935 年底参与发起组织上海妇女界救国会，次年沈钧儒、邹韬奋等救国会“七君子”被捕入狱后，参加营救工作。1945 年参加发起成立中国民主建国会，任理事。1946 年参加上海人民团体联合会请愿代表团，赴南京请愿。1949 年出席中国人民政治协商会议第一届全体会议。建国后，历任政务院财经委员会副秘书长，上海市工商联秘书长、副主任委员，商业部副部长，全国工商联第四届副主任委员，民建第一届中央委员和第二、第三届中央常委，是第一至第四届全国人大代表、第五届全国政协常委。著有中篇小说《滩》。

胡石青　(1880—？)　名汝麟，河南通许人。京师大学堂毕业。曾任北洋政府众议院议员，全国烟酒公卖局总办，上海中国公学代理校长，华北大学校长，安徽省政府委员。1938 年至 1942 年任第一、第二届国民参政会参政员。

胡兰畦　(1901—1994)　四川成都人，女。1927 年初入中央军事政治学校武汉分校女生队学习，曾任国民党中央妇女部干事。1930 年赴德国留学，1933 年因参加反法西斯活动被关进集中营，同年出狱，出版著作《在德国女牢中》，影响较大。1934 年到莫斯科，曾列席苏联第一次作家代表大会，1935 年回国。抗日战争初期，组织上海劳动妇女战地服务团，任团长。后任广东难民妇女工作团副团长、贵州日报社社长。是生活教育社的理事。建国后，任北京工业学院图书馆副主任、四川省文史馆研究员。是第六届全国政协委员。著有《胡兰畦回忆录》。

胡汉民　(1879—1936)　原名衍鸿，字展堂，广东番禺人。早年留学日本，1905 年加入同盟会，担任同盟会机关报《民报》编辑。1909 年在香港就任同盟会南方总支部长，参加 1911

年广州起义。广东独立后，被推为都督。1912 年 1 月任南京临时政府总统府秘书长，旋回广东任都督兼民政长。1914 年随孙中山组织中华革命党，任政治部长，后历任广州护法军政府交通部长，非常大总统参议等职。1924 年任国民党第一届中执委委员、代理大元帅，国民政府委员及外交部长。1927 年支持蒋介石反共清党，后主持国民政府日常工作并负责处理国民党中央政治会议的日常事务。又出任立法院长。在国民党四届一中全会上被选为中央政治会议常务委员，1933 年在香港创办《三民主义》半月刊，标榜抗日、反蒋、反共。1936 年 5 月在广州突发脑溢血逝世。

胡同炳　(1912—1996)　原晓庄小学学生，1930 年初中部毕业生。晓庄学校被封闭后，参与创建晓庄佘儿岗儿童自动学校，并任校长。著有《南京儿童自动学校十年努力记》。

胡自华　安徽隆阜第四女子师范教师，女，在从事平民教育中，被推为隆阜的平民乐师。

胡兆祥　字陶皆，福建永定人，上海法政大学毕业。曾任福建省政府咨议、经济考察专员。1938 年 6 月至 1945 年任第一至第三届国民参政会参政员。

胡　克　罗伯特·胡克 (Robert Hooke，1635—1703)　英国物理学家，天文学家。曾任伦敦格雷沙姆学院教授，英国皇家学会会员。1677 年至 1682 年任学会秘书。曾制成空气唧筒、显微镜、望远镜等仪器，并改进观测天文所用的摆。根据弹簧试验的结果提出了胡克定律，为材料力学和弹性力学奠定了基础。又曾用自制的显微镜观察木栓，发现了细胞，“cell”一词系他所定之名，至今仍沿用。著有《显微检验法》《灯和水平衡某些机械运动的描述》《哲理实验与观察》等。

胡阿毛　上海的汽车司机。一·二八抗战时，阿毛把满载日军和军火的卡车开向黄浦江，英勇牺牲与日军同归于尽。

胡　适　(1891—1962)　原名洪骍，字适之。安徽绩溪人。中国现代学者。1910 年赴美国，初学农业，后改习哲学。1915 年在康奈尔大学获哲学硕士学位，1917 年在哥伦比亚大学获博士学位。1919 年初发表《文学改良刍议》，反对文言文，提倡白话文，主张文学革命。1917 年到 1927 年，任北京大学教授，参加编辑《新青年》，出新诗《尝试集》，是当时新文化运动的著名人物。中华教育改进社出版《新教育》杂志，胡适担任该杂志教育哲学组、高等教育组编辑员。1922 年离开《新青年》，创办《努力周报》，与蔡元培、李大钊、陶知行等 16 人发表《我们的政治主张》，宣扬“好人政府”。“九一八”事变后创办《独立评论》。1938 年至 1945 年任驻美大使，1942 年任行政院最高政治顾问，1946 年任北京大学校长，后任国民大会主席，1948 年去美国。1958 年在台湾任“中央研究院”院长。著有《中国哲学史大纲》（上卷）、《白话文学史》（上卷）、《胡适文存》等。

胡　美　(Edward Hicks Hume，1876—1957)　美国人，生于印度。1904 年至 1919 年在长沙雅礼医院任主任医师。1920 年至 1923 年任雅礼会总干事。1923 年至 1926 年任湘雅医学院院长。其父和祖父在印度传教。著有《道一风同——一个美国医生在中国的生活》《中国式医学》等书。

胡宣明　曾留守美国，在霍普金斯大学医科学习。回国后在上海从事公共卫生领导工作，是我国著名的公共卫生专家。

胡晓风　(1924—)　又名胡学芬。湖北武昌人。1934 年就读于武昌日知小学，1935 年 9 月入华中大学附中读书，曾参加过当年 12 月 20 日的反日大示威。1937 年 12 月开始，先后担任青年救国团儿童先锋队、重庆儿童演剧队、青年会少年部四育养成团负责人。1941 年 4 月，在永川第三中山中学被强送集中营途中逃难到孩子剧团，并加入孩子剧团直到集体撤退，后从事中国共产党的农村工作。先在育才学校（合川草街子明家院子）南方局办的农村工作干部见习班任副班长，以后担任中共津綦边区特支副书记、下川南工委委员、涪陵中心县委书记。中华人民共和国成立后，任团中央候补委员，《中国青年》杂志社秘书长，成都体育学院党委书记兼副院长，中共四川省委宣传部副部长兼高等教育局局长，中共四川省委顾问委员会委员。1942 年经林犁田介绍参加生活教育社，1985 年任中国陶行知研究会副会长、四川生活教育社社长。是四川陶行知研究会、四川教育学会、四川创造学会名誉会长。著有《创业教育论集》等。

胡惇玉　(1898—1974)　女，江苏无锡人。1930 年毕业于燕京大学协和医学院，1931 年赴美国西余大学留学，1933 年获护士科硕士学位。回国后，历任北京协和医学院护士科讲师、南京卫生署护士训练班教务主任、教育部医学教育委员会护士教育组主任、重庆战时儿童保育总会总干事。中华人民共和国成立后，任济南护士学校副校长、山东护理学会理事长等职。

胡景伊　(1877—?)　字文澜，四川巴县（今重庆巴南区）人，同盟会会员，留学日本。曾任四川武备学堂教官、总监、云南兵备处总办，云南都练处总办，云南陆军小学堂及武备学堂总办，重庆镇抚府总长，四川都督，北洋政府参政院参政，将军府毅威将军。1938 年 6 月任第一届国民参政会参政员。

胡　然　(1912—1971)　别名曼伦，湖南益阳人。早年入上海音乐专科学校，师从周淑安和俄籍教授苏石林。1937 年在长沙从事抗日救亡歌咏活动，后在桂林、重庆等地任教，曾给育才学校音乐组讲授声乐知识。1943 年至 1946 年任国立音乐学院教授。在重庆时创办抗战歌咏团，出版《音乐》月刊。1946 年以后创办湖南音乐专科学校，1949 年去香港，后留居美国。上海大中华厂曾录制他演唱的《大江东去》《满江红》等唱片。

胡敦元　清华大学学生，曾留学美国，获哥伦比亚大学博士学位，参加陶行知在美国发起成立的学术社团中华经济社，从事研究美国军用物资输出与日本军用材料购买之经济关系。

胡愈之　(1896—1986)　浙江上虞人，早年创建世界语学会。1920 年和沈雁冰等成立文学研究会。1931 年“九一八”事变后，同邹韬奋共同主持《生活》周刊。1933年初参加中国民权保障同盟，同年加入中国共产党。1935年后参加上海文化界救亡运动，为救国会发起人之一。1940年在新加坡帮助陈嘉庚办《南洋商报》，在新加坡建立民盟支部。1949年出席政协第一届全体会议。中华人民共和国成立后，曾任光明日报社总编辑、国家出版总署署长、文化部副部长、民盟中央副主席、第一至第五届全国人大常委、第六届全国人大常委会副委员长、第二至第四届全国政协委员、第五届全国政协副主席等。

茹欲立　(1883—？)　字卓亭，陕西三原人。曾任南京临时参议院议员，北洋政府国会众议院议员，陕西督军公署秘书长，国民政府审计院副院长，监察院审计部部长，山西、陕西监察区监察使。1938年6月至1942年任第一、第二届国民参政会参政员。中华人民共和国成立后，曾任西北军政委员会委员，最高人民检察署西北分署副检察长。

柯庆施　(1902—1965)　小名文郎，安徽歙县人。1920年冬加入中国社会主义青年团，1922年加入中国共产党，1924年到上海中共中央秘书处工作，1926年后任中共安徽省委书记、上海闸北区委书记，后任红八军政治部主任、中共中央秘书长。1933年4月到了张家口，任中共前线委员会书记，参与领导冯玉祥的抗日同盟军的工作。后历任中共河北省委组织部长、中共中央党校副校长、中央统战部副部长、石家庄市市长。中华人民共和国成立后，历任南京市市长、市委书记，江苏省人民政府副主席、省委第一书记，上海局书记、上海市委第一书记、上海市市长，华东局第一书记，国务院副总理。在八届二中全会上被选为中央政治局委员。

柯临久　(1876—1942)　字日昌，号曙东，谱名广莒。安徽歙县竹溪村（水竹坑）人，柯庆施之父。1910年集族产创办竹溪继述初级小学，曾被推举为歙县南区学务委员，热心公益事业，曾任区董，获安徽省政府颁发的捐资兴学一等银质嘉祥章。

查良钊　(1897—1962)　字勉仲，浙江海宁人，生于天津。早年就读于南开、清华大学，1918年赴美留学。后任北平师范大学教授兼教务长、河南大学校长、河南省教育厅厅长、华北慈善联合会总干事、香山慈幼院副院长、西南联大教授兼训导长、国立昆明师范学院院长等职。中华教育改进社十三年度进行计划曾决定由查良钊和当时在北师大访问的美国心理学家推孟共同负责结束学校教育调查。曾与陶行知等人发起创刊《新教育评论》。1950年赴印度，任德里大学中央教育研究所客座教授，后任台湾大学教授暨训导长，并任考试院考试委员。

柏克赫司特　(H. H. Parkhurst，1887—1973)　女，美国著名教育家。1920年在马萨诸塞州道尔顿中学创立"道尔顿制"，在英国和美国被普遍仿效。著《道尔顿制的教育》。1925年曾来中国讲学。

柏拉图　(Platon，前427—前348/347)　古希腊三大哲学家之一，和苏格拉底、亚里士多德共同奠定西方文化的哲学基础。

柏烈武　(1876—1947)　原名文蔚，字烈武，安徽寿州（今寿县）人。1905年在芜湖任安徽公学教员，与陈独秀等人成立岳王会，后加入同盟会。曾任革命军第一军军长兼北伐联军总指挥，安徽都督兼民政长，国民党中央执行委员、政府委员等职。

柳亚子　(1887—1958)　爱国民主人士、诗人。江苏吴江人，原名慰高，后更名弃疾，字安如，改字人权，号亚庐、亚子，清末诸生。1903年入上海爱国学社读书，1906年参加同盟会，主编《复报》。1909年与陈去病等创建南社，后任该社主任。辛亥革命后，曾任南京临时大总统府秘书，上海《天铎》《民声》《太平洋》等报主笔。五四运动后，组织新南社，任社长。1925年任国民党江苏省党部执行委员会常务委员兼宣传部部长，次年任国民党第二届中央监察委员，1932年任上海市通志馆馆长。抗日战争爆发后，在香港从事抗日民主活动。皖南事变后，与宋庆龄、何香凝、彭泽民致电斥蒋，被国民党开除党籍。1944年在重庆参加中国民主同盟，次年任民盟中央委员，并参加发起成立三民主义同志联合会，任文教委员会主任委员。抗战胜利后返沪。1947 年抵香港，参加发起筹建中国国民党革命委员会。1948 年任民革中央常委兼监察委员会主席，同年出席民盟一届三中全会。1949 年出席中国人民政治协商会议第一届全体会议。中华人民共和国成立后，历任中央人民政府委员，华东行政委员会副主席，中央文史研究馆副馆长，民革第二、三届中央常委，是第一届全国人大常委。著有《磨剑室诗词集》《磨剑室文录》《乘桴集》《南社纪略》，编有《南社诗文集》《曼殊全集》等。有《柳亚子诗词选》《柳亚子文集》。

柳宗元　(773—819)　字子厚，河东解县（今山西运城）人。唐文学家，世称柳河东。贞元进士，授校书郎，调蓝田尉，升监察御史。与韩愈倡导古文运动，列入“唐宋八大家”，并称“韩柳”。有《天对》《天说》等主要论著。有《河东先生集》。

柳贻徵　即柳诒征（1880—1961）　字翼谋，号劬堂，江苏镇江人，光绪秀才，曾留学日本。1920 年任东南大学历史系教授，1927 年至 1949 年任江苏省立第一图书馆馆长，并任江苏临时参议会参议员，考试院委员等。著有《中国文化史》。

威尔逊　(Thomas Woodrow Wilson，1856—1924)　美国总统(1913—1921)，民主党人。1886 年获约翰斯·霍普金斯大学哲学博士学位,曾任普林斯顿大学教授和校长、新泽西州州长。总统任内促成美国参加第一次世界大战。1918 年 1 月，倡议建立国际联盟，并提出“十四点”和平纲领，旨在重新划分势力范围和夺取世界霸权。代表美国出席巴黎和会，在和会中支持日本，牺牲中国利益。其战后外交政策因国会反对而失败。著有《国会政府》《美国政治研究》《美国人民史》等。

威尔莫特　加拿大人。第二次世界大战期间是史迪威将军领导下的美军总部的二等兵。1938 年 1 月在加拿大多伦多市结识陶行知，1944 年至 1945 年多次前往育才学校参观。第二次世界大战后在加拿大约克大学格兰登学院任社会学教授。

威廉二世　（Wilhelm Ⅱ，1859—1941）　1888年至1918年为德意志帝国皇帝、普鲁士国王。威廉一世之孙。1897年强占中国的胶州湾，1900年参加八国联军，参与瓜分中国的竞争。1914年挑起第一次世界大战，1918年11月德国革命爆发后逃往荷兰。

哈恰图良　（Aram Khachaturian，1903—1978）　苏联著名作曲家，以《钢琴协奏曲》（1936）和舞剧《加雅涅》（1942）而知名。对亚美尼亚民族民间音乐以及格鲁吉亚、俄罗斯、土耳其、阿塞拜疆民间素材发生兴趣，曾两次获斯大林奖。亚美尼亚国歌的作曲者。

钟叔庆　1919年任江苏省立政法学校校长，当年5月9日上午在南京各界为国耻纪念日举行的国民大会上发表演说，同时发表演说的还有陶知行、刘伯明，演说后参加游行。

钟　馗　中国民间传说中的驱妖逐邪之神，由“终葵”演化而来。终葵即椎，古代民俗用椎逐鬼，六朝人认为终葵可驱鬼辟邪，后演变为“钟馗”。传说公元712年至755年在位的唐玄宗病中梦见大鬼啖一小鬼，大鬼自称钟馗，生前曾应武举未中，死后决心除尽世间余孽。玄宗醒后命吴道子绘钟馗像——“破帽、蓝袍、眇一目，左手捉鬼，右手挽鬼眼”。后民间以端午节悬钟馗像，以驱邪祟。

科斯特　（Adolphe Coste，1842—1901）　法国社会学家，法国社会学会会长。强调人口统计对社会研究的重要性。

段教次　即段锡朋（1897—1948）　字书贻，江西永新人。曾在江西省立高等师范学校英文科、北京大学商科学习，任北大学生干事会总务股主任、北京中等以上学联会长、全国学生联合会会长。1920年赴美留学，又在英、法、德学习。1925年回国在武昌大学、中山大学任教，后任国民党中央组织部干事，南京特别市党部委员，陆、海、空军总司令部党务指导处长，国民党候补中央委员，教育部政务次长，国立中央大学代理校长（未去成），国立政治大学教育长等职。

段绳武　(1896—1940)　名承泽，河北定县人。早年投身北洋军队，曾在王占元和孙传芳军队中供职。1926年任孙传芳五省联军第一军军长，1929年任国民政府军陆军第四十七师师长。1931年偕同家眷迁往包头五原一带，以实现其开发西北、创办屯垦合作社事业的意愿，并将全部家产用在“河北新村”的垦殖建设上。抗战爆发后，任国民政府军事委员会后方勤务部政治部主任，主持“荣誉军人教育委员会”工作。

段祺瑞　(1865—1936)　原名启瑞，字芝泉，晚号正道老人，安徽合肥人。1885年入天津武备学堂，1889年赴德国见习军事，1890年任北洋军械局委员，1896年任袁世凯新建陆军炮队统领兼营炮兵学堂总办，1903年为直隶总督。1911年辛亥革命爆发，回北京任第二军军统署湖广总督。先后任袁世凯政府陆军总长、参谋总长、国务总理、河南督军、国务卿兼陆军总长。张勋复辟时任国务总理，后任督办参战事务处督办，边防事务处督办，皖系军阀首领。1924年被推为北京临时政府执政。

侯外庐　(1903—1987)　历史学家，山西平遥人。早年就读于北京法政大学法律系和北京师范大学历史系。1927年赴法国留学，1930年回国。曾任哈尔滨法政大学、北平大学、北平师范大学教授，重庆《中苏文化》主编，香港达德学院教授。中华人民共和国成立后，历任北京师范大学历史系主任、西北大学校长、中国科学院哲学社会科学部委员、历史研究所第二所所长，中国社会科学院历史研究所名誉所长、研究员。1951年加入中国共产党。是第一、二、三、五届全国人大代表，第一届全国政协代表，第六届全国政协常委。长期从事中国思想史的研究。著有《中国古代思想学说史》《中国古代社会史论》《中国近代哲学史》《中国封建社会史论》，主编《中国思想通史》《宋明理学史》等。

俞子夷　又俞旨一。南京高等师范学校小学教育教授，小学教科书专家。曾受聘担任陶行知办的首次暑期学校教员。

俞文华　现名俞华。山海工学团团员、育才学校管生产的职员，曾任上海商业学校校长。

俞庆棠　（1897—1949）　字凤岐，江苏太仓人。美国哥伦比亚大学师范学院毕业，回国后任大夏大学教授，后任南京第四中山大学教授兼扩充教育处处长，提出推行民众教育的主张。在苏州创建江苏大学区民族教育学校，实验民众教育。倡议成立中国社会教育社，并在河南洛阳、广东花县创立两个民众教育实验区。抗日战争胜利后，任上海市教育局社会教育处处长，创办一百余所民众学校，并担任实验民众学校校长。1947 年任联合国教科文组织中国委员会委员，联合国远东基本教育会议中国代表团顾问。中华人民共和国成立后，曾参加中国人民政治协商会议，并担任教育部社会教育司司长。主要著作有《民众教育》。

饶国模　（1895—1960）　字范英，女，四川大足（今属重庆市）人。早年提倡女权运动，曾创办“大有农场”。抗战后，任重庆妇女慰劳会委员兼劳动部部长。1939 年曾无偿提供土地及建筑材料，帮助修建红岩村八路军办事处。办事处撤走后，又让与重庆育才学校。解放战争时期，积极掩护中共地下组织，营救被捕进步人士，捐资支持地下刊物《挺进报》出版，曾任中国妇女联谊会理事。中华人民共和国成立后，历任西南军政委员会监察委员会委员，西南妇联和重庆市妇联委员，第二、第三届全国政协委员。

饶毓泰（1891—1968）　字树人，江西临川人。早年留学美国，1922 年获普林斯顿大学博士学位。回国后，历任南开大学、北京大学教授、系主任，北京大学理学院院长，西南联合大学物理系主任。曾任中国科学院数理化学部学部委员，全国政协第二、第三届委员和第四届常务委员等职。20 世纪 20 年代到 40 年代，在美国和德国等地从事原子光谱和分子光谱研究工作，是早期研究斯塔克效应的光谱学家之一。他在气体导电和光谱学方面有较高的造诣，长期以来积极推动我国物理学研究和教学工作，在培养物理学人才方面作出了积极的贡献，为中国现代物理学的前驱者之一。

施剑翘　(1904—1979)　安徽桐城人，施从滨之女，毕业于天津女子师范学校。1935 年，为报父仇刺杀军阀孙传芳而闻名全国，后判处 17 年徒刑。1936 年 10 月获特赦。抗战爆发后，曾入西南联大学习中国文学。抗战胜利后，在江苏苏州创办从云小学。1947 年，曾拒绝参加国民党的国大代表竞选。1979 年病逝北京。

施　滉　(1900—1933)　字动生，云南洱源人，白族。1916 年考入清华学校，曾积极参加五四运动。1924 年当选为清华学生会会长和进步学生团体“唯真学会”负责人，曾参加中华教育改进社第二届年会的会务工作。1924 年秋赴美国斯坦福大学学习，获硕士学位。1927 年加入美国共产党，任中国支部局书记。1929 年赴莫斯科，1930 年回国转入中国共产党。历任中共中央翻译，香港海员工会书记，中共河北省委宣传部长、书记。1933 年因叛徒出卖在北平被捕牺牲。

施肇基　(1877—?)　字植之，浙江杭县人。早年留学美国，获文学硕士、哲学博士等学位。1910 年署理吉林洋务局总办，旋任外务部左丞出使美、墨、秘、古大臣。1912 年任交通总长，1913 年出任驻英公使，1919 年为出席巴黎和会代表。1921 年调任驻美公使，并出席华盛顿会议，任全权代表，后任中华文化教育基金委员会董事。1931 年出席国联大会为全权代表，1934 年再任驻英公使，以后历任驻美大使。1938 年 6 月至 1942 年任第一、第二届国民参政员，1945年 6 月出任中国出席旧金山联合国国际组织会议顾问，国际建设开发银行顾问委员会委员。

姜　琦　(1886—1951)　字伯韩，浙江温州人。早年留学日本，1925 年在美获硕士学位。五四运动时在南京任教，以后在上海大夏大学、安徽大学、湖北教育学院、厦门大学任教。抗战期间任西北联大教授、教务长，中央大学教授，后任台湾“行政长官公署”参议，台湾省编译馆编纂。著有《西洋教育史大纲》《教育史》《教育哲学》等。

洪范五　(1893—1963)　号有丰，安徽绩溪人，在崇一学堂与陶行知同学。1910 年入金陵大学文科，后留美攻读图书馆学，为我国新型图书馆开拓者之一。《新教育》杂志教育书报目录选编组编辑员，曾协助陶行知创办南京安徽公学和晓庄学校。著有《图书馆学论文集》。

洪　深　江苏常州人。早年留学美国。1922 年回国后在上海从事戏剧活动，参与创办戏剧改进社、中华电影学校，并任学校校长。1930 年加入左翼作家联盟和戏剧家联盟，参加南国社。1931 年任中国电影文化协会执行委员。抗日战争爆发后，领导上海救亡演剧二队赴内地演出，后在国民政府军委会政治部第三厅工作，参与筹组抗敌演剧队。1945 年后在上海复旦大学、上海戏专任教。1949 年任中国戏剧家协会副主席、中国人民对外文化协会副会长、政务院文化教育委员会对外文化联络局局长。有《洪深文集》4 卷。

洛　志　美国参议员，曾于 1921 年提议将“庚子赔款”中，中国要“赔”美国的“赔款余额”六百万，全部退还中国。

济　慈　(John Keats，1795—1821)　英国诗人，曾学医做过医生助手。具有民主思想，向往古代西方文化，幻想在“永恒的美的世界”中寻找安慰。著有抒情诗《夜莺颂》《秋颂》《希腊古瓮颂》，长诗《思底弥翁》《赫披里昂》以及十四行诗《致考苏斯科》等。其诗作对 19 世纪以来的诗歌有很大影响。

恺　撒　(Gaius Julius Caesar，前 100—前 44)　古罗马统帅、政治家和作家。历任罗马财务官、监察官、祭司长、大法官等职。公元前 59 年任执政官，前 58 年至前 51 年出任山南高卢（意大利北部）总督，前 49 年率军进占罗马，前 46 年集执政官、保民官、独裁官、大将军等大权于一身。曾订定以自己名字 Julius 命名的历法儒略历。儒略历又称旧历，系恺撒为改革罗马历而建立的记日系统。他还以自己的名字将月大的七月命名为 July。著《高卢战记》《内战记》等。

祝宏猷　(1890—？)　浙江绍兴人。考入晓庄大学部，1930 年毕业。

入晓庄前曾在北京高师毕业，任浙江11中校长、浙江绍兴教育局局长。

费正清 (John King Fairbank) 美国著名的“中国通”。1932年在北京学习中国语言、历史和文学，1933年至1934年在清华大学讲授历史课，后自1936年至1977年在哈佛大学讲授中国历史。在第二次世界大战期间，他以事假供职于美国政府，曾代表国务院在驻华使馆工作。费正清是培训美国研究中国问题专家的领导人，同时主持了如何促使美国与革命的中国恢复友好关系的公开政策讨论会。1966年以后担任英国剑桥大学出版社出版的六卷本《中国剑桥史(1800—1985)的主编。其中的《剑桥中华人民共和国史(1949—1965)》《伟大的中国革命(1800—1985)》是费正清献给参加《中国剑桥史》工作的50位学者的。后两种书均有中文译本。

费兰西斯·高尔顿 (Francis Galton，1822—1911) 英国遗传学家，统计学家，生物统计学、人类遗传学及优生学的创立者，伦敦大学教授，英国皇家学会会员。1904年在伦敦大学建立优生学研究所，主张促使有优良素质的人口增加，防止有不良素质的人口增加。著有《遗传天赋》《人类能力研究》《优生学论文集》等。

姚文采 (1893—1958) 安徽歙县人，与陶行知同在金陵大学读书。1923年至1929年任南京安徽公学副校长，1929年至1931年任私立安徽中学校长，1937年9月创立徽州分校于屯溪。1923年任安徽公学副校长期间，曾与陶行知聘任柯庆施为历史教员，以掩护其地下革命活动。1937年9月还曾任黄山建设委员会副主任、黄山管理局局长。创办“天都文物社”，出版《黄海卧游集》。1938年任三战区前敌总部战地服务团团长，并兼任服务团干部训练班的班主任。长期追随陶行知从事生活教育运动，是生活教育社南京分社领导人。

贺一欧 江西安福人。1946年在上海师事陶行知，上海国立幼专(大同级)毕业。1946年加入中国民主同盟，1947年到浙江大学发展建立民盟组织。新中国成立后，在浙江大学、杭州大学任教，主讲《中国现代史》。1986年离休后参与《浙江（民）盟史》的编写工作及从事写作。主要著述有《陈鹤琴先生简介》及台湾教育家《张雪门先生生平事略》。

贺　若　抗日进步团体蚁社的社员。蚁社于1938年下半年与中华民族解放先锋、青年救国团同被国民党强行解散。

贺绿汀　现代著名音乐家。1939年在育才学校任音乐组主任，后任上海音乐学院院长。以《游击队歌》《嘉陵江上》等歌曲著称。

十　画

泰戈尔　（Rabindranath Tagore，1861—1941）　印度作家、诗人、社会活动家，曾留学英国。1921年在桑蒂尼盖登创办国际大学。一生创作甚丰，有诗集《暮歌》《晨歌》《吉檀迦利》《新月集》《园丁集》《飞鸟集》等；有剧本《修道士》《国王和王后》《摩吉多塔拉》《邮局》《红夹竹桃》等；有长篇小说《小沙子》《沉船》《戈拉》等，还有许多中、短篇小说。所作歌曲《人民的意志》，1950年被定为印度国歌。他的创作对印度文学的发展影响很大，获1913年诺贝尔文学奖。

秦　汾　（1882—？）　字景阳，江苏嘉定人。早年入天津北洋大学学习，后赴美、德、英国留学。1910年归国后任南京江南高等学堂教务长、上海南洋公学堂教授、北京大学教授。1920年至1926年任教育部参事、教育部次长、北京大学理学院代理院长。1925年东南大学闹易长风潮，大学教育会通过其为校长而告平息。1928年任教育部司长，1933年任财政部常务次长，1935年后任全国经济委员会秘书长、中国纺织股份有限公司董事长等职。

秦始皇　（前259—前210）　即嬴政、一称赵政。战国时秦国国君，秦王朝的建立者。公元前246年至前210年在位。于前230年至前221年的十年间，消灭割据称雄的六国，建立了中国历史上第一个统一的中央集权的封建国家。确定最高统治者的称号为皇帝，统一法律、度量衡、货币及文字，修驰道，筑长城，同时又焚书坑儒，严刑苛法，租役繁重，广大人民痛苦不堪，他去世不久即爆发大规模的农民起义。

秦　桧　(1090—1155)　字会之，南宋江宁（治今南京市）人，政和进士。北宋末任御史中丞。靖康二年（1127）被金俘到北方，成为金太宗弟挞懒的亲信。建炎四年（1130）随金军至楚州（今江苏淮安），被遣归，诈称杀死防守兵士，夺船逃回。绍兴年间两任宰相，前后执政19年，为宋高宗所宠信。系南宋投降派代表人物，以"莫须有"罪名杀害抗金名将岳飞，贬逐张浚、赵鼎等多人，主持和议，决定向金称臣纳币的政策，为人民所痛恨。

秦望山　福建晋江人，上海大学毕业。曾任国民党福建省党部筹备委员兼组织部长、农民部长，福建省赈济委员会委员。1938年6月至1942年任第一、第二届国民参政会参政员。中华人民共和国成立后，曾任福建省政协委员。

袁世凯　(1859—1916)　字慰亭，又作慰廷，号容庵，河南项城人。清光绪八年（1882）随淮军提督吴长庆入朝鲜，1885年以"办理朝鲜交涉通商事务"的名义驻朝办事。1894年请调归国，次年参加维新团体强学会，以道员衔在天津小站训练"新建陆军"。1899年升山东巡抚，镇压义和团。1901年任直隶总督兼北洋大臣，1907年调军机大臣、外务部尚书。1911年武昌起义后，凭借北洋军阀势力和帝国主义支持，出任内阁总理大臣，一面出兵威胁革命党人妥协，一面逼迫清帝退位，窃取中华民国临时大总统职位。1915年接受日本提出的旨在灭亡中国的《二十一条》，12月宣布次年为洪宪元年，准备即皇帝位。同月25日蔡锷等在云南发动护国战争，北洋军连遭失败。1916年3月被迫宣布取消帝制，仍称大总统。6月6日在人民的声讨中病死。

袁观澜　(1866—1930)　名希涛。江苏宝山（今属上海市）人，清光绪举人。1898年应江南制造局之聘，任上海广方言馆教授。其后，曾创办宝山县学堂、龙门师范学堂、太仓州中学等。1912年后，历任教育部普通教育司司长、教育部次长、江苏省教育会会长。实际教育调查社发起人之一，曾任筹划全国教育费委员会委员、江苏义务教育期成会会长、中华教育改进社董事长、董事等职。倡导义务教育。陶行知长期与袁在中华教育改进社共事，故晓庄被封后，山海工学团及小先生运动以其家乡宝山为基地得以兴起。

袁振国　扬州师范学院毕业，获华东师范大学教育科学研究所硕士、博士学位。著作有《伟大的人民教育家——陶行知》《教育改革论》《对峙与融合——20世纪教育改革论》《教育政策学》。

袁　堃　曾写《育才文学组在重庆》，报道了1945年3月15日育才文学组与音乐组在广播大厦为生活教育社成立十八周年纪念举行诗歌朗诵音乐会。

聂　耳　(1912—1935)　原名守信，字子义，一作紫艺，云南玉溪人。作曲家。1930年在云南省立师范学校毕业后，至上海参加进步组织反帝大同盟，翌年入明月歌剧社任小提琴师。1933年加入中国共产党，后积极从事左翼音乐、戏剧、电影等工作。1934年任上海百代唱片公司音乐部主任，与任光等共同灌制了大批进步歌曲唱片。在民族危亡的紧要关头，他以歌曲为武器，用激动人心的旋律，鲜明、强烈、坚定地发出了中国人民反对帝国主义侵略、拯救民族危亡的怒吼。所作《毕业歌》《码头工人之歌》《卖报歌》《开路先锋》《大路歌》《义勇军进行曲》等37首歌曲，无不是时代的号角、人民的战歌。1935年拟赴苏联，取道日本，7月17日在日本神奈川县藤泽市鹄沼海滨游泳时，不幸溺水逝世。

莫扎特　(Wolfgang Amadeus Mozart，1756—1791)　奥地利作曲家，维也纳古典乐派代表人物之一。自幼从父学钢琴、小提琴，并开始作曲。1761年起随父、姊往德、法、英、荷等国旅行演出。1769年三度游历意大利，演出其所作歌剧。1773年返故乡萨尔茨堡，任大主教宫廷乐师。1781年愤而辞职，此后在贫困处境中，继续写出大量作品，其中包括《费加罗的婚礼》《唐璜》《魔笛》等。莫扎特深受资产阶级启蒙运动的思想影响，曾参加共济会组织。其作品以清丽流畅、优雅工致为特点。他奠定了近代协奏曲形式，并继海顿之后进一步丰富了交响曲与室内乐的表现力。作品尚有交响曲 41 部、各种独奏乐器的协奏曲、钢琴奏鸣曲、室内乐和未完成的《追思曲》等。

晋启生 （1908—1996） 原名晋学先，安徽宿县（现宿州市）人。1934 年毕业于中央大学教育系，历任南京安徽中学教员，屯溪南京安徽中学分校教导主任，贵州都匀省立师范专科学校训育主任，四川国立第二华侨中学教务主任，云南国立西南师范学校教务部主任，四川国立体育师范专科学校教务部主任、副教授，国立重庆中央大学教育系讲师、分校教务主任，南京国立中央大学讲师、总务处副处长。建国后任屯溪南京安徽中学教员、屯溪高级中学、徽州师范、合肥师范专科学校教员，合肥师范学院教员，安徽师范大学教员、副教授。

莎士比亚 （William Shakespeare，1564—1616） 英国文艺复兴时期戏剧家、诗人，当过剧场杂役、演员和编剧。现存剧本 37 部、长诗 2 首、十四行诗 154 首。主要剧作有喜剧《仲夏夜之梦》《威尼斯商人》，历史剧《理查三世》《亨利四世》和悲剧《罗密欧与朱丽叶》《哈姆雷特》《奥赛罗》《李尔王》《麦克佩斯》《雅典的泰门》等。其作品对欧洲文学和戏剧的发展有重大影响。

桂汝丹 又名桂玉兰，曾做过县知事。1923 年担任江西省视学，推广平民教育。同年秋，陶知行在江西视察平民教育，曾与桂汝丹商量平民读书的地方如何命名。他提议称为“读书处”，陶知行加了“平民”二字，从此命名为“平民读书处”，桂汝丹就做了第一个平民读书处的处长。他的名片没有县知事、省视学等，只有“东桂村借贷社经理”和“平民读书处处长”字样。他给东桂村的平民一面集合款项，贷给穷人，一面推行平民教育，施以生利教育，自立渡过穷、愚两关。

桂崇基　江西贵溪人。美国哥伦比亚大学哲学博士。1924 年任职于美国纽约州文官委员会。1931 年冬被委任为中山大学校长。

格列高利第十三　(Gregorius XⅢ，1502—1585)　原名邦科姆帕格尼，1572 年至 1585 年意大利籍教皇。他曾组织了一个由克拉维乌斯（Clavius，1537—1612）领导的委员会，采用了意大利天文学家利洛（Aloisiohillo，1510—1576）提出的计算年闰余的复杂的模式，改正公元前 46 年所颁行的儒略历的错误，而于 1582 年 10 月颁行格雷果里（“格列高利”的另译）历。这就是目前世界所通用的公历。

索　普　(Sir Thomas Edward Thorpe，1845—1925)　英国化学家。1894 年至 1909 年任英国政府实验室主任，出版《应用化学辞典》。1885 年至 1894 年在伦敦皇家理科学院（后来的帝国理工学院）任化学系主任。他测定了某些相关物质的比容，研究了磷的氧化物，测定了有机物质的黏度。1884 年至 1888 年参加了不列颠群岛的磁性测量，写出了钒的两种氯氧化物的图示。

哥仑布　通译哥伦布（Cristoforo Colombo，约 1451—1506）　意大利航海家，新大陆的发现者。他在西班牙国王的支持下，克服了船员的怀疑动摇以至阴谋叛乱，于 1492 年、1493 年、1498 年、1502 年四次远航，发现了外人从未到过的地方，到达多米尼加、牙买加、波多黎各、特立尼达等岛，偶然发现了古巴，还到达了中美、南美洲大陆沿岸地带。但是他自己并不知道，还认为所到达的地方是东方印度附近的岛屿，故称当地居民为“印第安人”。

贾　谊　(前 200—前 168)　洛阳（今河南洛阳东）人，时称贾生。18 岁时，以能诵读诗书、善文章为郡人称誉。廷尉吴公荐于文帝，被任为博士。不久迁太中大夫，为大臣周勃、灌婴等谗毁，贬为长沙王太傅，后为梁怀王太傅。他曾多次上疏，批评时政，建议用“众建诸侯而少其力”的办法，削弱诸侯王势力，巩固中央集权；主张重农抑商，并力主抗击匈奴，后抑郁而死。所著政论有《陈政事疏》（即

《治安策》)、《过秦论》等，为西汉鸿文。原有集，已散佚，今人辑为《贾谊集》，包括《新书》十卷。

夏孟文 原名夏梦雯，安徽当涂人。1930 年晓庄学校高中部师范科毕业生，1929 年受陶行知指派应聘于泰国曼谷的华侨学校工作。

顾允成 (1554—1607) 字季时，号泾凡，顾宪成弟，江苏无锡人。曾为国子监博士，迁礼部主事，后谪光州判官。讲学东林，为“东林八君子”之一。著《小辨斋偶存》《事定录》。

顾正红 (1905—1925) 江苏阜宁獐沟区篆和乡（今属滨海）人，上海日商内外棉七厂工人。1925 年 2 月参加日商纱厂的同盟罢工。5 月中旬，日商以停工关厂威胁工人。15 日，他带领工人进厂交涉，惨遭日商枪杀。

顾炎武 (1613—1682) 初名绛，字宁人，曾自署蒋山傭。学者称亭林先生，江苏昆山人。少年时参加“复社”反宦官权贵的斗争。清兵南下，嗣母王氏殉国后，又参加昆山、嘉定一带人民的抗清起义。失败后，十谒明陵，遍游华北，访问风俗，搜集材料，尤致力于边防和西北地理的研究，垦荒种地，纠合同道，不忘兴复。晚岁卜居华阴，卒于曲沃。工诗文，于国家典制、郡邑掌故、天文仪象、河漕、兵农以及经史百家、音韵训诂之学，都有研究。入清后，拒受博学鸿词科。晚年治经侧重考证，开清代朴学风气。赞成张载关于“太虚”、“气”、“万物”三者统一的学说，反对空谈“心、理、性、命”，主张“经世致用”的实际学问。曾考订古音，离析《唐韵》，分古韵为十部。著有《日知录》《天下郡国利病书》《音学五书》《亭林诗文集》等。

顾宪成 (1550—1612) 字叔时，号泾阳，江苏无锡人，世称泾阳先生或东林先生。万历八年（1580 年）进士，授户部广东司主事。万历二十二年（1594 年）被革职回家。万历三十二年（1604 年），他与其弟等重建东林学院，从事讲学活动。因讲学之余，讥喻朝政，裁量当政人物，形成集团，被称为东林党。有《小心斋札记》《还经录》。

顾祝同　(1893—1987)　字墨山，江苏涟水人。1911 年加入同盟会，1924 年任黄埔军校战术教官、教导团营长。1931 年至 1933 年任江苏省主席，1933 年至 1934 年蒋介石对江西革命根据地进行第五次“围剿”，顾为北路军总司令。1936 年任西安行营主任兼第一集团军总司令。抗日战争时期，任第三战区副司令长官、司令长官，是制造皖南事变的主要责任者。

顾维钧　(1888—1985)　字少川，江苏嘉定（今属上海市）人。美国哥伦比亚大学国际法及外交学博士。曾任我国出席巴黎和会全权代表及代表团团长，历任驻美、英、法等国大使。1948 年获亚历山大汉弥尔顿奖。著有《门户开放政策》《回忆录》等。

顾颉刚　(1893—1980)　历史学家，江苏苏州人。原名诵坤，字铭坚。早年毕业于北京大学中国哲学门，曾任北京大学、中山大学、中央研究院历史语言研究所教授。中华人民共和国成立后，历任中国科学院、中国社会科学院历史研究所研究员和学术委员，是中国民主促进会会员，第三、第四届全国政协委员。致力于中国上古史的考辨，主编《古史辨》，提出“层累地造成中国古史”的学说，为中国史学界“古史辨派”的创始人。创办《禹贡》半月刊，成立“禹贡学会”，倡导了中国历史地理和边疆地理的研究。曾主持《二十四史》和《资治通鉴》的标点工作，著有《三皇考》《秦汉的方士与儒生》《中国边疆沿革史》《吴歌甲集》等。

晏阳初　(1890—1990)　原名兴复，字东升，四川巴中（今属重庆市）人，留学美国。第一次世界大战时，在法国组织华工识字。1920 年回国，任青年会平民教育科科长，推行识字运动。1923 年，与朱其慧、陶行知等人创办中华平民教育促进会，任总干事。从 1926 年起深入河北定县推行平民教育。1928 年赴美讲学，耶鲁大学授予名誉博士学位。在中国农村推行多种乡村教育实验。1950 年以后，受聘担任国际平民教育委员会主席，一直住美国。1965 年在菲律宾创办国际乡村建设学院。著有《晏阳初文集》。

晏　婴　(？—前 500)　字平仲，晏弱之子，春秋夷维（今山东高密人）齐国大夫，世传《晏子春秋》出于后人依托。

钱天鹤　(1893—1972)　字安涛，浙江杭州人。早年留学美国，获农业硕士学位。1919 年回国，在金陵大学任教，曾受聘担任陶行知办的首次暑期学校教员，后创办中央农业实验所。抗战爆发后，任经济部农业司司长、农林部常务次长等职。1947 年任联合国粮农组织顾问。

钱公来　(1886—1969)　原名惠生，字希古，辽宁黑山人。1905 年入同盟会，1906 年参加朱霁青蒙边光复军起义。武昌起义后，被革命人蓝天蔚任为辽西招抚使。1916 年参加讨袁，1922 年为奉天神学院教授，1925 年随朱霁青组织国民革命军讨伐张作霖，任第一师师长。“九一八”事变后，组织东北抗日义勇军。不久入关，任东北民众反日救国会常委。1936 年任东北大学教授。是国民党奉天省党部委员，国民政府军事委员会北平分会参议。1938 年 6 月至 1948 年 3 月任第一至第四届国民参政会参政员。

钱　风　重庆育才学校戏剧组教师。1941 年担任育才学校暑期自学团夜莺剧社自学团的戏剧顾问。1941 年 3 月“孩子剧团”在重庆演出大型儿童话剧《乐园进行曲》，钱是该剧尾声舞蹈的编导。“文化大革命”中被迫害致死。

钱向志　又为钱尚志。曾在晓庄学校工作，是晓庄中心小学第一任校长，后去创办宋墅小学，曾为中华教育改进社特约乡校教师研究会会员。

钱俊瑞　(1908—1985)　江苏无锡人。1935 年加入中国共产党，曾任全国救国联合会中共党团书记。1936 年与陶行知等组成中国人民代表团，参加世界和平代表大会。抗日战争爆发后，任中共中央华中局文委书记、新四军政治部宣传部长、新华社北平分社社长兼总编辑。中华人民共和国成立后，任政务院文化教育委员会秘书长，教育部党组书记和副部长，文化部党组书记和副部长兼国务院文教办公室副主任，中国社会科学院世界经济与政治研究所所长，全国政协常委。

钱崇澍　（1883—1965）　号雨农，浙江海宁人。历任南京金陵大学、东南大学、北京大学农学院、清华大学、厦门大学、四川大学、复旦大学教授，中国科学院生物研究所所长。中华人民共和国成立后，任中国科学院植物分类研究所研究员兼所长，中国科学院生物学部委员，北京市科协副主席，中国植物学会理事长，《中国植物志》主编。为中国近代植物学的开拓者之一。曾当选为全国人大常委、全国政协常委。著有《高等植物学》《中国兰科植物的研究》等。

钱谦益　（1582—1664）　字受之，号牧斋，晚号蒙叟，明末清初常熟人。明万历进士，授翰林院编修，南明弘光政权时任礼部尚书。1645 年降清，以礼部侍郎管秘书院事，充《明史》副总裁。以诗文负盛名。著有《初学集》等。

钱新之　（1885—1958）　浙江吴兴（今湖州）人，名永铭。1902 年入天津北洋大学财经系学习，1909 年毕业于日本神户高等商业学校，1917 年后任交通银行上海分行经理，1926 年后任盐业、金城、中南、大陆四行联合准备库主任，1928 年后任国民政府财政部次长、浙江省财政厅厅长、中华职业教育社董事会主席、中兴煤矿公司总经理。曾兴办中兴轮船公司，与人合办杭州电力公司和太平洋保险公司。1938 年后任交通银行董事长，1949 年去香港，后去台湾。

铁　托　（Josip Broz Tito，1892—1980）　原名约瑟普·布罗兹，出生于克罗地亚。1953 年至 1980 年任南斯拉夫总统，1966 年至1980 任南斯拉夫共产主义者联盟主席。先后历任南共市委委员、书记，中央委员、政治局委员，第三国际巴尔干书记处候补委员，南共中央组织书记、南共总书记，南斯拉夫人民解放军总司令，联邦政府总理兼国防部长，南共联盟总书记。1958 年后，为不结盟运动发起人之一。

铃　木　即铃木茂郎（1895—1946）　日本工会运动活动家、新闻记者，日本劳动总同盟会长，社会民主党中央执行委员。

特雷维西克　（Richard Trevithick，1771—1833）　英国机械工程师

和发明家，对蒸汽机的发展作出过重大贡献，成功地使用高压蒸汽，减小了蒸汽机的尺寸和重量。1803 年建造了世界上第一辆铁路蒸汽机车，1804 年在 16 公里长的轨道上完成了 10 吨铁和 70 名乘客牵引试验。1805 年他改进了高压蒸汽机，用于轧钢厂和推进驳船。他的技术成就是兴起工业革命的重要因素之一。

倪尚达　无线电专家，东南大学毕业，任中央大学无线电教授，成都航空委员会无线电修造厂厂长。陶晓光曾在该厂学无线电。

徐世昌　（1855—1939）　字卜五、号菊人，天津市人，清光绪进士。清末协助袁世凯创办北洋军，曾任军机大臣、内阁协理大臣、东北三省第一任总督等职。1914 年任袁世凯政府国务卿，1918 年被段祺瑞控制的“安福国会”选为“总统”。1919 年五四运动爆发，曾免曹汝霖、陆宗舆、章宗祥职。1922 年被直系军阀曹锟、吴佩孚赶下台。抗日战争爆发后，拒绝出任日军伪职，病死天津。著有《退耕堂政书》《大清混辅先哲传》《欧战后之中国》《东三省政略》等。

徐志摩　（1896—1931）　浙江海宁人。初名章垿，初字槱森，后改字志摩，笔名云中湖、南湖等。曾往美、英留学。1921 年开始写诗，1922 年回国。历任北京大学、清华大学、大夏大学、中央大学等校教授。是“新月社”的主要成员之一，35 岁死于空难。著有诗集《志摩的诗》《翡冷翠的一夜》等。

徐作人　1926 年任江苏江宁县教育委员、中华教育改进社特约乡校教师研究会小学行政指导员，乡村教育同志会成立时的 23 名成员之一。

徐明清　浙江临海人，女。1926 年加入中国共产主义青年团，1929 年转入中国共产党。曾任共青团南京晓庄师范学校学生支部书记、上海左翼教育工作者同盟常委，晨更工学团主任。1936 年后，任中共西安市委妇委书记、陕甘宁边区妇联主任、中共中央妇委会委员。建国后，历任农业部人事司副司长、中共中央农村工作部干部处副处长、国务院农林办公室教育处副处长、农业部教育局顾问。

徐宗汉　(1876—1944)　原名佩萱，广东香山人，黄兴夫人。1907年加入中国同盟会，曾参加广州黄花岗起义和武昌起义，后随黄兴奔走各地。1919年积极参加五四运动，被选为全国各界联合会常务理事，后从事社会慈善工作。“九一八”事变后赴美国、墨西哥和南美各国，宣传中国人民的抗日战争，筹集抗日捐款。1944年3月8日在重庆病逝。

徐承祜　(1868—1942)　字笃生，又名笃庵，安徽歙县夏坑（又名夏川）人。考得禀生，后在军阀倪嗣冲成立的公益维持会中任职，继而获省议会议员兼副议长职位。1914年新安中学堂改为安徽省立第三中学而出任三中校长，五四运动中被师生赶出学校。以后依附元帅府歙人徐谦任文牍，往北大任教。后回安庆，当过讼师，兼任安徽省政府财政厅开办的慧济质（当行）总经理，1935年至1936年任安徽商务总会会长。

徐　荇　又名多膀、铁马，重庆育才学校文学组艺友、导师。1941年育才学校暑期自学团的佚名社自学团和夜莺剧社自学团的顾问。1942年编写《伽利略序幕》，并在育才学校庆祝牛顿三百年诞辰大会上演出，深得陶校长和师生们的好评。中华人民共和国成立后曾在国务院及党中央书记处政策研究室工作。

徐树铮　(1880—1925)　字又铮，幼号铁珊，曾自号则林，江苏萧县（今属安徽）人。1905年入日本士官学校。曾任段祺瑞政府陆军部次长、国务院秘书长等职。1919年任西北筹边使兼西北边防军总司令，1920年被段祺瑞委为定国军总司令部总参谋长。1924年参加江浙战争，任浙沪联军总司令，失败后被上海租界工部局拘禁，迫使出洋。1925年段祺瑞任临时执政后回国，同年12月30日被冯玉祥部枪杀于廊房车站。著有《建国诠真》等。

徐养秋　(1886—1972)　字则陵，江苏金坛人。1920年留美，先后入伊利诺大学研究院、哥伦比亚大学研究院，获硕士学位。

曾任《新教育》主编，东南大学教育系主任。中华人民共和国成立后，任江苏省政协委员。著有《五十年世界进化概论》。

徐特立　(1877—1968)　湖南长沙人，原名懋恂，字师陶，又名立华。1905年毕业于湖南宁乡速成师范学校，提倡平民教育，曾创办平民夜校、长沙师范、长沙女子师范等学校，从事教育救国运动。1908年参与领导长沙各校反对旨在卖国的"铁路国有"运动。1911年参加辛亥革命，当选为湖南省临时议会副议长。1919年赴法国勤工俭学。1924年回国后，任长沙师范学校、湖南省立第一女子师范学校校长。1927年加入中国共产党，参加南昌起义，任革命委员会委员、第二十军第三师政治部主任。次年赴莫斯科中山大学学习，1930年回国后任中华苏维埃共和国中央执行委员兼教育部副部长。长征到陕北后，任边区政府教育厅厅长，创办鲁迅师范学校。1937年后任八路军高级参议、驻湘代表，中共湖南省工委统战部部长，延安自然科学院院长，中共中央宣传部副部长。中华人民共和国成立后，历任中央人民政府委员、中共中央宣传部副部长。是中共第七、第八届中央委员，第一至第三届全国人大常委，第一届全国政协代表。著有《徐特立教育文集》《徐特立文集》。

徐傅霖　(1879—?)　字梦岩，广东和平人。京师法政学堂毕业，留学日本早稻田大学，同盟会会员。曾任临时参议院议员，国会众议院议员，广东高等审判厅长，广东军政府司法部长兼大理院院长。1938年6月任第一届国民参政会参政员。

徐德春　浙江湘湖师范学校学生，以后留校，曾在湘湖师范学校、浙江省立乡村师范大学工作。著有《做学教ABC》。

徐耀士　浙江湘湖师范学校学生，湘湖师范特约周家浦中心小学专科教员，曾在定山中学实行教学做。

殷金陵　江苏丹阳人，重庆育才学校教师，曾教历史课，后协助校长室工作。生活教育社《战时教育》编辑。

拿破仑　即拿破仑一世(Napoléon　I，1769—1821)　即拿破仑·波拿巴（Napoléon Bonaparte）。法国资产阶级政治家和军事家，法兰西第一帝国和百日王朝皇帝。生于科西嘉岛。法国大革命时期参加革命军，1793年土伦战役后获少将衔。督政府时期，于1796年统兵进攻意大利，次年侵入埃及。1799年发动雾月十八日政变，组成执政府，自任第一执政。1804年称帝，建立法兰西第一帝国。颁布《法国民法典》，把资产阶级革命成果用法律形式固定下来。对外不断战争，多次粉碎反法同盟，严重打击欧洲封建反动势力，但逐渐发展为与英、俄争霸和对别国的侵略战争。1814年欧洲反法联军攻陷巴黎，被放逐于厄尔巴岛。1815年再返巴黎，建立百日王朝。滑铁卢战役失败后，被流放于圣赫勒拿岛。

爱尔威（Gastav Hervé，1871—1944） 法国社会学家，他在第二国际斯图加特代表大会上提出用罢工和起义来对付一切战争。他的主张被称为“爱尔威主义”。列宁在一系列著作中揭露了爱尔威主义的小资产阶级性质。

爱因斯坦（Albert Einstein，1879—1955） 现代物理学家，生于德国。1900年苏黎世工业大学毕业，并入瑞士籍。1905年获苏黎世大学哲学博士学位。1913年返德国、入德国籍，任柏林大学教授，威廉皇帝物理研究所所长，普鲁士科学院院士。1933年因受纳粹政权迫害，迁居美国，任普林斯顿高级研究所教授。1940年入美国籍。在物理学的多个领域都有重大贡献，其中最重要的是建立了狭义相对论（1905年），并在这基础上推广为广义相对论（1916年）。还提出了光的量子概念，并用量子理论解释了光电效应、辐射过程和固体的比热。在阐明布朗运动、发展量子统计法方面都有成就。后期致力于相对论“统一场论”的建立，企图把电磁场和引力场统一起来，对宇宙学说也有贡献。相对论的观念和方法对理论物理学的发展有极为深刻的影响。因理论物理学方面的贡献，特别是发现光电效应定律，获1921年诺贝尔物理学奖。著有《论动体的电动力学》《相对论的意义》《论理论物理学的方法》《根据广义相对论对宇宙学所作的考察》等。

爱迪生 (Thomas Alva Edison，1847—1931) 出生于俄亥俄州的迈兰，自学成才的美国发明家。一生发明1328项，其中有白炽灯、留声机、炭粒话筒、电影放映机等1093种发明专利权，还创办了世界上第一个工业研究实验室。第一次世界大战时，任海军顾问委员会主席，指导鱼雷和反潜设备的研究。1927年80岁时，还在研究从本国的草类提取橡胶。

奚 伦 (1896—?) 字东曙，安徽当涂人，美国哈佛大学硕士。曾任上海商业银行南京分行副经理，中国实业银行总经理。1938年6月至1948年3月任第一至第四届国民参政会参政员。

翁衍桢 浙江湘湖师范学校学生，浙江省立乡村师范学校共同生活会生活部印刷科干事，社会改造部小学辅导科干事。

桀 夏代国君，名履癸。残暴荒淫，作倾宫、瑶台，立玉门，为虐政。在有仍（今山东济宁东南）会合诸侯，攻灭有缗氏（今山东金乡）。公元前1600年被商汤打败，出奔南巢（今安徽巢湖市西南）而死，夏朝灭亡。

凌 冰 (1894—?) 字济东，河南固始人。曾与陶知行在伊利诺大学先后同学，美国克拉科大学教育心理学博士。1919年任南开大学教务主任兼儿童心理学教授，1920年改任河南教育厅长。曾受聘担任南京高师首次暑期学校教员，并参与中华教育改进社的工作。1924年复任南开大学教务主任。

高一涵 (1884—?) 安徽六安人。民国初年留学日本，参加神州学会进行反袁活动，并为《民彝》的主要撰稿人。1916年毕业于明治大学政治科，回国后历任《晨钟报》《甲寅日报》《每周评论》等报编辑，北京大学教授，参与编辑《新青年》。1927年后历任武昌中山大学、北京中国大学等校教授、国民政府监察院委员、两湖监察使等职。中华人民共和国成立后，任民盟中央委员、全国政协委员。著有《欧洲政治思想史》《政治学纲要》《中国内阁制度的沿革》等。

高士其　(1905—1988)　福建闽侯人，著名微生物学家。1928年在美国攻读医学博士做实验时，因细菌侵入脑部，留下严重的后遗症。后来一直与陶行知一起从事科学普及工作，得到陶行知的关心和鼓励。1940年高士其由延安来重庆时，陶行知为其筹措费用，转往香港治疗。

高仁山　(1894—1928)　原名宝寿，江苏江阴人。曾赴欧、美、日本等国考察教育制度。1922年回国后任北京师范大学、北京大学教育系教授，其间创办北京艺文中学，并组织《新教育评论》，为主要撰稿人，任中华教育改进社教育图书馆馆长。1928年1月被军阀张作霖杀害于北京。

高尔基　(1868—1936)　苏联作家。原名阿列克塞·马克西莫维奇·彼什科夫。生于木工家庭，当过学徒、码头工、面包师傅等。1892年开始发表作品，1906年发表著名长篇小说《母亲》，1934年当选为苏联作家协会主席。重要作品有自传体三部曲：《童年》《在人间》《我的大学》；诗歌：《海燕》《鹰之歌》；长篇小说：《三人》《福玛·高尔杰耶夫》《阿尔达莫诺夫家的事业》《克里姆·萨姆金的一生》；剧本：《小市民》《底层》《仇敌》。

高尔登　通译弗朗西斯·高尔顿（Francis Galton，1822—1911）　英国遗传学家、统计学家，差异心理学之父，心理测量学的先驱之一，伦敦大学教授，英国皇家学会会员。他是达尔文的表弟，是第一个根据达尔文“个体差异成为具有本质意义的第一事实”的论断系统尝试个体差异研究的人，是奠定差异心理学基础的人物。他最早用“自由联想”的实验研究个体差异，还是心理测验观念的首创人。他坚持认为，所有内在行为都与内在感觉能力有关。他最早把统计引入心理学，他发明的许多基本的统计技术一直沿用至今，这从根本上使心理学成为科学。他的首创精神在于提出遗传是形成个体差异的原因，提出“后代回归中等律”，即天才父母的子女，总的看，才能不如父母，而趋向于常人。父母才智低下者，其子女的才智往往高于父母而向中等水平靠拢。他是第一个明确提出普通能力和特殊能力主张的人。他认为像艺术这样的特殊能力也是遗传的。他根据遗传与个体差异的关系倡导选择配偶，改良人种，并于1883年首创“优生学”这一术语。他还将进化论应用于社会，提出逆淘汰理论，认为现代人类文明可能创造这样一种环境：即能使身心两健的“适者”生存繁殖；同时也使一些被认为应是属于被淘汰的劣者，也得到生存甚至繁殖的机会，这样势必增加人群中不良基因的遗传频率，最终严重地减弱人类的遗传素质。这与自然淘汰法则不一致。著作有《遗传天赋》（1869），《英国的科学家们：他们的禀赋与教养》（1874），《人类才能及其发展的研究》（1883），《自然的遗传》（1889）等。

郭　况　后汉叶城人，光武郭皇后弟。为大鸿胪，帝数幸其第，赏赐丰盛，京师号况家为金穴。

郭秉文　（1880—1969）　字鸿声，江苏江浦人。早年入上海清心书院，1906年赴美国留学，获哥伦比亚大学师范科硕士、博士学位。1914年回国，任商务印书馆编辑，后任南京高等师范学校教务主任、清心书院及省立浙江学院校长、东南大学和上海商科大学校长，中华教育改进社董事，世界教育联合会副会长，商务印书馆总编辑，外交部驻美特派员，上海信托公司总经理、中央信托局监察员、财政部次长、国际关系研究所主席、联合国善后救济总署副署长兼秘书长等职。

郭沫若　（1892—1978）　原名开贞，号尚武，四川乐山人。1919年发表《鹭鸶》诗，开始用沫若笔名，并以此为号。1921年组织创造社，出版第一本诗集《女神》。1926年任国民革命军总政治部副主任，1927年参加南昌起义，1928年旅居日本。1937年出任国民政府军事委员会政治部第三厅厅长，后为文化工作委员会主任。1949年当选为全国文联主席，以后历任中央人民政府委员、政务院副总理兼文化教育委员会主任、中国科学院院长兼哲学社会科学部主任、中国科学技术大学校长、中共中央委员、全国人大常务委员会副委员长、全国政协副主席、中国人民保卫世界和平委员会主席和中日友好协会名誉会长等职。他的著述很多，除大批专著单独出版外，还有《郭沫若全集》行世。

郭美璋　(1909—1953)　又名郭天任，广东潮阳贵屿镇南阳人。毕业于南京晓庄学校高中部师范科。1929 年春，泰国曼谷的华侨学校到晓庄聘请教师，陶行知指派同班同学夏梦雯同往应聘到曼谷新民学校任教员，从事华侨教育工作和宣传抗日爱国。1941 年日军入侵泰国后，在泰国电池厂担任家庭教师，参加泰国反日大同盟，与吴泽仁合编地下版《全民报》，组织收听延安电台的新华社电讯。1945 年日本投降后正式出版《全民报》，担任督印人，创办大众文化有限公司，开设大众书店。曾与育才学校学生贝坚、屈超平相遇，后被聘任曼谷南洋中学校主任职务。1948 年被迫离开曼谷，在泰国内地坚持工作。1950 年 3 月秘密组织泰国爱国华侨参观团，任团长，与贝坚之父贝子端回国。由于受泰国通缉不能返泰，后留在国内工作，先任汕头市第一届人民代表，后调北京并派往云南中缅边界工作。步行去缅甸执行公务时，遭匪徒绑架，被囚于山野石窟中，经我方营救“赎回”，抢救无效在昆明逝世。

郭道甫　(1893—1936)　原姓郭博勒，原名黑尔斯，汉名原为桂馨，后改名睿黄，又名孟立生，最后改称现名，内蒙古呼伦贝尔人。1915 年入俄文法政专门学校读书，1917 年在呼伦贝尔建立蒙古青年党，1923 年任蒙藏学校（北京）学监，同年出任中苏交涉公署之咨议。1924 年 7 月参加中华改进社年会后赴广州，意欲谒见孙中山。曾任内蒙国民党中央执行委员会秘书长、张学良的秘书，后去蒙古。著有《新蒙古》《呼伦贝尔问题》《库伦游记》等。

郭富昌　又名郭以实，四川广安人，重庆育才学校自然组学生。著文《“科学下嫁”——陶行知关于科学普及的理论与实践》。

郭德洁　(1906—1966)　李宗仁夫人，广西桂平人。曾任广西女子北伐宣传队队长、国民党广西省党部监察委员、广西抗敌后援会常务理事、广西新生活妇女运动委员会主任、第五战区妇女委员会主任、国民党北平行辕妇女工作委员会主任，后随李宗仁移居美国。1965 年与李宗仁一起返回大陆。

唐太宗 （599—649） 即李世民。唐代皇帝（626—649），李渊次子。隋末，随父起兵反隋，与兄建成统兵作战，战功卓著，封为秦王，任尚书令。武德九年（626）发动玄武门之变，杀建成等，得为太子，旋受禅为帝。在位期间推行均田制、租庸调法和府兵制度，加强对地方官吏的考核，发展科举制度。较能任贤、纳谏，使当时社会经济有所恢复。又打通西域通道，做了一些有利于民族团结的工作，被史家誉为“贞观之治”。

唐文粹 江苏无锡人，晓庄学校大学部毕业生。曾在浙江湘湖师范学校担任浙江省立乡村师范学校共同生活会纪律委员会检查部委员，定山中学“教学做”指导员，后在福建集美师范学校任职，曾任浙江元和简易师范校长。1938 年与潘一尘在浙江云和县筹办生活教育社分社。著有《乡村教师须知》《教学做合一系统研究》。

唐 纳 原名马季良。擅长英文写作，后入电影界，20 世纪 30 年代的著名电影演员，担任过《大公报》增刊的副刊编辑。20 世纪 80 年代侨居法国病死。

唐现之 （1897—1975） 广西灌阳县人。少年受业于举人蒋士奇执教的私塾和他任校长的县立高等小学，辛亥革命后考入省立第二师范学校。1919 年入南京高等师范学校教育科，恰逢陶行知教授任教育科主任，陶的教育思想理论，使其走上人民民主主义教育的道路。1923 年毕业后到广西省立二师、重庆四川省立二女师、南京大学附中任教，上海中华书局任编辑。1928 年任广西教育厅编译室编辑，创办并主编《广西教育》。1929 年 9 月以后任广州国立中山大学副教授，广西教育厅设计委员会委员、导学室主任，湖北省立教育学院教授。1944 年赴重庆，任北碚儿童福利实验区副主任、歇马场乡村建设学院教授，后任广西省立图书馆馆长。新中国成立后任广西司法厅厅长，1957 年错划为右派，去职后任广西政协文献委员会委员。1975 年病逝，

1979 年平反。

唐柯三　广西成达师范校长，生活教育社理事。1940 年任生活教育社生产基金及资金筹募委员会委员。

唐　毅　南京晓庄学校的教师。1929 年 7 月任该校吉祥庵集团军指导员，带领学生为当地培养了小学的人才。

粉尼里　通译芬利（Finley，1863—1940）　美国作家、教育家。1889 年创办和主编《纽约州慈善纪事报》。

朔宗敏　（？—1645）　明末陕西米脂人，加入李自成起义军，骁勇善战，任权将军，掌管中军营，军中称领哨副爷。攻克北京后，封汝侯。

海伦·凯勒　美国著名盲哑女教师兼作家。

诸葛亮　（181—234）　字孔明，琅邪阳都（今山东沂南）人。三国时蜀汉政治家、军事家，精通兵法，善于制造机械，刘备的主要谋士。刘备称帝，以亮为丞相录尚书事。辅助后主刘禅，封武乡侯，总领军、政。平定南中（四川省南部及云、贵地区），改善与西南各民族关系，发展当地经济、文化。治蜀以严明著称，用人唯贤，推行屯田，发展生产，曾五次出兵攻魏，争夺中原。建兴十二年，病死于五丈原军中。

诺贝尔　（Alfred Bernhard Nobel，1833—1896）　瑞典化学家、工程师。以研究炸药闻名，发明雷管的引爆，后又用火药棉与硝化甘油混合，制成更安全而威力更大的炸药，并在此基础上发明了无烟火药。根据他的遗嘱，以其遗产的大部分作为基金，设置了诺贝尔奖金。

诺　莱　（Jean Abbe Nollet，1700—1770）　法国物理学家。1748 年首次对“渗透”（Osmosis）作了科学的研究。“渗透”指溶剂通过溶质分子透不过的屏障进入溶液中的现象。诺莱和富兰克林等人认为闪电是一种放电现象。1752 年，这一猜测得到了证实，从而为发明避雷针奠定了基础。

陶文渼　（1895—1929）　陶行知胞妹，曾任晓庄师范学校农暇妇女工学处指导员。

陶　玄　（1899—？）　女，字孟晋，浙江绍兴人。北京女子师范大学毕业，留学日本。曾任北平女子师范校长，国民政府立法院立法委员。1938 年 6 月至 1948 年 3 月任第一至第四届国民参政会参政员。

陶百川　(1903—?)　浙江绍兴人。上海法科大学毕业，美国哈佛大学研究生。曾任上海英文《大陆报》《民国日报》编辑，北平《晨报》主笔，国民党中央宣传部委员，中央周刊社、中央日报社社长。1938 年 6 月至 1948 年 3 月任第一至第四届国民参政会参政员。1948 年任监察院监察委员。

陶　刚　(1919—1983) 原名日新，陶行知的三子。曾在上海育才学校、行知中学工作。

陶位朝　(1867—1915)　号槐卿，字笑山，生于安徽歙县，原籍浙江绍兴，陶行知的父亲。受过旧学教育，曾在休宁县万安镇经营酱油坊。1900 年任休宁县万安镇册书，1902 年回歙县黄潭源家中务农，1913 年迁居南京。与歙县基督教会通事章觉甫友善（章祖籍亦为浙江绍兴）。

陶希圣　(1899—1988)　原名汇曾，湖北黄冈人。1922 年毕业于北京大学法律系。曾任安徽省立法政学校教员，上海商务印书馆编辑，武汉中央军校政治教官，中央大学、北京大学教授。1937 年任国防参议会参议员，1938 年任第一届国民参政会参政员。后追随汪精卫、周佛海任汪伪国民党中央宣传部长。1942 年返回重庆，任《中央日报》主笔，1946 年后任国民党中央宣传部次长。

陶　宏　(1915—1975)　陶行知长子。曾任育才学校自然组主任，中国科学社客籍研究员，生活教育社第二届理事、北京分社领导人。著《每月之星》，译法国法布耳的《天象谈话》，苏联 H. 那维可夫的《生命进行曲》，英国 W. M. 斯马尔特的《几颗著名的星》。

陶　侃　(259—334)　字士行（或作士衡），东晋庐江浔阳（湖北黄梅西南）人。初为县吏，渐至郡守。曾任荆州刺史，镇武昌。旋为王敦所忌，调任广州刺史，无事即朝夕运甓以习劳。王敦败后，仍还荆州。325 年后任荆、江二州刺史，都督八州军事。勤慎吏职，四十年如一日，不喜浮华，常勉人当惜分阴，为后世所称。

陶孟和 (1887—1960) 名履，字恭京，天津人。日本东京高等师范学校毕业，英国伦敦大学经济学学士。历任北京高等师范学校教授，北京大学教务长，上海商务印书馆编辑，中华文化教育基金委员会社会调查所所长，北京大学政治学教授、文学院院长，中央研究院社会科学研究所所长。1922 年 5 月担任北京大学哲学系主任时曾和李大钊、梁漱溟、王伯秋、朱经农等 16 人共同发表由胡适起草、蔡元培领衔、陶知行首先赞同的《我们的政治主张》。1948 年当选为中央研究院的首批院士。1949 年后任全国政协常务委员，全国人民代表大会代表，政务院文化教育委员会委员，中国科学院副院长兼联络局局长，编译出版委员会主任，社会研究所所长等职。著有《孟和文存》《中国乡村生活和城镇生活》《社会与教育》《社会问题》《北平生活费之分析》《中国社会之研究》《中国劳工生活程度》《北平人力车夫的生活》等。

陶　城 (1924—) 陶行知四子，哈尔滨工业大学教授、中国陶行知基金会常务委员。

陶晓光 (1918—) 陶行知次子，中国陶行知研究会副秘书长。著《大众军事知识》《陶母烹饪法》(陶母指陶行知母亲曹翠仂)。

陶渊明 (365—427) 东晋诗人。一名潜，字元亮，私谥靖节，浔阳柴桑（今江西九江）人。曾任江州祭酒，镇军参军，迁彭泽令。因不满当局的政治腐败，“不为五斗米折腰”，去官隐居，赋《归去来兮辞》以明志。长于诗文词赋，以田园诗著称，亦讽喻时政。散文以《桃花源记》最有名。后人辑有《陶渊明集》。

陶德曼 (Oskar P.Trautmann，1877—1950) 德国外交官。1931 年冬来华任公使，1935 年使馆升格后任大使。1937 年 12 月日军侵占南京前，曾被日本请做调解人，向国民党政府转达议和条件，未成。1941 年 7 月，因德国承认汪精卫伪政权，中德断交后回国。

桑文澜　浙江杭州人，卫琛甫夫人。燕京大学研究院学教育，曾任杭州和道女子学校教务主任多年，后在上海江湾自办托儿所。曾与胡子婴合办纺织工厂，在管理与教育方面均有专长。后经章乃器、胡子婴推荐到陶行知所办的育才学校工作。

桑德森　(F. W. Sanderson，1857—1922)　英国中学教师。曾改组昂德学校，对中等教育的课程和教学法起到了重大影响。1889 年为伦敦达利奇学院高级物理教师，1892 年接任北安普敦郡昂德尔学校校长。在中学里修建实验室、工场、铸造车间、观象台、实验农场、图书馆，并增建理科和工科，从而使学校大为改观。

桑戴克　(Edward Lee Thorndike，1874—1949)　美国心理学家，研究了动物的行为和学习过程，从而建立了联结主义学说。这一学说认为对特定刺激行为应答是通过尝试错误过程而建立起来的，而这一过程促成刺激和最满意的应答之间的神经联结。1898 年在哥伦比亚大学获哲学博士，首次提出两个行为定律：效果定律和练习定律。1904 年至 1940 年任哥伦比亚大学教育心理学教授，陶行知曾为他的学生。1904 年著《心理和社会测量理论导言》，促进了统计学在社会科学中的应用。

骊　姬　(？—前 651)　春秋时骊戎（今山西晋城西南）之女，晋献公的爱妃，一作丽姬。生奚齐，欲立为太子。适太子申生祭母曲沃，归胙于献公。她阴使人置毒胙中，诬太子意图不轨，逼太子自杀，并尽逐群公子。献公死，奚齐继立，为晋卿里克所杀，她亦被杀。

十一画

推　士　(G. R. Tuiss)　美国科学家。俄亥俄州立大学教授。1922 年下半年经孟禄博士介绍，来华讲学，并任中华教育改进社科学教育研究所主任。此后两年间，到过 10 省、24 城市、248 所学校，讲演 276 次。除组织科学研究会外，草拟了《考察及改进中国自然科教学之计划》，并将考察所得写成《科学教育与中国》刊登于《民国日报》。

培　根　(Francis Bacon，1561—1626)　英国哲学家。“英国唯物主义和整个现代实验科学的真正始祖”（马克思）。剑桥大学三一学院毕业。曾任下院议员、掌玺大臣、大法官，授子爵。因被控受贿而去职，脱离政治生涯，专事著述。反对经院哲学和唯心主义，主张打破“偶像”，铲除各种幻想和偏见，还主张“双重真理”说，强调知识就是力量，认为一切知识来源于感觉。认为学校应该传授百科全书式的知识。著有《新工具》《学术的进步》《新大西岛》等。

勒门托夫　通译莱蒙托夫（Mikhail Lermontov，1814—1841）　生于莫斯科，俄国浪漫派诗人、小说家。1828 年开始写诗。为了谴责宫廷贵族和杀害普希金的凶手，1837 年写了挽歌《诗人之死》，并因而著名。他还写了著名浪漫主义长诗《沙皇伊凡·瓦西里耶维奇》《年轻的近卫士》和《商人卡拉希尼科夫之歌》和现实主义长篇小说《当代英雄》。他曾两次被流放，最后在与军官马尔特诺夫的决斗中，不幸遇害。

黄上青　浙江湘湖师范学校学生，浙江省立乡村师范学校共同生活会社会改造部村自治科干事。

黄开富　(？—1989)　四川渠县人。1936 年四川大学毕业，后去北碚兼善中学任教，结识陶行知。曾应陶的要求，在古圣寺为育才学校打水井，租佃土地，为开办育才做了大量工作。1939 年去江口（今平昌城）开办中学，学校遭封闭后曾任卢作孚秘书，并被捕入狱。1950 年后任渠县地方工作委员会副主任等职。

黄仁麟　即黄仁霖（1901—1983）　生于上海，原籍江西安义。早年赴美留学，曾任上海基督教青年会干事兼职业夜校校长，励志社副总干事、总干事、社长，新生活运动促进总会总干事。1947 年任联勤总部副总司令。后去台湾任总司令、东吴大学董事长等。

黄芝冈　(1895—1971)　原名黄德修，又名黄衍仁、黄素等。1930

年在上海参加中国左翼作家联盟，曾在重庆社会大学任教。长期从事中国戏曲史、民间文学、民俗学的研究和教育工作。曾任中国戏曲研究院学术委员、中国民间文学研究会理事等。

黄成埒　1924年在蒙古教育演讲会上讲演《十三年在蒙古之经验及感触》。

黄旭初　（1892—1975）　广西容县人。毕业于广西陆军速成学校，后赴日留学。归国后任桂军督军署参谋、广西军政署科长。1925年任广西陆军第一军第一纵队司令官，后参加北伐，任第七军第六师师长。曾任广西民政厅长、广西省政府主席等职，是国民党第四、第五届中执委委员。1949年后寄寓日本、香港。著有《我的母亲》。

黄齐生　（1879—1946）　名禄祥，字齐生，号青石，晚号石公。祖籍江西抚州，生于贵州安顺。1898年任群明社商店经理，并开展业余教育工作。多次主持贵阳达德学校。武昌起义后，参加贵州光复。民国建立后，积极倡办勤工局、农事试验场、商品陈列所和妇女习艺所等。1916年，在贵州参与护国反袁运动，1917年和1919年先后率领贵州学生赴日本和法国留学，回国后任贵州省视学等职。1929年参与创办晓庄学校，1931年参与乡村教育运动，又在中华职业教育社和广西基础教育研究院任职。1937年组织抗日救国会，同年冬赴延安考察，后任云南开蒙垦殖局董事和四川乡村建设育才学院教授。1946年4月8日与叶挺、王若飞同赴延安时，因飞机失事遇难。

黄次咸　重庆青年会总干事。生活教育社监事。生活教育社重庆分社理事长。生活教育社生产基金及资金筹募委员会委员。

黄志诚　江苏南通人。1930年晓庄学校高中部师范科毕业生，1935年派往安徽任省立师范学区辅导员。

黄炎培　（1878—1965）　字任之，号楚南，笔名抱一，江苏川沙（今上海浦东新区）人。1900年3月在上海与蔡元培等发起成立中国教育会，1903年游学日本，1905年加入中国同盟会。辛亥革命后任江苏省教育司司长、省教育会副会长。

1913 年在中国率先提出"生活教育"，即"打破平面的教育，而为立体的教育"。1917 年在上海创办中华职业教育社，任理事长，1919 年 1 月任《新教育》月刊主持人。曾任《新教育》杂志教育行政组、职业教育组编辑员，中华教育改进社董事。1924 年 5 月与陶行知等发起组织平民教育促进会，1927 年 3 月任上海申报馆设计部部长。先后游历朝鲜、日本，著有《朝鲜》《教育改革日记》二书。1945 年访问延安，著有《延安归来》。抗日战争开始后，于 1938 年 6 月与陶行知同被聘为第一届国民参政会参政员，12 月参加生活教育社，任第一届理事、第二届监事。1944 年中国民主同盟正式成立，任负责人。1945 年筹组中国民主建国会，为主要负责人。中华人民共和国成立后，任政务院副总理兼轻工业部部长、全国人民代表大会常务委员会副委员长、全国政协副主席。1952 年开始任民主建国会主任委员，是中国杰出的教育家和社会活动家。

黄宗羲　(1610—1695)　字太冲，号南雷，学者称梨洲先生，浙江余姚人，明末清初思想家。通天文、算术、乐律、经史百家以及释道之书，尤精史学。反对宗儒"理在气先"之说，认为"气质人心是浑然流行之体，公共之物也"。所著《明儒学案》，开浙东史学研究风气。著有《宋元学案》《明夷待访录》《南雷文案》等。

黄定慧　又名黄慕兰。1932 年潘汉年在中共上海特科工作、从事地下工作时的单线联络员。与陶行知联系，为周恩来辩护，曾受陶之介绍与法国大律师商谈刊登"周少山启事"，以使"伍豪启事"真相大白。1938 年组织难民协会，为发起人之一。

黄建中　(1889—1959)　字离明，湖北随县人。北京大学毕业。曾任北京大学补习班教员、国史馆纂辑员、《国民》杂志主编。1921 年留学英国爱丁堡大学、剑桥大学。曾任北京大学、北京师范大学、暨南大学、交通大学教授，国民政府教育部司长，代理次长，湖北省政府委员兼代教育厅长，国民党中央第六届候补监察委员。1938 年 6 月任第一届、

1942 年、1945 年任第三届、第四届国民参政会参政员，1948 年任立法院立法委员。

黄　帝　全名轩辕黄帝。姬姓，号轩辕氏、有熊氏，中国历史传说中的帝王，相传是原始社会末期部落联盟酋长的领袖，后世尊为中华民族的先祖。

黄晓庄　(？—1946)　贵州人，曾随叔祖父黄齐生在晓庄学校学习，故名晓庄。后入育才学校音乐组，学作曲与大提琴。1946 年 4 月 8 日，与黄齐生、叶挺、王若飞等返延安时同机遇难。

黄　巢　(？—884)　唐末农民起义领袖，曹州冤句（今山东曹县西北）人。私盐贩出身。乾符二年（公元 875 年）率众响应王仙芝起义。公元 878 年王仙芝死，被推为领袖，称冲天大将军，年号王霸。公元 879 年改称天补大将军，881 年进入长安，即皇帝位，国号大齐，年号金统。883 年撤出长安，腹背受敌，屡战屡败，884 年退至泰山狼虎谷，为敌军追及，不屈自杀。

黄楚九　(1872—1931)　名承乾，字楚九，号磋玖，晚年自署知足庐主人。浙江余姚人。少时行医开药房，后经营新兴娱乐业，开设大世界游艺场、日夜银行、中华电影公司等。

黄警顽　商务印书馆著名的“交际博士”，即现在的“公关”。曾积极支持中华教育改进社和晓庄学校，创办晨更工学团，其主办的花村民众基础学校为当时上海市第一小先生试行处。

菲此吉拉德　通译菲茨杰拉德（Edward Fitzgerald，1809—1883）英国作家，以意译 12 世纪波斯诗人欧玛尔·海亚姆的《鲁拜集》而闻名。该书与达尔文的《物种起源》同于 1859 年出版，亦属当时文坛佳话。1853 年还翻译了卡尔德隆的六部戏剧。

菲　奇　(John Fitch，1743—1798)　美国汽船运输的先驱，在 R. 富尔顿以前制造出适用的轮船。他造了一艘较大的汽船，用明轮推进，在费城与新泽西州的伯灵顿之间进行定期航行。1791 年同时获美国、法国的汽船专利权。

萧伯纳　(George Bernard Shaw，1856—1950)　爱尔兰作家，生于

都柏林。1876 年移居英国，1879 年起开始文学活动。一生共写剧本五十一部、小说五部和其他著作多种，获 1925 年诺贝尔文学奖。1884 年参加创建费边社，写了很多有关社会和政治的著作，包括费边社宣言，被认为是费边社会主义的主要代表之一。著名剧本有《华伦夫人的职业》《康蒂妲》《魔鬼的门徒》《人与超人》《巴巴拉少校》等；小说有《业余社会主义者》《黑女求神记》等；重要文艺论著有《易卜生主义的精华》《道地的瓦格纳派》等。

萨弗里 （Thomas Savery，约 1650—1715） 英国工程师和发明家。1690 年他利用法国物理学家巴本等人所提出的原理，制造了第一台蒸汽泵。几年之后，纽科门根据巴本另一种设想独立设计出大气压力活塞发动机，萨弗里和纽科门合作共同研制这种机器。萨弗里还发明了船用里程表等。

萨空了 （1907—1988）内蒙族，生于四川成都。上海《立报》总编辑，中国陶行知研究会顾问。

萨镇冰 （1859—1952） 福建侯官（今闽侯）人，字鼎铭。1872 年毕业于马尾船政学堂，后留学英国格林尼治皇家海军学院。曾任清“威远”、“康济”舰管带，参加了甲午战争。后任“通济”、“海圻”舰管带，北洋水师统领，广东水师提督，筹办海军大臣，海军统制。辛亥革命后，任吴淞商船学校校长，北洋政府海军总长，代理国务总理，福建省省长，国民政府海军部高等顾问。1933 年，十九路军发动福建事变后，任中华共和国人民革命政府高等顾问。抗日战争爆发后，曾赴南洋宣传抗日，后定居福州。1949 年出席中国人民政治协商会议第一届全体会议。中华人民共和国成立后，历任中央人民政府人民革命军事委员会委员、侨务委员会委员、福建省人民政府委员，是第一届全国政协委员。著有诗集《仁寿堂吟草》《客中吟草》。

梅内耳夫人 （Alice Meynell，1849—1922） 英国女诗人，散文作家和文艺批评家。

梅世钧 上海日商大康纱厂工人，曾参加“一·二八”淞沪抗战。1936 年 2 月 3 日，被日本工头打成重伤致死。上海各大报均奉命不准登载此消息，唯《立报》作了报导。陶行知即写成《思梅曲》在工人中传诵。

梅兰芳 (1894—1961) 名澜，字畹华，出生于京剧世家。八岁学艺，十一岁登台，工旦。1908 年搭喜连戏班演出，1915 年后曾演出时装戏，1919 年后两次赴日本演出，1929 年赴美国演出，同年获美国南加利福尼亚大学和玻摩那大学文学博士学位。1935 年赴苏联演出。抗战期间留居上海，蓄须明志，拒绝演出。中华人民共和国成立后，历任中国戏曲研究院、中国京剧院院长，中国文联第一、第二届委员和第三届副主席，第三届全国政协常委。他对京剧旦角艺术进行了重大的革新，在唱腔、念白、舞蹈、音乐、服装、化妆等方面均有所发展和创造，形成了一个具有独特风格的流派——“梅派”。演出的代表剧目有《宇宙锋》《贵妃醉酒》《霸王别姬》《游园惊梦》《穆桂英挂帅》等。著有《舞台生活四十年》《梅兰芳文集》。

梅光迪 (1890—1945) 字迪生，一字觐庄。安徽宣城人。安徽高等学堂肄业。先后入美国西北大学、哈佛大学文学院学习文学。新文化运动时，主张白话文可用，但文言文不可废。1920 年回国，历任东南大学、中央大学、浙江大学教授。曾受聘担任陶行知办的首次暑期学校教员。后两度赴美任哈佛大学教授。1922 年与吴宓创办《学衡》杂志，介绍欧美学术，抨击五四新文学。1938 年任国民参政会参政员，1939 年任浙江大学文学院院长。著有《梅光迪文录》。

梅思平 (1896—1946) 浙江永嘉人。早年入北京大学政治系学习，后任中央大学、中央政治学校教授，江宁实验县长，江宁区行政督察专员，在香港任中央宣传部专员。1938 年 11 月与日本会谈，促成汪精卫叛变投敌。1939 年组建汪伪政权，任伪中央组织部长、伪浙江省省长、伪内务部长等职。1945 年被逮捕，以后枪决。

梅贻琦 (1889—1962) 字月涵，天津市人。1908 年入保定高等学堂，1910 年留学美国，获硕士学位。回国后在基督教青年会和清华学校工作，曾参加中华教育改进社第二届年会的会务工作。1926 年任清华大学教务长，1931 年起任校长，新设土木工程、电机、机械系和工学院，扩大学校规模。抗日战争爆发后，为西南联合大学校务委员。1949 年去美国，1953 年任台湾国民党“政府”在美设立的“文化顾问委员会”主席。1957 年在台湾新竹创办清华大学原子能研究所，并建成 100 万吨级露天型原子反应堆。曾任台湾“教育部”部长、台湾清华大学校长等职。

曹汝霖　(1877—1966)　上海人，字润田。早年留学日本。1911 年任清朝外务部副大臣，1915 年与外交部长同日本谈判并签订丧权辱国的“二十一条”。1916 年后任北洋军阀政府交通总长、财政总长。1919 年五四运动时曾为卖国贼，旋被免职。抗日战争时期曾任伪华北临时政府最高顾问。

曹孟君　(1904—1967)　湖南长沙人，女，妇女运动领导者，王昆仑夫人。“九一八”事变后，从事抗日救亡运动，发起组织妇女文化促进会、南京妇女救国会，并被选为南京各界救国会常委和全国各界救国会常委。1936 年 11 月被国民政府逮捕，抗战爆发后获释。后任战时儿童保育会常务理事，重庆歌乐山保育院院长，中国妇女联谊会常务理事，全国妇联国统区工作部长。1939 年接办沈兹九主办的《妇女生活》杂志，被迫停刊后又设法改办《现代妇女》，任主编。中华人民共和国成立后，任全国妇联服务部长、副秘书长、书记处书记，对外友协常务理事，政务院参事，并当选为全国人大常委、全国政协委员。

曹美成　字勉功，湖北武汉人，民革中央团结委员、武汉参事室参事。

曹　植　(192—232)　字子建，沛国谯县（今安徽亳县）人，三国魏诗人，曹操之子。封陈王，谥思，世称陈思王。因富于才学，早年曾被曹操宠爱，一度欲立为太子。及曹丕、曹叡相继为帝，备受猜忌，郁郁而死。善诗，作品多为五言，善用比兴手法，语言精炼，词采华茂，对五言诗的发展颇有影响。也善辞赋、散文。其《洛神赋》很有名。原有集，已散佚，宋人辑有《曹子建集》。

曹　锟　(1862—1938)　字仲珊，直隶天津（今天津）人。曾入天津武备学堂，后一直投靠袁世凯、张勋。1919 年成为直系首领，1920年联合奉系，迫段祺瑞下台，与张作霖共同控制北京政府。1922 年又打败奉系军阀，次年以重金收买国会议员，贿选为总统。1924 年因冯玉祥发动北京政变被软禁，不久下台，由皖系段祺瑞执政。

曹聚仁　(1900—1972)　字挺岫，笔名陈思、丁舟、袁大郎、彭观清、天龙、丁秀、赵天一等。浙江浦江人。1916 年入浙江省立第一师范学校，1921 年在上海创办沧笙公学，并在爱国女中任教。1923 年至 1935 年，先后在暨南、复旦、持志、光华、大夏、中国公学等大学任教授。1932 年主编《涛声》。"九一八"事变后，任上海抗日救亡协会理事。抗日战争爆发后曾任中央社战地特派员，采访足迹遍于各战区。1945 年在上海任《前线日报》编辑兼香港《星岛日报》特约记者。1950 年移居香港，先后任《星岛日报》编辑和新加坡《南洋商报》驻香港特约记者。1959 年起，与人合作创办《循环日报》，任主笔。著有文艺及学术著作多种。

曹翠仂　(1867—1934)　安徽歙县人，陶行知的母亲。擅长烹饪，其孙陶晓光曾著《陶母烹饪法》，即是总结她的实际经验，商务印书馆出版。

曹　操　(155—220)　即魏武帝。字孟德，小名阿瞒，沛国谯县（今安徽亳县）人。三国时政治家、军事家、诗人。著作有《魏武帝集》，已佚，有明人辑本。

盛世才　(1896—1970)　字晋庸，奉天开原（今属辽宁）人。日本早稻田大学和陆军大学毕业。1927 年回国后投入国民党军，1930 年去新疆任上校参谋、教官，次年参与新疆军阀金树仁镇压哈密起义后，任参谋长、第一师师长。1933 年金树仁被逐后，被推为边防督办，掌握新疆军政大权。曾一度采取联苏联共政策，同中国共产党在抗日的共同目标上建立统一战线。1942 年投靠蒋介石，被任命为新疆省主席，次年杀害中共党员陈潭秋、毛泽民、进步人士杜重远等人。1944 年 9 月调任国民政府农林部长，1949 年去台。

盛　成　(1899—?)　教授，江苏仪征人。1919 年留学法国，1927 年获法国蒙伯里大学高等理学硕士学位，曾任巴黎大学主讲。1930 年回国后，任北京大学、广西大学、中山大学教授，中华全国文艺界抗敌协会常务理事。1947 年任台湾大学教授，1965 年赴美国、欧洲，后留居法国。1978 年回国，任北京语言学院教授。通法文、英文、意大利文，被法国现代语中心列为改革现代法文的三千名作家之一。1985 年法国总统密特朗授予他“荣誉军团骑士”勋章。著有《我的母亲》(法文)、《我的母亲与我》(法文)、《黄帝的子孙》(英文)、《意国留踪记》等。

盛克猷　安徽南陵人。国立政治大学高等科教育专业毕业，国立西北师院通讯研究生。曾任教育部教科用书编辑委员会编辑，社会部重庆实验救济院育幼所主任。现任山东省临沂教育学院教授，山东省陶行知研究会副会长。

盛宣怀　(1844—1916)　字杏荪，号愚斋。江苏武进人。1870 年入李鸿章幕，1873 年任上海轮船招商局会办，后升督办。1880 年筹办中国电报局，任总办。1892 年创办北洋大学堂，其间极力协助李鸿章举办洋务。1893 年筹办华盛纺织总厂，任督办，以官督商办及官商合办形式垄断洋务企业。1895 年在天津创办中西学堂，1896 年接办汉阳铁厂、大冶铁矿，经办芦汉铁路。1898 年兼办萍乡煤矿，同年开设中国通商银行。1900 年主张镇压义和团，1902 年任工部左侍郎，1908 年任邮传部右侍郎，1910 年任中国红十字会会长。皇族内阁成立后任邮传部大臣，与四国银行团签订币制实业借款合同，又以铁路国有名义将已归商办的川汉、粤汉干线路权作抵押，大借外债，激起铁路风潮。武昌起义后出逃日本，1916 年 3 月 25 日在上海病卒。著有《愚斋存稿》《盛宣怀未刊信稿》，刻有《常州先哲遗书》《经世文续编》《林胡曾三公奏议》。另有《盛宣怀档案资料选辑》行世。

盛　婕　江苏武进人，女。1938 年入中央戏剧学校学习，曾任上海剧艺社特约演员，广东艺术专科学校教师，延安鲁艺、东北大学艺术系舞蹈教师。曾在育才学校、孩子剧团指导舞蹈训练。1949 年加入中国共产党。中华人民共和国成立后，历任中国青年艺术剧院舞蹈团副团长，中央戏剧学院舞蹈教研班民间舞组组长，北京舞蹈学校教研组组长，中国文联第四届委员，中国舞协第一届理事和第二、第三届秘书长及第四届副主席。长期从事民间舞蹈、地方戏曲舞蹈的收集整理和研究工作。

雪巴特　通译谢泼德（Elieot D. Shepard）　19 世纪末在华盛顿广场上最先开设长途汽车。

常乃惠　（1898—?）　原名乃瑛，字燕生，山西榆次县人。1920 年北京高等师范毕业，中国青年党创始人之一。曾任中国公学、燕京大学、华西大学、齐鲁大学教授。1938 年 6 月任第一届国民参政会参政员，1947 年 3 月任国民政府委员。

常学镛　现名任虹，育才学校音乐组指导员，儿童艺术家、擅长口琴音乐。中华人民共和国成立后，在中国儿童艺术剧院任院长。

崔载阳　1936 年曾任中山大学教育研究所主任、生活教育社理事，1940 年 5 月任生活教育社生产基金及资金筹募委员会委员。

笛卡儿　（René Descartes，1596—1650）　法国哲学家、物理学家、数学家和生理学家，解析几何的创始人。1616 年毕业于普瓦提埃大学法律系，曾加入拜恩（巴伐利亚）等地的雇佣军，参加过“三十年战争”，1629 年定居荷兰。1649 年接受瑞典王后的邀请，赴瑞典讲学，卒于该地。在本体论上，持典型的二元论观点，认为精神实体以思维为属性，物质实体以广延为属性，两者都是“有限实体”，彼此完全独立。又认为有一个“无限实体”，即上帝存在，它是“有限实体”的创造者。在认识论上，明确提出“天赋观念”说，认为一切知识和观念都是由理性从“天赋观念”中演绎出来的，是近代唯理论的创始人。主张“普遍怀疑”的原则，但又提出“我思故我在”的命题，强调不能怀疑“我在怀疑”这一事实。其物理学表现出机械唯物主义的思想，但也包含丰富的辩证法因素。著有《方法谈》《形而上学的沉思》《哲学原理》《论世界》《音乐提要》等。

盘　古　中国神话中开天辟地的大神。传说从混沌中出生，执斧凿开天辟地，后来更传说盘古氏夫妇是人类婚配的开始。一般认为盘古神话是根据中国西南少数民族中流传的伏羲、盘瓠神话加以道家方士哲理推想而成。

康心如　(1890—1969)　祖籍陕西城固，生于四川绵阳。名宝恕，号从行。1911 年加入同盟会，不久去日本留学。南京临时政府成立后，在成都筹设中华民国联合会四川分会，创办《公论日报》，后往来于北京与上海之间，参与反袁（世凯）斗争。1919 年任四川美丰银行协理，1926 年任经理。抗战期间，曾任重庆临时参议会议长。中华人民共和国成立后，任西南军政委员会、财经委员会委员，全国工商联执委等，并参加了民主建国会。

康有为　(1858—1927)　原名祖诒，字广厦，号长素，又号更生，广东南海人，别名康南海。清末资产阶级改良运动首领。1879 年游历香港，接触西方资本主义文化。1888 年上书清帝，提出变法图存主张。1890 年至 1893 年设万木草堂聚徒讲学，培养维新力量，致力于变法理论著述。1895 年 5 月 2 日联合在北京会试的举人 1300 多人上书清帝，要求拒签与日本的和约，迁都抗战，变法图强。5 月 29 日他再次上书。不久又组织强学会、保国会，编印《中外纪闻》，鼓吹变法维新，促成百日维新。9 月戊戌政变发生，他逃亡国外。1899 年在加拿大组织保皇会反对民主革命。辛亥革命后，主编《不忍》杂志，并任孔教会会长。1917 年参与张勋复辟，旋告失败。著有《新学伪经考》《孔子改制考》《大同书》《戊戌奏稿》《广艺舟双楫》《康南海先生诗集》等。

康　德　(Immanuel Kant，1724—1804)　德国哲学家。担任哥尼斯堡大学教授。他认为“人类唯有通过教育才能成为真正的人”，人由自己的纯洁和良好的意志力来成为真正的人。主要著作有《纯粹理性批判》《实践理性批判》。1803 年 F. T. 林克编有《康德教育学》。

鹿钟麟　(1884—1966)　字瑞伯，直隶（今河北）保定人，辛亥革命后为冯玉祥部下。1924 年随冯发动北京政变，任国民军第一师师长，担任京畿警卫总司令奉命驱逐溥仪出宫。抗日战争期间，曾任军委会军法执行总监部总监、冀察战区司令兼河北省政府主席、兵役部部长等职。抗日战争胜利后，任华北宣抚使。中华人民共和国成立后，曾任国防委员会委员。

章乃器　(1897—1977)　原名埏，字子伟、金烽，浙江青田人。1918 年毕业于浙江甲种商业学校。毕业后从事金融工作，曾在上海任浙江实业银行副经理，创办《新评论》月刊。“九一八”事变后，积极投身抗日救亡运动，是全国各界救国联合会领导人之一，同沈钧儒、陶行知、邹韬奋联合发表《团结御侮的几个基本条件与最低要求》。是年 11 月在上海与沈钧儒等 7 人一同被捕，世称“七君子事件”。抗日战争初期任安徽省政府委员、财政厅长等职，后到四川从事经济活动。1945 年底参与发起成立中国民主建国会，任中央常务委员，1949 年出席政协第一届全体会议。中华人民共和国成立后，历任粮食部部长、中央财经委员会委员、全国政协常委、民建中央副主任委员、全国工商联副主任委员。著有《章乃器论文选》《中国货币论》等。

章士钊　(1881—1973)　字行严，先署名青桐，后改秋桐，又署孤桐。湖南善化（今长沙）人，清末任上海《苏报》主笔。辛亥革命后，曾任北京大学教授、北京农业大学校长、广东军政府秘书长、南北议和南方代表。1924 年任段祺瑞执政府司法总长，次年兼署教育总长。创办《甲寅》周刊。1930 年至 1935 年任冀察政务委员会委员兼法制委员会主席。抗日战争期间，历任第一、第二、第三届国民参政员。抗日战争胜利后，在上海做律师。1949 年为南京国民政府和平谈判代表团成员，后留北平。同年出席中国人民政治协商会议第一届全体会议。中华人民共和国成立后，曾任

政务院法制委员会委员、全国人大常委、全国政协常委、中央文史研究馆馆长。著有《柳文指要》等。

章伯钧　(1895—1969)　安徽桐城人。1920年毕业于武昌高等师范学校英语系，曾任宣城师范学校校长。1922年留学德国柏林大学，在德国先后加入中国共产党和中国国民党。1926年回国后，任中山大学教授。同年参加北伐战争，任国民革命军总指挥部政治部宣传科长，第九军党代表，国民党中央农民部兵农联合委员会主席。1927年参加南昌起义，任起义军总政治部副主任，同年底去香港，脱离中国共产党。1930年参与组建中国国民党临时行动委员会，任中央宣传委员会主任。1933年参加发动福建事变，任中华共和国人民革命政府经济委员会委员兼土地委员会主任，失败后流亡日本。抗日战争时期，任第一、第四届国民参政会参政员，参加抗日救国活动。1941年参与组织中国民主政团同盟，任中央常委兼组织部长。1944年任民盟中央常委、组织委员会主任委员，民盟重庆市支部主任委员。1947年任中国农工民主党主席，1948年从香港到东北解放区，次年参加筹备并出席中国人民政治协商会议第一届全体会议。中华人民共和国成立后，历任中央人民政府委员、政务院政务委员、交通部长、光明日报社社长，农工民主党第五、第六届中央主席，民盟第二届中央副主席，第二届全国政协副主席。是第一届全国人大代表，第一、第三届全国政协常委，第四届全国政协委员。

章国珍　又名章静，重庆育才学校文学组学生。曾担任育才学校驻北碚办事处工作人员，后在西安交通大学工作。

章　泯　(1906—1975)　原名谢韵兴，又名谢兴，笔名杜山、陆擎，四川峨眉人。1929年毕业于国立北京艺术学院，1931年在上海参加左翼戏剧家联盟，翌年加入中国共产党。抗日战争时期，先后任广西国防艺术剧社导演、重庆育才学校戏剧组主任，并创作剧本，宣传抗日。1946年在香港开始编导电影。中华人民共和国成立后，回北京筹建北京电影学院。曾任中国文联理事、中国影协理事、中共北京电影学院党委书记兼院长。著有独幕剧《东北之家》、话剧《我们的故乡》，编著与翻译《悲剧论》和《喜剧论》，并编导影片《结亲》《冬去春来》等。

章宗祥　(1879—1962)　字仲和，浙江吴兴人。毕业于日本东京帝国大学。1912年任袁世凯总统府秘书，1914年任司法总长、农商总长，1916年任驻日公使，多次与日本政府签订秘密协定，出卖国家主权。五四运动时为三大卖国贼之一，后被免职。抗战期间任伪华北政务委员会咨询委员及电力公司董事长。

章昭雍　吴树琴在安徽隆阜第四女子中学的同学。1944年曾在上梅中学驻新化办事处供职。

章洪熙　即章衣萍（1902—1946）　原名章洪熙，安徽绩溪人，作家。中学毕业后到北京，曾参加中华教育改进社第二届年会会务工作，曾投稿《语丝》。1928年到暨南大学任教，抗战爆发后到四川成都开设书店。主要作品有诗集《深誓》，短篇小说集《古庙集》，散文集《青年集》《烦恼的春天》《衣萍书信》《衣萍文存》及译作《少女日记》《契诃夫随笔》等。另有《修辞学讲话》。

商云贞　现名高云，育才学校文学组学生。后在上海杨浦业余工学院工作。

阎宝航　(1894—1968)　字玉衡，辽宁海城人。1918年创办免费儿童学校，1925年赴英国爱丁堡大学研究院留学。1927年回国，任奉天（今沈阳）青年会总干事、东北国民外交主席。"九一八"事变后，参与组织东北抗日救国会。1937年加入中国共产党，后长期从事统战工作。1946年6月代表上海群众赴南京请愿，在下关遭特务殴打致伤。同年8月赴东北解放区，后任东北行政委员会委员，辽北（今属辽宁）省人民政府主席。中华人民共和国成立后，任外交部办公厅副主任和条约委员会主任委员、全国政协常委。

梁启超　(1873—1929)　字卓如，号任公，又号饮冰室主人，广东新会人。中国近代维新派领导人之一，学者，清光绪举人。与其师康有为一起，倡导变法维新，人称"康梁"。1895

年随康有为发动“公车上书”。1896 年在上海主编《时务报》，发表《变法通议》，编辑《西政丛书》，次年主讲长沙时务学堂，鼓吹和推进维新运动。1898 年入京，参与百日维新，以六品衔办京师大学堂、译书局。戊戌政变后逃亡日本。初编《清议报》，继编《新民丛报》，坚持立宪保皇。撰文介绍西方资产阶级社会、政治、经济学说，对当时知识界有较大影响。辛亥革命后，以立宪党为基础组成进步党，拥护袁世凯，出任袁政府司法总长。1916 年又策动蔡锷组织护国军反袁，后又组织研究系，与段祺瑞合作，出任财政总长。五四时期，反对“打倒孔家店”的口号。曾倡导文体改良的“诗界革命”和“小说界革命”。曾担任中华教育改进社董事。晚年在清华学校讲学，其著作编为《饮冰室合集》等。

梁实秋　(1902—1987)　原名治华，笔名子佳、秋郎等。浙江杭县(今余杭)人。1919 年与闻一多等成立清华文学社，1923 年赴美国留学，曾在暨南大学等校任教，同时兼任上海《时事新报·副刊》《青光》的编辑，是新月社的主要成员。1931 年执教青岛大学，1934 年任北京大学教授，1938 年 6 月至 1948 年 3 月任第一至第四届国民参政会参政员，曾任《中央日报·副刊》主编。抗战胜利后，任北京师范大学教授。1948 年移居香港，次年到台湾，任台湾大学教授、台湾省立师范大学文学院院长、国立编译馆馆长等职。著有《文学的纪律》《浪漫的与古典的》《偏见集》《文学批评论》等，翻译《莎士比亚全集》37 卷，主编《远东英汉大辞典》。

梁绍壬　(1792—?)　字晋竹，号应来，清钱塘(今浙江杭州)人，道光举人，官内阁中书，工诗。著有《两般秋雨随笔》《两般秋雨诗选》《两般秋雨曲谈》《韵兰序》。

梁漱溟　(1893—1988)　原名焕鼎，字寿铭，广西桂林人。早年参加同盟会，投身辛亥革命，潜心研究佛学。1917 年在北京大学主讲印度哲学。在广东省立第一中学担任校长时，专程去晓庄参观，回校演讲“一件有兴趣的事”。他认为晓庄很合于他的意思，一有合于教育道理，二有合于人生道理，三注重农村问题。他曾担任河南村治学院教务长、山东邹平乡村建设研究院院长及研究部主任。陶行知还派张宗麟、杨效春协助梁推行生活教育的主张。梁漱溟认为教育有三个根本原则：学校教育与社会教育不可分；教育宜及于成年乃至终身；教育应尽其推进文化改造社会之责。他强调中国必须走“乡村建设”的道路，因而提出“乡农教育”。1941 年任中国民主政团同盟常务委员兼机关报光明报社社长。1949 年后，历任全国政协常务委员、中国文化书院院务委员会主席、中国孔子研究会顾问。著《东西文化及其哲学》《中国文化要义》等。

十二画

博　登　(Robert Laird Borden，1854—1937)　加拿大人。1878 年获专门律师资格，1901 年被选为自由保守党领袖，历任众议员。1911 年至 1920 任加拿大总理，1919 年任巴黎和会加拿大代表、女王大学校长、加拿大国际联盟协会会长、加拿大历史学会会长等职。他在争取加拿大从殖民地过渡到独立国家的过程中起过决定性的作用。著有《加拿大宪政研究》《加拿大在英联邦中的地位》等。

喜饶嘉措　(1883—1968)　别号智海，青海循化人，藏族。幼年出家，后在拉萨考取拉仁巴格西（一等博士）学位。曾在拉萨罗布林卡行宫主持重刻《大藏经》，任总校编。在中央大学、北京大学、武汉大学、清华大学、中山大学讲授西藏文化。1937 年任青海古雷寺寺主，1938 年 6 月至 1948 年 3 月任第一至第四届国民参政会参政员，生活教育社监事，1947 年 7 月任国民政府蒙藏委员会副委员长。中华人民共和国成立后，历任青海省人民政府副主席兼文教委员会主任、中国佛教协会会长、青海省副省长，并当选为全国人大代表、全国政协常委会委员等。著有《藏族文化概论》，并编有《嘉饶嘉措文集》等。

斯大林 （Иосиф Виссарионович Сталин，1879—1953） 生于格鲁吉亚，曾参加过“二月革命”。1912年1月在党的第六次代表会议后，增补为布尔什维克党中央委员会委员，并领导俄国中央局的工作。十月革命胜利后，历任民族事务人民委员、国家监察部人民委员、俄共（布）中央委员会总书记等职。1924年列宁逝世后，成为党和国家的主要领导者。1941年5月至1953年3月，先后担任苏联人民委员会主席和部长会议主席。在苏联卫国战争时期，担任国防委员会主席、国防人民委员、武装力量最高统帅。著有《斯大林全集》。

斯巴达克思 （Spartacus，？—前71） 本色雷斯人，后参加罗马军队，抗击罗马的“角斗士战争”领袖。公元前73年率领同伴70多名冲出加普亚的角斗士学校发动起义，起义队伍曾发展到9万人以上，最后由于起义队伍发生分裂，斯巴达克思在战斗中牺牲。

斯各德 通译斯科特（James Brown Scott，1866—1943） 美国法学家和法律教育家，和平运动领导人，国际仲裁早期的主要倡导人之一，在建立海牙的国际法研究院（1914）和常设国际法院（1921）方面起了重要作用。他是美国国务院的律师（1906—1910）和卡内基国际和平基金会的秘书（1910—1940），又是美国国际法学会的创建者（1906）和主席（1929—1939），并担任该会会刊主编。他也是出席海牙和平会议（1907）和巴黎和会（1919）的代表。

斯密司 曾在美国马萨诸塞州农业教育司工作。陶行知在美留学期间，曾陪同陶行知考察马萨诸塞州的教育情况。

葛　雷 （Stephen Gray）比富兰克林早两百年发现电，且用摩擦电玩把戏的人。

董必武 （1886—1975） 原名贤琮，字洁畬，学名用威。号璧五，后人多写成“必武”，遂习用之，笔名碧梧。湖北黄安（今红安）人。青年时代加入同盟会，参加辛亥革命。1920年在湖北建立共产主义小组，曾参加中国共产党第一次全国代表大会。历任中共武汉地方委员会书记，湖北省委委员，中央党校校长，中央党务委员会书记。参加长征，到达陕北后，任中共中央党校校长，中华苏维埃中央政府西北办事处代主席。以后任中共长江局常委、湖北省委书记、华北局书记、华北人民政府主席。中华人民共和国成立后，历任中央财经委员会主任，政务院副总理，政法委员会主任，最高人民法院院长，全国政协副主席，中央监委书记，中华人民共和国副主席、代理主席，全国人大常委会副委员长。中共六届六中全会至十大均当选为中央委员。自七届一中全会后均当选为政治局委员。十届一中全会上当选为政治局常委。

董纯才　(1905—1990)　湖北大冶晓庄学校大学部毕业生。当时参加陶行知创立的自然学园、儿童科学通讯学校，从事科学大众化运动。曾任陕甘宁边区政府教育厅编审科科长，边区师范学校副校长，中共中央宣传部国民教育科副科长，东北教育部副部长，东北教育学院院长，教育部副部长，中央教育科学研究所所长，中国教育学会第一届会长，中国文字改革委员会主任，民进中央参议委员会副主席，中国陶行知研究会顾问。

董维键　号润田，湖南桃源人。留学美国哥伦比亚大学，获哲学博士学位。曾任武昌高等师范、湖南高工等校教授，后任湖南省教育厅厅长和外交交涉员。1937 年经周恩来介绍，郭沫若请他去政治部第三厅担任七处三科科长，主持国际宣传。1939 年改聘为设计委员，去湘西调查兵役宣传，途中遇车祸，被迫去香港求治，忧愤而死。

蒋介石　(1887—1975)　乳名瑞元，学名志清，后改名中正，字介石，浙江奉化人。早年曾就学保定军官学校，留学日本，加入同盟会。辛亥革命时，依附护军都督陈其美。1924 年孙中山改组国民党，确定联俄、联共、扶助农工的三大政策，蒋表面拥护，取得孙中山的信任，被派赴苏联学习军事。回国后，任黄埔军官学校校长，旋兼任国民革命军第一军军长。1926 年制造“中山舰事件”和“整理党务案”。1927 年蒋在上海发动“四一二”反革命政变，并在各地

"清党"，破坏第一次国共合作。南京国民政府成立，任军事委员会委员长、中央政治会议主席。"九一八"事变后，仍鼓吹"攘外必先安内"，继续进行反共内战，对中国工农红军发动五次"围剿"，又不断与新的军阀混战。1936年12月西安事变后，开始了第二次国共合作。1937年抗战爆发，蒋一面抗战，一面企图与日谋和，曾先后发动三次反共高潮。1946年一手召开了"国民大会"，通过"宪法"，1948年任"总统"。1949年中国人民终于推翻蒋介石的反动统治，蒋介石退至台湾。

蒋竹庄　(1873—1958)　即蒋维乔，字竹庄，号因是子，江苏武进人。1902年参加中国教育会并任爱国女校校长，1921年任江苏省教育厅长，1924年任东南大学校长，后创办上海诚明文学院。1951年任武进文献社副社长、江苏省人民政府委员。著有《中国近三百年哲学史》《因是子静坐法》。

蒋仲怀　无锡开原小学的创办人，曾任无锡县教育局长。

蒋梦麟　(1886—1964)　原名梦熊，字兆贤，号孟邻，浙江余姚人。早年入天主教会学校，1904年考入上海南洋公学。1908年赴美留学，从杜威学习教育，获哥伦比亚大学哲学及教育学博士学位。不久回国，任上海商务印书馆编辑。1918年创办《新教育》月刊，除担任主编外，还兼任教育普通问题、教育哲学组编辑员。1927年出任国立第三中山大学校长，1928年继蔡元培为大学院院长，1930年任北京大学校长，1945年转任国民政府行政院秘书长，后赴台湾、美国。对文学艺术、史学经学、文字训诂均有研究。著有《孟邻文丛》《西潮》《书法探源》等。

韩国钧　(1857—1942)　字紫石，江苏泰州人，又字止石。举人。1902年起历任交涉局会办、奉天劝业道等。1911年后任江苏民政长，1915年任安徽巡按使，1922年任山东、江苏省长。后长期从事水利事业。曾任苏北入海水道委员会主任委员、黄灾救济委员会主任委员等职。著有《永忆录》，辑有《东三省交涉要览》。

韩复榘　(1890—1938)　字向方，直隶霸县（今河北霸州）人，行伍出身。原在冯玉祥部任团长、旅长、师长、军长等职。1928年任河南省政府主席，1930年任山东省政府主席，统治山东近8年之久。抗日战争爆发，任国民党第三集团军总司令，为保存个人势力不战而逃，使山东大部分领土被日军侵占，后与刘湘等密谋倒蒋。1938年1月，蒋于开封将韩逮捕，解至汉口处决。

韩　信　（？—前196）　淮阴（今江苏淮阴市西南）人。汉初军事家，先属项羽，继归刘邦，被任为大将。善于将兵，自称“多多益善”。为刘邦建立西汉立下大功，封楚王。后为吕后所杀。

韩　愈　（768—824）　字退之，河南河阳（今河南孟州南）人。自谓郡望昌黎，世称韩昌黎。唐代文学家，贞元进士，任监察御史，以事贬为阳山令。赦还后，曾任国子博士、刑部侍郎等职。又因谏阻宪宗迎佛骨，贬为潮州刺史，后官至吏部侍郎。卒谥文，世称韩文公。反对藩镇割据，尊儒排佛。文章反对骈偶，与柳宗元同为古文运动的倡导者，后世列为“唐宋八大家”之首。有《昌黎先生集》。

惠特尼　（Eli Whitney，1765—1825）　美国发明家、机械工程师、制造商，因发明轧棉机而著名，但更重要的还是他提出了大量生产互换零件的概念。

惠　能　（638—713）　亦作慧能。唐时僧人，禅宗南宗创立人，被推为禅宗六祖。本姓卢。世居范阳（今北京西南），生在南海新兴（今广东新兴）。据说是一个不识字的樵夫，听人诵《金刚般若经》，才发心学佛，后投湖北黄梅双峰山禅宗第五祖弘忍门下。曾以“菩提本无树，明镜亦非台，本来无一物，何处惹尘埃？”作一偈，表示对佛理的体会。弘忍便将禅法秘授于他，并付与法衣，这是“继承衣钵”的出典。后在韶州（今广东韶关）曹溪宝林寺弘扬禅学，宣传“见性成佛”，成为禅宗的正系。因在南方倡导顿悟法门，称为南宗。有《六祖坛经》。

惠　勒　（Benjamin Wheeler，1854—1927）　美国教育家。留学德国，获哲学博士学位。1899年起任加利福尼亚大学校长20

年。主要讲授希腊文和比较语言学。

惠普尔 (Gny Montrose Whipple，1876—1941) 美国心理学家，美国测验运动的早期领导人。1910年，惠普尔出版《心理和生理测验手册》。该书描述了54种测验，介绍了A. 比纳智力测验的早期编制和分流测验、目标测验、追踪测验、稳定性测验等各种操作性测验。1915年惠普尔为美国心理学会制定了合格的心理学主攻人适当的程序，为职业心理学家的适当法规奠定了基础。1921年惠普尔和L. M. 推孟、H.戈打德等享有盛名的学者同时供职于一个测验第一次世界大战时的美国军人的委员会。

赏伯度 (1891—1970) 原名中，安徽舒城人。1924年任善后会议机要秘书，1936年任中国驻日使馆一秘，1940年任国民政府社会部常务次长。后到台湾，任“总统”府第一局局长兼典玺官、“总统”府副秘书长、国民党中央评议委员等职。

黑尼施 (Herr Hanigch) 普鲁士社会民主党人，曾为普鲁士国政府教育部总长。

嵇 钰 (1918—) 江苏人。新安旅行团团员，生活教育社社员，曾任新安小学生活指导部主任、育才学校戏剧组教师。

程今吾 (1908—1970) 又名程洁声，安徽省嘉山县津里镇人。1930年晓庄学校大学毕业生。1933年与潘一尘同受职于广东大埔百侯中学，1935年去广西雷沛鸿主持的国民教育研究院。1942年至1944年到重庆育才学校工作，1944年到延安八路军子弟学校工作，1946年任中宣部学校教育处长。1962年任北京师范大学党委第二书记、副校长，1965年任第一书记、副校长。著有《程今吾教育文集》。

程本海 (1899—1995) 安徽绩溪人，晓庄学校第一期13名学生之一。原在中华书局任编辑，毕业后曾在广东龙川中学、百侯中学任教。1934年潘一尘校长离开百侯后曾由程本海代理校长。后回上海，曾去安徽担任省立师范学区辅导员。后又去台湾，在教育部门担任督导。1942年春曾因在安徽省教育厅工作找陶行知写证明书，证明其从事国民革命工作 20 年以上。

程仲沂　即程宗泗（1870—1947）　安徽休宁人，早年留学日本，在早稻田大学攻读法政学。曾在南京政法学堂、北京铁道学院、朝阳大学任教，后任上海神州女校教务长。1926 年任安徽隆阜第四女子师范校长。这个学校是隆阜开展平民教育的基地。

程伯庐　曾任第四中山大学行政院院长。在任时积极资助中华教育改进社和晓庄学校。

程希孟　（1900—?）　江西南城人。美国威斯康星大学、英国伦敦大学博士。曾任国民党驻英国支部执行委员，上海大陆大学、北京大学教授，国民政府军事委员会第五部设计委员。1938 年 6 月至 1948 年 3 月任第一至第四届国民参政会参政员。

程国彭　（1680—1750）　字钟龄，号普明子，天都（今安徽歙县）人，清代医学家。悬壶 30 余年，活人甚众，名重于时。晚归普陀修行。著有《医学心悟》《外科十法》。

程荷生　休宁县的实业家，当时在南京瘫州路兴办民族工业源盛织布厂。关心教育，曾以程敦裕堂名义向安徽公学捐赠课桌，与陶行知交往甚笃。

程湘帆　安徽人，与陶行知在金陵大学同学。曾留学美国，回国后任东南大学、金陵大学教授。1922 年安徽省教育厅委以专科视察员。1925 年任中华基督教教育会副主任干事，致力于教会教育中国化。著《课程丛书·小学课程概论》（1924 年中华教育改进社出版），陶行知曾为之作序，《师范丛书·中国教育行政》（1930 年商务印书馆出版）。

程　颐　（1033—1107）　字正叔，世称伊川先生，洛阳（今河南洛阳东）人。北宋哲学家、教育家。曾任秘书省校书郎，官至崇政殿说书。绍圣间，因政见不合，被削籍编管涪州（今四川涪陵）。徽宗即位后返洛。讲学 30 余年。少与兄程颢受学周敦颐，同为北宋理学奠基者，合称“二程”，世称其学为“洛学”，以“穷理”为主，认为“天下之物皆能穷，只是一理”。强调“格物之理，不若察之于身”。承认事物的运动、矛盾，但认为矛盾双方不能转化。宣扬“气禀”说。主张“去人欲，存天理”。其学说为朱熹所继承发展，世称程朱学派。著作收入《二程全书》。

程稚秋　(1895—1975)　即程其保，单名琛，江西南昌人。1918年赴美留学，得硕士学位。回国后，历任东南大学教授、上海商科大学代理校长、山东济南齐鲁大学教务长、中央大学教授及教育院院长、湖北省教育厅长、中央政治学校教授、国民党中央党政工作考核委员会教育主任、西康省教育厅长。1948年在联合国教科文组织任职，后赴美任教，病逝于纽约。

程　潜　(1882—1968)　字颂云，湖南醴陵人。留学日本时加入同盟会，回国后长期在军中任要职。抗日战争时期，历任国民党第一战区司令长官、河南省政府主席、天水行营主任等。抗战胜利后，任武汉行辕主任。1948年参加副总统竞选失败后，任国民党长沙绥靖公署主任兼湖南省政府主席。1949年8月在长沙宣布起义，同年9月出席中国人民政治协商会议第一届全体会议。中华人民共和国成立后，历任中央人民政府委员、全国人大常委会副委员长、国防委员会副主席、湖南省省长、民革中央副主席。

程霖生　安徽徽州人。上海商界知名人士，曾大力援助中华教育改进社，支持淮安小学儿童旅行团。1934年6月成立歙县旅沪同乡普及歙县教育助成委员会，任委员长。

程　颢　(1032—1085)　字伯淳，世称明道先生。洛阳（今河南洛阳东）人。北宋哲学家、教育家。嘉祐进士。神宗时为太子中允监察御史里行，与王安石政见相左，出为州县官。少偕弟程颐受学于周敦颐，世称“二程”。在洛阳讲学十余年，弟子有“如坐春风”之喻。自称“天理”二字是“自家体贴出来”。主张“天人本无二”，强调内心修养，认为“只心便是天”，尽之便能知性、知天，不必外求。以为性即气，绝对之性无善恶，相对之性有善恶。著作收入《二程全书》。

傅作义（1895—1974）　字宜生，山西荣河安昌村（今临猗县）人。

1931 年起任三十五军军长、绥远省政府主席，曾参加长城抗战和绥远抗战，以后历任第七集团军总司令、第八战区副司令、第十二战区司令长官。1947 年任察哈尔省政府主席。1949 年 1 月率部起义，北平得以和平解放。以后曾任中央人民政府委员、全国政协副主席、国防委员会副主席、水利部部长、水利电力部部长。

傅学文 （1903—?）　江苏宜兴人，女，邵力子夫人。1927 年毕业于苏联莫斯科中山大学。回国后，长期从事幼小教育和保健事业，先后创办陕西省助产士学校、南京力学小学校、北平培新幼儿园。1939 年任重庆中苏文化协会妇女工作委员会副主任。建国后，历任中华妇女联谊会北京分会会长，全国妇联第四、第五届执委，民革第五、第六届中央常委和中央监察委员会副主席。是第五届全国政协委员，第六、第七届全国政协常委。编辑有《丹娘》《邵力子文集》。

傅斯年 （1896—1950）　字孟真，山东聊城人。曾留学英国、德国。历任广东中山大学教授、文学院院长，创立中山大学语言历史研究所。1928 年任中央研究院历史语言研究所所长。曾任中央研究院总干事，北京大学校长，社会科学研究所所长。1937 年 8 月任国防参议会参议员，1938 年 6 月至 1948 年 3 月任第一至第四届国民参政会参政员，1948 年任立法院立法委员，1949 年任台湾大学校长。主要著作编入《傅斯年选集》《傅孟真先生集》，并著有《东北史纲》等。

奥古斯都 （Augustus，前 63—后 14）　原名盖约·屋大维（Gaius Octavius），公元前 44 年，因系恺撒之甥孙及养子，改称盖约·尤里乌·恺撒·屋大维安努（Gaius Julius Caesar Octavianus）。前 27 年称罗马帝国皇帝时，元老院奉以“奥古斯都”称号，意为“神圣者”、“至尊者”。奥古斯都仿照恺撒的办法，用自己的名字称呼八月为 August，且改月小为月大。晚年被尊为“祖国之父”。

舒　强　原名蒋树强，又名蒋渺凝，江苏南京人。1933 年中学毕业后加入左翼戏剧家联盟南京分盟、江苏民众教育馆大众剧社。1937年去上海，加入上海业余实验剧团。抗战爆发后，加入上海抗敌救亡演剧队第四队，担任导演、演员。1939年在重庆育才学校戏剧组教授表演课，创作《复活吧，孩子》《为了大家》等儿童剧本。1940年由周恩来介绍去延安，未成。1944年在延安鲁迅艺术文学院戏剧系任教。抗战胜利后，任华北联大文艺学院戏剧系主任。1949年后，历任中央戏剧学院教授、系主任，中央实验话剧院副院长、导演。现为中国文联委员、中国剧协常务理事、中央实验话剧院院长。导演歌剧《白毛女》等，为著名戏剧导演、演员、戏剧理论工作者。

舒新城　（1893—1960）　湖南溆浦人。先后担任过中学教员和大学教授，研究和介绍道尔顿教学制度，后任上海中华书局编辑所所长，主持编纂《辞海》。建国后，任《辞海》编辑委员会主编，为中国现代出版家。先后被选为全国人大代表、政协上海市委员会副主席。编著有《中华百科辞典》《道尔顿制研究集》。

释迦牟尼　（Sākyamuni，约前565—前486）　佛教创始人。姓乔答摩（Gautama），名悉达多。相传是古印度北部迦毗罗卫国（今尼泊尔境内）净饭王的儿子。19岁出家修道，苦行六年，后在佛陀伽耶菩提树下“成道”，在鹿野苑开始传教。号为佛陀（Buddha）。

舜　传说中五帝之一，有虞氏部落长，炎黄联盟首领。姚姓，一作妫姓，号有虞氏，名重华，史称虞舜。相传因四岳推举，尧命他摄政。他剪除鲧、共工、驩兜和三苗等四人。尧去世后继位。以禹平水土，契管人民，益掌山泽，皋陶作士（大理），并选用各部落人才，扩大设官分职。他让位于禹。一说他遭到禹的放逐。传说舜目有双瞳仁。

鲁仲连　一作鲁连、鲁仲子，战国时齐国人。不肯做官，善于策划，常周游各国排难解纷。

鲁　迅　（1881—1936）　原名周树人，字豫才，浙江绍兴人。早年留学日本，1918年5月，第一次用鲁迅笔名发表《狂人日记》。五四前后，参加《新青年》杂志工作，1921年发表

《阿Q正传》，1926年因支持学生爱国运动，受到通缉。1930年起，先后发起成立中国自由运动大同盟，中国左翼作家联盟和中国民权保障同盟等进步组织，积极支持和拥护中国共产党的主张。1936年初积极参加文学界和文化界的抗日民族统一战线。从1927年至1935年，创作《故事新编》，领导和支持了“未名社”和“朝花社”等进步文学团体，主编了《国民新报·副刊》（乙种）、《莽原》《奔流》《萌芽》《译文》等文艺期刊，翻译外国进步文学作品和介绍国外著名的绘画木刻，搜集、研究、整理了大量古典文学，编有《中国小说史略》《汉文学史纲要》以及著译、日记和书信等，已编为《鲁迅全集》出版。

鲁　班　春秋末鲁国人。公输氏，名般，一作盘、班，后人称为鲁班。工匠。相传曾发明多种木作工具，被旧时建筑工匠尊为“祖师”。

鲁涤平　(1887—1935)　字咏安，湖南宁乡人。曾参加辛亥革命及护国、护法战争，历任国民革命军第二军副军长兼代军长、第二军军长，第十八师师长、湖南省政府主席、第五军军长、武汉卫戍总司令、江西省政府主席兼第九路军总指挥等职。后任浙江省政府主席、国民党政府军事参议院副院长。

赓　雅　(1907—?)　姓陈，云南省化县人。上海沪江大学毕业，曾任香港申报社总编辑，中央训练团教官，云南省参议会参议员，云南建设厅设计委员，曾任第四届国民参政会参政员。

普希金　(1799—1837)　生于莫斯科，俄国诗人，俄罗斯近代文学的奠基人。作品甚多，其中主要的有《高加索的俘虏》《茨冈》《上尉的女儿》《叶甫盖尼·奥涅金》等。1836年创办《现代人》杂志，发表政论和文艺批评。1837年2月8日与法国侨民乔治·丹特斯男爵在决斗中负伤而死。他的作品对俄国19世纪现实主义文学和语言的发展影响很大，其作品被译成多种语言，因而具有超越民族的力量和鼓舞的作用。

曾　子　（前 505—前 436）　名参，字子舆。春秋末鲁国南武城（今山东费县）人。孔子学生，以孝著称。提出“吾日三省吾身”的修养方法，主张“慎终（慎重地办理父母的丧事），追远（虔诚地追念祖先），民德归厚”，“犯而不校（计较）”等。相传《大学》是他所著。后被尊称为“宗圣”。

曾国藩　（1811—1872）　湖南湘乡（今属双峰）人，原名子城，字伯涵，号涤生，道光进士。曾任内阁学士兼礼部侍郎等职。1852 年帮办团练，后扩编为湘军。1860 年授两江总督、钦差大臣，1864 年破太平天国天京(南京)，封侯爵，1866 年与李鸿章倡办江南制造总局及派遣留美学生，成为洋务派首领。一生标榜程朱理学，善文章。有《曾文正公全集》。

富兰克林　（Benjamin Franklin，1706—1790）　生于波士顿。美国 18 世纪名列华盛顿后的最著名的人物，物理学家和文学家，曾参加起草美国独立宣言。在研究大气电方面曾作出贡献，认为闪电是一种放电现象，这一理论得到证实，从而为发明避雷针做好了准备。他与坎顿（John Cantoin，1718—1772）为模拟闪电过程，进行了实验室的试验，这一理论说明促进了感应现象的发现和空气电容器的发明。富兰克林还改造了静电学。在动物生理方面，他确定了出汗对维持恒定体温的重要性。他只受过极短的正规教育，全靠勤奋自学成才。

谢石深　即谢捷，女作家谢冰莹之妹。

谢仲谋　美术工作者，育才学校曾主办谢仲谋画展，谢曾为陶行知、吴树琴刻印。

谢冰莹　现代女作家。

谢枋得　（1226—1289）　字君直，号叠山。南宋信州弋阳（今属江西）人，宝祐进士，曾为考官。1275 年起为江东提刑、江西招谕使，知信州，率兵抗元。次年，任江东制置使，起义兵于弋阳，失败后，流亡建阳（今属福建），卖卜教书为生。后元朝迫其出仕，强送至大都（今北京），绝食而死。其诗沉郁苍凉，寓亡国之痛。编有《文章轨范》。后人辑有

《叠山集》。

谢葆贞　(1913—1947)　陕西西安人，杨虎城夫人。1927 年加入中国共产主义青年团，后加入共产党。曾任国民革命军第十路军政治处干事，并从事中共地下工作。后随杨虎城，携带幼子，同时被囚禁在江西南昌、湖南益阳、贵州息烽等处，殉难。

十三画

蓝九盛　福建长汀人，晓庄学校学生。曾在淮安县莲花街新安会馆创办新安小学。福建省陶行知研究会顾问。

蒙台梭利　(Maria Montessori，1870—1952)　女，意大利教育家、医师，蒙台梭利教育法的创始人，罗马大学医学博士。初任罗马大学附属精神病院助理医师，研究变态儿童心理和教育，后在罗马大学讲授教育学。1907 年在罗马为 3 岁至 6 岁儿童设立“儿童之家”，从事教育实验。1917 年起在西、英、意、荷、印度等国主持训练班，推广她的教育法。她把教育看作是促使儿童内在力量自我发展的过程，强调让儿童自由活动。认为进行各种感官练习是儿童获得知识的基础，并制造出一套进行这种练习的教具。著有《应用于儿童之家里儿童教育的科学教学方法》《蒙台梭利教育法》等。

颐杜索夫　通译库图佐夫 (1745—1813)　俄国陆军司令官。1812 年曾击退拿破仑对俄国的入侵。当拿破仑军渡过别列齐纳河以后，他挥师追击，直达波兰和普鲁士。

楚图南　(1899—1994)　云南文山人。1923 年毕业于北京高等师范学校，曾在安徽、山东、河南等地中学任教，后任暨南大学、上海师范大学教授，云南大学教授、系主任。1943 年加入中国民主政团同盟，1945 年当选为民盟中央执行委员，1946 年任上海法学院教授，1949 年出席中国人民政治协商会议第一届全体会议。中华人民共和国成立后，历任西南军政委员会文教委员会主任、文教部部长，中国人民对外文化协会、对外友好协会会长，对外文化联络委员会副主任，民盟中央主席、名誉主席，全国人大常委会副委员长，全国政协常委。著有散文集《刁斗集》《荷戈集》，译有多国文字著作。

楼南高　1932年参加山海工学团，1934年任《生活教育》记者，生活教育社理事。1940年5月任生活教育社生产基金及资金筹募委员会委员。

赖少其　1939年在桂林，曾与刘季平共同主编出版《工作与学习·漫画与木刻》杂志，曾在新四军师文艺处工作。建国后在南京任文艺处处长，后调任上海市文艺行政领导。20世纪80年代去世。

赖亚力　四川内江人。1934年毕业于北京大学经济系，曾长期担任冯玉祥秘书。建国后，历任外交部秘书处处长、办公厅副主任、驻瑞士大使馆参赞、驻马里大使、外交部礼宾司司长、国际问题研究所副所长、驻联合国副代表（大使级）、中国人民外交学会副会长。

雷沛鸿　(1888—1967)　字宾南，乳名寿增，广西南宁市郊津头村人。1902年获府学第一，中了秀才。1904年先后考入广州两广简易师范文科、广东高等学堂预科、两广高等实业学堂。1907年在香港加入同盟会，曾参加广州新军起义和黄花岗起义。1913年后留学英国和美国，获硕士学位。1915年在美国参加致公堂，1921年在马君武任广西省长任内，担任教育厅长。1922年担任广东省教育委员会委员兼任广东高等甲种工业学校校长、真如国立暨南学校教师。1927年被派往菲律宾考察教育，回国后被任命为广西教育厅长，筹办广西大学。后在中央大学、江苏省立教育学院任教。1933年第三度就任广西教育厅长，开始发动并推广广西普及国民基础教育运动。1944年创办广西西江学院，任院长。建国后，历任广西壮族自治区政协副主席、自治区侨联主席、中国致公党中央常委和第二、第三、第四届全国政协委员。著作集成有《雷沛鸿文集》上、下册。

雷塞布　通译雷赛布（Ferdinand Marie de Lesseps，1805—1894）　法

国外交官、企业家，初在外交界供职。1854年自埃及取得苏伊士运河的开凿权，1858年成立“苏伊士运河公司”，1869年运河建成。1879年又组成“巴拿马运河公司”，1889年因破产受审，1893年被判刑5年，后宣告无罪。雷赛布是法兰西学院院士、法国科学院院士，许多学会的会员，曾荣获荣誉军团大十字勋章和印度星形勋章，并由英国授予伦敦荣誉市民称号。

雷醴泉　(1917—1941)　育才学校会计，1941年7月因公乘民用轮失事遇难。陶行知称雷为“会计英雄”。

路易十四　(Louis XIV，1638—1715)　法国国王（1643—1715），路易十三之子。幼年即位，母后安娜（Anne）摄政，首相马萨林掌握实权。1661年亲政后，加强专制统治（宣称“朕即国家”），强化中央集权。1665年起用柯尔培尔，推行重商主义政策。1685年度废除《南特敕令》，迫害新教徒，对外长期与尼德兰交战。1701年至1713年参加西班牙王位继承战争。晚年国库空虚，农民起义此伏彼起，法国封建专制制度开始走向没落。

微　林　即邹微林，育才学校文学组教师，中华人民共和国成立后在湖南省文联工作。

詹姆斯　(William James，1842—1910)　美国哲学家、心理学家，实用主义哲学和机能心理学的主要创始人。哈佛大学医学博士。历任哈佛大学、英国爱丁堡大学等校教授。将皮尔斯提出的实用主义思想系统化，认为凡是“方便的”、“有用的”就是真理。创立“彻底经验论”和反映身体状态的情绪论，提出变动不居的意识流的说法，并创用“信仰意志”一词，声称人们的行动往往为信仰所决定。著有《心理学原理》《信仰的意志》《实用主义》《彻底经验主义论文集》《对教师的讲话》等。

慈禧太后　(1835—1908)　满洲正黄旗人，叶赫那拉氏，又称“西太后”、“那拉太后”，清咸丰帝妃，满族。1852年被选入宫，1861年其子即位，她同皇后钮祜禄氏并尊为皇太后，徽号慈禧。伙同恭亲王奕䜣发动宫廷政变，实行太后垂帘听政。1898 年，她“撤帘归政”，自操大权，反对维新运动，幽禁光绪帝，杀害维新志士，是清末同治、光绪两朝实际的最高统治者。

褚玉璞 （1887—1931） 字蕴山，山东汶上人。绿林出身，后被安徽都督柏文蔚所部师长郑为成收编，任上尉副官。又归属张宗昌部，历任营长、团长等职。后又投靠奉系，任第三混成旅团长、东北第一军副军长等职。1926 年任直鲁联军前敌总指挥，对国民军冯玉祥反攻。后又任直隶军务督办兼直隶省长。1928 年，随奉系失败而下台，1931 年被旧部刘珍年逮捕活埋。

褚辅成 （1871—1948） 字慧僧，浙江嘉兴人。日本东洋大学毕业，曾任同盟会浙江省支部长，浙江军政府政事部长，北洋政府国会众议院副议长，浙江省政务委员、代理民政厅长，上海法学院院长、教授。1938 年 6 月至 1948 年 3 月任第一至第四届国民参政会参政员。曾任上海法学院院长。

福　特 （Henry Ford，1863—1947） 美国福特财团的创始人，曾在底特律机器厂当学徒，后任爱迪生照明器材厂工程师，是美国汽车工业的创建人。1892 年至 1893 年间制造出第一辆汽车，1902 年建立亨利·福特公司，从事汽车研究，1903 年开设福特汽车公司，1912 年开始成批生产汽车。首创在标准化基础上组织大批量生产，加速传送带运转的福特制。该企业最先实行职工参加分红的制度以及用长期信贷销售汽车的办法。著有《我的生活和工作》《今天和明天》《前进》等。

福禄培尔 （Friedrieh Wilhelm August Froebel，1782—1852） 德国教育家，耶拿大学肄业。两次访问裴斯泰洛齐的伊佛东学院，曾在美因河畔法兰克福任模范学校校长助理。1814 年任柏林矿物博物馆馆长，1837 年在勃兰根堡（Blankenburg）开办学前教育机构（1840 年命名为“幼儿园”）。他认为，教育就是促进儿童所具有的活动、认识、艺术和宗教等本能发展的过程，把游戏作为幼儿教育的基础，并创制了一套名为“恩物”的儿童活动玩具，被称为“幼儿教育之父”。著有《人的教育》《幼儿园教育学》《母亲和爱抚之歌》等。

福　龄　又名福松亭，1924 年 7 月作为呼伦贝尔教育代表参加中华教育改进社年会并发表演讲《呼伦贝尔之现在与将来》。8 月曾与郭道甫一道赴广州，意欲谒见孙中山。三日下午曾与廖仲恺、汪精卫、伍朝枢、邵元冲、王星拱、皮皓白、邹鲁等人乘船游览石门。

十四画

赫　尔　(Cordell Hull，1871—1955)　美国国务卿（1933—1944)。毕业于坎伯兰学院。1891 年取得律师资格，历任律师、法官，联邦众议员、参议员。富兰克林·罗斯福当选总统后，长期担任国务卿。联邦众议员任内，是美国“所得税法”和“个人财产税与遗产税法”的起草者。国务卿任内，支持“新政”，曾出席伦敦经济会议、拉丁美洲会议和莫斯科外交部长会议，获 1945 年诺贝尔和平奖。著有自传《科德尔·赫尔回忆录》。

赫尔巴特　(Johann Friedrich Herbart，1776—1841)　德国哲学家、心理学家和教育家。毕业于耶拿大学，后任哥廷根大学、哥尼斯堡大学教授。提出全部教育都应围绕着对学生进行道德教育——培养完善的人这一根本的问题进行，提出“德育，教育的唯一整体”的重要命题。提倡有计划的系统教学，即对后来教育影响很大的五段教学法（预备、提示、联想、总括和应用)。1806 年发表《普通教育学》一书，通常认为教育学之成为一门独立的学科至此而告完成。还著有《教育学讲授纲要》《作为科学的心理学》《普通形而上学》等。

赫尔利　(Patrick Jay Hurley，1883—1963)　美国共和党人，律师出身，参加过第一次世界大战。1929 年至 1933 年任陆军部长，后任驻新西兰公使。1944 年 9 月，以罗斯福私人代表身份到中国，年底任驻华大使，参与调处国共关系。曾支持蒋介石的反共政策，1945 年 11 月宣布辞职。

蔡元培　(1868—1940)　字鹤卿，号孑民，浙江绍兴人。近代民主革命家、教育家，清光绪进士。授翰林院编修。1898 年回绍兴办教育，倡新学，曾任绍兴中西学堂监督。1902 年与蒋观云等在上海创立中国教育会，任会长，并创办爱国学社、爱国女学，传播革命。1904 年冬参加组织光复会，任会长，次年加入同盟会。1907 年至 1911 年留学德国莱比锡大学。辛亥革命时归国，任南京临时政府教育总长。1913 年秋又去法国学习，致力于在法华工和工读学生的教育和社会服务的改善。1915 年与吴玉章等创办留法勤工俭学会，组织华法教育会。1916 年底回国，1917 年任北京大学校长，提倡科学、民主和白话文。五四运动中，反对北洋政府镇压学生。1920 年赴欧美各国考察教育，次年回国。1923 年愤北洋政府非法逮捕北大教授，声明辞职，再赴欧洲，参与要求英国政府退还庚子赔款、兴办教育的活动。1924 年在中国国民党第一次全国代表大会上，被选为候补中央监察委员。1927 年后历任国民政府大学院院长、中央研究院院长、监察院院长兼代司法部部长等职。曾任中华教育改进社董事长、晓庄学校董事长。“九一八”事变后，主张抗日，并与宋庆龄和鲁迅等发起成立中国民权保障同盟，任副主席。著有《蔡元培全集》。

蔡　仪　(1906—1992)　美学家，文学评论家。原名南冠，湖南攸县人。北京大学预科肄业。1929 年赴日本留学，1937 年回国，曾在国民党政府军事委员会政治部文化工作委员会工作，后任上海大夏大学教授、华北大学二部教员，1945 年加入中国共产党。建国后，历任中央美术学院教授、副教务长，北京大学文学研究所、中国社会科学院文学研究所研究员，中国美协第一届理事，中华全国美学学会第一届副会长。著有《新艺术论》《新美学》《蔡仪美学论文集》，主编《文学概论》《美学原理》等。

蔡成勋　字虎臣，天津人，行伍出身，曾任北洋第一镇军官。1912 年升任陆军第一师师长，1917 年张勋复辟时，被封为直隶提督。冯国璋代理大总统后，被任为绥远（今内蒙）都统，为直系骨干。1922 年被吴佩孚派任江西督军（亦督理）。在任期间，曾捐资赞助中华教育改进社赴万国教育会议代表经费。

蔡廷锴 （1892—1968） 爱国民主人士，广东罗定人，字贤初。早年参加同盟会，广东陆军讲武堂毕业。北伐战争期间，任国民革命军第四军团长、副师长。后任国民党政府第十一军师长，第十九路军军长、副总指挥。1932 年 1 月 28 日日军侵犯上海时，率军抗战，后任福建绥靖主任。1933 年 11 月同李济深、陈铭枢、蒋光鼐等发动福建事变，任中华共和国人民革命政府委员、第一方面军总司令，失败后去香港。1935 年参加筹组中华民族革命大同盟，为负责人之一。1937 年淞沪抗战后，任第十六集团军副总司令、第二十六集团军总司令。1946 年与李济深等筹组中国国民党民主促进会，1948 年参加发起组建中国国民党革命委员会，任第一届中央常委兼财务委员会主任，1949 年参加筹备并出席中国人民政治协商会议第一届全体会议。中华人民共和国成立后，历任中央人民政府委员，人民革命军事委员会委员，国防委员会副主席，国家体委副主任，民革第二届中央常委和第三、第四届中央副主席，是第一届全国政协委员，第二、第三届全国政协常委，第四届全国政协副主席。第一、第二届全国人大常委。著有《蔡廷锴自传》。

蔡　伦 （？—121） 字敬仲，东汉桂阳（今湖南郴州市）人，中国造纸术的发明人。曾任中常侍、主管制造御用器物的尚方令。所监制器械精功坚密，为后世效法。又总结当时用麻质纤维造纸经验，采用树皮、麻头、破布等造纸，扩大原料来源，提高纸质，以代替通行的竹简和缣帛。105 年和帝下令推广，时称“蔡侯纸”。114 年安帝（元初元年）封龙亭侯。

蔡若虹 画家。曾与张谔、黄士英等合编《漫画和生活》，曾为《生活教育》半月刊配画。

蔡楚生 （1906—1968） 广东潮阳人。曾用笔名小云。早年流亡上海，做过演员、场记、副导演和编剧。1933年2月参加左翼中国电影文化协会，1934年编导的电影《渔光曲》获莫斯科国际电影节荣誉奖，是我国第一部获国际奖的影片。1935年导演《新女性》，1936年与欧阳予倩等创立上海电影救国会，编导电影《迷途的羔羊》《王老五》等。抗日战争爆发后，参加上海文化界救亡协会、电影工作者协会等组织，后与郑君里合作，编导影片《一江春水向东流》。1946年与阳翰笙等创办联华影艺社和昆仑影业公司，曾协助编导《珠江泪》。中华人民共和国成立后，任中国电影工作者协会主席等职。1956年加入中国共产党，1962年编导了影片《南海潮》，出版论著《论电影剧本创作特征》。"文化大革命"初被迫害致死。

歌　德　(Johann Wolfgang von Goethe，1749—1832)　德国诗人、剧作家、思想家。早期著名著作有书信体小说《少年维特之烦恼》，青年时为狂飙运动的主要人物。

臧启芳　(1894—1961)　字哲先，一字哲轩，号蛰轩，辽宁盖平人(今盖县)。早年留美获硕士学位。1923年回国任中国大学经济系教授，1926年任东北大学法学院院长，1930年10月任天津市市长，1939年任东北大学校长，1948年任财政部顾问等职。后去台湾，任"编译馆"编译委员、台湾东海大学经济系教授兼系主任。著有《经济学》。

裴未如　育才学校音乐组学生，1941年为育才学校暑期自学团舞蹈自学团负责人。

裴斯泰洛齐　(Johann Heinrich Pestalozzi，1746—1827)　出生于瑞士苏黎世一医生家庭，瑞士教育家。少时立志于献身解救农民的事业。17岁入卡洛林学院学法律，参加"爱国者协会"，被解散并遭短期拘禁。1768年购地开设模范农场"新庄"，主持新庄孤儿院、斯坦兹孤儿院、布格多夫学院、伊佛东学院等教育机构。其教育思想主要为：(1)提出通过教育改良社会和帮助人民，使其获得自由与自立的思想；(2)提出教育民主化和心理学化的要求；(3)提出初等教育的要素教育思想；(4)提出将教学与生产劳动相结合的要求；(5）强调教师的示范作用和智育与德育的相互关系；(6）论述国语、算术、几何、地理等学科的教学法。晚年写《天鹅之歌》，总结他一生从事教育工作的经验。其中强调“生活具有教育的作用”，“生活教育着我们”，“从生活中受到教育”。主要著作除《天鹅之歌》（1826）外，还有1780年的《隐士的黄昏》、1781年至1788年的《林哈德和葛笃德》以及1801年的《葛笃德如何教育自己的孩子》等。

管　仲　（？—前645）　即管敬仲，名夷吾，字仲，颍上（颍水之滨）人。春秋初期政治家。由鲍叔牙推荐，被齐桓公任为上卿，尊为“仲父”。他辅政40余年，因势制宜，实行改革，使齐国国势大振。对外以“尊王攘夷”相号召，使齐桓公成为春秋时期第一个霸主。言论见《国语·齐语》，录有《管子》，为后人依托之作。

廖世承　（1892—1970）　字茂如，江苏嘉定（今属上海市）人。1915年毕业于清华学校，后赴美国留学，获博士学位。1919年回国，任东南大学教授，1920年在南京高等师范学校创建心理实验室。是中华教育改进社社员，积极参与陶行知倡导的教育改革运动。后任光华大学副校长兼附中校长、湖南国立师范学院院长。中华人民共和国成立后，任华东师范大学副校长、上海第一师范学院院长、上海师范学院院长、民盟上海市委第一副主席、全国人大代表等。曾提倡和推行廖氏之团体测验法。著有《教育心理学》《中学教育》《测验概要》等。

廖梦醒　（1904—1988）　广东惠阳人，女，岭南大学肄业。1927年在广州协助母亲何香凝创办仲恺农工学校，1929年赴法国留学，1931年在香港中共秘密交通站工作，同年加入中国共产党。1938年后，参加筹建保卫中国同盟，任总务和宋庆龄秘书，负责宋庆龄与周恩来之间的联络工作。1949年出席中国人民政治协商会议第一届全体会议。建国后，任全国妇联国际联络部副部长、全国妇联第一至第四届执委。是第一至第三届全国人大代表，第五、第六届全国政协委员。著有《我的母亲何香凝》。

廖意林　(1914—1968)　原名廖申之，后改施因、林以，到育才学校后改廖意林。湖南宁乡人。1937年至1939年在陕北安吴青训班、陕北公学和马列学院学习，1938年加入中国共产党。1939年9月调中共南方局，后分配到重庆育才学校工作，任社会组老师、主任、生活指导。皖南事变后，任中共育才学校党支部书记。1949年后在湖南工作。

谭坤珩　即谭堃珩，爱国华侨。1940年在香港加入生活教育社，后在重庆育才学校教英语。1941年为育才学校经费审核人和育才学校暑期自学团乙班英语自学团顾问。现在山东潍坊二中工作。

熊式辉　(1893—1974)　字天翼，江西安义人。早年加入同盟会和革命军，历任国民革命军第十四军党代表兼第一师师长，第十三军副军长、陆军第五师师长、淞沪警备司令、江浙皖三省“围剿”总指挥、江西省主席、国民党第五届中央执行委员、国防最高委员会委员、中央设计局局长、东北行营主任及行辕政治委员会主任委员。

熊光炎　育才学校音乐组学生，1941年为育才学校暑期自学团和声自学团的负责人。

熊佛西　(1900—1965)　戏剧教育家。原名福禧，字化侬，江西丰城人。早年留学美国，研究戏剧。1926年回国，任北平国立艺术专门学校戏剧系、国立北平大学艺术学院戏剧系主任。1932年前后，曾在河北定县主持中华平民教育促进会的农村戏剧试验，后任四川省立戏剧音乐实验学校、上海市立实验戏剧学校校长。中华人民共和国成立后，任上海市戏剧专科学校校长，上海戏剧学院院长。著有《佛西论剧》。

熊希龄　(1867—1937)　字秉三，湖南凤凰人，光绪进士。1897年任湖南时务学堂提调，力倡新政和新学。戊戌次年因参加维新运动被革职。1905年随端方等五大臣出洋考察宪政，任参赞。辛亥革命后，任袁世凯政府财政总长、热河都统。1913年任国务总理兼财政总长，1917年任段祺瑞政府行政院院长。后从事社会慈善事业，曾创办香山慈幼院。曾任中华教育改进社董事长。1928 年任国民政府赈务委员会委员，1932 年任世界红十字会中华总会会长。著有《熊希龄全集》等。

缪云台 （1894—1988） 名嘉铭，云南昆明人。1913 年赴美国留学，1920 年回国。后任云南锡务公司总经理、省政府农矿厅厅长、劝业银行经理、富滇新银行行长、国民参政会参政员。还资助中华教育改进社和晓庄学校。抗日战争时期参加勘探、修筑滇缅公路。抗战胜利后，任国民政府行政院政务委员、立法委员、处理美援物资救济委员会主任委员。曾参加政治协商会议，反对内战，主张和平救国。1949 年赴香港，次年赴美，1979 年回国。任对外经济贸易部特约顾问、中国国际信托投资公司董事，并当选为第五届全国人大常委、第六届全国政协副主席。

缪　斌 （1899—1946） 字丕成，江苏无锡人。早年入上海南洋大学电机科学习，后任黄埔军校教官。1926 年任国民革命军总司令部经理处长，后任江苏省政府委员及民政厅长、立法院立法委员、国民党中央委员。抗战爆发后，投靠日本帝国主义，在伪政府任职。1946 年春，被国民政府以叛国罪处决。

十五画

樊　迟 （前 515—？） 春秋末齐国人。一名须，字子迟。孔子学生。曾因向孔子“问稼”、“问圃”，被孔子斥为“小人”。又问“仁”与“智”，孔子答以“爱人”、“知人”。

墨　子 （约前 468—前 376） 名翟。春秋战国之际思想家、政治家，墨家学派的创始人。原为宋国人，后长期居住鲁国。在政治上主张“兼爱”、“非攻”、“尚贤”、“尚同”，认为“官无常贵，民无终贱”。在经济上主张“非乐”、“节用”、“节葬”，重视生产，强调“赖其力者生，不赖其力者不生”。他制定了作为认识真理准则的三表。以“兴天下之利，除天下之害”为教育目的。墨子学说对当时思想界影响很大，与儒家并称“显学”。现存《墨子》五十三篇，是研究墨子和墨家学说的基本材料，其中《经》上、下，《经说》上、下，以及《大取》《小取》等六篇，是后期墨家的代表作。

墨索里尼 （Benito Mussolini，1883—1945） 意大利独裁者、法西斯党魁。第一次世界大战后，组织法西斯党，夺取政权，实行法西斯独裁统治。武装干涉西班牙内战，侵略埃塞俄比亚，占领阿尔巴尼亚。1940 年支持希特勒发动第二次世界大战，进攻法国，同年 9 月参与签订《德意日三国同盟条约》。1945 年 4 月被意大利人民游击队捕获绞死。著有《我的自传》等。

黎元洪 （1864—1928） 字宋卿，湖北黄陂人，祖籍安徽宿松。北洋水师学堂毕业，后在海军供职。1896 年随张之洞回湖北，参与训练新军，由管带、统带升第二十一混成协统领。1911 年武昌起义后，任军政府鄂军大都督。南京临时政府成立时，当选为副总统，袁世凯篡政后继任。1914 年被任命为参政院议长。1915 年袁世凯称帝时，封为武义亲王不受，次年袁死，继任大总统。1917 年与国务总理段祺瑞发生府院之争，段利用张勋将他赶走。1922 年直系军阀控制北京政府后复职，1923 年又为直系所逐。曾往上海另组政府，失败后去日本。1924 年回国。

黎国荃 （1914—1966） 曾名振亚，原籍辽宁沈阳，生于北京。1931 年入杭州艺术专科学校音乐系学习小提琴。20 世纪 40 年代任重庆中华交响乐团首席小提琴，南京中华交响乐团首席小提琴、副指挥等。曾在育才学校音乐组任教。1949 年入北京，在北京人民艺术剧院管弦乐团、中央实验歌剧院和中央戏剧学院附属歌舞剧院担任乐团团长、指挥。1964 年在音乐舞蹈史诗《东方红》中任指挥组组长。创作有小提琴独奏曲《渔舟唱晚》、管弦乐《庆丰收》等。“文化大革命”初含冤去世。

黎锦晖 （1891—1967） 音乐家。字均荃，湖南湘潭人。1920 年至

1929 年间，吸收民歌小调和戏曲曲牌艺术营养，创作儿童歌舞剧 12 部和儿童表演歌曲 24 首。曾创办中华歌舞团、明日歌舞剧社。

黎锦熙 (1890—1978) 字劭西，湖南湘潭人。1911 年毕业于湖南优级师范学堂，曾参加同盟会。五四运动前后与钱玄同创办《国语》周刊，提倡白话文，要求言文一致。后又推广“注音字母”标音，主编出版了《国音常用字汇》《国语辞典》等。著有《新著国语文法》《比较文法》《国语运动史纲》《国语新文字论》等，并主编《国语辞典》。

德尔满 通译推孟（Lewis Madison Terman，1877—1956） 美国教育家、心理学家。印第安纳州大学获文学硕士学位，1905 年在克拉克大学获博士学位。自 1910 年到 1956 年供职于斯坦福大学并被授予荣誉教授头衔；1923 年担任美国心理学会主席。推孟一生的心理学研究主要有两大贡献：(1) 修订比纳—西蒙量表；(2) 进行心理学史上历时最长的纵向研究，前者服务于后者。主要著作有《智力测量》(1916)、《千名天才儿童心理及身体的特性》(1925)、《天才儿童的成长》(1947)、《天才儿童在中年》(1959)。

德　罗 (Do Lot) 在 1751 年与达利巴根据富兰克林所提出的实验方法，在马里（Marly）将闪电引到地下来，从而证明富兰克林的学说是正确的。

鲧 号崇伯，居于崇（亦称有崇，今河南嵩县北）。奉尧命治水，用筑堤防水的方法，九年未治平，被舜杀死于羽山。

摩　根 (J. P. Morgan，1837—1913) 美国金融家和工业组织家，第一次世界大战前 20 年间的世界金融巨头之一。他改组了几条重要的铁路线，并合并组建了美国钢铁公司、国际收割机公司和通用电气公司。1871 年与人合开雷克塞尔——摩根公司，该公司很快便成为美国政府的主要财政支柱。1895 年改名为摩根公司，为世界上最有实力的银行之一。1900 年成为铁路巨头，1901 年建立了当时世界上最大的美国钢铁公司，1902 年筹资组织了国际收割机公司和国际商业海运公司。摩根在 1907 年的金融危机中发挥了举足轻重的作用，运用自己的银行及其子行吸收大量的政府存款，并左右如何使用这些款项以解救金融危机的决策。

褒　姒　周幽王的宠妃。褒国（今陕西勉县东）人，姒姓，生子伯服(一作伯盘)。幽王为博得她欢心，改立她为后，立伯服为太子。又多次谎报敌警，举烽火征兵，以相取乐，由此失信于诸侯。后犬戎兵至，攻杀幽王，她也被俘。

颜　元　(1635—1704)　字易直，又字浑然，号习斋，博野（今属河北）人，清初思想家，教育家。先信仰程颐、朱熹，后觉其不合情理而予以猛烈抨击。与学生李塨倡导一种注重实学，强调“习行”、“习动”，反对读死书的学风，世称颜李学派。强调“行”的作用，把“格物致知”的“格”，解释为“手格猛兽”之“格”。政治上反对豪强兼并，主张“以七字富天下：“垦荒、均田、兴水利”。著有《四书正误》《四存编》《习斋记馀》等。

颜真卿　(708—784)　字清臣，唐京兆万年（今陕西西安）人，开元进士。任殿中侍御史。因被杨国忠排挤，出为平原（今山东陵县）太守。他察觉安禄山将叛，即部署防御。叛乱爆发后，联络从兄常山太守杲卿起兵抵抗，附近十七郡响应，被推为盟主。潼关失陷后，形势孤立，乃弃郡西走到凤翔见肃宗。累官至吏部尚书、太子太师，封鲁郡公，世称“颜鲁公”。德宗时，李希烈叛乱，被派往劝谕，为希烈缢死。书法初学褚遂良，后从张旭，端壮雄伟，气势开张，人称“颜体”。有《颜鲁公文集》，传世碑刻以《多宝塔碑》《李玄靖碑》《颜家庙碑》《麻姑仙坛记》等为著，行书有《争坐位帖》墨迹有《祭侄文稿》等。

颜　渊　(前521—前490)　名回，字子渊。春秋末鲁国人，孔子学生。贫居陋巷，箪食瓢饮，而不改其乐。孔子赞他“吾见其进也，未见其止也”（《论语·子罕》），但也说：“回也非助我者也，于吾言无所不说（悦）。”（《论语·先进》）早卒，孔子极悲恸。后被尊为“复圣”。

颜惠庆　(1877—1950)　字骏人，上海人。早年毕业于同文馆，后留学美国弗吉尼亚大学。1912年后历任北洋军阀政府外交部次长、总长，内务总长等职。1926年曾任国务总理并摄行总统职权，南京国民政府成立后，先后任驻美英公使、驻苏大使和出席国际联盟大会首席代表。1938年6月至1942年任第一、第二届国民参政会参政员。抗日战争时，在上海从事慈善和教育事业。抗战胜利后任联合国善后救济总署远东区域委员会主席，1948年任立法院立法委员，1949年2月任“上海人民和平代表团”代表赴北平参加国共谈判。1949年后任华东军政委员会副主席，中央人民政府政治法律委员会委员等职。

颜福庆 （1882—1970） 字克卿，早年留美、留英。先后任湘雅医学院、协和医学院和国立上海医学院公共卫生学院教授、院长，中华医学会首任会长。是九三学社中央委员、全国政协委员。著有《我国卫生事业的发展》《中国医学教育的现在和过去》。

翦伯赞 （1898—1968） 维吾尔族，湖南桃源人，历史学家。1937年参加中国共产党，同年7月在长沙发起组织湖南文化界抗敌后援会，长期从事马克思主义的历史科学研究、理论宣传和统一战线工作，曾在育才学校和文化工作委员会讲学。历任北京大学历史系教授、副校长，中国科学院哲学社会科学部委员，政务院文教委员会委员，中央民族事务委员会委员，第一届全国政协委员，第一、第二、第三届全国人大代表。主要著作有《历史哲学教程》《中国史纲要》《中国史论集》《历史问题论丛》等。

潘一尘 江苏人，曾任无锡开元第一小学校长，晓庄学校小学部主任、指导员，小晓学院院长。从事小学教育研究，编有《一个南方的普及教育运动》。生活教育社理事，浙江分社负责人，曾任浙江云和县县长。

潘公展 （1895—1975） 浙江吴县人。早年就读于圣约翰大学外文系，1919年任上海学生联合会代表，1926年任《商报》编辑主任，1927年加入国民党。历任上海市农工商局局长、社会局局长兼代市政府秘书长、上海教育局局长、中国公学副校长、晨报社社长兼总编辑，湖南省政府秘书长， 国民党中央宣传部副部长。1942年后任中执委常委、正中书局董事、《申报》董事长、上海市文化运动委员会主任委员。著有《中国学生救国运动史》《罗素的哲学问题》等。

潘汉年　(1906—1977)　江苏宜兴人。1925年加入中国共产党。曾任国民革命军总政治部革命军日报社总编辑、总政治部宣传科科长，中共中央宣传部文化工作委员会书记。1930年同鲁迅等人联名发起成立中国左翼作家联盟，后任中共中央保卫部门负责人、中共苏区中央局宣传部部长、中国工农红军总政治部宣传部部长兼地方工作部部长。遵义会议后，被派往国外做联络工作，后未果，留在沪、港等地做秘密工作。抗日战争初期，任八路军驻上海办事处主任，长期在上海、香港等地领导党的情报、统战工作。中华人民共和国成立后，历任中共中央华东局、中共上海市委统战部部长，上海市第一届政协副主席，中共上海市委第一副书记、第三书记，上海市副市长。是中共七大代表、第一届全国人大代表，第一届全国政协委员。1955年被错定为“内奸”，1982年中共中央决定为他平反昭雪，恢复名誉。

潘冷云　1945年受中共南方局青年工作组委托，与胡晓风同去育才学校，办青年工作见习班，为党培训农村工作干部。1949年后在上海工作，现任上海山海工学团团长。

潘家寅　吴树琴的同学吴珊的丈夫。曾在育才学校自然组任教。曾与育才学校合作在重庆管家巷做酱。

潘梓年　(1893—1972)　江苏宜兴人，哲学家，曾任上海北新书局编辑，编辑《北新》半月刊。早年在中共上海文委及互济总会工作，长期担任重庆新华日报社社长。解放战争后期，曾任中原大学校长、中原临时人民政府教育部长、中南军政委员会文教委员会副主任、教育部长、中国科学院哲学社会科学部副主任兼哲学研究所所长。著有《逻辑与逻辑学》。

潘　新　江苏人，南开大学毕业，重庆育才学校自然组教师。

十六画

操震球 (1902—1995) 安徽怀宁人。1926 年清华学校大学部教育心理系毕业，后入晓庄学校第一期。1928 年陶行知派他赴浙江筹办湘湖师范，并任校长。生活教育社第二届理事，生活教育社安庆小组负责人。1945 年加入中国民主同盟。中华人民共和国成立后，历任安庆市副市长，安徽省教育厅副厅长，安徽省第四、第五届政协副主席，民盟安徽省委员会副主任委员、中央委员，中国陶行知研究会顾问。1988 年当选为安徽省第六届政协副主席。

薛代旦 (1900—1996) 原名耀英，曾用化名薛白、陈英，广东顺德人。早年就读于广东高等师范和中山大学。1925 年参加共青团，组织知用学社，办知用中学。曾担任广东顺德中共县委书记，参加广州起义。失败后从事教育工作，先后在上海劳动大学农学院、福建邵武中学、建瓯中学、苏北宿迁中学任教。1931 年曾因“九一八”事变悲愤绝食呼吁停止内战。1935 年初，经广东高师同学杨始开介绍，与陶行知长谈一日之久，才回广东大埔接任百侯中学校长，同年暑假又到香港主持吴涵真创办的中华儿童书院，并先后在香港华侨中学、澳门知用中学任教，并在防城中学任校长。1941 年日军占领香港后，改教从医，在广州创办回教诊疗所、港九工联诊疗所，并在香港办秘密诊所，诊治抗日军民，最早在中国推行组织疗法。中华人民共和国成立后，在“华南高干疗养院”任医疗保健医生，去世前仍继续研制抗癌医药。

薛明剑 (1895—1980) 江苏无锡人，初名萼培。早年热心乡村教育，1919 年后任申新第三纺织厂总管。1935 年组织工人反对汇丰银行非法拍卖申新七厂，同年当选为江苏省国货工厂联合会理事长。1937 年抗战爆发后，任第三战区办事处处长，曾为抗日将士筹集军服。抗战期间，当选为国民大会代表、国民参政会参政员。抗战胜利后，在无锡先后兴办面粉厂等企业。1949 年 6 月与萧觉天等人发表宣言，断绝同国民党的关系，接受共产党的领导。1956 年起任上海文史馆馆员。

薛鸿志　又名远举，中华教育改进社统计员。1922 年第一次改进社年会上担任议案组副主任及总务组、编辑组干事等职。著有《教育统计学大纲》，1923 年与改进社陶知行、陈主素、张企文、章洪熙等人筹设羊市大街（改进社社址）平民学校，为筹设委员，并被推举为主任。1924 年与陶知行共同负责开办该年度之全国教育统计，并著《中国教育统计概览》和《教育统计法》（1925），系中国引进教育统计学后的第一批专著。

薛暮桥　著名经济学家，著有《中国社会主义经济问题》。

霍应人　作家、翻译家。原在以郭沫若为主任的文化工作委员会工作，文工会被解散后，由郭沫若、阳翰笙介绍去中苏文协研究委员会工作。

霍姆斯　(Oliver Wendell Holmes，1841—1935)　美国法官、法学家，实用主义法学的创始人。南北战争期间，在北方联邦军中任军官。战后入哈佛法学院深造，1867 年取得律师资格。历任律师，美国《法学评论》编辑，哈佛大学法学院教授，马萨诸塞州最高法院法官、首席法官，美国最高法院法官。首先将实用主义哲学应用于法学领域，提出法的生命不是逻辑而是经验。认为法就是"对法院事实上将作什么的预测"。著有《普通法》《法律职业》《法律论文集》等。

霍恩布洛尔　(Jonathan Carter Hornblower，1753—1815)　英国发明家，发明第一台往复式混流蒸汽机。1781 年他发明并取得专利的蒸汽机有两只汽缸，对提高效率有重大贡献。由于专利诉讼败诉，因而失去了进一步革新混流蒸汽机的机会，它的原理直到 1804 年才被重新发现。其他取得专利的发明有旋转式发动机和蒸汽轮。

冀朝鼎　(1903—1963)　山西汾阳人。1924 年毕业于清华学校，同年赴美国留学。先后获芝加哥大学法学博士和哥伦比亚大学经济学博士学位。在美国期间，主办《今日之中国》和《美亚杂志》，参加了留美学生响应国内五卅运动的反帝斗争。1927 年加入中国共产党，后参加了反帝大同盟和第一、第二次世界反帝同盟大会，并在共产国际第六次代表大会和中国驻赤色工会国际代表团工作。1929 年在美共中央中国局、美共《工人日报》工作。1941 年回国后，从事党的秘密工作，曾任国民党政府平均基金委员会秘书长、外汇管理委员会主任、中央银行经济研究处处长。中华人民共和国成立后，历任政务院财经委员会计划局副局长、政务院外资管理局局长、中国银行副董事长、中国国际贸易促进委员会副主席、中国科学院哲学社会科学部委员，是第二、第三届全国政协委员。逝世后，家属遵嘱将其近两千册书籍和数百件珍贵文物献给国家。著有《中国经济枢纽区域史》。

穆申布鲁克 （Pieter Van Mussehenbrock，1692—1761） 荷兰数学家和物理学家。与普鲁士的 E. G. 克莱斯特同时发现莱顿瓶的原理，继牛顿之后试图研究宏观的力，想寻找一种“磁力定律”。历任杜伊斯堡大学、乌德勒支大学和莱顿大学教授。

穆罕默德 （Muhammad，约 570—632） 出身于阿拉伯半岛麦加城古来氏部落哈希姆家族（今属沙特阿拉伯），伊斯兰教创传者。

穆藕初 （1876—1943） 早年在棉花行当学徒，后进夜校学习英文。1904 年与马相伯组织沪学会，提倡新学。1909 年赴美留学，1914 年获农学硕士，回国后相继办德大、厚生和豫丰纱厂。1920 年参加发起组织华商纱布交易所，被选为理事长。1921 年创办劝工银行，1922 年被北洋政府任为出席太平洋商务会议的首席代表，1928 年任国民政府工商部常务次长。1931 年与史量才、黄炎培等设立上海地方维持会，后改称地方协会，积极募捐，支援抗日。抗战爆发后，去重庆任经济部农本局经理。

十七画

戴自俺　贵州长顺人，晓庄学校学生、生活教育社社员。曾任贵州省立青岩社会教育试验区指导员，参与创办山海工学团和山海乡村幼儿园，与孙铭勋创办上海劳工幼儿团。中华人民共和国成立后，曾任重庆育才学校教育组主任，后在中央教育部民族司任教学指导工作。中国陶行知研究会常务理事。

戴志骞　又名戴子骞，曾为清华学校图书馆主任，后在中央大学法学院工作。

戴伯韬　(1907—1981)　即戴邦、白桃、邦杰。江苏丹阳人，晓庄学校学生。曾协助陶行知创办儿童科学通讯学校、国难教育社和主编《生活教育》杂志。1938 年发起成立全国战时教育协会，生活教育社成立时任理事兼编辑部常务干事，编辑《战时教育》。1946 年任苏皖边区政府教育厅厅长、华中行政干部学校副校长、山东省教育厅厅长。1949 年后任上海市教育局长、中央教育科学研究所所长、中国教育学会副会长、全国教育研究学会会长。著有《陶行知的生平及其学说》。

戴季陶　(1890—1949)　原名传贤，号天仇。浙江吴兴（今湖州）人。留学日本，参加同盟会。1924 年任国民党中央执行委员会常务委员、宣传部部长，次年参加国民党的西山会议派活动。任国民政府委员、考试院院长。

戴爱莲　女，祖籍广东新会，生于特立尼达。1931 年赴英国伦敦从师学习舞蹈，后入尤斯—雷德舞蹈学校学习。1940 年回国，先后在重庆国立歌剧学校、育才学校、上海乐舞学院、国立艺专校任教。1946 年后把拉班舞谱介绍到中国。1949 年后，历任华北大学三部舞蹈队队长，中央戏剧学院舞蹈团团长，中央歌舞团副团长，北京舞蹈学校校长，中央歌剧舞剧院芭蕾舞团团长、副院长，中央芭蕾舞团艺术指导、顾问，中国舞协副主席，全国政协常委等职。 编有多部舞剧。

戴高乐　(Charles De Gaulle，1890—1970)　参加过第一、第二次世界大战。1959年至1969年任法国总统，1943年6月出任法兰西民族解放委员会主席，次年任法兰西共和国临时政府首脑，1959年至1969年当选为法兰西第五共和国总统。著有《战争回忆录》《希望回忆录》。

戴　维　(Humphry Davy，1778—1829)　英国化学家。曾发现好几种化学元素（其中包括钠和钾）和化合物，并发明了矿工安全灯。1803年为英国皇家学会会员，1807年任英国皇家学会秘书，1820年至1827年任英国皇家学会会长。

戴　飘　江苏宝山人。1930年晓庄学校高中部师范科毕业生，1935年1月派往安徽担任省立师范学区辅导员。

戴　震　(1723—1777)　字东原、慎修。安徽休宁人。清思想家。会试屡不第，乾隆赐同进士出身，授翰林院庶吉士。曾充四库全书馆纂修，校《大戴礼记》《水经注》。于经学、天文、数学、地理、音韵、名物训诂之学，均有精深研究。治经必追根穷源，反对师法汉儒，主张应宗原经，为“皖派”考据大师。又对理学家“去人欲，存天理”的说教进行批判，认为“人死于法，犹有怜之者；死于理，其谁怜之”！著有《原善》《原象》《孟子字义疏证》《声韵考》《方言疏证》等。后人编有《戴氏遗书》

魏东明　(1915—1982)　浙江绍兴人。育才学校文学组第一任主任。1940年疏散去延安后任中央研究院文艺研究室研究员、中共中央党校教员。中华人民共和国成立后，任江西省文教委员会委员、南昌大学秘书长和党委书记、湖南大学校长、《人民教育》主编。

魏华龄　广西龙胜人。1942年桂林师范学校毕业，历任小学教师、书店经理，桂林市园林局、文化局副局长，市政协副主席，副编审。1996年离休，现任桂林市政协文史委顾问、广西抗战文化研究会副会长、桂林抗战文化研究会会长。著作有《桂林简史》（合著）、《桂林文化城史话》及桂林抗战文化研究论文40余篇。主编《桂林文史资料》《桂林抗战文化研究文集》《桂林历史文化研究文集》等书。

魏国光　(？—1942)　育才学校音乐组学生，1941年育才学校暑期自学团唱歌自学团负责人。1942年患“蛔虫”症候，多次吐出蛔虫，未引起重视，后来反而误断“盲肠炎”而致命。

魏忠贤　(1568—1627)　明河间肃宁（今属河北）人，宦官。少无赖，自宫后改名李进忠。万历时入宫，赐名忠贤，后复姓。曾任司礼秉笔太监，后又兼掌东厂，专擅朝政，兴大狱，自称九千岁。大兴党禁，杀东林党人。从内阁六部至四方督抚，遍置党羽。思宗即位后将其党定为“逆案”，罢职安置安徽凤阳。旋命逮治，在途中畏罪自杀。

魏斯曼　(August Weismann，1834—1914)　德国生物学家，遗传学奠基人之一。提出种质连续学说，反对拉马克的获得性状遗传理论。当时尚无实验证明，今知所谓种质即为染色体、基因、DNA。他支持达尔文主义，为反对拉马克的理论，他用连续几代切断鼠尾的方法试图加以说明。他喜爱音乐，到80岁还演奏巴赫的作品。著有《遗传和亲缘族生物学问题文集》(1889)、《种质论》(1893)及《进化论》(1904)等。

二十一画

露懿士　美国人，女，教育工作者。1922年7月曾在中华教育改进社担任年会演讲员，讲女子教育。为中华教育改进社研究女子教育的研究人员。著有《中国女子教育论》《四川女子教育报告》。